LES
ANCIENNES MAISONS
DE PARIS
SOUS NAPOLÉON III

PARIS. — IMPRIMERIE ÉDOUARD BLOT, RUE SAINT-LOUIS, 46.

LES ANCIENNES MAISONS

Des rues des Deux-Portes, Drouot, Dupuytren, de l'Échaudé, de l'Échiquier
et de la place et du quai de l'École.

NOTICES FAISANT PARTIE DE L'OUVRAGE INTITULÉ :

LES ANCIENNES MAISONS DE PARIS SOUS NAPOLÉON III,

PAR M. LEFEUVE,
Monographies publiées par livraisons séparées en suivant l'ordre alphabétique des rues.

RUES DES DEUX-PORTES.

Parmi les rues qui se fermaient la nuit, aux deux extrémités, comme les squares de ce temps-ci, quelques-unes ont tiré leur nom de cette clôture au couvre-feu. Celle du quartier Saint-André est déjà enterrée sous le macadam du boulevard Saint-Germain : *de profundis!*

Près de l'Hôtel-de-Ville, à l'index d'un autre bras de rue append un écriteau avec ces mots : *rue des Deux-Portes-Saint-Jean*. Naguère encore l'arcade d'une maison, au coin de la rue de la Tixéranderie, lui servait comme de bracelet. La grande rue de Rivoli a brisé l'alliance, en y supprimant deux hôtels bâtis pour le fermier-général Bastonneau, et la petite rue, en convolant, a élargi le lit de ses secondes noces. Des omnibus y circulent plus à l'aise que les litières d'autrefois. Mais elle n'a reculé que d'un côté, et elle reste accolée de l'autre à un îlot du Paris séculaire, par une maison d'origine très-bourgeoise, à l'angle de la rue de la Verrerie. Deux modestes constructions attenantes rient sous cape, à ce qu'on pourrait croire, d'avoir également échappé à la Saint-Barthélemy immobilière, dont le signal est parti du palais voisin, curieux de dégager ses abords. Cette couple de maisons n'est que reblanchie; elle se retranche dans un puritanisme, qui ne doit pas à des ornements sa ténacité pittoresque, et qui se contente de protester contre l'unité rectiligne ayant tout près de là fait disparaître la place de Grève et le marché Saint-Jean.

Dans le ci-devant quartier de l'hôtel de Bourgogne, entre les rues Saint-Denis et Montorgueil, voici la rue des Deux-Portes-Saint-Sauveur, que vit éclore le XIIIe siècle. Dans la flore des rues parisiennes, elle comptait seulement comme belle-de-jour, car la nuit fermait sa corolle au coin de la rue Saint-Sauveur. Sur sa tige vint s'enter d'abord l'œil d'une branche, qui partait de la rue Pavée pour aller jusqu'à celle du Renard, et qui perdit en s'y greffant une désignation à double sens, laissée au fruit de l'églantier : on cessa de dire *rue Gratte-cul*. Puis, à la fin du siècle XVII, la rue des Deux-Portes-Saint-Sauveur se prolongea encore jusqu'à la rue Thévenot.

Au temps de Law la rue fut financière : des banquiers

en avaient acheté ou pris à bail les principaux hôtels. Parmi ceux où l'agiot d'alors fit élection de domicile, signalons le 34, dont la rampe de fer, les boiseries et les médaillons servent d'ornement actuel à une pension, bien dirigée par M. Challamet. On y répétait à huis clos la comédie de la hausse et de la baisse; des ressorts à secrets n'ouvraient qu'en plusieurs temps les doubles portes, où des enfants ne jouent plus qu'à cache-cache.

Aussi bien le 36 et le 29 ne manquent pas de rampes en fer battu. La porte cintrée du 28 est d'origine conventuelle, et la propriété attenait à la rue Saint-Denis. A un hôtel de la rue Saint-Sauveur est contigu de longue date le 26. Le 20 appartenait à M. Delaborde, banquier et maire de l'arrondissement avant 1830; depuis l'époque de Law, c'était une maison de finance, aujourd'hui l'imprimerie Malteste. Le 15 et le 13 ne faisaient qu'un; on y eût rencontré, aux trois quarts du xviie siècle, un fils du marquis de Matharel-Fiennes et de Mlle Bigot de Martigny.

Au 9, qui est sujet à reculement, habitèrent Mlles de Camargo; elles ne portaient pas un nom tout à fait d'emprunt, car elles avaient pour grand'-mère Mme de Camargo, noble espagnole, bien que leur père, appelé Cuppi, fût maître de danse et de musique à Bruxelles. Ces jeunes danseuses avaient l'une 18 ans, et l'autre 16, lorsque le comte de Melun les fit enlever, comme des pensionnaires de couvent, dans la nuit du 10 au 11 mai 1728, et entraîner dans son hôtel, rue des Coutures-Saint-Gervais. L'aînée fut chantée par Voltaire, en petits vers qui la comparaient à son émule, Mlle Sallé : l'une et l'autre partageaient le sceptre de la danse.

Des n°ˢ 12, 8, 7, 6, 5, 4, 2, 1, nous n'écrivons pas les mémoires, faute de notes historiques ; il faut bien laisser quelque chose aux romanciers, aux vaudevillistes, qui là-dessus auront carte blanche.

RUE DROUOT.

La Grange-Batelière. — Les Pinon. — La maison du Jockey-Club. — La duchesse de Gramont. — L'administration de l'Opéra. — M. Aguado. — Le Salon des Etrangers.

Nous serons plus heureux rue Drouot. Non-seulement les maisons anciennes qui s'y retrouvent diront au lecteur ce qu'elles furent ; mais encore nous évoquerons l'ombre de l'hôtel de la Grange-Batelière, à la place duquel, en 1847, la rue a prolongé sa ligne droite en prenant le nom du général Drouot, qui venait de mourir à Nancy. La dénomination de Grange-Batelière est restée depuis lors à une voie transversale qui s'était ajoutée à notre rue en lui donnant la forme d'une équerre. Mais, en 1704, la rue de la Grange-

Batelière n'avait été ouverte que depuis le Cours, c'est-à-dire le boulevard, jusqu'à la distance de 3 toises de l'hôtel que nous indiquons, et on l'avait appelée, mais pas longtemps, la rue du Faubourg-Richelieu.

Le fief de la Grange-Batelière existait dès l'année 1153, appartenant au chapitre de Sainte-Opportune ; à la fin de ce siècle les comtes de Laval l'acquirent ; Jean de Malestroit, évêque de Nantes et chancelier de Bretagne sous Charles VII, le donna aux religieux Blancs-Manteaux qui le vendirent au comte de Vendôme ; Catherine de Vendôme le mit dans la maison de Bourbon, par son mariage avec le trisaïeul d'Henri IV. Les financiers Vivien, qu'avait anoblis, en 1491, Réné II duc de Lorraine, et qui servirent plus tard de parrains à la rue Vivienne, achetèrent, dès 1550, le fief de la Grange-Batelière qui, originairement, ne contenait par moins de 194 arpents, mais que l'établissement des remparts de la ville avait réduits à 168. Louis Vivien, sieur de la Grange-Batelière, maria sa fille, le 28 août 1608, à messire Daniel Bourgoin, dont l'arrière-petite-fille épousa, le 27 mars 1713, Anne-Louis Pinon, vicomte de Quincy-sur-Cher, et le chef-lieu du fief passa de la sorte dans la famille Pinon, avec le fief. Le fils de Mlle Bourgoin et son petit-fils furent tous deux présidents à mortier du parlement ; ils demeuraient rue Culture-Sainte-Catherine, avant de transformer en hôtel leur maison des champs, dont le vieux colombier marquait la suzeraineté sur le plus beau quartier de Paris, s'improvisant dans un faubourg cultivé la veille en marais. Lorsque le président s'installa dans cette résidence, digne de recevoir un souverain, ce fut pour y mener grand train ; ses dîners de cérémonies, lors des rentrées du parlement, lui coûtaient 4,000 écus. Le jardin de l'hôtel n'avait alors qu'un peu plus de 14 arpents ; mais les droits censitaires et de lods et ventes, attachés à la seigneurie, décrivaient un rayon si large et pesaient sur tant de maisons neuves dans les rues de Richelieu, Montmartre, Notre-Dame-des-Victoires, Feydeau, Saint-Marc, des Filles-Saint-Thomas, Neuve-Saint-Augustin, Neuve-des-Petits-Champs, Colbert, Vivienne, des Petits-Pères, place des Victoires, etc., qu'ils érigeaient le magistrat Pinon en véritable marquis de Carabas. A l'occasion d'une réclamation faite judiciairement au tenancier de cette terre noble, laquelle avait relevé aussi de l'évêché, M. de Vintimille, archevêque de Paris, publia un factum par lequel on apprit que le revenu de la Grange-Batelière dépassait déjà un million au commencement du règne de Louis XV : il y avait de quoi partager ! Au reste, M. Pinon n'échappa que par miracle à la terrible curée parlementaire du 20 avril 1794. La Grange-Batelière fut occupée, pendant la République, par des représentants montagnards, Christiani du Haut-Rhin, Ehrman du Bas-Rhin, et Villars de la Mayenne. Puis plusieurs princes descendirent, sous l'Empire, dans cette magnifique hôtellerie, déchue de sa propre seigneurie, et le duc d'Orléans y fut le locataire de M. Pinon, à partir du 25 mai 1814, jusqu'à ce que les appartements du Palais-Royal fussent remis en état. Puis la Ville, en 1820, fit l'acquisition de l'hôtel pour y établir la mairie du II⁰ arrondissement ; et, vers la fin du règne de Louis-Philippe, les bâtiments en livrèrent place, tant au prolongement de la rue rectifiée, qu'à un nouvel hôtel des Ventes et à bien des maisons d'un grand revenu. Il restait aux Pinon, tout près de là, une rue oblique portant leur nom, et qui s'était fait jour en défonçant le cul-de-sac de la Grange-Batelière ; c'est maintenant la rue Rossini. Ne croirait-on pas que s'est éteinte, jusqu'à son dernier rejeton, la race magistrale des derniers titulaires du fief? Mais, loin de là! seulement les descendants et les parents du président Pinon de Quincy n'ont de leur fortune, dit-on, que le souvenir.

Un autre hôtel, mais celui-là n'a pas disparu, figure sur le plan de 1739, à l'encoignure de la rue Neuve-Grange-Batelière et du Cours, et en voici tout l'historique. Les seigneurs prénommés du fief vendent, en 1717, 2,016 toises de territoire à Pierre Darieux, bourgeois de Paris, qui en cède 952 à Nativelle, architecte des bâtiments du roi, et celui-ci y élève deux maisons, pour les transporter, deux années après, à Farges de Polizy, munitionnaire-général des troupes. Nicolas Levasseur, conseiller au parlement, se rend adjudicataire de la double propriété, en 1722, par suite d'un retrait lignager exercé à sa requête sur Nativelle et ses acquéreurs ; mais le munitionnaire, au bout de six années, prend de tels arrangements avec les créanciers du magistrat qu'il rentre en possession. Au décès de Farges, les biens de sa succession sont mis en vente par-devant les commissaires-généraux du roi : la grande maison, celle qui forme l'angle, est adjugée, ainsi que son jardin, à messire Fançois-Louis Le Tellier, comte de Rébenac, marquis de Souvré et de Louvois, maître de la garde-robe du roi et lieutenant-général ; la petite passe au bourgeois Lemaignen. Après l'avoir habité vingt-huit ans, M. de Louvois s'arrange de son hôtel, en 1764, avec Jean-Joseph de la Borde, vidame de Chartres, conseiller-secrétaire du roi, lequel traite bientôt avec les hoirs de Lemaignen, pour réunir de nouveau les deux propriétés. M. de la Borde fait cession, en 1783, au fermier-général Clément Delaage, mais en se réservant le jardin, sur lequel sont, de nos jours, les maisons du boulevard Montmartre, n° 16 et n° 18. M. Delaage s'empresse de démolir les constructions de Nativelle, à l'exception d'un bâtiment qui fait retraite encore sur le boulevard, en s'y éclairant par deux fenêtres, et qu'on a augmenté, sous le règne de Louis XVIII, d'un autre petit corps de logis à l'extrémité de la propriété. Les autres, présentement surélevés tant sur la rue que sur le boulevard, datent de 1784, comme l'escalier superbe du premier, comme le salon d'encoignure à six fenêtres, et comme une ou deux pièces dont la décoration est encore du style

Louis XVI. Aussi bien, sous l'Empire, cet immeuble est acquis, après la mort du financier, son rénovateur, par le comte Alexandre-Edmond de Talleyrand-Périgord, aide-de-camp du prince de Neufchâtel, époux d'une princesse de Courlande. On sait que ce neveu du prince de Talleyrand fait la campagne de Russie, colonel au 8e chasseurs, est nommé maréchal de camp en 1814, soutient au Congrès de Vienne les intérêts du roi de Naples qui, une fois rentré dans ses États, lui donne le duché de Dino. C'est justement l'année 1845 qui le voit transmettre à M. Mouroult ses droits sur la propriété dont il s'agit. M. Mouroult, neuf années plus tard, a pour preneur M. Debruges-Duménil, agent de change. Or, une galerie de curiosités, créée par ce propriétaire, par malheur a été vendue ; son moindre ornement n'était pas un cabinet, tout garni de laque jusqu'aux voussures, que comportait le petit bâtiment restant de l'hôtel primitif. M. Jules Labarte, ancien avoué, lequel a écrit savamment un volume sur l'art céramique, a épousé la fille de M. Debruges, propriétaire actuel de cet immeuble, si avantageusement situé, et qui a eu pour locataires : le Jockey-Club, depuis sa création en 1836, jusqu'en 1855 ; le chirurgien Jules Cloquet, durant vingt ans ; le comédien Arnal, le facteur de pianos Pleyel, et le restaurateur Laiter, dont les alliés ont dû faire la fortune.

Que si vos regards interrogeaient un autre plan de Paris, gravé en 1763, votre attention s'arrêterait dans la même rue, sur un hôtel du côté opposé, dont le jardin allait au moins jusqu'au point où la rue Taitbout accole la rue du Helder. Le lit nuptial y a été dressé, quand la chanoinesse Béatrix de Choiseul-Stainville a épousé le duc de Gramont, lequel portait entre autres titres celui de souverain de Bidache, et s'était pour la première fois marié à l'âge de 17 ans. Cette sœur de l'illustre ministre, duc de Choiseul, n'était pourvue que des agréments de l'esprit ; son frère ne négligeait ni ses conseils, ni ceux de Mme de Beauvau. Mme Dubarry, qu'elle avait irritée, l'a vue avec délices partager la disgrâce du ministre qui tombait avec les parlements ; mais l'exil a eu ses grandeurs, et puis un terme. Quelle fin attendait à son tour le nouveau règne inauguré par de justes réparations ! Les duchesses de Gramont et du Chastelet, deux amies, ont été ensemble des victimes, du temps de Robespierre et de Fouquier-Tinville. L'hôtel de Mme de Gramont, restitué depuis à sa famille, a été dit aussi hôtel Choiseul ; on y a installé, pendant plusieurs années, l'état-major de la garde nationale, que remplace maintenant de son mieux celui de la chorégraphie. M. Charles de Morel-Vindé, auteur de différents écrits, pair de France et ancien conseiller au parlement, était propriétaire de l'immeuble, en 1821, lorsqu'on a fait de son jardin le théâtre de l'Opéra et les passages qui s'y rattachent. L'administration de l'Académie impériale de Musique siége, par conséquent, dans la maison, qui a été pourvue au xviiie siècle de sa cour spacieuse et carrée, de ses sculptures, parmi lesquelles on remarque celles du fronton, et d'une porte, enfin, qui serait bien assez haute pour un arc-de-triomphe. A franchir un tel seuil, quoi d'étonnant à ce que les amours-propres, les prétentions grandissent de jour en jour? On ne fait pas passer tous les artistes, par la petite entrée du passage noir!

Un des messieurs de la Borde, qui était fermier-général, et M. de la Reynière, furent également propriétaires vers le commencement de la rue, au dernier siècle. Le comte de Mercy-d'Argenteau, ambassadeur de l'empereur d'Allemagne, résidait sous Louis XVI à l'hôtel des financiers d'Augny, qui prit ensuite le nom d'Aguado, et où Ganneron et Gouin, banquiers, eurent leurs bureaux en la néfaste année 1848, et qu'une compagnie d'assurances, à cette année là, transportait à la Ville, pour en faire la mairie du IIe arrondissement. Tout le monde ne sait pas qu'Aguado, né d'une famille noble en Espagne, vint se livrer au commerce en France, s'y jeta dans des spéculations financières et, une fois enrichi, reprit son rang, marquis de Las Marismas : sa galerie de tableaux était célèbre rue Grange-Batelière. Le n° 4 dépendait de sa propriété, et son jardin s'étendait au-delà du passage Jouffroy. C'est à l'hôtel d'Augny que se donna, dit-on, un bal des victimes peu de temps après le 9 thermidor. C'était plus tard le salon des Étrangers, dont l'entretien fut imposé, comme charge, à l'administration des Jeux, de laquelle il ressortissait. Ses bals masqués firent merveille, tout d'abord; les pontes du Trente et du Quarante y tentaient une fortune qu'aveuglait plus encore l'incognito du masque; seulement une dame d'honneur de Mme Bonaparte, aux derniers jours du Consulat, y perdit tant d'argent, qui lui coûtait plus que les yeux de la tête, qu'on supprima son service aux Tuileries, ainsi que les bals masqués, pour tout l'Empire, dans le salon des Étrangers. Les réceptions en continuèrent, mais à visage découvert; les membres du corps diplomatique y rencontrèrent plus d'un souverain, lors du mariage de Marie-Louise, et les gros fournisseurs de l'armée y coudoyaient des gens de l'ancienne cour. On n'était reçu, hôtel d'Augny, qu'en justifiant d'un nom à conserver et d'une fortune à compromettre; les redingotes et les bottes servaient elles-mêmes de titre à l'exclusion. Il y eut successivement trois commissaires, chargés de maintenir le décorum, résolvant tous les cas de conscience de l'étiquette : le marquis de Livry, le marquis de Rueil, et M. de Cussy, gourmand célèbre.

Deux ou trois grands dîners avaient lieu par semaine, auxquels étaient conviés les membres du cercle; Robert et Lointier les servaient, et Brillat-Savarin prenait ses notes sur le menu. Quelle pâle imitation de l'hôtel d'Augny fut Frascati ! nous en pouvons juger :

Quin et erat magnæ pars imitanda domûs.

RUE DUPUYTREN.

Peu fréquentée par les voitures à cause de sa pente un peu rude et de la préférence qui reste due au carrefour de l'Odéon, comme dégagement en divers sens, la rue Dupuytren semble la cour d'un immense hôtel d'étudiants, un vieux square d'avocats et surtout de médecins en herbe. Un pendant lui est fait par une rue parallèle, encore moins carrossable dans sa partie élevée, et qui forme un des pans de la place de l'Ecole-de-Médecine, qu'occupait autrefois le couvent des Cordeliers. De celle-ci qui porte le nom d'Antoine Dubois, célèbre médecin mort en 1837, il était difficile de ne pas parler en s'occupant de celle-là, mise sous l'invocation du baron Dupuytren, chirurgien non moins illustre, décédé deux années plus tôt. L'une et l'autre ont pour front de bandière des étalages de libraires, étendards déployés par la science médicale aux abords de la citadelle où l'assaut se livre aux diplômes. Toutes les deux ont été formées une dizaine d'années avant la fin du xviie siècle, sur l'emplacement du cimetière des Cordeliers, et à la diligence de ces religieux, l'une comme rue de l'Observance, l'autre comme rue de Touraine ou de Turenne. L'auteur du plan de Turgot a adopté cette dernière version, pour laquelle militent les convenances de date, car Henri de la Tour-d'Auvergne, vicomte de Turenne, était mort en l'année 1675. Mais il y avait aussi à l'appui de la première version, non-seulement un hôtel seigneurial de Tours, sis presque en face, dans la rue du Paon, aujourd'hui Larrey, mais encore un collége de Tours, à un coin de la rue Serpente, et on croit que la rue nouvelle, pour cause d'approximation, se fit également tourangelle. La grande Observance, qui a laissé son titre à l'autre rue jusqu'au règne de Louis-Philippe, avait été introduite dans le couvent des Cordeliers en 1502, par Gilles Dauphin, 40e général de l'ordre. Clément XIV a réuni tout à fait les conventuels et les observantins, et le collége de cette maison, pour les jeunes religieux de la même compagnie qui venaient étudier à Paris la théologie, fut installé dans un vaste bâtiment composé des n°s 4, 6 et 8 actuels de la rue Antoine-Dubois, ainsi que des n°s 7 et 9 de la rue Dupuytren. Une cour, que l'aliénation a divisée en y laissant un puits commun au centre, et des rapports constants de construction, nous permettent de mesurer l'ampleur, comme édifice, du collége de ces religieux de l'ordre de Saint-François, au xviiie siècle. De leur maison, en des temps plus reculés, étaient sortis des docteurs de l'Eglise, saint Bonaventure et le subtil Jean Duns, dit *Scot*, philosophe scolastique ; elle a donné aussi à l'Eglise plusieurs papes et cardinaux. Les deux maisons de la rue Dupuytren dont nous venons de dire l'origine ont deux rampes d'escalier pareilles. La première a été l'objet d'une donation à l'Assistance publique, qui y a établi une école gratuite de dessin pour les filles, sous la direction de

Mlle Rosa Bonheur, en y mettant un logement au service de cette artiste distinguée. La seconde a été occupée par un savant, le baron Dunoyer, qui possédait aussi le n° 6, et M. de Malleville, conseiller d'Etat, en dispose.

Le 1 n'a pas toujours été distinct du 3 ; des fenêtres y sont hautes et étroites, au point de ressembler tant soit peu à des meurtrières. Leur vis-à-vis paraît plus vieux que la rue. Les deux autres maisons d'encoignure ont été refaites vers 1830, et le 8 il y a quelques années. Du 5 nous n'avons rien appris.

Mais tous les numéros de la rue n'ont pas encore répondu à l'appel. Voici le n° 4, qui sort des rangs, citons-le à l'ordre du jour, comme ancienne résidence de Mlle Molière ; car le titre de madame, par les usages du temps, était refusé à la femme de Molière, née Elisabeth-Armande-Clérinde-Claire Béjard. M. de Modène, son père, un gentilhomme du Comtat-Vénaissin, avait épousé secrètement sa mère, qui était comédienne, et qui avait refusé de consentir au mariage de sa fille, contracté en l'année 1662, avec l'immortel écrivain, qu'elle se flattait avoir eu pour amant. Mlle Béjard, actrice de naissance, avait de plus une sœur au théâtre, ainsi qu'un frère, longtemps pensionnaire de la troupe. Molière, encore plus mélancolique et tendre que plusieurs de ses personnages féminins, n'a pas été, comme mari, à l'abri des passions jalouses dont il offrait surtout dans ses ouvrages le côté fâcheux et comique. Veuve en

1673, la femme de Molière a épousé en secondes noces M. Guérin d'Estriches, s'est retirée du théâtre en 1694, et a fini peu de temps après le siècle. Ces dates nous prouvent qu'elle n'a pu habiter qu'aux dernières années de sa vie la rue de Turenne ou de Touraine, dont les maisons, moins divisées alors, puisqu'on n'en a pas ajouté, se trouvaient au nombre de 7, auxquelles pendaient 2 lanternes.

RUES DE L'ÉCHAUDÉ.

Ce mot avait un sens, que plusieurs des historiographes, nos devanciers, ont exhumé. L'ancienne édilité parisienne appelait *échaudé* un îlot de maisons coupé en fichu par trois rues.

Nous retrouvons en effet, rue de l'Echaudé-au-Marais, un pâté de constructions, ou, pour mieux dire, une pâtisserie légère, puisqu'un immeuble unique s'y gonfle sur une triple façade, entre les rues Vieille-du-Temple et de Poitou. Cette maison, qu'on a refaite, n'a pourtant rien changé à sa forme triangulaire, dont l'hypothénuse absorbe tout le côté droit de la petite rue de l'Échaudé. Du côté gauche, il y a le n° 3, dont la porte est rue de Poitou, mais qui date ostensiblement de l'ouverture de la ruelle, ayant eu lieu sur la culture du Temple en l'année 1626. Quant au n° 1, il affectait à l'angle de l'autre rue des allures de maison à double pavillon, en face de l'hôtel Montlosier; mais sa petite cour d'entrée a été recouverte et changée en boutique, et, dans une de ses ailes, a été percée une porte qui ne peut plus servir qu'aux piétons. Si Philippe-Robert Sanson, maître de la chambre aux deniers, qui habita cette encoignure, n'allait pas jusqu'à se faire porter en vis-à-vis, il avait tout au moins une mule, ne fût-ce que pour visiter ses propriétés. Or il possédait notamment un marais en culture, de l'autre côté du Cours et près d'un emplacement qui appartenait aux sieurs Gilbert, Caumartin et consorts, pour le fonds, et à la présidente de Fourcy, quant à l'usufruit. Un bout de rue Sanson y fut autorisé en 1782; mais la ruelle demeura barrée à ses deux extrémités jusqu'à ce qu'elle comptât un nombre suffisant d'habitants. Elle fut prolongée en 1826, c'est-à-dire plusieurs lustres après la mort du maître de la chambre aux deniers, et puis on effaça son nom, en 1851, de l'estampille municipale, pour y inscrire *rue de la Douane*. Comptez donc sur l'immortalité!

L'*Echaudé* du faubourg Saint-Germain est encore formé, entre les rues de Seine et Jacob, par trois ou quatre maisons qui donnent par-derrière sur une seconde rue de l'Échaudé, depuis le milieu du xvie siècle : on la nommait aussi en ce temps-là *Ruelle allant au Guichet de l'Abbaye*. Cette voie oblique, s'élargissant un peu au delà de la rue Jacob, compte plus d'une construction neuve, depuis le dénombrement de 1714, qui ne lui en accordait que six en propre, se partageant la lueur de trois lanternes, et qui, par conséquent, laissait de côté les maisons prenant ouverture sur d'autres rues. Le 14, le 16 et le 17 sont déjà deux fois séculaires, et ne font à eux trois que le dixième des numéros actuels. Aussi bien le percement de la rue Bourbon-le-Château, vers l'année 1669, avait coupé la rue en deux ; sa seconde partie, qui suivait la rue Abbatiale, sa parallèle du côté de l'Abbaye, se terminait en un cul-de-sac, dit *du Guichet*. Les 22, 24 et 26, construits sur un mode identique, dénoncent très-bien l'origine monastique. Un tout petit hôtel garni, assez coquet, au n° 28, ne doit avoir pour chambres que des cellules ; son escalier, sur la rue de l'Echaudé, est un dégagement d'après coup et d'invention lilliputienne : on maigrit rien qu'à passer devant. Quel moine fût allé jusqu'en haut? L'impasse était fermée par le n° 30, qui fut aliéné par l'Etat en 1790, et à la condition de se diviser pour faire embouchure à la rue. Cette maison, dont il reste une aile sur la place et rue Sainte-Marguerite, rapportait d'assez bons revenus aux abbé et religieux de Saint-Germain-des-Prés, dont c'était la propriété : une boucherie à neuf étaux s'y trouvait au xviii° siècle, et l'importance en était d'autant plus grande que la rue des Boucheries, qui est encore à deux pas de là, se trouvait la halle à la viande du faubourg Saint-Germain. Puis enfin cette voie de communication prit le nom de Durnstein en 1806, en commémoration d'une bataille ; mais la paix en refit la rue de l'Échaudé.

RUE DE L'ÉCHIQUIER.

La maison du fleuriste. — Le pavillon de l'Échiquier. — L'inventeur de la fantasmagorie. — La rue d'Enghien. — M. et Mme de Nervo. — Le caissier du duc d'Orléans. — L'ancien fossé de la ville. — Le baron Louis.

Constantin, ce fameux fleuriste de notre temps, n'est que de seconde main l'élève de Wenzel, dont les printemps artificiels inventaient aussi des merveilles. Elles ôtaient aux plus jolies femmes, qu'elles paraient du temps de Louis XVI, toute idée que leurs fêtes, leur élégance, leurs grâces, leur esprit resté tout français, allaient passer, bien avant l'âge, à l'état de sourire suprême, de chant du cygne, de crépuscule du soir et d'ancienne cour, en partageant le sort éphémère de ces fleurs créées sans soleil par le devancier de Constantin. On a eu tort de publier que la jolie maison édifiée par Wenzel, rue de l'Échiquier, n'existe plus : le devant du 46 n'eut pas d'autre origine, et la porte du 36 servait d'entrée d'honneur. Dans l'intérieur de ce dernier immeuble, il n'y a pas de mur de refend ; ses pièces du premier au-dessus de l'entre-sol sont séparées l'une de l'autre par de simples cloisons, boiserie ou maçonnerie légère, et partant la solidité de l'édifice primitif ne s'affecterait en aucune sorte à ce qu'on y rétablît les grandes galeries dans lesquelles de beaux bals étaient donnés par le fleuriste de la rue Bourbon-Villeneuve, qui y faisait jouer également des comédies et des proverbes.

Il y avait aussi à l'angle du faubourg Poissonnière un pavillon incorporé à la même propriété, et sur la façade duquel figuraient en peinture les cases d'un échiquier. Là, dans les dernières années de l'autre siècle, Robertson, eut son laboratoire, son cabinet, sa chambre noire, pour établir ses expériences d'un nouveau spectacle d'optique faisant apparaître des fantômes, et il donna, par suite, ses premières séances de fantasmagorie dans la maison Wenzel. La désinence anglaise du nom de l'expérimentateur était elle-même un innocent trompe-l'œil : on l'avait appelé l'abbé Robert, avant 89, et ce jeune prêtre, né à Liége, avait été en ce temps-là instituteur dans une maison particulière. Il transféra bientôt son petit spectacle dans l'ancien couvent des Capucines ; mais ses connaissances en physique lui avaient ouvert d'autres voies. Ses travaux aérostatiques eurent pour théâtre le jardin de Tivoli, lors de la création des fêtes de ce jardin, et il fit faire un grand pas à la science, comme inventeur réel du parachute. La renommée acquise à Paris par Robertson fut ensuite exploitée avec succès à l'étranger. Ayant fait de son fils son élève, il ne mourut qu'en 1837, aux Batignolles. Quant au corps de logis qui avait été le point de départ de la réputation de Robertson, il avait disparu pendant le Consulat. Plus de pierres de taille, plus de moellons se sont depuis lors entassés, dans cette portion de la rue de l'Échiquier, que le jardin n'avait de fleurs, au pied des corps de bâtiment qu'avaient permis d'élever ces fleurs, en servant de modèles à Wenzel pour tant de copies !

Ainsi finit le pavillon de l'Échiquier, que d'aucuns veulent ressusciter, par extension, au n° 36. Comme la Grange-Batelière, la maison de l'Échiquier était chef-lieu de fief. Ce fief, situé entre les deux faubourgs Saint-Denis et Poissonnière, avec une profondeur y englobant beaucoup de rues d'à présent, appartenait aux Filles-Dieu, qui avaient établi leur lieu de refuge avec un hôpital, sur ce point désert hors Paris, dès l'année 1226, et qui l'avaient quitté au milieu du xive siècle, dans de critiques circonstances. On avait soudain démoli de fond en comble leurs bâtiments, dans l'appréhension que les Anglais y prissent position en assiégeant la ville, et on avait transféré leur maison rue Saint-Denis, près de la rue dite encore des Filles-Dieu. Il y aurait anachronisme à exciper d'un jeu de mot, pour inférer que la retraite patriotique et précipitée de ces religieuses, devant les troupes d'Édouard III, fut un *échec* pour elles, puis pour l'ennemi comptant sur cette facile capture, et que la commémoration en fut confiée au fief de l'*Echiquier*. A un autre point de vue, il se peut que la configuration du territoire fût un carré semblable à la tablette du jeu de l'échiquier, inventé de toute antiquité, et que le sol, cultivé en marais, s'y découpât en plus petits carrés : nous ne voyons effectivement, désignés à cette place sur le plan de La Caille, que deux maisons et des marais, sans chemin apparent qui les sépare.

Mais, selon nous, le titre d'Échiquier fut donné à la terre par l'occupation étrangère, qui l'érigea en fief pour récompenser des services que les historiographes français ont pris plaisir à oublier : tout le monde ne sait-il pas qu'une juridiction, en Angleterre, s'appelle l'Echiquier, et qu'elle date de la Table-Ronde ? Restitué aux Filles-Dieu, le fief garda une dénomination qu'il ne devait pas avoir au siècle XIII, et que la communauté tint néanmoins à perpétuer. A la demande des prieure et religieuses, qui s'étaient entendues avec Claude-Martin Goupy, entrepreneur des bâtiments du roi, ces sœurs furent autorisées, en 1772, à répondre aux besoins de la ville agrandie, en aliénant leur territoire, afin que des rues y fussent ouvertes. Celle de l'Échiquier fut d'abord dite rue d'Enghien, et celle d'Hauteville, rue de la Michodière. Sur quoi les Filles-Dieu réclamèrent, en 1779, pour que la rue d'Enghien reprît le nom du Pavillon, qui fut alors bariolé à leurs frais de petites cases noires et blanches, naïf *rébus*, calembour ingénu, et la communauté alla à dame. Enghien, battu par Échiquier, fut mis en disponibilité ; mais il se retira en bon ordre sur les derrières de la maison de Wenzel, où il prit possession d'une rue parallèle, bordée par les jardins des mêmes hôtels, qui ne tardèrent pas à avoir deux façades et par suite à se dédoubler.

Revenons sur le 46, cité plus haut, pour évoquer ses souvenirs de l'Empire. M. De Nervo, d'une ancienne famille noble de la Suisse, y recevait beaucoup de monde; son salon était un bureau d'esprit; Mme de Nervo en faisait les honneurs, avec sa fille, Mme de Montgeroult, femme d'un ancien fermier-général, admirée par ses rares talents en musique. Ils recevaient le chevalier Laclos, auteur des *Liaisons dangereuses*, Mme de Beaufort-d'Hautpoul, fille de Marsollier, la princesse napolitaine de Belmonte, Bougainville, Dureau de la Malle, Lebrun le pindarique, le comte de Saint-Geniès, etc.

Le 40 et le 28 sont respectables par leur âge. Le 26, tout en se coupant en deux, est demeuré au même propriétaire : les morceaux ne s'en prodiguent que plus à l'aise des servitudes réciproques. M. De Gisors, attaché aux bureaux de la comptabilité du duc d'Orléans (dit, plus tard, Égalité), y résidait et raconta ensuite une anecdote se rapportant à cette époque de sa vie. Le prince manda un jour au caissier principal de sa maison, d'avoir à tenir prêts ses comptes et l'état de sa caisse pour le samedi suivant. Au jour dit, tout était en règle, car le caissier, pour combler des lacunes, avait fait d'assez forts emprunts pour vingt-quatre heures. — Je suis content de vous, lui dit le duc, en mettant sur-le-champ la clef de la caisse dans sa poche.... Les prêteurs du comptable en furent ainsi pour leurs avances. De la propriété qu'a habitée M. de Gisors, jouit depuis la fin de l'Empire, M. Blerzy, grand-oncle de l'auteur des présentes notices.

Du 24 également, la première pierre fut posée avant la Révolution, seulement il manque de profondeur : c'est maintenant la maison des Sœurs de la Charité du IIIe arrondissement. Le 22 fut bâti vers le même temps, par Andry, tapissier, mais sans être l'aîné des 18, 16, 4 et 2. Or, les maisons de la première pousse ont gardé, rue de l'Échiquier, outre des détails de construction et des ferrures qui les font reconnaître, des carreaux en gros verre convexe à reflet de verre de bouteille, qui ne sont plus de notre siècle. Quel heureux signe particulier, pour une rue qui commence à dater, et quelle preuve de sérénité pour les mœurs de ses habitants, se reflétant sur celles des passants, que jamais les vitres ne s'y cassent! On voit bien que la bourgeoisie, principal élément de sa population, passe tout au moins six mois de l'année dans les villas des environs de Paris; les croisées des appartements y restent closes bien plus de la moitié du temps, car les persiennes empêchent, même en hiver, que le jour s'y fasse à ses heures. Plusieurs coqs réveillaient de grand matin les dormeurs mécontents, lorsqu'il y avait encore des nourrisseurs, des vachers d'un côté et de l'autre ; mais le dernier des baux consentis dans la rue à ces paysans citadins, a expiré avant

1830, et le taux des loyers s'élève encore, de peur qu'ils n'y reviennent.

Sur la rive gauche de la rue, le 1, le 13, le 15, le 19 et le 21 ont été d'abord visités avec zèle par M. Rousseau; mais notre explorateur n'a rien trouvé qui permît de les signaler à l'attention rétrospective. L'architecte Bellanger, lors de l'ouverture de la voie, fut le fondateur du 23, et la même famille en dispose depuis Bellanger : un petit jardin s'y est maintenu plus bas que le sol de la rue, dans l'ancien fossé de la ville.

Casimir Delavigne demeurait au 37, lorsqu'il fit représenter *Marino Faliero* au théâtre de la Porte Saint-Martin, c'est-à-dire le 30 mai 1829. L'auteur, à deux années de là, y composait encore la *Parisienne*, que chanta sur divers théâtres Adolphe Nourrit, son ancien condisciple au lycée Napoléon.

Les trois maisons qui suivent ont une origine commune ; mais celle du milieu, que précède une avenue et qu'occupe le consulat du duché de Brunswick, fut construite à un autre moment que les deux autres, qu'accouplait des pieds à la tête le même mode d'architecture. Le 43 vient d'être refait ; mais il suffit de regarder son pendant, pour le revoir lui-même tel qu'il était, quand le baron Louis l'habitait. M. Louis avait été, lui aussi, lié aux ordres sacrés et, de plus, conseiller-clerc au parlement de Paris ; il avait assisté, comme diacre, l'évêque d'Autun, prince de Talleyrand, à la messe célébrée au Champ-de-Mars le 14 juillet 1790. Ayant concouru à la Restauration, en 1814, il eut deux fois le portefeuille des finances, après avoir occupé des places dans ce ministère sous Napoléon. Une belle terre qu'il avait acquise près de Melun, en se retirant du ministère, prenait tous les loisirs que lui laissèrent les affaires.

Le jardin d'une de ces propriétés, maintenant distinctes l'une de l'autre, est encore mitoyen par derrière avec le théâtre du Gymnase. On y a déterré, lors de la construction du mur, quelques ossements humains qui rappelaient l'existence antérieure d'un cimetière entre la rue de l'Echiquier et le boulevard. Un plan de 1778 marque, en effet, à cet endroit le cimetière Bonne-Nouvelle, sur lequel se taisait le plan de 1739. On trouve ailleurs que ce lieu de sépulture, en 1787, ne recevait que des protestants, et tenait à un corps de garde. Dans tous les cas, c'est pendant peu d'années qu'un cimetière a pu être placé dans une excavation qui servait de fossé à Paris au commencement du règne de Louis XV, et où les sépultures cessèrent sous la République.

PLACE ET QUAI DE L'ÉCOLE.

Mlle de Rieulx. — Le n° 6. — Le dentiste de Louis XVI. — Ledru-Rollin. — Mme Danton. — La mère Moreaux. — Le bon vieux temps. — Les joueurs de dames.

Les écoles de Saint-Germain-l'Auxerrois, parmi lesquelles

furent celles de chirurgie, firent appeler, dès 1290, *Grande rue de l'Eschole Sainct-Germain-l'Aucerroy*, le quai dont nous nous occupons, et qui fut redressé, élargi sous François Ier, sous la Régence, sous Louis XVI et au commencement du règne de Napoléon III. La rue du Petit-Bourbon, aujourd'hui place du Louvre, débouchait sur le quai, par l'arche de Bourbon, entre le port au Blé et le port au Bois neuf, qui finissait près de la Samaritaine. Du côté du Pont-Neuf, les premières maisons ont gardé l'alignement du XVIe siècle; elles ont vu à coup sûr, en 1573, Rénée de Rieulx, maîtresse du duc d'Anjou, fouler aux pieds de son palefroi, par un jour de cérémonie, Nantouillet, qu'elle y rencontra, marchant à pied. Jolie femme et vindicative, qu'avait aimée le prince de Condé vers le temps de la conjuration d'Amboise, et qui tua de sa propre main, en d'autres jours, le florentin Antinotti qu'elle avait épousé, dit-on, mais qu'elle avait bientôt surpris manquant à la foi conjugale!

2 et 4, beaucoup plus hauts que larges, auront le même sort que le numéro d'après : chacun des trois s'appuie sur les deux autres, comme s'ils avaient fait le serment des Horaces. Or, le n° 6 n'aura pas vécu sans projeter l'ombre de son histoire jusqu'à ce recueil, appelé un jour à lui survivre. Son escalier tourne avec des balustres sur des degrés étroits et roides, qui conduisent présentement M. Le Vaillant de Florival, professeur d'arménien près

la Bibliothèque impériale, à son logement, d'où la vue est fort belle, et l'orientaliste y succède, mais à deux siècles d'intervalle, au chirurgien ordinaire de la reine Anne d'Autriche, ayant nom Nicolas Prodé. Messire Pierre Alexis Dubois, président au parlement en la 1re chambre des requêtes, disposait de la propriété aux dernières années du règne de Louis XIV; puis ce fut Guillaume Tartarin, d'abord avocat et échevin, et ensuite conseiller-secrétaire du roi, avocat-général du conseil de la reine ; puis vint un autre Tartarin, seigneur d'Argenville, colonel d'infanterie. Cette maison, relevant de l'archevêché, était contiguë, sous Louis XV, d'une part à celle de Mlle Quarante, de l'autre à Mlle Descartes. Le savant philosophe du siècle précédent avait illustré ce dernier nom, sans laisser de postérité ; mais de sa noble famille, originaire de Bretagne, était probablement la demoiselle, vouée comme lui-même au célibat. Un perruquier-baigneur, dénommé Jean-Entier Dubois, tint le rez-de-chaussée et le sous-sol à bail, de 1748 à 1777, sous-sol qui, aujourd'hui encore, s'étend sous une partie du quai, incorporé de date immémoriale à la propriété. Cet empiétement originel marque sans doute l'alignement du temps de Philippe-le-Bel. Toutefois, plusieurs maisons riveraines communiquaient avec la Seine, par des souterrains antérieurs à la construction du Pont-Neuf, ce qui confirme la tradition des fréquentations d'Henri IV dans la maison dont nous parlons, à l'époque où ce roi, s'initiant prudemment aux ressources du sous-sol parisien, avait de l'autre côté de l'eau un pied-à-terre de plaisance, que nous avons retrouvé rue Dauphine.

Le 8 opère un léger retrait, et le sol en pente de sa cour témoigne de l'exhaussement du quai ; il n'a pas moins de sept étages, mais qui ne sont pas de même venue; son balcon à balustres, s'appuyant sur de noueuses consoles, paraît avoir servi de modèle tout récemment à un balcon de la rue Richelieu, et à bien d'autres qui signalent un des retours de la mode et du goût. Bordet, dentiste de Louis XVI, a créé cette propriété, qui n'est pas sortie de sa famille, et que trois dames, plus qu'octogénaires, se sont transmise, gage d'affection domestique aidant à la longévité. Avant 1840, Ledru-Rollin y avait son appartement, n'étant encore que docteur en droit, jurisconsulte distingué, avocat à la Cour de cassation et au conseil d'État; il y donna congé pour se marier, et se maria pour entrer à la Chambre, où il se fit remarquer bientôt comme orateur, sur les bancs de la gauche, mais loin des idées socialistes qu'il crut sa planche de salut, le lendemain de son entrée au pouvoir, et qui firent sombrer l'équipage.

Plusieurs dentistes se partagent l'héritage de Bordet, comme clientèle, dans les autres immeubles longeant la levée près du fleuve, et qu'on a plus ou moins refaits jusqu'au 26 inclusivement. Mais les boutiques voisines de la maison du dentiste du roi étaient toutes occupées par des fripiers, à l'exception d'une seule, où se trouvait le café du Parnasse, pendant la seconde moitié de l'autre siècle. Danton, un de ses habitués, épousa Mlle Charpentier, fille du limonadier, laquelle mourut, en 1792, pendant que le tribun, son mari, était en mission dans la Belgique nouvellement conquise à la France par Dumouriez.

La place de l'École qui, du temps de François Ier, avait pour pseudonyme la qualification de place aux Marchands, n'en remonte pas moins à la même origine que le quai où elle forme golfe.

A l'entrée de la baie a jeté l'ancre par hasard, à l'époque du Directoire, une cargaison de prunes à l'eau-de-vie, dans une cantine plus que modeste alors, où fut servie la première goutte à un soldat de l'armée de Sambre-et-Meuse, dont le corps partait pour l'Égypte. Combien de temps l'anonyme resta-t-il à ce débit de fruits alcoolisés? Toutes les gloires n'ont-elles pas leurs étapes? Des étudiants, sous la Restauration, commençaient à s'y arrêter, seuls ou en joyeuse compagnie, chaque fois qu'ils traversaient la Seine; la mère Moreaux leur faisait bon accueil, qu'ils eussent de l'argent ou point. Les uns payèrent, les autres ne s'acquittèrent qu'en réputation et en louanges; monnaie qui éleva sa personne à la dignité d'effigie. Souvent l'obligeante liquoriste, quand le mois touchait à sa fin, avait mis une rallonge à sa modeste table, invitant à dîner ses pratiques du pays latin. La mère Moreaux, par une bonne humeur qu'augmentaient ses petits sacrifices, n'a-t-elle pas mérité cette immortalité qui profite à ses héritiers, et dont le principe était la gratitude ? Il lui sera beaucoup pardonné, et notamment d'avoir multiplié à l'infini le nombre de liquoristes qui se pavanent maintenant sous ses auspices. Elle a créé le genre Moreaux, à ses risques et à ses dépens ; une famille innombrable de filles de comptoir, toujours coquettes, jeunes et gentilles, versant le sourire au fond du verre, sous prétexte de prunes ou d'absinthe, est sortie pour courir la ville, des jupons en indienne de cette mère Gigogne du comptoir : jusque-là l'ivresse des petites bourses n'avait que de répugnantes Hébés, qui se sont faites gardes-malades, et auxquelles, par malheur, les liquoristes taillent de la besogne !

Quel contraste ne fait pas, en face de telles nouveautés, l'aspect de cette habitation, assurément contemporaine de François Ier tout au moins, qui forme angle sur la place et rue des Prêtres-Saint-Germain-l'Auxerrois ! La saillie de sa toiture en angle aigu n'est plus qu'un simulacre de protection fort ingénue, sur ces allées et venues sans fin qui font maintenant que l'état de coureur est cumulé par tant de professions ! Autrefois le marchand d'en bas ne prenait l'air que sur le pas de sa porte, sortait le plus rarement possible en jours ouvrables ; l'avocat du premier ne s'occupait de la hausse ou de la baisse, que de ses propres honoraires, curieux de s'en montrer plus digne par des études répétées ; les fenêtres des étages supérieurs, garanties de la pluie par le rebord du toit, servaient d'observatoire au petit rentier, de course en chemin de fer à sa femme, de télégraphie pour l'amour tant aux gens dépourvus qu'aux gens mal pourvus des deux sexes, avant que de grandes découvertes eussent fait naître des goûts, des besoins insatiables d'ubiquité à tous égards. D'autres propriétés, place de l'Ecole, ont eu l'heur ou le malheur (comme on voudra) de connaître ce bon vieux temps.

Quoi de plus sédentaire, par exemple, que le jeu de dames. Comment croire que, comme théorie, il ait eu sa révolution, son changement de constitution en 1770? O esprit de réforme, voilà encore de tes coups! Un ouvrage publié par Manoury en ce temps-là, et qu'on a depuis réimprimé deux fois, a fait perdre huit pions au damier. L'universalité des joueurs a depuis lors Manoury pour législateur, pour souverain. Son nom brille encore sur la porte du café où il présidait aux exercices d'une véritable académie ; le maréchal de Saxe est venu prendre des leçons de ce maître, là où les amateurs de notre temps engagent encore les parties de dames les plus intéressantes. Comme établissement public, le café Manoury date de bien avant l'introduction en France de l'usage du café ; il a été ouvert par un chocolatier, sous Henri IV. Mme Servant, qui a tenu la maison pendant trente ans, avait eu son père pour prédécesseur. C'était aussi un lieu de réunion adopté par des gens de lettres, au XVIIIe siècle et sous l'Empire.

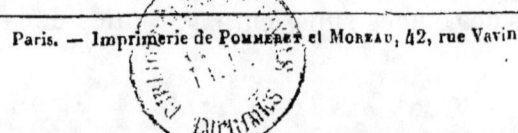

Paris. — Imprimerie de Pommeret et Moreau, 42, rue Vavin

LES ANCIENNES MAISONS

Des rues de l'Ecole-de-Médecine, d'Ecosse, d'Enfer et de l'Eperon.

NOTICES FAISANT PARTIE DE L'OUVRAGE INTITULÉ :

LES ANCIENNES MAISONS DE PARIS SOUS NAPOLÉON III,

PAR M. LEFEUVE,

Monographies publiées par livraisons séparées en suivant l'ordre alphabétique des rues.

RUE DE L'ECOLE-DE-MÉDECINE.

Le collége d'Ainville. — L'école de chirurgie. — L'école de dessin. — Le collége de Bourgogne. — Les Prémontrés. — Le couvent et le club des Cordeliers. — Marat. — Charlotte Corday. — Histoire de la tourelle. — Les étaux de bouchers. — Le conventionnel Legendre. — Passage de la Treille. — Le café des comédiens.

La rue de l'École-de-Médecine formait deux rues aux siècles précédents, celle des Cordeliers, celle des Boucheries-SaintGermain, dite d'abord Grande-rue-de-Saint-Germain.

Près de la rue de la Harpe, du côté des numéros pairs, était le collége d'Ainville, fondé en 1380 par Michel d'Ainville, archidiacre d'Ostrevan au diocèse d'Arras, tant en son nom que comme exécuteur testamentaire de Gérard et Jean d'Ainville, ses frères, pour douze boursiers, y compris le principal et le procureur, desquels six du diocèse d'Arras et six du diocèse de Noyon. Ces boursiers devaient être de condition libre, âgés au moins de 14 ans et clercs tonsurés ; leur instruction se défrayait jusqu'à la théologie inclusivement. L'hôtel d'Ainville leur était concédé, avec 318 livres 16 sols 10 deniers de rente foncière à prendre sur les halles et moulins de la ville de Rouen, et avec la maison et grange dite des Barrois, à Arras : dot que par la suite a grossie l'adjonction de parties de rentes, de maisons, de terres labourables. La collation aux bourses était dévolue aux doyens et chapitres de Noyon, d'Arras ; mais le pénitencier de l'église de Paris était constitué en même temps visiteur et censeur à perpétuité du collége, aux termes des statuts confirmés par Americ, évêque de Paris. Deux autres bourses furent dues plus tard en l'année 1733 à la reconnaissance de Louis de Targny, abbé de Saint-Lô, sous-bibliothécaire du roi, ancien boursier. Les engagements constitutionnels de la maison étaient exactement remplis en 1762, lors de la réunion des petits colléges à Louis-le-Grand ; le principal touchait 1,000 livres, et le procureur 900 livres. Le collége était entouré de onze maisons qui lui appartenaient, payant cens au chapitre Saint-Benoit ; la rue des Cordeliers en comptait quatre, et les autres donnaient rue de la Harpe, rue Pierrre-Sarrasin. Une des deux grandes portes de l'établissement se reconnaît dans cette dernière rue ; c'est le seuil principal des ateliers de Charrières, fabricant d'instruments de chirurgie. Tout ce côté de la rue Pierre-Sarrasin est resté à peu près le même qu'à l'époque où le collége d'Ainville en était le propriétaire.

La rue des Cordeliers donnait pour vis-à-vis à cette fondation scolaire la paroisse de Saint-Côme, dont l'église et le presbytère étaient sous la censive de Saint-Germain-des-Prés, ainsi que trois maisons, possédées par ladite église, savoir deux rue de la Harpe et une rue des Cordeliers, cette dernière servant alors d'école pour les filles pauvres, tenue par les sœurs de la Charité. La cure de cette petite église, érigée en paroisse l'année 1212, passa en 1345 à la nomination de l'Université de Paris; le bâtiment n'en a disparu qu'au milieu du règne de Louis-Philippe. Ce qu'elle avait rue de la Harpe, avant l'aliénation révolutionnaire, n'est pas encore démoli, mais ne tardera pas à déblayer un des vieux carrefours de Paris, qu'agrandissent en fuyant ses angles.

Il restera, par exemple, au n° 5 de la rue, un bâtiment polygonal dont les traditions étaient liées à celles de l'église qui n'est plus, par une longue contiguïté et une communauté patronimique. L'école de chirurgie de Saint-Côme, sous la forme d'une confrérie de Saint-Côme et de Saint-Damien, fut établie en cet endroit à la sollicitation de Jean Pitard, chirurgien de Louis IX à l'époque de la création, puis de Philippe-le-Hardi et de Philippe-le-Bel. Tous les lundis on donnait gratuitement à Saint-Côme les soins que l'état des malades réclamait de la médecine, en tant qu'opérations manuelles. De plus, en 1437, les maîtres-chirurgiens de la confrérie furent admis au nombre des écoliers ou suppôts de l'Université, à la condition de suivre les écoles de médecine ; leur art s'érigea donc en science, et ils furent distingués des chirurgiens-barbiers, bien que ceux-ci se contentassent rarement de raser, de saigner et même d'accoucher. Les premiers portaient le titre de chirurgiens de robe-longue ; les autres n'étaient que de robe-courte, et de nombreux procès n'ayant pas assez bien tiré la ligne de démarcation, il y eut ensuite concession des deux parts, comme bien plus tard réunion à des conditions honorables. Jean de Précontal, premier barbier de Henri III, se trouvait à la tête des barbiers-chirurgiens lorsque ce roi prit souci des progrès et de l'honneur du collége des chirurgiens de Paris, en tenant la main aux recommandations qu'avait faites François Ier, et que plus tard renouvela Louis XIII, de n'y garder personne ignorant la grammaire, étranger au latin, ou qui se dispensât du service des malades le lundi de chaque semaine. En somme, les barbiers-chirurgiens furent eux-mêmes reçus pour écoliers par la faculté de médecine ; seulement on leur défendit de se dire bacheliers, licenciés, docteurs, membres d'un collége, et on les qualifia seulement aspirants, maîtres, membres d'une communauté; les lectures et les actes publics leur furent interdits également. A cela près, il y eut égalité. La société resta sous la direction du premier chirurgien du roi, prévôt perpétuel, et de quatre prévôts électifs ; les aspirants n'y passaient maîtres qu'après un examen subi [devant trois docteurs médecins et une thèse publique, soutenue en latin, dont trois exemplaires étaient remis au doyen de la faculté de médecine.

L'amphithéâtre anatomique fut reconstruit en 1694, tel que nous le revoyons à l'extérieur, si ce n'est que son petit dôme n'a plus le même couronnement. C'est encore une grande édition pour un dystique lapidaire, s'il n'eût été commandé à Santeul, dont la poésie en effet porte bonheur aux monuments :

> Ad cædes hominum prisca amphitheatra patebant,
> Ut discant longùm vivere nostra patent.

L'école de chirurgie devenue académie royale, dont le service hebdomadaire gratuit durait encore au commencement de la Révolution, fut transférée à l'école de médecine, c'est-à-dire dans l'édifice élevé par Louis XV, de l'autre côté de la rue, spécialement pour la chirurgie. Ce roi établit donc, en 1767, dans l'ancien amphithéâtre de Saint-Côme, une école de dessin gratuite pour 1,500 enfants, qui d'abord s'était tenue au collège d'Autun, rue Saint-André-des-Arts, et qui depuis lors n'a plus changé de place.

De même la science médicale siége depuis plus d'un siècle sur l'ancien emplacement du collége royal de Bourgogne. Or Claude Boulier, principal, d'accord avec le chapelain et les boursiers de ce collége, reconnaissait en 1736 devoir le cens à

Saint-Germain-des-Prés pour plusieurs maisons sises rue des Cordeliers, rue du Paon et petite rue du Paon, qui n'ont pas toutes disparu. Nous en reconnaissons rue Larrey et impasse Larrey.

Lors de la suppression des petits colléges, sous prétexte de réunion, Claude-Gabriel Moreau, docteur en Sorbonne, principal, et Jean-Baptiste Mignot, docteur en théologie, chapelain, présentaient un mémoire à leurs seigneurs, MM. du parlement, pour satisfaire à l'ordonnance de MM. les commissaires Valette, Leneveux, Fourneau et D. Gigots, en date du 20 octobre 1762. Cette pièce, qui est encore à imprimer, rappelle que Jeanne de Bourgogne, femme de Philippe-le-Long, légua le prix de son hôtel de Nesles et 200 livres parisis de rente à prendre sur les profits du sceau de la prévôté de Paris, pour fonder ce royal collége. Les exécuteurs testamentaires de la reine étaient le cardinal du Bertrand, évêque d'Autun, le père Nicolas de Lyre, cordelier, Thomas de Savoye, chanoine de l'église de Paris, et le père Guillaume de Vadinq, aussi cordelier. Il y avait provision pour que vingt écoliers y étudiassent dans la faculté des arts, notamment en philosophie : *In Logicalibus et Naturalibus duntaxat et non in aliâ facultate*. La nomination aux bourses appartenait alternativement au chancelier de l'Université de Paris et au gardien du grand-couvent des Cordeliers ; mais il fallait que tout candidat, *sufficiente fundatus in Grammaticalibus*, eût fait sa rhétorique. En dernier lieu, les collateurs aux bourses, qu'on appelait dans tous les colléges MM. les supérieurs-réformateurs, se trouvaient être l'abbé Thiéry, comme chancelier de l'Université, et révérend père Barbe, comme gardien des Cordeliers. Le nombre des boursiers avait été réduit ; plusieurs fois même les titulaires avaient temporairement cessé de vivre en commun. Les élèves portaient l'habit long. Il y avait, outre les élèves, des locataires-étudiants, par exemple l'abbé de Larochefoucauld, M. de Monront, payant son hospitalité au collége royal de Bourgogne, ainsi que des professeurs d'autres colléges et de vieux prêtres, nommément Charpentier, auteur du *Glossaire de Ducange*, et Leneveux, ancien recteur de l'Université.

De l'école de médecine font encore partie deux anciens corps de bâtiments, qui n'étaient pas au collége de Bourgogne, et qu'habitent des professeurs, des employés de la faculté. La veuve de Raymond de Ponson, officier au régiment de Bourgogne, les possédait vers le milieu du xviiie siècle, époque où la petite rue du Paon était déjà un cul-de-sac, auquel cette propriété tenait par derrière. Madame de Ponson l'avait acquise des héritiers et légataires de Philippe de Massac, qui y avait succédé à son père. M. Cornu, président au parlement occupait un appartement au-dessus de la porte cochère qu'avait alors cette maison sur la rue des Cordeliers. Le roi l'acheta en 1782, pour être réunie à l'hospice établi par un édit de 1774, et pour servir d'emplacement aux lits de fondation royale.

Ces bâtiments tenaient aussi à l'église de Sainte-Anne, chapelle du prieuré des Prémontrés, fondée au XIIIe siècle, et dont le chœur est transformé en un café, au coin de la rue Hautefeuille. Du collége des Prémontrés, qui ne servait à élever que de jeunes chanoines de cet ordre, il reste presque tout l'édifice, dans les deux rues où il fait angle. La ferrure, magnifiquement vieille d'un escalier, qui se soude au premier étage à une rampe de balustres en chêne, est tout l'ornement de sa vieillesse, avec les dorures enfumées de ce café de la Rotonde, où s'agite la jeunesse éternelle des écoles. L'abbaye de Prémontré était en Picardie.

Des Prémontrés aux Cordeliers il n'y avait qu'à traverser la rue, et l'antiquaire aime à refaire ce trajet. Le musée Dupuytren est beaucoup plus rempli, pour lui, de souvenirs que d'enseignements, et il sait le chemin par cœur d'une maison, n° 7, dont l'escalier prend jour par une fenêtre ogivale sur une petite cour, d'apparence encore monacale, où se déchiffre péniblement l'inscription de noms inconnus, lesquels n'ont jeté leur éclat qu'en deçà du temps et du cloître qui les ont mis en évidence. Derrière ces pans de murs séculaires, où le travail revêt des formes nouvelles, l'étude et l'abstraction furent longtemps mises en commun, comme aujourd'hui l'association déploie l'industrie des faits et des choses. Mais le fantôme des frères Cordeliers s'éloigne et pâlit, dans l'histoire, devant les ombres à jamais menaçantes qu'a laissées debout le club des Cordeliers.

La salle de théologie, dont le vaisseau nous apparaît encore, n'a-t-elle pas été envahie par Danton, Camille Desmoulins, qui quittaient le Palais-Royal ? Le bataillon des Marseillais, venus à Paris pour le 10 août, n'a-t-il pas pris possession des cellules ?

Marat demeure alors au premier étage d'une maison de cette rue, près de l'école de médecine, bien qu'il n'exerce plus la profession de médecin que sur lui-même. A deux pas delà, dans la cour du Commerce, s'imprime son *Ami du peuple* et habite son ami Danton. Une fièvre inflammatoire, déterminant l'éruption d'une lèpre peut-être vénéneuse, finit par l'empêcher d'assister aux séances de la Convention, où Cambon voue, à son exemple, la Gironde à l'exécration, et où Charlotte Corday, d'une famille alliée à celle de Corneille, épie en vain son arrivée du haut d'une tribune publique, en s'aguerrissant aux clameurs qui ne la détournent pas de son projet. Le surlendemain elle pénètre dans l'appartement du tribun ; il est dans le bain, elle le frappe. Aux cris de Marat un plieur du journal vient trop tard à son aide ; il terrasse l'héroïne, qui se relève, quand la maison est envahie, pour se placer sous la sauvegarde des membres de la Section. Danton l'injurie avec rage ; Chabot et Drouet sur-le-champ procèdent à l'interrogatoire. Puis le corps de Marat est transporté dans l'ancien amphithéâtre de

Saint-Côme, où Bachelier, ci-devant peintre du roi, et resté directeur de l'école de dessin, fait rendre des honneurs infinis à l'ami, au modèle de son confrère David, et tomber des couronnes, des hymnes, des louanges qui en font une divinité, sur l'autel dressé au martyr par ses admirateurs du club des Cordeliers. Enfin le cœur du tribun, et combien de gens s'étonnent que le monstre en ait un! est enfermé dans l'urne la plus riche du garde-meuble de la couronne, mieux qu'on ne fit autrefois pour Philippe-le-Long dans l'église même des Cordeliers. Son corps est exhumé : ensuite du jardin monastique on le porte au Panthéon. L'apothéose a plus tard pour revers la translation suprême des restes de Marat dans l'égout de la rue Montmartre.

Demandez qu'on vous montre les croisées de Marat, presque tout le monde vous désignera du doigt les jours grillés d'une tourelle hexagone, à l'encoignure de la rue Larrey. Gustave Drouineau a pensé s'y tromper ; il en convient dans un article des *Cent-et-un*, qui a pour titre : *Une maison de la rue de l'École-de-Médecine.* Mais la place de la baignoire, où le sang coula sans faire tache, est parfaitement marquée dans la propriété d'avant : le cabinet où elle était n'a presque pas changé de physionomie. L'appartement est occupé en ce temps-ci par le docteur Galtier. La maison, au siècle XVII, était connue comme *hôtel de Cahors*, appartenant à Charles Boyer, seigneur du Péreux, puis à Nicolas de Lutel, contrôleur général de la maison du duc d'Orléans. En 1730, un marchand tapissier, Robert Georget, dit Dubois, y tenait à M. de Vieupont (propriétaire du n° 18). Le tapissier laissa enfin cet ancien hôtel de Cahors au bourgeois Maricourt, son neveu, qui dut avoir Marat pour locataire.

Ce n'est pas une raison pour raser la jolie tourelle, que la Terreur n'a point faite historique, et dont personne jusqu'ici n'a interrogé le passé qu'à contre-sens. Ces titres de noblesse remontent à l'époque où la porte Saint-Germain, qui n'a été jetée bas qu'en 1672, surgissait à peu près au point où débouche la cour du Commerce dans la rue ; et la ville du moyen âge disait là un charmant adieu qui méritait la réplique d'un : au revoir ! L'adjudication de cet immeuble eut lieu effectivement en 1791, au nom du procureur Longeau-Dupré. Quelle apparence toutefois que les ci-devant propriétaires, qui étaient les Riquet, bonnetiers, eussent émigré ! A cette famille, vers le milieu du siècle, la donation en avait été faite par les Guy, exerçant le même commerce, lesquels avaient eu pour vendeurs les héritiers de Jacques Saulnier. Ce dernier était épicier sans avoir à payer de loyer, au même endroit où de nos jours se vendent le sucre et la chandelle encore. Mais avec Jacques Saulnier avaient traité précédemment les Thumery de Boississe, qui s'étaient alliés aux Flesselles, sous le règne de Louis XIV. C'est ainsi que des droits de copropriété étaient échus vers ce temps-là, sur la maison de la tourelle, à Jean-Baptiste de Flesselles, époux de Madelène de Thumery, et oncle du prévôt des marchands qui fut une des premières victimes de la Révolution. Ces Thumery avaient eu pour auteur Germain-Christophe de Thumery, doyen des présidents, héritier de Jacques de Maubuisson, comme cet avocat l'avait été antérieurement de Mathieu de Fontenay, son aïeul maternel, contemporain de Henri IV.

L'église de Saint-Côme n'étendait pas plus loin son périmètre paroissial.

Aussi bien la rue des Boucheries, que le commerce rendait des plus passantes, comptait 94 maisons, quand celle des Cordeliers n'en avait que 29. Très-peu de changements ont été apportés dans cette centaine de constructions. La dénomination de la rue était amplement justifiée par vingt-deux étaux de bouchers; l'institution des abattoirs purifia enfin son ruisseau, où le sang coulait encore, à toute heure du jour, dans les commencements de l'Empire. Il ne paraît pas étonnant que le conventionnel Legendre se fût longtemps repu de ce spectacle; ancien boucher de son état, il avait continué en le quittant à habiter la rue des Boucheries, au n° 65 d'à présent, près d'une boutique de traiteur où lord Dervent Waters avait fondé la plus ancienne loge de Francs-maçons. Le conventionnel y avait caché, pendant assez longtemps, avant la Convention, son collègue Marat dans une cave. On sait que la sauvage éloquence de cet agitateur, qui savait lire à peine, le faisait regarder comme un homme extraordinaire et surnommer le *Paysan du Danube*. Le commerce de la boucherie ayant une crise à subir, Legendre demanda, le 21 février 1794, que la Convention ordonnât un carême civique, pour arrêter la destruction croissante des espèces auxquelles on ne laissait plus le temps de se renouveler. Et ne fut-il pas jusqu'au bout un voisin serviable et prévenant? Il laissa en mourant son corps à l'école de chirurgie.

La plupart des bouchers de la rue étaient aussi propriétaires, comme l'indique l'arbre généalogique de ses maisons jadis chargées d'enseignes ; et quelquefois les locataires y portaient, sous l'ancien régime, des noms pleins d'aristocratie. Le 76, sur la fin de la Régence, appartenait fort bien à une dame Savin, limonadière, donnant appartement à bail au comte et à la comtesse Duguesclin. De tels exemples n'étaient pas rares. Nous ne remarquons de noms connus parmi ceux des propriétaires de la rue des Boucheries, au milieu du siècle dernier, que Thomas-Alexandre-Denis de Riancey, capitaine au régiment de Navarre, qui avait hérité de sa mère, veuve de Louis-Denis de Riancey, maître des comptes, l'immeuble répondant au n° 86.

Le passage de la Treille, qu'illustraient en s'entrelaçant des vignes grimpantes, et où la foire Saint-Germain attirait de petits marchands, qui louaient des places jusque-là, se retrouve vis-à-vis, n° 97. On y revoit par-devant une maison, où pendait autrefois l'image du Cardinal ; Delope, avocat au parlement, la transmit à son fils, maître d'hôtel de Louis XVI. Un receveur des fermes du roi vendait cependant à Claude Letellier, maître sculpteur, peintre et doreur, un bâtiment avec cour et jardin, dont l'accès avait lieu par cette même allée, aboutissant aux halles de la foire, et présentement rue Clément. Il y avait là trois propriétés bien distinctes, mais qu'avait détenues à la fois, cent ans plus tôt, un commis au greffe du Châtelet. Enfin le n° 101 n'était rien moins qu'au bonnetier Poulin.

Nous regrettons de ne pouvoir indiquer qu'aproximativement, dans ces parages, un café qui jouissait alors d'une certaine célébrité, outre qu'il égayait la rue. Directeurs de théâtre et comédiens s'y donnaient rendez-vous annuellement, de quinzaine en quinzaine de Pâques. Ce café a toujours été sombre, comme une salle de spectacle à l'heure des répétitions, circonstance favorable aux illusions, aux dissimulations, par conséquent à la spécialité qui peuplait quinze jours par an le désert d'un établissement intéressé à l'extrême à la discrétion : la foire aux engagements pour la province et l'étranger y était tenue sur parole. Le nain se grandissait un peu, le géant se pliait en deux ; rien de plus droit que le bossu ; l'ingénue cachait sa grossesse ; la grande coquette, qu'elle avait l'âge des duègnes : les rides, les tics et les infirmités n'entraient en scène qu'au feu de la rampe.

RUE D'ÉCOSSE.

Parlez-moi donc, cher collaborateur, de vos découvertes rue d'Écosse, disait le rédacteur du présent recueil au diligent M. Rousseau.

— La rue d'Écosse, lui répondit avec franchise M. Rousseau, était du petit nombre de celles que je connaissais mal. Je l'ai cherchée près de la rue des Postes, où je n'ai trouvé que celle des Irlandais. J'ai cru qu'elle devait être voisine du ci-devant collége des Écossais, rue des Fossés-Saint-Victor ; mais je n'ai pu la rencontrer que sur cet autre penchant de la montagne Sainte-Geneviève qui s'est appelé Mont-Saint-Hilaire. Voici mes notes : n° 1, *a dû avoir son importance; 2, bien bâti, s'arrondissant sur la rue Saint-Hilaire ; 3, inégal et tassé ; 4, vieux et haut ; 5 et 7, ne faisant qu'un, ont gardé des fenêtres à coulisses ; 6, petite porte à clous comme un soulier de porteur d'eau ; 8, derrière du collége de Reims, devenu une division de Sainte-Barbe ; 9, trois petites portes, dont une cintrée. La moitié des maisons de la rue paraissent du* xve *siècle, et les autres du* xviie *; depuis lors, le mur de Sainte-Barbe est le seul qu'on ait refait dans la rue : presque partout sont des garnis à l'usage des étameurs, des marchands d'habits ambulants, des balayeuses, etc.*

Les renseignements s'arrêtaient là, quand notre tâche commença, qui consiste à interroger des livres, des plans, des manuscrits, puis à fondre tous ces éléments, pour composer chaque notice.

Nous consultâmes d'abord le plan de Tapisserie du temps de Charles IX, qui nous montra surtout un grand cimetière devant l'église Saint-Hilaire. Puis deux autres plans nous apprirent qu'en 1652 ladite église avait une petite entrée rue d'Écosse; à peu près au n° 3 de notre époque, mais qu'avant 1739 la suppression de ce passage avait permis d'élever les maisons qui y sont encore. D'autre part, nous avons écrit, à propos de l'ancienne Sainte-Barbe (1), l'histoire du collége de Cocqueret, qui touchait à celui de Reims et qui se trouvait justement dans la petite rue dont nous parlons, à la place du mur neuf de Sainte-Barbe qui fait coude à l'extrémité du côté droit. Plus d'un curé de Saint-Hilaire a été principal à Cocqueret, à Sainte-Barbe, ainsi que nous l'avons établi, et la fondation du premier s'est fondue dans celle de l'autre en 1556. Nous ne sommes obligé aux redites qu'en ce qui regarde les maisons encore debout.

Presque tout le côté gauche de la rue d'Écosse appartenait aussi à Sainte-Barbe, qui en tirait revenu au moment de la réunion des petits colléges à Louis-le-Grand,

---

(1) *Histoire du collége Rollin et de l'ancienne Sainte-Barbe*, par Lefeuve. In-8. 1853.

et il se décomposait ainsi : maison à l'enseigne de l'*Ecusson*, maison à l'image du *Mûrier*, et une troisième dont l'enseigne s'est perdue. La rue d'alors ne manquait pas de boutiques ; l'état de logeur n'en était pas encore toute l'industrie, même pendant la République, car la trinité de maisons susdésignée avait alors pour locataires : 1° Ganot, relieur; 2° Chichereau, même profession, dont l'atelier précédemment avait été celui de Bradel, nom qu'a gardé un genre de reliure; 3° Marchand, imprimeur, dont la location s'ajouta, en 1792, à celle de Chichereau. Lesdites propriétés avaient été créées par le collége Sainte-Barbe sur les débris d'un grand et vieux logis, portant l'image du *Chaudron*, et relevant du chapitre de Saint-Marcel. Robert du Guast, curé de Saint-Hilaire, dernier principal de Cocqueret, avait doté Sainte-Barbe, en 1556, de cette maison au Chaudron, qu'habitait de son temps Mondel, libraire-juré, et sa femme, née Jeanne du Guast, parente du donateur.

Nous avons donc retrouvé cette enseigne qui valut à la rue, pendant trois siècles, l'appellation de la rue du Chaudron, laquelle conviendrait assez aux étameurs qui y couchent à tant la nuit en ce temps-ci.

Le collége des Ecossais, qui fut fondé pour quatre bourses, par Jacques de Béthune, ambassadeur en France de Marie Stuart ou de Jacques II, son fils, valut à cette voie publique le nom qu'elle n'a plus quitté. Mais très-mal avisés ont été plusieurs écrivains, nos devanciers, en oubliant que la fondation en eut lieu rue des Amandiers, à deux pas de Cocqueret, de Reims et de Sainte-Barbe, pour n'être transférée qu'en 1665 dans cette rue des Fossés-Saint-Victor, que notre éditeur et ami ne trouve pas déjà si voisine de la vieille petite rue d'Ecosse !

RUE D'ENFER.

Mme de Maintenon. — Les princes de Vendôme. — Mme de Navailles. — Mme de Graffigny. — Le Feuvre de la Faluère. — Le duc de Chaulnes. — Les Carmélites. — Port-Royal. — L'Oratoire. — L'infirmerie de Marie-Thérèse. — L'archer de la ville. — Les Chartreux. — Les Feuillants. — L'hôtel Marillac. — Le séminaire. — Royer-Collard.

Il y a eu quatre rues d'Enfer ; Mme de Maintenon en a habité deux. La rue Basse-des-Ursins, *via infera*, a été occupée par elle avec Scarron, mais dans une maison que nous n'avons pas su y retrouver. La rue d'Enfer, *via inferna*, n'était pas la plus jeune des quatre ; elle a passé le temps de répudier la dénomination qui lui est venue d'une diablerie, imaginée peut-être par les Chartreux pour se faire donner l'enclos de Vauvert par saint Louis, sous prétexte d'exorciser.

La *Biographie Michaud* se trompe, lorsqu'elle affirme

qu'une maison a été donnée près de Vaugirard à la veuve de Scarron, devenue gouvernante des enfants de Lous XIV et de Mme de Montespan. On a fait certainement disposer pour elle un assez bel hôtel, rue d'Enfer, et nous croyons très-volontiers que ce fut le 35 actuel, dont le jardin n'a pas disparu. Un domestique suffisamment nombreux pouvait encore s'y mouvoir ; l'écurie n'en était pas vide. Bref le train de maison mis au service de la veuve du poëte n'était déjà pas trop indigne du rang où devait l'élever pas à pas sa rare destinée, mais n'était pas encore de force à éveiller trop de surprise, et partant trop de conjectures, dans le monde qui la visitait. La surveillance de la couvée semi-royale s'est exercée avec un grand mystère, tant que l'âge des enfants n'en a pas érigé l'importance en véritable éducation. La petite d'Heudicourt, qui fut depuis la marquise de Montgon, avait été confiée également aux soins de Mme de Maintenon, pour que cette participation déroutât le calcul prématuré des probabilités. Le roi ne voyait les enfants qu'à de longs intervalles et dans l'incognito, et s'il demandait aux nourrices quelle en pouvait être la mère, une double satisfaction résultait pour lui de cette réponse :
— On voit bien que ce sont les enfants de la dame qui les soigne : son affection en dit assez ! — Et leur père, quel homme est-ce ? ajoutait aussitôt le roi. — Il se cache, lui répondait-on : il faut que ce soit un président.

Une des nourrices habitait Vaugirard, ainsi s'explique

une confusion de lieux, qui n'empêche pas la notice biographique précitée d'être fort bien faite. Pour lever jusqu'aux derniers doutes, extrayons quelques lignes du *XIe entretien* de Mme de Maintenon : « Je montais à l'échelle pour faire
« l'ouvrage des tapissiers et des ouvriers, parce qu'il ne
« fallait pas qu'ils entrassent ; les nourrices ne mettaient la
« main à rien, de peur d'être fatiguées et que leur lait ne
« fût moins bon. J'allais souvent de l'une à l'autre, à pied,
« déguisée, portant sous mon bras du linge, de la viande,
« et je passais quelquefois la nuit chez un de ces enfants
« malade, dans une petite maison hors de Paris. Je rentrais
« chez moi le matin par une porte de derrière ; et après
« m'être habillée, je montais en carrosse par celle de devant,
« pour aller à l'hôtel d'Albret ou de Richelieu, afin que ma
« société ordinaire ne sût pas seulement que j'avais un
« secret à garder. On le sut : de peur qu'on le pénétrât, je
« me faisais saigner pour m'empêcher de rougir. »

Le fracas des carrosses du temps de Louis XIV n'a pas fait trop broncher les hôtels en assez grand nombre qui se groupaient vers ce temps-là autour du grand hôtel Vendôme, maintenant l'école des mines. Donc les enfants de Mme de Montespan commençaient à grandir en face d'un petit-fils de Gabrielle d'Estrées. La légitimation, cette seconde paternité, moins aveugle que la première, avait sous les yeux son exemple. Les princes de Vendôme avaient bien affronté l'exil et les bastilles d'un ministère de cardinal à l'autre ; mais le sang de Henri IV ne mentait pas dans leur bravoure, dans leur entraînement au plaisir. Lous XIV employa souvent le duc de Vendôme, bien qu'il ne l'aimât guère, et les revers que lui fit essuyer le prince Eugène n'empéchèrent pas ce capitaine d'avoir ses jours de gloire et de fortune. Son frère, le grand-prieur de France, fut lui-même lieutenant-général ; il recevait au temple Chaulieu, Lafare, Palaprat, Jean-Baptiste Rousseau, et bien d'autres amis d'une condition plus brillante, que le duc de Vendôme accueillait aussi bien dans son château d'Anet, pourvu qu'ils bussent comme des Templiers. Campistron, secrétaire des commandements du duc, convenait avec philosophie du désordre inouï d'une maison où l'on courait risque de mourir, tantôt de faim, tantôt d'indigestion. Un petit hôtel servait plus spécialement aux réunions intimes, près du grand ; il s'est transformé en logement pour des employés du Sénat et porte un n° 26, qui tâche de faire oublier sa désignation d'autrefois ; on disait : —C'est l'hôtel d'Enfer !... Les habitudes des Vendôme, en campagne, n'étaient presque pas modifiées ; ils passaient gaiement la nuit blanche sous la tente du commandement, puis dormaient la grasse matinée, et se réveillaient juste à temps pour reprendre, en un tour de main, les avantages trompeurs que leur sommeil avait valus à l'ennemi. Quel mal pourtant n'a-t-on pas dit de ces deux frères, trop convives l'un de l'autre ! S'il n'y avait d'épicuriens que les princes, n'en compterait-on pas à toutes les époques beaucoup moins? Les vices cachés vont encore bien plus loin que ceux qui se décrient d'eux-mêmes.

La duchesse de Navailles, avant de passer duègne de cour près des filles d'honneur de la reine, avait rendu plus d'un service à Anne d'Autriche et à Mazarin : Louis XIV lui en demanda d'autres, qu'elle hésita courageusement à rendre. Disgrâce pour elle et pour le maréchal, son mari. Plus tard, ils n'en fixèrent que mieux leur résidence dans la maison numérotée 27, où mourut la duchesse dans la première année d'un nouveau siècle. Des membres de la famille du maréchal lui succédèrent; ainsi François de Navailles, baron de Mirepeix, officier au régiment de Navarre, et puis son fils, vicomte de Navailles, servant en même qualité dans le régiment du roi, infanterie.

Un plus modeste toît qu'un toît moins large encore séparé d'une des entrées du Luxembourg, presque en face la rue Saint-Thomas, abrita fort longtems une femme-auteur du XVIIIe siècle, dont les *Lettres Péruviennes* firent la réputation. C'était Mme de Graffigni, née Françoise d'Issembourg d'Apponcourt, petite-nièce de l'illustre Callot. Son mari, chambellan du duc de Lorraine, la battait; elle s'en sépara, et il finit par mourir en prison. Mme de Graffigni arriva à Paris, en y suivant Mlle de Guise, qui venait épouser le duc de Richelieu. Elle commença par écrire des nouvelles; sa comédie de *Cénie* réussit; malheureusement il n'en fut pas de même pour un drame joué plus tard, *la Fille d'Aristide*. Elle avait son fauteuil à l'académie de Florence. Ses livres engageaient à la voir; mais sa conversation sérieuse souffrait de la comparaison. Cette femme d'esprit cessa de vivre en 1758, à l'âge de 64 ans. La maison à deux corps occupée par elle seule, avait sa petite porte sur le jardin : privilége que n'ont pas encore perdu toutes les habitations bordant le Luxembourg. Pothenot, gentilhomme de la vénerie du roi, l'avait acquise, avec les deux immeubles contigus à droite et à gauche, de Marie, lieutenant de la maîtrise des eaux et forêts de Fontainebleau. Les actes disaient ces trois maisons sises rue de la Porte Saint-Michel. Ce nom est un des pseudonymes assez nombreux de la rue d'Enfer.

Le susnommé Marie avait assurément connu au 13 Alexandre Le Feuvre de la Fuluère, chevalier-conseiller du roi en ses conseils, grand-maître, enquêteur et général-réformateur des eaux et forêts de France, au département de Paris.

Plus haut, dans la même rue, était le duc de Chaulnes, sous Louis XVI. Ayant quitté son régiment à 24 ans, ce colonel s'était voué à l'étude des sciences naturelles avec une passion qui dérangeait l'ordre de ses affaires, qui singularisait son caractère, tout en ayant ses bons côtés. Physicien et chimiste, il fit des découvertes, publia des mémoires, fut membre de la société royale de Londres. Bruit se fit de ses expériences sur un parasol aérien, lesquelles avaient lieu sur le boulevard perpendiculaire à la rue d'Enfer. Le duc de Chaulnes soupçonna, le premier, l'utilité de l'alcali volatil pour porter secours aux asphyxiés. Un essai fait sur des animaux confirma la nouvelle vertu attribuée à cette substance par le savant de la rue d'Enfer ; mais il voulut que l'épreuve décisive en fût faite sur lui-même au péril de ses jours. Il chargea donc son domestique de l'enfermer hermétiquement, avec un réchaud de charbon déjà allumé par-dessous, dans un cabinet tout en vitres. Cette entière transparence permettait au préparateur de suivre du dehors tous les progrès de l'asphyxie sur son maître, et d'entrer au moment où sa respiration serait réellement suspendue, pour déboucher un flacon d'alcali et procéder à son emploi. Résultat ainsi obtenu, fut publiée la découverte.

L'habitation du duc porte aujourd'hui le chiffre 59 ; des maîtres y préparent des élèves à passer divers examens, ce qu'on appelait prendre ses degrés dans les anciennes universités. Cette propriété assurément avait fait corps, en des temps plus reculés, avec celle d'à côté : des traces d'arceaux qu'on a murés prouvent qu'il y avait continuité. Il est vrai qu'au temps des Romains, il s'élevait là un temple de Cérès ou de Mercure, repris comme construction à l'époque du roi Robert, et depuis 150 ans fondu dans le domaine des Carmélites. On y montrait publiquement un antique caveau, pendant la République. Les Carmélites, comme beaucoup d'autres couvents, avaient plusieurs maisons particulières dont elles cédaient la jouissance à des dames et à des familles qui s'y retiraient, n'ayant plus qu'un pied dans le siècle, et on croit que la demeure de M. de Chaulnes avait été du nombre, au XVIIe siècle. Peut-être même que la séparation n'existait pas encore en ce temps-là. Alors Mme de Lavallière, après avoir été passagèrement, à deux reprises, chez les sœurs de Chaillot, a pu y rendre son âme à Dieu, sous le nom de Sœur Louise de la Miséricorde, dans la 30e année de sa pénitence. Ces Carmélites, dites de la rue Saint-Jacques, tenaient en ce temps-là plus de place. Leur territoire finissait avec celui de la ville.

La rue d'Enfer, au-dessus de ces religieuses, suivait encore les murs de Port-Royal, mais s'appelait chemin de l'Enfant-Jésus. L'hospice de la Maternité, qui porte également la dénomination peu engageante de la Bourbe, abrite les femmes pauvres en couches dans les vieux bâtiments de l'illustre maison janséniste; la Révolution en avait fait la prison de Port-Libre, où elle enfermait les royalistes, et où le Directoire mit à son tour des révolutionnaires, qui en retinrent le nom de bourbiers. Port-Royal et ses dépendances n'avaient sur notre rue qu'une de leurs portes; elle y roule encore sur ses gonds au seuil de la maison du Bon Pasteur, rachetée pour cette œuvre par la ville de Paris vers 1819.

La Maternité avait une succursale, sous le premier empire, de l'autre côté de la rue, n° 100. Au lieu de mères, à présent, on y assiste des enfants, que leurs parents ne réclament pas ou recommandent. Le 98, qu'occupent les dames de la Visitation, n'a communauté d'origine avec le 100 qu'en remontant plus haut dans le passé. Du temps de Nicole et d'Arnauld fut fondée dans les mêmes murs l'institution des Pères de l'Oratoire, par Pinette, trésorier de Gaston de France, duc d'Orléans, et frère de Louis XIII, dont le palais du Luxembourg était l'hôtel. Ce mémorable établissement servit surtout de noviciat à la congrégation oratorienne, et de lieu de retraite aux abbés de Rancé et Le Camus, au marquis de l'Aigle, au comte de Santenais, au marquis d'Urfé, à Henri de Barillon, évêque de Luçon, au chancelier de Pontchartrain, et à d'autres cénobites de qualité. A la même place était auparavant la maison de l'Enfant-Jésus, attenante au marais du même nom.

La charité a plus d'un compte ouvert dans l'ancien chemin de l'Enfant-Jésus. Au lieu du marais cultivé, nous y trouvons encore un peu plus loin des établissements utiles. M. et Mme de Chateaubriand ont d'abord habité, sous la Restauration, la propriété dans laquelle leur initiative a créé l'infirmerie de Marie-Thérèse. Outre une distribution de soins et de médicaments aux malades, l'œuvre avait pour but, dans le principe, d'accueillir des personnes tombées d'un rang assez élevé pour souffrir, encore plus que d'autres, de la présence de la misère. Mais, depuis 1838, l'archevêché y a placé ses Invalides, des prêtres vieux et infirmes, parmi lesquels il reste encore deux dames, de la première fondation ; et qui donc serait assez fou pour craindre de mourir là sans confession ? Fussent-elles encore dans leur maison de campagne, ces dames ne s'y promèneraient pas près de corbeilles de fleurs plus fraîches, près de plates-bandes mieux tenues que celles du jardin de l'infirmerie. M. Rousseau y a retrouvé une rue, rayée de la carte de Paris depuis que M. de Chabrol, préfet de la Seine, en a fait bail à la maison, moyennant 40 fr. par an, sur la demande de l'auteur des *Martyrs*. Cette rue de la Caille était petite, malpropre et mal famée, avant d'entrer en religion ; heureusement les dignes sœurs de Saint-Vincent-de-Paul assainissent et purifient tout ce qu'elles touchent.

Ramenons le lecteur en face des Carmélites, il y reconnaîtra la place que le bureau de la Ville vendait, le 6 février 1708, à Estienne Bouquet, garde et archer, et où ledit Bouquet avait bâti de quoi se loger, sous le bon plaisir du bureau, « pour être plus à portée de la garde et con« servation des arbres du rempart. » A la fin du siècle précédent, la Ville avait acheté ledit terrain du père procureur de ces Chartreux dont l'enclos a plus tard tant agrandi le Luxembourg.

Le jardin a céré en 1835, botanique, pour entrée le n° 36, bâtiment vénérable qui appartenait à ces pères, comme presque toutes les constructions qui le séparent de l'ancien hôtel de Vendôme. L'avenue du 32 est tout au plus un dégagement moderne ; le cardinal Fesch, sous l'Empire, et l'abbé Affre, avant d'être prélat, y résidaient ; ainsi fait de nos jours M. Huguenin, statuaire. Toute cette Chartreuse avait pris au xiiie siècle la place du château de Vauvert, ancien séjour des rois de la première race et même des empereurs romains.

Le général Ernouf, qui a servi l'Empire et la Restauration, se trouvait bien lui-même, au 49, des restes d'un autre monastère. La première pierre des Anges-Gardiens, noviciat des Feuillans, avait été posée par Pierre Séguier, garde-des-sceaux, le 21 janvier 1633. L'édifice principal en est visible au 47, et nul doute que son entourage ne fût primitivement à la disposition de ces religieux. Est-ce que, d'une bâtisse à l'autre, des communications préexistantes ne se trahissent pas ? Voyez encore ce bénitier, dans le jardin du 45, il n'a pas quitté depuis longtemps la place qu'il occupait tout près, au rez-de-chaussée de l'habitation.

Comme voudrait bien être aussi jeune encore une maison que nous avons laissée n° 2, autant dire place Saint-Michel ! Nous ne connaissons pas d'eau de la Floride capable de la rajeunir. C'est le vieux hôtel Marillac, connu comme tel au xvie siècle, lorsque le chancelier et le maréchal Marillac n'étaient encore que des enfants. Nous n'osons pas remonter plus haut, bien que cette famille ait été aux Croisades. Le collége du Mans, au xvii⁰ siècle, vint s'installer dans ce manoir, moyennant 37,000 livres, après avoir tiré 53,156 livres des propres bâtiments où il s'était fondé en 1526, et qu'avait englobés l'accroissement du collége de Clermont (Louis-le-Grand). Celui-ci, un siècle plus tard, recueillit les boursiers du Mans, et la Nation fit vendre l'ancien hôtel Marillac, trente ans après, comme provenance du collége Égalité (lisez encore Louis-le-Grand).

D'autre part, Louis de Marillac, curé de Saint-Jacques-la-Boucherie, avait légué une des propriétés voisines, en 1696, dans laquelle M. de Noailles, archevêque de Paris, et non sans le concours du roi, avait ouvert le séminaire de Saint-Pierre et de Saint-Louis. Existe-t-il encore pierre sur pierre de cette maison importante ? Nous ne disons ni oui, ni non. En tout cas, elle était placée entre le collége du Mans et l'hôtel du n° 16, où ont demeuré dans notre siècle la maréchale Lannes, le célèbre Royer-Collard, le comte Bérenger, pair de France. Royer-Collard avait encore son appartement, rue d'Enfer, à l'époque où ce chef des doctrinaires était l'idole de l'opinion publique.

RUE DE L'ÉPERON.

Cette rue cavalière a résonné devant un palais, dont il reste certainement une aile dans le cul-de-sac de Rouen ou de Rohan. C'était un séjour d'Orléans, qu'avait habité Philippe, duc de Valois, cinquième fils de Philippe VI, avant de le transmettre à Louis de France, duc d'Orléans, fils de Charles V, qui le vendit à son frère, Charles VI. Mais Valentine de Milan, lorsqu'elle eut à demander justice à ce monarque de l'assassinat de son mari, résidait encore rue de l'Éperon. Son petit-fils s'en défit en 1486, avant de régner sous le nom de Louis XII. La rue de l'Éperon, dite alors, rue Chapon, et précédemment Gauvain, n'était pas assez longue pour que le séjour d'Orléans n'en absorbât pas la moitié, c'est-à-dire tout le côté droit.

Les grands hôtels abandonnés n'ont jamais eu le temps de tomber en débris, dans une ville comme la nôtre ; c'est le meilleur engrais du sol ; les spéculations y mûrissent, avant qu'ils aient jonché la terre. La récolte est fauchée à peine : le regain pousse. Ainsi leva l'hôtel de Châteauvieux, dans la rue Saint-André-des-Arts, mais projetant ses communs sur la rue de l'Éperon. Vient ensuite le n° 8, indiqué à son origine comme hôtel de Crémone : MM. de la Maisonfort et de Laubonnière, qui le tenaient de Bigot, écuyer, l'ont vendu, au milieu du xviiie siècle, à Lafosse, maréchal des petites écuries du roi. Si la maison suivante ne fut construite que sous Louis XVI, par un marchand de vin dont la boutique figurait parmi celles du pont Saint-Michel, c'est que son emplacement avait dépendu jusque-là d'une des deux maisons adjacentes. La vieille porte bâtarde du 12 fait double emploi avec sa grande, ce qui annoncerait une division antérieure. Il est vrai que les actes de Leroux de Plémone, trésorier de France, qui possédait la grande maison, ne soufflaient pas mot de la petite; toutefois, M. Hénin, conseiller au grand-conseil, a eu pour acquéreur de l'une et de l'autre, en 1775, M. Mercier, bijoutier, et la baronne de Calambert, qui est morte nonagénaire en 1848, en a fait le legs à sa bonne, sans la moindre séparation. Si quelque rue nouvelle faisait détruire cette propriété, nous en serions fâché pour ses balustres d'escalier, qu'aucun choc n'a pu écorner depuis le règne de Louis XII !

A qui appartenait, de l'autre côté de la rue, la maison formant le premier angle de la rue du Cimetière-Saint-André, aujourd'hui Suger? A Le Fèvre d'Eaubonne, le président au grand-conseil, qui a cessé de vivre en 1735. M. Huzard, qui était à la fois libraire et vétérinaire, se rendit possesseur, vers 1793, de deux immeubles, n°s 5 et 7, qui provenaient de la fabrique de Saint-André-des-Arts. Le président Dodun, de la quatrième chambre des enquêtes, jouissait de la maison suivante avant la mort de Louis XIV, pour la céder quinze ans après à l'avocat Gillet; celui-ci, à François Amé; enfin, cet autre à Limanton, conseiller et maître des requêtes de la reine Marie-Antoinette. Pour en finir, l'imprimerie Bachelier, qui fait le coin de la rue du Jardinet, n'est déjà pas si mal placée dans l'ancien collége de Vendôme, dont l'existence dura du xive au xviie siècle!

Paris. — Imprimerie de Pommeret et Moreau, 42, rue Vavi

LES ANCIENNES MAISONS

Des rues des Enfants-Rouges, du Faubourg-Poissonnière, du Faubourg-Saint-Antoine et du Faubourg-Saint-Honoré.

NOTICES FAISANT PARTIE DE L'OUVRAGE INTITULÉ :

LES ANCIENNES MAISONS DE PARIS SOUS NAPOLÉON III,

PAR M. LEFEUVE,

Monographies publiées par livraisons séparées en suivant l'ordre alphabétique des rues.

RUE DES ENFANTS-ROUGES.

Mlle Riquet. — M. de Pressigny. — Tallard.

Les poitrinaires n'étaient pas encore à la mode, lorsque Mlle Riquet fut enlevée à 19 ans, un peu avant la chute des feuilles, et au crépuscule du matin, le 13 septembre 1760. Cette fille grêle, aux grands yeux bleus, avait déjà pris sa retraite, comme danseuse de l'Opéra, et elle demeurait rue Croix-des-Petits-Champs. On lui avait connu le comte de Brancas, M. Rouillé d'Orfeuil et le baron de Vambre. Mais le jour même de sa mort, M. de Pressigny, fils de M. de la Maisonrouge, rentrait chez lui, avant qu'il fût grand jour, les yeux aussi gros que le cœur : il habitait la rue des Enfants-Rouges.

Ceux qui le virent si las, si consterné, crurent qu'il avait perdu au pharaon plus que la fortune de son père : il venait d'assister tout seul aux derniers moments de la danseuse, qui avait en se jouant sacrifié son amour à d'autres. La mort est seule à ne jamais pardonner! M. de Brancas héritait, par le fait, d'un contrat de rente viagère de 2,000 livres, constituée par lui à la défunte, et celle-ci laissait encore une petite fortune à sa propre famille, en mobilier et en diamants.

Or, cette demoiselle Riquet, qui avait eu toujours à soutenir sa grand'mère, sa mère, avec l'amant de sa mère, et une tante, n'était pas tout à fait comme feu Marie Duplessis, la véritable *Dame aux Camélias;* elle ne s'affichait pas tous les soirs dans quelque théâtre, souvent avec un bouquet blanc qui signifiait appel à tout venant, huit jours par mois avec un bouquet rouge, qui voulait dire : Vous repasserez. La maîtresse inconstante de Pressigny jouissait, bien au contraire, d'une réputation relative de décence, qui faisait naître plus d'estime que ses faveurs ne tuaient d'amour, et elle fût devenue millionnaire, en dépit de ses grosses dépenses, sans se donner pour de l'argent : compter ce dernier comme appoint, était lui faire assez d'honneur.

L'amant qui, de cette infortunée, regrettait tout, en face de l'agonie, tout, jusqu'aux infidélités, résidait au n° 13, chiffre néfaste! Cet hôtel, dont une rampe de fer et divers ornements de vestibule illustrent l'escalier, et l'hôtel contigu, n° 11, étaient déjà distincts au temps de la Fronde;

mais ils n'en faisaient qu'un évidemment, lorsqu'on appelait ruelle du *Chantier du Temple* cette petite voie de communication. Celle-ci devint rue des Enfants-Rouges à l'occasion de la création, sous le règne de François Ier, de l'hospice d'enfants audit nom, réuni aux Enfants-Trouvés du faubourg Saint-Antoine en 1772.

Un bien autre escalier, ma foi, et tout en pierre, se développe avec une majesté dont tout le mérite ne revient pas à l'âge, après une belle cour carrée, n° 2. J'en félicite l'hôtel Tallard, qui a été exécuté sur les dessins de P. Bullet, auteur de la porte Saint-Martin. Saint-Simon fait ainsi le portrait de Tallard, maréchal de France, duc et pair, membre du conseil de régence, et ministre d'Etat : « C'é-
« tait, dit-il, un homme de médiocre taille, avec des yeux
« un peu jaloux, pleins de feu et d'esprit, mais qui ne
« voyaient goutte ; maigre, hâve, qui représentait l'ambi-
« tion, l'envie et l'avarice ; beaucoup d'esprit et de grâce
« dans l'esprit, mais sans cesse battu du diable par son am-
« bition, ses vues, ses menées, ses détours, et qui ne pen-
« sait et ne respirait autre chose. » Devant l'ennemi, il n'est que trop vrai, Tallard essuya des revers, il fut prisonnier de guerre à Londres huit années ; mais il eut aussi ses grands jours, et il sut présenter au roi, sous le côté qui consolait, les événements moins heureux. — Sire, lui disait-il alors, nous avons pris à l'ennemi plus d'étendards que votre majesté n'a perdu de soldats !

Le fils aîné du maréchal mourut des blessures qu'il avait reçues, auprès de son père, à Hochstett. Les fiançailles de son autre fils avec une des filles du prince de Rohan se firent dans le cabinet du roi, et il s'y donna le plaisir de signer au contrat avant le père de la mariée. Cet héritier de ses biens et de ses titres demeura sans postérité. Ainsi, la résidence du duc devint passagèrement hôtel Nicolaï, entre les mains d'un premier président à la chambre des comptes.

RUE DU FAUBOURG-POISSONNIÈRE.

Nos 2, 9, 11, 13, 15, 30, 32, 58, 60, 101, 103, 106, 123, 129, 131, 161.

Nous aurons beau monter, par la pensée, au sommet de la porte Sainte-Anne, bâtie sur le cours de la Ville en 1645, et qui empruntait le vocable d'une chapelle, sa voisine, et beau interroger du regard la chaussée dénommée tout comme, érigée en faubourg à trois années de là, et beau encore nous écrier de là-haut : — Sœur Anne, ne vois-tu rien venir? Nous verrons la route qui poudroie, marais et jardins qui verdoient, au lieu des quatre mille cheminées dont les tuyaux fument, à l'heure du dîner, au-dessus des toits qui peuplent actuellement la rue du Faubourg-Poissonnière. Un fossé, des haies et des murs, quelques bicoques de jardiniers, de vachers et de cabaretiers, et Montmartre avec ses moulins, son abbaye : quel menu frugal et léger pour cette ogresse de capitale, qui met encore une rallonge à sa table au beau milieu du xviie siècle, et qui se réserve pour dessert le biscuit entier de Montmartre !

Partons de 1726 pour jeter un nouveau coup d'œil sur la voie déjà transformée, et ne refusons une mention qu'aux échopes et aux hangars. Le sieur Bizet, limonadier, est dès lors installé où se trouve le café Français à notre époque. Les Filles-Dieu ont pour locataires deux maraîchers exploitant en cultures tout le territoire qui sépare ledit café de la rue de Paradis. Vient ensuite le clos Saint-Lazare, avec une de ses entrées. Puis, ce sont des terres labourées, au delà desquelles une auberge, tenue par le nommé Fructus : nom modeste pour un aubergiste servant à manger et à boire ! La marquise de Pra dispose de trois maisons, un peu au-dessus de la rue Bellefond, à gauche. Les n°s 101 et 103 d'à présent appartiennent alors à Bertin, un conseiller au parlement. Puis, à l'angle de la rue Bleue, appelée rue d'Enfer, est la demeure de Sanson, exécuteur des hautes-œuvres, laquelle prolonge son jardin, où passera la rue Papillon, jusqu'à un pavillon encore debout rue Bleue, dont jouissait aussi le bourreau. Quant au sieur Prallasse, chirurgien, il est plus bas propriétaire d'un hôtel, qui sert au prince Charles, comme l'indique un plan manuscrit de ce temps-là.

Les almanachs royaux ne citent pas même ce Prallasse parmi les chirurgiens-jurés ; toutefois nous aimons à croire qu'il saignait, comme Figaro. Il avait pour Almaviva le prince Charles, qui n'était autre que le comte de Charolais. Ce prince du sang, pair de France, qui venait de succéder à Dangeau comme gouverneur de Touraine, avait sa résidence en évidence à l'hôtel de Condé ; nous venons donc de mettre la main, le moyen d'en douter ! sur sa petite maison. Il avait alors 26 ans, il était d'une taille au-dessous de la moyenne et déjà gros, avec de grands cheveux blonds, qui lui raccourcissaient encore le cou : on le surnommait Courtcollet. Ainsi fait, il se trouva bien et tellement bien de son pied-à-terre en faubourg, qui maintenant est le Conservatoire, qu'avant même de s'en séparer, il s'en fit disposer un autre. Cette seconde étape mena M. de Charolais jusqu'au n° 161, qui depuis lors a repris l'habitude de recevoir un grand nombre de jeunes filles : c'est une pension de demoiselles, dont la réputation est grande, et mot n'y est jamais soufflé des petits soupers du prince Charles.

Une autre maîtresse de pension, dont l'établissement n'est pas moins florissant, s'est arrangée de l'hôtel du baron Dietrich, écrivain minéralogiste et musicien-compositeur, commissaire du roi à la visite des mines, des bouches à feu et des forêts. La révolution fit Dietrich maire constitutionnel de Strasbourg ; une adresse, rédigée dans le sens royaliste, lui valut la peine capitale. Sa maison est maintenant numérotée 106.

Mais quels sont les souvenirs inhérents aux toits qui font face ? La maîtresse de Mansart, celle qui lui vola une ordonnance de 50,000 livres, que Louis XIV restitua pour tirer d'embarras son premier architecte, demeurait au 121, qui n'appartint qu'ensuite à la marquise de Pra. Sous le même toit, M. de Walckenaer, après avoir été secrétaire général de la préfecture de la Seine, est venu se faire écrivain au commencement du règne de Louis-Philippe.

Plusieurs maisons considérables font encore leur trou dans les murs, au commencement du règne de Louis XVI. A côté d'une habitation de nourrisseur (qui se revoit au 123), un hôtel prend d'abord ses aises qu'environne un jardin anglais de huit arpents, et qu'habitera postérieurement le poëte, le jurisconsulte, l'agronome, l'homme d'Etat François de Neufchâteau. Parc morcelé, comme bien on pense, puisqu'une société d'éclairage s'est installée, dès 1819, à la place de l'ancien ministre, et que des employés au gaz couchent encore dans ses salons, qui attendent la démolition ! M. Sari, directeur de théâtre, habite un pavillon attenant à cette propriété, de laquelle il a fait partie. A quelques pas de là, sous la Restauration, à été arrêté le colonel Labédoyère, victime de son dévouement à la cause bonapartiste : le sang plaida cette fois pour elle. Il est vrai que, plus haut encore, près la barrière, on a enterré dans un trou, dès 1792, le lendemain du 10 août, 500 soldats de la garde suisse, martyrs d'une autre fidélité. Que de vengeances à tirer pour tous ceux qui s'entêtent, maudissant une page unique de l'histoire, au lieu de tourner le feuillet !

Mme Delbarre achète aussi, le 5 juillet 1776, une portion du terrain que les Filles-Dieu ont cédé, quatre années avant, au sieur Goupy, et cette veuve d'un bourgeois de Paris crée l'immeuble adjugé en 1784 à Goix, premier commis de la marine, et revendu par Coulon-Goix, banquier, à M. Jacques Lefebvre en 1827. De cette belle propriété s'est détaché le sol du 58, dont le fondateur a péri en tombant d'un échafaudage, avant l'achèvement de son œuvre. Cet homme, qu'on appelait Garault, fût tombé de moins haut, lorsqu'il n'était que savetier près de l'Ecole de Médecine ; mais un de ses cousins, cuisinier de Cambacérès, l'avait poussé jusqu'aux grosses fournitures d'armée.

Le comte d'Artois, dit la chronique, n'a pas trop négligé au 30 l'exemple qu'avait donné en face son cousin et son devancier Charolais de Bourbon-Condé. Ackermann et Dartigues ont acheté sous l'Empire cette maison et la suivante, qui est restée à Mme veuve Dartigues : M. André tient la première de M. Ackermann fils, receveur général du Nord.

Sans passer en revue chacune des constructions de l'autre siècle dans la rue, nous pouvons signaler encore les maisons de Morel de Chefdeville, contemporain de Mme Delbarre. L'une d'elles occupe le premier coin de la rue Bergère. Une autre, qui a plus d'importance, est contiguë à celle de l'angle : le bail d'un logement au rez-de-chaussée y a été maintes fois renouvelé au profit du savant M. Duméril. Le 9 a gardé moins longtemps, et c'était sous l'ancien régime, messire Buffault, secrétaire du roi, receveur général des domaines, dons, octrois et fortifications de Paris, qui devait sa position à Mme Dubarri. Après la mort du roi, son protecteur de seconde main, le crédit de Buffault alla se rafraîchir ailleurs : il était échevin, on immortalisa son nom en le donnant à une rue nouvelle. On le nomma aussi commissaire pour la direction de l'Opéra. Comme il avait été dans les soieries, une caricature courut qui le représentait l'aune à la main, pour mesurer les entrechats, dans la salle des Menus-Plaisirs. Sa femme, bourgeoise de qualité, qui tenait un bureau d'esprit, était en outre fort belle personne ; la petite-vérole l'attaqua en 1777, et si elle n'en fût pas morte, le chagrin d'en rester gravée l'eût emportée plus cruellement encore !

RUE DU FAUBOURG-SAINT-ANTOINE.

Ce qu'elle était en 1726. — Les hospices d'enfants. — Les révolutions. — L'abbaye. — Les brasseries. — Santerre. — Les dames blanches. — La petite maison. — La maison de santé. — Le général Malet. — Mlle de la Vallière. — Titon. — La forge royale.

La Borne d'or, le Singe vert, la Boule d'or, le Griffon, etc., sont des enseignes de marchands de meubles, véritables armoiries du faubourg Saint-Antoine actuel ; nous estimons qu'à l'origine, ces images servirent de signes distinctifs aux immeubles, et non pas aux maisons de commerce. En 1726, l'industrie du faubourg avait plutôt la bière que les meubles pour spécialité, puisque l'on y comptait bien plus de brasseurs que d'ébénistes. La haute maison qui se découpe en fer-à-cheval sur la rue de Charenton, appartenait alors à M. de Beaufort, ayant un rôtisseur pour locataire au rez-de-chaussée. Puis venait un charron, suivi de près par un maître de pension, et ensuite un brasseur. Pensionnats et brasseries s'y trouvaient souvent porte à porte. Depuis un siècle cette entrée du faubourg n'avait en presque rien changé d'aspect, du côté droit; les maisons qui suivaient celle d'encoignure étaient moins élevées, mais chacune se réservait ou son chantier ou son jardin. Les constructions du côté gauche avaient plus récemment surgi à la place d'un chantier plus vaste. Mais un dernier élan prit si bien, tout à coup, sur les deux rives de la rue, qu'en l'année 1739, entre la Bastille et le rond-point où s'arrête encore le faubourg, il ne se pressait guère moins d'habitations qu'à présent. Beaucoup sont demeurées telles quelles.

La chaussée Saint-Antoine, comme on disait encore au temps du grand Condé, lequel y fit des prodiges de valeur lors des guerres civiles de la Fronde, la chaussée Saint-Antoine est de longue date un champ fertile en séditions. Depuis qu'aux séditieux il répugne à jamais de rentrer en grâce, comme Condé, ce sont des révolutionnaires. Les bras nus de ces artisans, qu'un privilége local affranchissait de l'obligation de la maitrise, ont été les premiers à jeter bas la Bastille, qui leur portait ombrage à l'est; mais une autre vieille citadelle qui empêchait qu'on regrettât la première, s'est armée au couchant plus formidablement, là où Louis IX s'était borné à rendre la justice sous un chêne.

Le faubourg Saint-Antoine n'en est pas moins juge à son tour ; les flatteries de plus d'un plaideur l'érigent, depuis 89, en cour de cassation des rois, bien qu'il condamne encore plus sévèrement, mais un peu plus tard, ses flatteurs. La revolution de juillet, dont la colonne s'élève dans le vide, a percé à coups de canon les murs de la cour de Bourgogne, au n° 74 ; l'artillerie y a vengé la mort de trois officiers, tués alors. Cette cour de Bourgogne avait été un hospice de la Providence, fondé pour les enfants, par un écclésiastique du nom de Barberé ; la rue Saint-Nicolas, qui débouche tout près, porte encore le nom du patron des enfants, qui lui vient de cette institution, laquelle ne subsistait plus à la fin du règne de Louis XV.

Sous la minorité du même roi, un maître de pension se trouvait établi entre la Providence et ladite rue Saint-Nicolas. Un instituteur également occupait le second coin de la rue Traversière, où se trouve en effet un arrière-corps de bâtiment ancien, dont le loyer était perçu par Hallé, membre du grand-conseil.

Etienne d'Aligre, chancelier de France, créa en 1669 l'hospice des Enfants-Trouvés, aujourd'hui hôpital Eugénic, entre les rues Traversière et de Cotte. A cette fondation se rattachaient un certain nombre d'immeubles contigus, dont la construction reste stationnaire en dépit de la division. L'emphytéose produit ce *statu quo*.

La majorité en effet des numéros pairs de la rue fera

retour prochainement à l'administration de l'assistance publique, en qualité de nue-propriétaire. Au nombre de ceux-là figurent aussi je ne sais combien d'immeubles qui bordent, depuis plus d'un siècle, le territoire du grand hôpital Saint-Antoine, ex-abbaye royale ès-nom. Cette guirlande immobilière marque la place du fossé qui entoura longtemps le domaine conventuel; le feston s'en est détaché, absolument comme de nos jours, sur le plan de Paris en 1739. Saint-Antoine-des-Champs, fondé au XIIe siècle par Foulques de Neuilly et Pierre de Roussy, pour des pécheresses repenties, fut le berceau du monastère reconstruit 600 ans plus tard, et dont l'abbesse, fût-elle du sang des rois, tenait surtout au titre de dame du faubourg Saint-Antoine. Le n° 170 était une entrée de l'abbaye; un marchand de vin s'y est casé où fut le portier du couvent. Autre comptoir d'étain, chargé de brocs et de verres, au 186, ancienne chapelle des religieuses.

Toutefois, rien de moins régulier que le 156, par première destination. Un cabaretier de l'ancien régime, afin d'y apposer sa griffe avec une durable élégance, a employé le fer pour encre, un beau balcon pour parchemin. Lisez donc : *A la grappe Degois*. Nous sommes encore plus sûr du 190, pour n'avoir pas appartenu à l'abbaye sous Louis XIV : Lantonne y fabriquait et débitait de la bière. Regorgeant de la crême de l'orge et du houblon, la maison avait pris la Rose blanche pour emblème ; son existence, comme brasserie, s'est close il n'y a pas un an, après réparation du bâtiment.

Sous l'invocation de l'Hortensia, s'est placée une autre brasserie, un peu après la rue de Reuilly. Ainsi M. Caffin a restitué une maison plusieurs fois séculaire à sa véritable vocation, après un intervalle assez considerable, et il y a reçu Mgr. Sibour, lors de sa visite pastorale aux principaux centres d'industrie, dans le quartier au seuil duquel venait d'être frappé mortellement l'archevêque, son prédécesseur. Un brasseur s'était établi sous le même toit, dès l'année 1620. L'un de ses successeurs s'appelait Noyelle, un siècle plus tard. Puis le fameux Santerre s'y installait, tout au commencement de la Révolution. La notice de la rue Censier, quartier Mouffetard, a constaté qu'une autre brasserie Santerre servit de berceau à cet agitateur, qui de la sorte embrassait à la fois l'un et l'autre faubourgs les plus populeux de Paris : double cratère où la lave bouillonna du volcan révolutionnaire ! Mais c'est au faubourg Saint-Antoine que venait Philippe-Égalité ; la pièce où eurent lieu les entrevues du prince et du brasseur, est le salon de M. Caffin. Une estampille en marbre noir est encore incrustée dans un bâtiment de la cour, avec ces mots en lettre d'or : *Santerre, marchand brasseur*. Inscription qui a survécu à la translation de la brasserie, faite par Santerre fils, rue Notre-Dame-des-Champs, dans un ci-devant hôtel Montmorency !

N° 220. — Une communauté religieuse, dont les membres étaient voués au blanc, en jouissait au siècle dernier, ainsi que de l'immeuble adjacent. Les chanoinesses de Notre-Dame-de-la-Victoire, qui disposaient de sept arpents, rue Picpus, ne pouvaient-elles enjamber jusque-là? Mais c'est encore hypothétique. Si vous tranchiez trop vite la question, vous entendriez le murmure d'un refrain en situation :

> Prenez garde! prenez garde!
> La Dame Blanche vous regarde!

Par bonheur, un charmant profil, attribué à la fondatrice de cette retraite, est sculpté en trumeau dans un parloir tranformé sans vergogne en une loge de portier, et ce n'est pas du tout la frayeur que d'aussi jolis traits inspirent. La piété? un peu moins encore. Trois ou quatre antichambres pareilles changeraient presque l'antiquaire en un homme à bonnes fortunes. Que si le portrait dont s'agit est celui de Mlle Fréard de Chantelou, il n'a pu être placé que chez les Filles de la Trinité, transférées du faubourg Saint-Jacques dans celui-ci, en 1713, par les soins de la bienfaitrice susnommée.

Traversons l'ancienne voie romaine, qui s'est peuplée de pénitentes bien avant que les grands seigneurs y attirassent des pécheresses, encore loin du repentir, dans les rares maisons de plaisance dont on fait plus de bruit depuis qu'elles n'en faisaient elles-mêmes. Saint-Hilaire, lieutenant-général d'artillerie, avait bien sa petite maison au

303, comme il en existait une autre, par exemple, au 236. Le père de cet officier avait eu le bras emporté du même coup de canon qui avait tué le grand Turenne. Le fils, présent à l'événement, se jetait en pleurant sur le blessé, qui s'écria : — Mon fils, ce n'est pas moi qu'il faut pleurer, c'est le grand homme enlevé à la France.

Ce 303 n'expie-t-il pas assez les folies agréables dont il a pu être le théâtre? Maintenant les verrous et les grilles forgés pour ses galanteries enferment de véritables fous : il y en a 90, traités par le docteur Brierre de Boismont. Le riant asile, pendant que régnait Louis XV, est devenu maison de santé. Ses croisées restent muettes, et comme rivées sur elles-mêmes, car l'agitation est fréquente à cette extrémité de Paris, et l'exaltation du dehors est de toutes les façons contraire à la maladie qu'on y traite. En février 1848, on a brûlé un trône devant ses portes, au rond-point même de la barrière, avec une fureur et des cris à faire crever de jalousie les pensionnaires des deux sexes, qui étaient retenus en camisoles de force dans leur chambre ou par trente domestiques dans leurs promenoirs ordinaires : même apparence de solitude morne n'en régnait pas moins ce jour-là, sans que la flamme s'en mêlât, sur les bâtiments en façade !

Un républicain, moins heureux que ceux du 24 février, était incarcéré depuis quatre ans, sous le premier empire, lorsqu'il obtint sa translation dans cette maison de santé.

Le général Malet, car c'était lui, crut pouvoir profiter de la campagne de Russie, qui retenait au loin Napoléon; il s'entendit avec des royalistes et tenta une première fois de s'échapper. Mais, repris dans la rue par le médecin, chef de l'établissement, qui craignait de répondre corps pour corps de son prisonnier, il fut forcé de retarder l'exécution de ses projets. Sa réintégration dans une geôle était décidée, lorsqu'il se rendit libre tout à fait, de connivence avec l'abbé Lafon, dans la nuit du 23 au 24 octobre 1812. Malet, en toute hâte, fut annoncer dans les casernes la mort de l'autocrate, et délivrer les généraux Guidal et Lahorie, qui étaient à la Force. Conspiration qui eut, comme chacun sait, pour dénoûment une fusillade en plaine de Grenelle!

Une tradition plus ancienne fait attribuer, dans la même rue, la construction du 267 à un ministre de Louis XIII. La maison d'à côté et un jardin discret par ses ombrages étaient incorporés alors à ce petit hôtel de campagne. L'herbe tendre s'y inclina, avant la cour de Louis XIV, devant cet admirable amour inspiré par un homme à Mlle de la Vallière, fille d'honneur d'Henriette d'Angleterre, et que cet homme ne partagea qu'en roi. Tout étant sacrifice pour elle à une passion, qui élevait encore son idole, l'idole n'avait plus à descendre. Des pleurs durent mouiller les beaux yeux de Mlle de la Vallière, quand cette porte fut franchie par elle, avant que l'orgueil impatient de l'amant, se révélant à Fontainebleau, eut renoncé aux dissimulations. L'année suivante, quelle série de fêtes superbes, ouvertement données en son honneur! L'une d'elles a laissé son nom à la place du Carrousel. Comme l'avenir en ce temps-là cachait complaisamment à tous les regards, si ce n'est à ceux de la maîtresse royale, son long voile de pénitence! L'amour ne vaut que ce qu'il coûte!

Le roi laissa vendre cet hôtel, dont s'arrangea le baron de Quenebeck. Puis, Torchet y créa une brasserie royale, postérieurement dite du Dauphin. Une veuve Bridaine, qui tenait déjà le fonds de commerce, acquit l'immeuble en 1740 des enfants mêmes de Torchet. A Mme Bridaine succéda sa fille, Mme Pérignon, et celle-ci fut la mère de Pérignon, notaire de l'empereur Napoléon Ier. L'auteur de la présente notice était reçu assez souvent, il n'y a que fort peu d'années, par la veuve de ce notaire, ainsi que par sa fille, la maréchale Dode de la Brunerie, l'une et l'autre excellentes personnes. Lorsqu'avait éclaté la grande révolution, la brasserie du faubourg Saint-Antoine appartenait non plus aux Pérignon, mais aux Villot. Ceux-ci étaient les frères et sœurs d'une des grandes dignitaires de l'abbaye voisine, dont la princesse de Lamballe se trouvait la dernière abbesse. La religieuse se réfugia dans la maison de sa famille, dont presque tous les membres furent arrêtés : le 9 thermidor les sauva. MM. Dresch aujourd'hui sont propriétaires et brasseurs. Sur les quatre balcons qui décorent leur premier étage, il y en a deux où s'étoilent des soleils : on rappelle que le soleil était l'emblème du grand roi. Les deux autres balcons portaient ses armes, qu'on en a arrachées en 1792, ainsi que d'autres insignes réprouvés. Toutes les serrures d'intérieur étaient restées fleurdelysées ; seulement le temps a fini par en avoir raison.

Entre la maison de santé et les boutiques isolées qui séparent notre voie du commencement de la rue de Montreuil, et qui jadis étaient une boucherie, résidaient beaucoup plus de brasseurs qu'en ce temps-ci, à cause de l'exemption de droits. La bière se brasse, depuis plus de cent ans, n° 273.

Il y avait bien aussi sur cette ligne des fermiers, des maîtres de pension, à la fin du siècle xviie ; mais le nom de Titon, qui s'y rattache à plus d'un héritage, pourrait nous faire voir à tort des lieux de rendez-vous galants dans des propriétés de revenu. Il est vrai que la Folie-Titon n'était pas loin de notre rue, et que Titon du Tillet, maître-d'hôtel de la reine, pouvait en avoir de rechange, pour en prêter à ses amis ; mais un autre Titon habitait les mêmes parages. Ce parent, ou cet homonyme, tenait, tout près de la Bastille, un grand magasin d'armes, qu'on visitait même par curiosité, et dont l'assortiment ne laissait à l'acheteur que l'embarras du choix. Nous croyons, en outre, qu'il possédait, au milieu du faubourg, à gauche, la ci-devant forge royale, dont l'existence remontait à l'époque où les rois habitaient le palais des Tournelles, et dont le nom s'est conservé à une impasse qu'encaissent de vieilles constructions.

RUE DU FAUBOURG-SAINT-HONORÉ.

La porte Saint-Honoré. — Sous la porte Saint-Honoré passait-on aussi facilement qu'aujourd'hui sous la porte Saint-Denis ? Rien n'était plus aisé, mais seulement pour les passants. On y regardait à deux fois avant de faire porter ses meubles dans un faubourg où cette garantie ne suffisait pas ; cela demandait réflexion, car il était bien mortifiant, pour ceux qui s'y fixaient trop tôt, d'y compter plus de noms brillants qu'il n'en fallait pour effacer la modestie forcée du leur, et n'y avait-il pas de quoi renvoyer le gouverneur d'une ville à son poste, un abbé à son bénéfice ? A l'entrée même du faubourg, bien qu'elle ne fût pas sous la Régence bien différente de ce que vous la voyez, on se sentait un peu, comme à Versailles, dans un domaine réservé, où l'étiquette exerçait plus d'empire. Les constructions qu'il en reste étaient neuves ; les enseignes du commerce y prenaient beaucoup moins de place. Le président Bailly, le marquis de Mouchy et M. de Boisfranc occupaient des numéros pairs, avant la rue de la Madeleine.

Le Joueur. — Ce M. de Boisfranc épousa Mlle Feuquières, fille unique d'une dame d'honneur de la princesse de Conti : mariage qui ne tourna pas bien. Un parent de Mme de Boisfranc, le marquis de Feuquières, frère du maréchal, demeurait justement, de l'autre côté de la rue, dans une maison au sieur Lefort. Ne la cherchons pas au 19, qui n'était pas encore bâti, et qu'occupa plus tard Cambacérès ; avançons jusqu'aux n°s 23, 25, 27, un trio de maisons refaites, dites l'hôtel Montaran avant 1848. Le conseiller d'État Michel Amelot avait fait emplette de l'une d'elles avant la fin du xvii° siècle. La division permettait à Feuquières d'y avoir pour voisin le marquis de Bordage, qui était joueur comme les cartes. Celui-ci faisait les parties de son amie, Mme de Polignac, qui se ruina et en tomba malade ; il courut après elle, au Puy, chez son mari, et assista à ses derniers moments, avec un chagrin indicible. Avant de remonter en voiture, Bordage avala de l'opium, et ses valets, à un relais, le trouvèrent sans mouvement, gisant sous les coussins ; mais un joueur a la vie si dure, et il fut abreuvé d'une telle quantité de vinaigre, que le poison n'y put tenir. Le marquis, ramené à Paris, en fut étique pour une année ; puis il reprit sa vie de jeu.

Les Coches. — Dès le règne de Louis XIV, la cour des Coches avait pour occupant le fermier des carrosses de la cour. La loge du Grand-Orient y fut plus tard. Le girondin Guadet, qu'on exécuta à Bordeaux en 1794, avait pour domicile à Paris un corps de bâtiment de la cour des Coches.

Hôtel Montbazon. — C'est le 29. La serrure de sa porte cochère, volumineuse comme un gros in-folio, commença à s'ouvrir pour la duchesse de Montbazon ; l'architecte Lassurance l'avait édifié à la place d'une des maisons bordées de marais qu'avaient là les sieurs Brisacier. L'époux de Mme Montbazon, mère du prince de Guéméné, était mort fou à Liége, et cette grande famille n'était qu'une branche de la maison de Rohan. De M. Lapeyrière, receveur général, M. le comte de Lapanouse a acheté la maison, en notre siècle.

Hôtel Suchet. — Contigu à celui des Montbazon, Blouin le fit élever en 1718. Ce premier valet de chambre, ce confident de Louis XIV, gouverneur de Coutances, de Versailles et de Marly, avait affiché ses amours avec la fille de feu Mignard, déjà exposée en peinture dans les tableaux de son illustre père; puis, celle-ci avait épousé le marquis de Feuquières, et Blouin avait obtenu que le roi signât au contrat. La famille Marbeuf disposait de l'hôtel avant que Joseph Bonaparte l'habitât sous le consulat, et puis que l'empereur en fit son présent de noce à Suchet, duc d'Albuféra. Le maréchal Suchet, cet amant passionné de la gloire, resta après l'Empire où l'avait mis son bienfaiteur, et ne mourut pas autre part.

MM. de Rothschild et Péreire. — Entre Blouin et le prince d'Egmont, il y avait seulement contiguïté; mais entre la résidence du prince et celle du marquis de Guébriant, il n'existait qu'un simple mur encore debout. Ce double hôtel avait été fondé en 1714 pour Chevalier, président honoraire au parlement, et pour sa sœur, Mme Le Vieulx, lesquels avaient eu respectivement pour successeurs M. Legendre et le président Montigny, ayant pour locataires d'Egmont et Guébriant. Par malheur il ne reste plus que la moitié de cette magistrale construction; M. le baron de Rothschild en cède la jouissance à l'ambassade de Russie. M. Émile Péreire a dérangé la superbe ordonnance qu'une servitude mitoyenne lui conseillait aussi de respecter, et il a satisfait ses propres goûts au détriment du goût : la vue que sa nouvelle demeure a conservée sur l'ambassade n'est que trop payée de retour. Chacune des deux propriétés a, comme douze autres situées sur la même ligne, son jardin et sa grille sur l'avenue Gabriel, ancien marais des Gourdes.

Hôtel Charost. — Dû au crayon de Mazin, ingénieur du roi, travaillant pour le duc de Charost, gouverneur du roi. La princesse Borghèse y demeura. Le gouvernement anglais en fit l'acquisition, l'année 1815, pour ses ambassadeurs.

Hôtel Duras. — Germain Boffrand, neveu de Quinault, fit des pièces pour la Comédie-Italienne ; mais les leçons de Mansart lui profitèrent davantage, lorsque de préférence il composa des salles de spectacle. De lui est cet hôtel Duras, qui se carrait encore, sous Louis XVI, dans tout l'espace compris entre les rues d'Aguesseau et Duras, mais dont la division a maintenu les bâtiments. Le maréchal duc de Duras, qui honora Boffrand de cette commande, avait épousé en 1706 Mlle de Bournonville, que menait danser à la cour la maréchale de Noailles, et ne mourut qu'à 87 ans.

Le voisinage de l'Elysée. — Le général Beurnonville, qui joua un rôle politique important, n'était pas de l'ancienne famille de Bournonville; son père avait tenu un restaurant dans les Champs-Élysées. Il n'en porta que mieux jusqu'au bâton de maréchal, et il se trouve qu'il épousa lui-même une demoiselle de Durfort-Duras. Beurnonville cessa de vivre précisément à cinquante pas de l'hôtel Duras, le 23 avril 1821. C'était au 47, dont la restauration récente profite au prince de Wittgenstein, qui apprendra un jour avec plaisir le nom d'un autre de ses devanciers : Maurice de Saxe en personne. Le grand capitaine y était locataire de M. de la Faye, qui possédait aussi le 49 et le 51, hôtel Praslin, dont il ne survit plus que la porte. L'appartement qu'avait naguère le maréchal de Castellane, dans l'immeuble qui vient après, servait au temps du comte de Saxe au marquis de Caraccioli. Que si nous remontons encore plus haut, c'est-à-dire jusqu'à 1700, nous découvrons que lesdites propriétés, qui n'en formaient alors que deux, appartenaient à demoiselle Françoise Langlois, veuve du célèbre André Lenôtre. Comment ne pas vous dire, en outre, que le bien de Mme Lenôtre tenait aux cinq arpents de Mlle Geneviève Bossuet? Ce dernier nom si mémorable ne tarda pas beaucoup à être remplacé, sur le terrier royal, par celui du comte d'Evreux, pour trois maisons au lieu d'une seule. Mais arrêtons-nous dans cette voie; elle nous mènerait à écrire l'histoire même de l'Élysée, qui commença par être l'hôtel d'Évreux. Au palais viennent d'être ajoutés 51 et 53, qui ne sont même plus maisons particulières, c'est-à-dire dans notre domaine. D'autres, à notre place, commenceraient déjà à se croire dignes, comme le fut si bien Lenôtre, du titre de jardinier des rois ; mais ce n'est pas nous que Louis XIV a fait monter dans sa chaise, à Marly.

La porte d'Argencourt. — Des maisons se suivaient dès lors un peu plus haut, et nous remarquons, en effet, que le n° 71, où le général Dupont n'est venu qu'après les d'Houdetot, et le 73, au baron Rœderer, ne sont pas édifiés d'hier. Le comte Rœderer a possédé lui-même, avant Mme Lehon, avant le comte Molé, ce ministre du premier empire hostile au second, un hôtel dont l'avenue répond au chiffre 85, et où les avait précédés le marquis de la Vaupalière, émigré en 89. La construction, en reculant un peu, s'est éloignée de l'égout qui répandait par là une odeur si désagréable, et la propriété, avant M. de la Vaupalière, en avait appartenu à Chastenay, du chef de la femme qu'il avait épousée en 1738, fille de le Barcle, marquis d'Argenteuil et gouverneur de Troyes. Par déférence pour cette alliance, on a parfois donné ou rendu le nom d'Argenteuil à la fausse porte de la ville, qui subsistait non loin de l'avenue, mais, qu'on appelait surtout porte d'Argencourt. Il y a bien aussi, aux n°s 89 et 91, une vieille devanture de logis aristocratique, où la porte d'Argencourt voyait entrer des la Trémoille ; mais, depuis longues années, le travail est interrompu dans un magnifique édifice en construction, qui attend encore M. le duc de Coigny.

Hôtel Castellane. — En voici un qui aura fait, ma foi, beaucoup plus de bruit qu'il n'est gros ! Si les statues surchargent sa façade, l'esprit et l'élégance en font bien d'autres au dedans, quand les portes s'ouvrent pour une fête ! On ne sait plus recevoir que là. Tout ce qu'on a imaginé, en fait de spectacle de salon, à Paris comme à la campagne, n'est depuis tantôt vingt années qu'une pâle copie, une contrefaçon des soirées dramatiques où le faubourg Saint-Honoré convie l'aristocratie du talent, avec celle de la naissance, dans la jolie salle Castellane. L'esprit y élut domicile, ses bureaux ne sont plus ailleurs. Mme la comtesse de Castellane, qui en est devenue l'Egérie, n'a pas moins présidé elle-même, avec le caractère d'Henriette des *Femmes-Savantes*, à l'éducation de ses filles ; mais le château des Aigalades la retient trop souvent en vue de la Méditerranée, pour qu'on ne soit pas ici jaloux de la mer. Monsieur le comte, les traditions s'égarent ; d'anciennes maisons se lézardent, quand l'été se prolonge pour elles plus longtemps qu'au calendrier : votre hôtel si bien rajeuni par la grâce et le goût d'une hospitalité qui lui vaut une autre noblesse, a le même âge, ou peu s'en faut, que cette belle tapisserie des Gobelins, aux figures vivement détachées, donnée à votre aïeul par le grand roi, et que l'isolement morfond plus que le temps. Le duc de Noailles, sous la

Régence, fut le maître et seigneur de cette maison du faubourg, qui passa depuis lui entre les mains de M. de Damas. Ce gentilhomme d'honneur de Monsieur, comte de Provence, fit la campagne d'Amérique, aide de camp de Rochambeau. Chargé de protéger la retraite de Louis XVI, Damas eut le malheur d'échouer dans cette mission capitale à Varennes; il y perdit la liberté, que lui rendit seulement l'acceptation de la constitution par le roi. Après avoir servi dans l'armée de Condé, il rentra en France sous l'Empire, fut ensuite fait pair, lieutenant-général et duc, mourut en 1829, deux ans après la duchesse de Damas.

Le 116. — Mme la marquise de Louvois, née princesse de Monaco, n'a pas quitté le dernier domicile de son mari, membre de la commission des théâtres royaux, qui racontait lui-même avec plaisir quel était son seul titre à cette position : pendant la grande révolution, il s'était vu réduit, pour vivre, à s'offrir, comme aide-machiniste, au chef du matériel de l'Opéra, qui l'avait pris sur sa bonne mine, et le petit-fils du grand ministre s'était initié quelque temps à tous les rouages du théâtre. Le général comte Soulès, sénateur, avait traité en 1808 de cet immeuble pour son propre usage.

Le 118. — Vieux par le fond, neuf par devant, il a été créé sous Louis XV par Armand, comme le numéro précédent, et sur un territoire acquis de Sandrié, cessionnaire d'Adrien-

Maurice de Noailles. Un d'Entragues le laissa à son neveu, marquis d'Apchon.

Le 120. — Sous l'Empire, nous y eussions trouvé le comte Hocard; sous la Restauration, M. de Saint-Didier, associé aux spéculations financières de M. Des Tillières. Mais un âge plus reculé est écrit dans la rampe en fer d'un escalier.

Lagrange. — Ce très-grand géomètre, près duquel aimait à s'asseoir, à l'Institut, son collègue Napoléon, a rendu le dernier soupir sous un toit où lui a succédé l'amiral Truguet, pair de France, à l'angle de la rue Penthièvre. Le portrait du savant analyste prouve que son génie se reflétait sur des traits réguliers ; toutefois Lagrange ne voulait pas qu'on les reproduisît : les productions de la pensée lui paraissaient seules dignes de mémoire. Bien lui a pris, par conséquent, de ne pas être le témoin de cette fureur du portrait, dont tout le monde est possédé depuis l'invention de Daguerre, qui fait paraître encore plus bêtes tant de figures sans expression.

Le voisinage de Saint-Philippe. — Le 15 mai 1640, la Ville-l'Evêque, c'est-à-dire le quartier dont nous nous occupons, fut déclaré faubourg jusqu'à l'égout situé au-dessous du Roule. Hors de ville restait un marais de deux arpents, situé entre les rues Montaigne et d'Angoulême actuelles, et qui appartenait en 1700 à l'archevêque de Paris, dont la censive ne pesait plus, par suite d'un échange avec le roi, que sur la rive droite de la rue englobée en 1640 et qu'on avait connue comme chaussée du Roule antérieurement. Sur cet emplacement ne tardèrent pas à s'établir une brasserie et un hôtel où vivait Mme de Cressy ; le marquis de Thorigny était propriétaire de tous les deux. La maison aristocratique a depuis été celle des Pages. On ne la désigne plus que comme n° 107 ; le nom du général Gardanne n'y donne donc plus lieu à un jeu de mots, assez désobligeant pour les pages dont ce général était le gouverneur, sous l'Empire. Dans une maisonnette qui est au second coin de la rue d'Angoulême, logeait tout bonnement sous Louis XV, le maître-d'hôtel du marquis de Brunoy, qui déployait son faste hôtel Praslin ; cet officier s'appelait Carême, et n'était-ce pas l'aïeul de l'auteur des livres de cuisine, littérature qui a bien son mérite ? Une maison de qualité, qui faisait face à celle de Thorigny, porte l'estampille 132. Nous ne pouvons que bien peu nous tromper en y donnant le marquis de Rais pour prédécesseur au maréchal Mortier, dont le fils y commande encore. Dulin, architecte du roi, avait aussi plusieurs maisons par là. Ce disant, nous voici à Saint-Philippe-du-Roule.

Le Roule. — Là commençait la grande rue du Roule, qui formait un village à part, et dont la vieille léproserie fut antérieure de bien des siècles à l'hospice qui ne remonte qu'à Louis XVI. Le bienfaisant épicurien Beaujon a créé dans le principe, comme école pour 24 enfants nés au Roule l'hôpital qui porte son nom. Au même temps l'architecte Bellanger construisait, sur l'ancienne pépinière du roi, les écuries d'Artois. Marat, comme médecin des gardes-du-corps du comte d'Artois, y avait son logement, quand la Révolution vint déchaîner en lui des appétits, des haines, des fureurs implacables, que l'étude des sciences physiques ne retenait plus dans la sphère où les mauvaises passions sont impuissantes. Le ci-devant marquis Antonelle, juré au tribunal révolutionnaire, demeurait de même aux écuries ; seulement Marat les quitta avant que le citoyen marquis redevînt tout de bon royaliste, à force d'aiguiser l'instrument des vindictes républicaines. Quant aux hôtels, ils changaient tous de maîtres. Le comte de Nogent fut un de ceux qui s'y prirent à temps pour éviter une confiscation : à M. Lorin père, il vendit, avant d'émigrer, le 186, qui a pour vis-à-vis une autre maison centenaire. M. de Lachesnaye, propriétaire de celle-ci, avait une fille qu'il malmenait, et le marquis de Livry pour locataire, qui souvent se formalisait de la mauvaise humeur du père. — S'il vous arrive encore, dit un jour M. de Livry, de brusquer votre fille, tenez-le pour dit, je l'épouse..... La jeune personne reçut de très-bon cœur, le lendemain matin, une correction dont le bruit vint jusqu'aux oreilles du locataire : elle se laissait faire... marquise !

Hôtel Saint-Priest. — C'était, au xviie siècle, une maison a l'enseigne de Saint-Denis. Quand le vicomte de Saint-

Priest fut nommé gouverneur des pages, en revenant de son ambassade à Constantinople, il en fit un hôtel à porte monumentale, qui depuis s'est encore amplifié ; le tout pourrait être divisé en une demi-douzaine d'hôtels, comme on les bâtit de nos jours. Une pension de demoiselles occupa pendant quarante ans une portion de cette propriété, et sous-loua un appartement à Mme de Genlis, laquelle y expira pour ainsi dire avec la royauté de Charles X. Pour habitants encore, l'hôtel a eu le marquis de Beaurepaire, le général Margaron, M. de Rivero, ambassadeur du Pérou, le maréchal Randon; il y reste aujourd'hui M. le baron de Seebach, ministre de Saxe, M. le marquis de Corberon, etc. Et le propriétaire en est un oncle de M. le préfet de la Seine, M. André Haussmann, lequel tient de son père l'immeuble contigu, qui va poser devant nous à son tour.

La famille Thiérin vendait, le 27 frimaire an XI, à Nicolas Haussmann, député de Seine-et-Oise à l'Assemblée nationale et à la Convention, le n° 168, qu'un de ses fils habite encore. M. Nisard, de l'Institut, y a eu pour prédécesseur, comme locataire, Nivelle de la Chaussée, également de l'Académie, et qui la ferma à Piron pour se venger de maintes épigrammes. Voltaire avait été beaucoup moins loin, en disant de la Chaussée : « Il est un des pre-
« miers, après ceux qui ont du génie. » Ajoutons que ce neveu d'un fermier général eût pu faire son chemin dans la finance, mais préféra à la fortune la condition d'homme de

lettres, qui ne le fit qu'homme de talent. Ce n'est que passé 40 ans qu'il écrivit pour le théâtre; l'opéra de *Zémire et Azor* n'en fut pas moins en nombreuse compagnie de pièces qui, en général, affectionnaient les sujets tristes. L'auteur du présent recueil a l'honneur d'être l'arrière-petit-neveu de la Chaussée. Quant aux possesseurs de l'immeuble, voici ceux que nous retrouvons antérieurement au sieur Thiérin : Le Ménestrel, trésorier des bâtiments du roi, en 1623; la femme de Jean de Lannux, valet de chambre de feu la reine, 1687; Angot, bourgeois, 1693; Viger, marchand, consentant bail à Sudan, ancien ingénieur du roi, 1743; Fortier, 1747; la femme de Charpentier de Foissel, lieutenant général des eaux et forets, 1775. M. Haussmann a surélevé et augmenté de beaucoup, en 1853, cette construction qu'on n'avait pas touchée depuis Fortier. Une pièce, ayant trait à cette première restauration, nous paraît propre à faire connaître la situation administrative du faubourg du Roule au milieu du xviiie siècle. En voici la copie conforme :

« A tous ceux qui ces présentes lettres verront :

« Jean Gilbert, avocat en Parlement, conseiller procureur du Roi en la
« Prévôté royale de Chaillot, prévôt, maire et juge ordinaire, civil, criminel
« et de police des haute, moyenne et basse Justice du port de Neuilly, le haut
« et bas Roule faubourg de Paris, Villiers-la-Garenne, le château royal de
« Madrid, Porte Maillot et dépendances, pour Mesdames les supérieure, reli-
« gieuses et communauté de la royale maison de Saint-Louis, établie à Saint-
« Cyr-les-Versailles, Dames hautes justiciaires desdits lieux, et pour Messieurs
« les vénérables religieux, chantre, grand-prieur et couvent de l'Abbaye
« royale de la ville et bailliage de Saint-Denis, en France, seigneurs en partie
« desdits lieux ;

« Salut : Savoir faisons que :

« Vu la requête à nous présentée par Alexandre Fortier, conseiller du roi,
« notaire au Châtelet de Paris, propriétaire d'une maison, cour, jardin et
« autres lieux, sis en ce faubourg du Roule ; ladite requête tendant à ce qu'il
« nous plaise lui permettre, pour son utilité, faire construire entre cour et
« jardin de ladite maison, un salon de 14 pieds de large sur 26 pieds de long,
« et de 11 pieds sous plancher, avec un comble à la française au-dessus, et
« une remise et comble au-dessus d'icelle ; le tout conformément au plan ci-
« joint, signé et paraphé dudit M. Fortier ;

« Notre ordonnance de *Soit-communiqué* au procureur fiscal, du vingt du
« présent mois, de nous signée et paraphée, étant au bas d'icelle ; les conclu-
« sions du procureur fiscal du même jour, desdits présents mois et an, étant
« en suite et signées Burget, avec paraphe ;

« Tout vu et considéré ;

« Nous avons permis et permettons au suppliant de faire construire les
« bâtiments énoncés en la susdite requête, en se conformant toutefois aux
« édits et déclarations du roi, arrêts du conseil et ordonnances de police, sur
« le tout, à peine de nullité des présentes et de toutes autres peines qu'il
« appartiendra.

« Ce fut ainsi fait et donné par nous, juge et prévôt susdit, en notre cham-
« bre du conseil, audit Roule, le vingt mai, l'an mil sept cent quarante-huit.
« *Signé*, Gaultier.

« Autant de ces présentes et du plan y joint, ont été déposés au greffe de
« l'Hôtel-de-Ville de Paris, ce 17 juin 1748. *Signé*, Taitbout.

« Autant de la présente permission et du plan y joint ont été déposés au
« bureau des finances de la généralité de Paris, pour satisfaire à la déclara-
« tion du roi, concernant les limites, le 9 juillet 1748. *Signé*, Pigeot de
« Carey. »

Le plan joint à cette pièce indique pour tenant, du côté de Paris, le contrôleur de la Pépinière du Roi, et vers Neuilly, M. Moreau.

Paris. — Imprimerie de Pommeret et Moreau, 42, rue Vavin.

Liv. 34
LES ANCIENNES MAISONS

Des rues du Faubourg-Montmartre, du Faubourg-Saint-Denis, du Faubourg-Saint-Jacques, du Faubourg-Saint-Martin et du Faubourg-du-Temple.

NOTICES FAISANT PARTIE DE L'OUVRAGE INTITULÉ :

LES ANCIENNES MAISONS DE PARIS SOUS NAPOLÉON III,

PAR M. LEFEUVE,

Monographies publiées par livraisons séparées en suivant l'ordre alphabétique des rues.

RUE DU FAUBOURG-MONTMARTRE.

Ce qu'elle était en 1726. — M. Ollivier. — La Boule-Rouge. — Les deux coins. — Vachette. — Le souper des actrices.

La limite de Paris en 1724 était marquée par une borne à l'endroit où la rue Montmartre débouche sur le boulevard. Une autre borne, deux ans après, était placée à l'entrée du faubourg, avec l'inscription que voici :

1726.
LIMITES DE LA VILLE DE PARIS
Du règne de Louis XV
DE PAR LE ROY

Icy se trouve bornée l'enceinte de cette ville de Paris suivant les déclarations de Sa Majesté des 18 juillet 1724 et 29 janvier 1726.

A peu près une année plus tard, la délimitation urbaine était portée à 165 toises 2 pieds 6 pouces de l'extrémité actuelle du faubourg, au pied d'une maison au sieur Desterbée, du côté des numéros pairs. Notre-Dame-de-Lorette n'était alors qu'une chapelle, succursale de Saint-Eustache, sise avant la rue des Martyrs, près de la croix des Porcherons, comme de la porte de ville, et presque en face d'une maison qui fait encore l'angle de la rue Lamartine. Celle-ci devait appartenir au sieur Boucher, qui avait pour voisin un maréchal-ferrant, tenant aux héritiers de Nelle. Puis venait un cimetière, et puis un marais cultivé, tous deux à la fabrique de Saint-Eustache.

Sur la rive opposée, la veuve Calpelle, plâtrière, servait de garde-côte à la plage que les eaux de Montmartre inonderont toujours en temps de pluie, à moins que l'on y rétablisse une rivière qui vraisemblablement valut son nom à la grange Batelière. Après Mme Calpelle, un boulanger : plâtre et farine pouvaient faire bon ménage, descendant tous deux de Montmartre ! Cimetière ensuite ; celui-là dépendait de l'église Saint-Germain-l'Auxerrois. Boucher, qui était plâtrier, s'était bâti les deux maisons suivantes, aujourd'hui n°s 71 et 69. Cebret, bourgeois, avait un peu plus bas une maison avec jardin, que nous croirions revoir au 63, s'il fallait attribuer à l'âge son apparence passablement caduque. Cet hôtel, dont la cour n'est pas exempte de mousse prématurée, dont le jardin, visible rue Laffitte, n'est pas souvent échenillé, ne date pourtant pas d'un siècle ; Roguin, homme d'argent, l'a créé, et M. Ollivier, banquier, député, puis pair de France de la fournée du ministère Villèle, en a réduit de beaucoup les dépendances, lors du prolongement de la rue Laffitte, dite d'Artois, en vendant à Singer de quoi bâtir toutes les maisons qui vont jusqu'à la rue Saint-Georges. Le crédit d'Ollivier a fait adopter le plan d'alignement de Notre-Dame-de-Lorette, qui a été rebâtie sur pilotis, afin de mieux résister aux submersions pluviales; c'était une raison de plus pour qu'il devînt le parrain d'une rue nouvelle, entre l'église et son habitation. Mme veuve Ollivier, qui est la belle-mère de M. de Brévannes, ancien conseiller d'Etat, n'a pas quitté l'immeuble, qui est encore son puîné.

Le 15, qui en a vu bien d'autres, paraît avoir appartenu, du vivant de Cebret, à Chabanne, lequel avait pour locataire le comte d'Augigny, et pour voisins, en descendant toujours, un plâtrier, un voiturier; 40 et 47 nous montrent les vieilles remises de ce dernier, où se garent à présent des coupés. Lemoine, charron du roi, se trouvait au 33, en vue du pont des Porcherons, jeté sur l'égout de ceinture que l'égout longitudinal y rencontrait. Vallée, maître paveur, a édifié le 21, dont la façade est historiée d'un bas-relief qui, pour nous, fait énigme. Leroy, médecin, disposait de cet immeuble, il y a une vingtaine d'années : il a inventé une médecine dont la réputation a survécu. Qui devinerait que le 17, dont la devanture est de si bonne bourgeoisie, dut le jour à Bernier, maçon? La manie de bâtir ruine bien souvent, à Paris, les amateurs qu'elle recrute ; elle ne peut enrichir, comme véritable vocation, que les entrepreneurs qui, par état, connaissent d'avance la main-d'œuvre et les matériaux. De cette vérité pratique, n'était-on pas mieux pénétré sous Louis XIV qu'à présent? Continuons à en chercher la preuve. Couturier, maître charpentier, est l'auteur du n° 15, et la veuve Fordrin, serrurière, du n° 13, dont le fond, réunion d'échoppes, ne s'est érigé en logements qu'à la fin de la Restauration, un peu avant que Charles Maurice y casât le bureau du *Courrier des Théâtres*. Dans celui du *Pays*, qui tient à l'immeuble contigu, les rédacteurs piétinent sur du plâtre gâché par Boucher, susnommé. Le fond du 9 et une portion du 7, si ce n'est tout, reconnaissaient pour maître le sieur Daisne, qui avait son jardin derrière, cent vingt-cinq ans avant qu'y demeurât un bon acteur comique, Arnal.

Nous avons jeté l'ancre sur l'autre rive du faubourg, devant le marais de Saint-Eustache ; reprenons-y donc le courant d'une navigation rétrospective, dont le boulevard actuel sera encore le port. Un charpentier, un jardinier, un plâtrier, puis un autre jardinier, et puis M. Baudin, bourgeois, se partagent le sol, en 1726, depuis ledit marais jusqu'à peu de distance du chemin de la Voirie, postérieurement rue Cadet. Or, la notice de cette rue a dit que les Baudin n'étaient encore que jardiniers à la fin du xvii° siècle, et nous prenons plaisir à remarquer que, devenus grands propriétaires, ils quittent bientôt dans les actes leur qualité professionnelle, comme le fait tout le monde en notre temps.

Raoul, potier de terre à l'enseigne de la Boule-Rouge, est établi alors et dans son propre bien, entre la maison de Baudin et un marais, que Geoffroi et Marie, un ménage de savetiers, ont légué aux hospices en 1261, et sur lequel déjà se sont élevées des bicoques. Mais celles-ci tomberont plus tard, devant la rue Geoffroi-Marie, ainsi nommée par gratitude, et le quartier de la Boule-Rouge n'offre plus en effet, à l'heure qu'il est, que de rares spécimens des masures qui le composaient antérieurement au règne de Louis-Philippe. Le 22 faisait sentinelle devant cette autre cour des Miracles; il est resté fidèle au poste, comme corps de garde féminin, qui arrête les passants le soir depuis tantôt quatre-vingts ans, et si la garnison y change, il n'en est pas de même de la consigne, donnée encore par la mère Georges, qui a trente ans de commandement.

Concurrente de cette matrone, la Deloffre est plus ambitieuse; M. Rousseau tient d'elle-même qu'en sa maison, au coin de la rue Bergère, la crémaillère de la galanterie a été pendue royalement par Mme de Pompadour, sans solution de continuité depuis. Notre éditeur a demandé des preuves ; on l'a conduit dans une chambre où deux femmes dormaient en plein jour, dans un lit qu'aurait étonné la solitude; il a vu des boiseries sculptées et de la peinture, du milieu du siècle dernier, dont il a reconnu le mérite ; seulement nous ne sommes pas bien sûr qu'il n'ait pas eu de distractions. Il était d'autant plus porté à contester les prétentions de cette maîtresse de maison, qu'il avait récemment appris l'existence dans la rue Bergère d'une maison jadis habitée par Mme de Pompadour. Cet hôtel, qui n'est autre que l'imprimerie Chaix, pouvait dans le principe avoir été flanqué d'un pavillon, se rattachant à un jardin. Pour tirer cette affaire à clair, nous avons ouvert d'autres enquêtes ; mais nous avons seulement trouvé que sous le toit qui s'incline sur deux rues, vivait une demoiselle Desciaux, avant la fin du règne de Louis XV : elle avait été entretenue en première instance par Buquet, un nom déjà cité rue des Colonnes, et puis par Coste de Montry, fils d'un marchand de bois, par Desprès, marchand de soie, par le marquis de Chambray, cornette des chevau-légers.

Non-seulement Mme de Pompadour, mais aussi bien Mme de Parabère, à ne s'en rapporter qu'aux dates, a pu monter dans les carrosses de Cochery, ancien cocher de Law, établi au n° 4, maison profonde, qui, du temps de Mme Dubarry, fut à Maurel de Lépenot. On vient de renouveler sa façade de pied en cap : la salle d'armes de Grisier l'avait sans doute rendue mauvaise tête, car il semblait que des fleurets démouchetés eussent débourré son vieux plastron.

Vers l'année 1660, aux frais de Nicolas Dezègre, mar-

rier, s'éleva une construction qui, partant du faubourg
Montmartre, prolongeait sur le Cours, bâtiments, jardin
en terrasse. Des héritiers, parmi lesquels comptait un
marbrier du roi, laissèrent la propriété à une dame, leur
alliée, veuve, en troisièmes noces, d'un autre Nicolas De-
ègre. Celle-ci eut pour successeur Laurent-René Ferrand,
fermier général, qui fit retoucher l'édifice que nous retrouvons bien le même, à cela près d'une surélévation et d'un
exhaussement qui déposent doublement en faveur de sa
solidité. Après Ferrand, vint Philippe-Charles Legendre de
Villemorien, seigneur de Valençay, fermier général de Sa
Majesté, administrateur général des postes et relais de
France. Un peu plus tard, ajoute la tradition, c'est-à-dire
vers l'époque de la mort de Louis XV, s'ouvrit au rez-de-
chaussée le café qui n'a pris que sous Charles X le nom
de Vachette, simple limonadier, après cela restaurateur.

Pour si discret que soit l'écho des cabinets particuliers,
il ne tait pas qu'on y fait en tout petit, avec l'incognito du
fiacre, les folies reprochées si fort à l'autre siècle. Les
salons de Vachette, à l'exception des nuits de carnaval,
sont comme un vaste cabinet d'affaires, où l'on reste le
moins possible, comme si l'on y perdait son temps : à la
bonne heure, voilà bien notre siècle ! Mais les jolies cellules
de l'entresol étaient naguère un assez grand salon ; les
secrets confiés le soir à leurs cloisons ont moins de piquant
encore qu'un souvenir qui les renverse toutes, quand les

gros murs le laissent transpirer. C'était en ....., je n[e]
sais plus la date : les romanciers, peintres de mœurs, met[-]
traient la scène sous la Régence, en dépit de l'époque beau[-]
coup moins reculée à laquelle auraient commencé à flori[r]
les petits soupers à l'angle du faubourg Montmartre. U[n]
bon nombre d'actrices s'étaient donné rendez-vous à minuit
devant un couvert bien servi, dont aucun cavalier n'étai[t]
l'amphytrion, encore bien moins l'invité. Comme on a d[û]
nous arranger, Messieurs, dans ce conclave féminin ! L[e]
serment de n'en rien confier à l'autre sexe n'a pas été s[i]
bien tenu qu'un bruit lointain n'en soit venu jusqu'à nous[.]
De confidence en confidence, la plupart de ces dames on[t]
appris, ce soir-là, qu'elles avaient à se pardonner mutuel[-]
lement presque toutes les conquêtes de leurs charmes et d[e]
leur esprit ; l'une passait la casse, dans un verre de Cham[-]
pagne, à l'autre, qui lui renvoyait le séné. Au dessert donc[,]
plus moyen de douter qu'en matière d'amour, au théâtre[,]
la propriété est un vol ! Le champagne seul a vengé le[s]
absents, en tournant plus de têtes, et plus réellement, qu[e]
n'avait fait l'amour : la chaleur des bons mots, celle d[u]
festin et des bougies, décolletaient plus encore que la con[-]
versation. Des paris se sont engagés, ils provoquaient tan[t]
de comparaisons qu'au moment où venaient les garçons
pour emplir de café les tasses, l'art dramatique posait pou[r]
l'art antique. Deux de ces dames, par exception, se con[-]
tentaient du rôle de Pâris ; l'une a quitté, quelques année[s]

après, la scène secondaire où elle jouait les duègnes, pour tenir à la Comédie-Française le même emploi, et l'autre a donné, mais plus tard, son nom brillant à un théâtre!

RUE DU FAUBOURG-SAINT-DENIS.

Le logis du roi. — Les poëtes à Saint-Lazare. — Mme de Montmorency. — La propriété. — L'industrie. — M. d'Espinchal. — Les sœurs Grises. — Les voitures.

Faubourg de Gloire, quel brillant pseudonyme! Les victoires de Louis XIV, rappelées par les portes Saint-Denis et Saint-Martin, opérèrent en effet comme une résurrection sur la rue du Faubourg-Saint-Denis, dormant depuis le xie siècle sur les lits de sa léproserie, dont le patron avait été lui-même ramené de la mort à la vie. Sous la régence d'Anne d'Autriche, cette chaussée n'avait de parcours qu'à travers des murailles et des champs sans clôture, si nous exceptons Saint-Lazare, où les rois mettaient pied à terre, dans leur entrée solennelle à Paris, ainsi que pour marquer d'avance la place où leurs dépouilles mortelles devaient s'arrêter à leur tour, en gagnant les caveaux de Saint-Denis. Il y avait un pavillon, qualifié le Logis du Roi.

Les prêtres de la Mission, institution de saint Vincent de Paul, se fondirent au xviie siècle avec les religieux de Saint-

Lazare, et sous Edme Joly, 3° général de la nouvelle congrégation, fut établi en grande partie l'édifice qui sert de prison maintenant. On y recevait encore des lépreux, ou, pour mieux dire, des malades, car la lèpre avait disparu devant de nouvelles maladies, qui étaient venues du Nouveau-Monde, et qu'elle semblait craindre d'attraper. Mais la plus grande affaire des Lazaristes, ordre de Saint-François, était d'entreprendre des missions, de préparer les jeunes ecclésiastiques aux ordinations, d'admettre des laïques en retraite spirituelle, et aussi de garder à vue, d'obliger aux bonnes lectures, aux exercices de piété et à quelque sobriété, les fils de famille que leur père ou leur tuteur, à titre de correction, avait obtenu l'ordre d'enfermer. Cette dernière spécialité valut à Saint-Lazare bon nombre de malédictions, en dépit des services qu'elle rendait à tant de familles; elle y datait, au reste, d'avant la régénération due à l'ange de charité qui s'appelait Vincent de Paul, et n'en reçut qu'une extension nouvelle, que des perfectionnements de régularité, qui par malheur n'empêchaient pas qu'on enfermât parfois, de par le roi, des innocents et des incorrigibles. Parmi les jeunes gens dérangés qui enragèrent dans les cellules, et qui n'y rêvaient que trop à un genre de pécheresses dont elles sont peuplées à présent, il y eut le bel-esprit Chapelle. Comme cet hôte involontaire fit rire ensuite ses amis, les plus grands poëtes du grand siècle, du peu de prise qu'avaient eu les leçons et le régime de Saint-Lazare sur sa vocation de buveur! Il en eut soif toute sa vie.

Plaignons plutôt André Chénier et Roucher d'avoir fait, avant l'âge, leurs derniers vers à Saint-Lazare, devenu geôle pour tout de bon, lorsque la rue s'appelait Franciade. L'auteur de la *Jeune Captive* y attendit son tour pour l'échafaud, en même temps que la dernière abbesse de Montmartre, Marie-Louise de Laval, duchesse de Montmorency, qui ne put ni le voir ni l'entendre, car elle était sourde et aveugle; d'ailleurs sa vieillesse courageuse eût laissé répéter à d'autres :

Je ne veux pas mourir encore!

Elle monta la première en fiacre pour se rendre devant ses juges, en donnant sa main à baiser aux compagnes appelées à la suivre, et il partit de la maison qui fait le coin de la rue de Paradis une grêle de pierres; la voiture en trembla, sans qu'on pût deviner si l'injure en était sentie par Mᵐᵉ de Montmorency, dont le visage montrait à la portière, avec une frappante impassibilité, une sorte de beauté suprême par éclairs que n'eussent pas même fait pâlir les agréments de sa jeunesse. Un bon mot de Fouquier-Tinville, qu'inspirait une infirmité, convainquit la ci-devant abbesse d'avoir conspiré *sourdement*. Si bien que le même jour, à la barrière du Trône, le couteau s'abaissa sur elle et sur quinze de ses religieuses : quatre jours avant le 9 thermidor!

Depuis la susdite encoignure de la rue de Paradis jusqu'aux prisons de Saint-Lazare actuelles, sont encore debout des constructions élevées par la congrégation en 1719, pour s'en appliquer le revenu, et il en reste d'autres sur différents points du faubourg partageant la même origine, qui était aussi celle des maisons que l'on vient d'abattre entre Saint-Lazare et la rue de Chabrol. Les Lazaristes, pour tout utiliser, ont, en juin 1724, fait apposer aux coins de rues, dans Paris, une affiche conçue en ces termes :

RETRAITE HONNESTE ET CHRÉTIENNE.

S'il se trouvoit plusieurs gens de bien, ecclésiastiques ou séculiers, qui désirent de vivre un peu à l'écart du grand monde; les prêtres de la Mission de Saint-Lazare seroient assez disposez à leur procurer, à bon compte, près de leur église, un logement sain et commode, une grande cour, un beau jardin, une maison de campagne et toutes les austres choses nécessaires à la vie, tant en santé qu'en maladie.

Toutefois le faubourg Saint-Denis n'offrait déjà plus un désert, quand l'idée était venue de cette spéculation, à l'importance de laquelle n'atteignent pas en ce temps-ci les grandes compagnies purement immobilières. Avant la fin du règne de Louis XIV, il y avait déjà 94 maisons, depuis la porte Saint-Denis jusqu'où passe le boulevard du Nord, et 64 encore avant d'être dans la campagne. Parmi celles-ci figurait le séminaire de Saint-Charles, succursale des Lazaristes pour les retraites ecclésiastiques, pour la convalescence des congréganistes malades. Partiellement s'en revoient les bâtiments du 167 au 177, que précédaient et contournaient à gauche un vaste enclos, dit longtemps le Clos Saint-Lazare; la chaussée leur donnait pour vis-à-vis plusieurs moulins.

Les ailes de ces machines à moudre ayant pris leur volée sur des hauteurs plus reculées, MM. de Saint-Lazare, propriétaires du terrain, le concédèrent à des particuliers, notamment à Legrand, intéressé dans les affaires du roi, et ce capitaliste y fit bâtir un hôtel qu'il n'a pas quitté. On retrouverait évidemment un peu plus bas, du même côté, les deux portes qu'avait la foire Saint-Laurent sur cette partie du faubourg, qui conservait encore une dénomination particulière, celle de faubourg Saint-Lazare, au commencement de l'Empire. Epoque où d'importantes industries l'animaient déjà beaucoup plus, car la fabrique de bijoux en acier, tenue par Chaix, les fabriques de porcelaine de Schœlcher et de Fleury, la brasserie de Cherbeau, la boulangerie de la garde de Paris, n'y chômaient plus dix mois sur douze, comme la foire Saint-Laurent.

Il est vrai que le faubourg Saint-Denis, proprement dit, ne demeurait pas en reste, sous ce rapport. Les victoires d'Eylau et de Friedland occasionnaient des illuminations dont l'entreprise générale avait pour siége les petites écuries du roi, où ci-devant se remisaient les voitures de cérémonie; une filature de coton occupait la même cour, qui a encore une de ses trois issues sur la rue dont nous vous parlons. Déjà le travail pacifique y façonnait, sur d'autres points, les chapeaux de paille, y démocratisait la porcelaine, et le commerce s'y approvisionnait de la gaze de Renouard, des dentelles de Corne-de-Cerf, comme des éventails de Mauvage. Ne se contentant plus du petit commerce, le faubourg perdait, en revanche, les affections de la bonne bourgeoisie qui avait bâti ses hôtels.

Les d'Espinchal, les Tabari et les Jarnac, disent les uns, résidaient faubourg Poissonnière ; d'autres les veulent faubourg Saint-Denis. Quant aux d'Espinchal, comme ils étaient plusieurs, ils ont pu avoir deux hôtels ; celui du faubourg Saint-Denis occupait à coup sûr le coin de la rue des Petites-Ecuries, et ne pouvait-il pas communiquer, avant que la rue Hauteville fût percée, avec celui du faubourg Poissonnière ? Tous les membres de cette famille émigrèrent, le fait est sûr ; partout on confisqua leurs biens, que les titres de propriété ne durent pas suivre en d'autres mains. Fils et petit-fils de maréchaux-de-camp, un d'Espinchal, à peine rentré en France, devint le plus assidu des abonnés au théâtre de l'Opéra. Comme il avait assez de goût, sa critique était redoutée tant sur la scène que dans la salle, où elle n'épargnait guère les femmes des fournisseurs et des maréchaux de l'Empire. Il rencontra un soir, dans les couloirs, un quart d'heure avant la sortie des spectateurs, un monsieur de province, qu'il n'avait jamais aperçu, mais dont l'air désolé l'inquiéta, le toucha.

En entrant au spectacle, ce monsieur s'était vu séparé, dans la foule, de deux dames, sa femme et sa fille, qu'il n'avait plus retrouvées dans la salle, et il venait de passer pour la seconde fois à son hôtel, où elles n'étaient pas rentrées. D'Espinchal, une fois au courant, lui dit, en braquant sa lorgnette sur la lucarne d'une loge : — Rassurez-vous, ces dames sont au-dessus ; l'une a un turban vert et or, n'est-il pas vrai ? et l'autre est en cheveux. — Oui, monsieur, répondit le père, et quels remercîments ne vous dois-je pas ! Mais comment avez-vous reconnu l'une et l'autre, vous qui ne les aviez jamais vues ? — Cela même, reprit l'habitué, me forçait à les distinguer : je connaissais le reste des spectateurs.

La plupart des hôtels de notre rue étaient de petite robe, comme on disait dans la magistrature. Montrons pourtant du doigt une maison, qui fut, elle, de robe à paniers ; c'était le gîte des amours d'un financier, sinon d'un duc et pair, dont le passage du Désir nous représente l'avenue bien nommée, en affichant qu'elle menait au plaisir. A mi-chemin n'était pas moins un puits, qui excusait les gens plus positifs, venant pour y remplir leur seau, de la traiter l'allée du Puits. Une construction d'avant 89, mais postérieure à la première, a réduit à l'état de servitude de passage l'avenue qui, maintenant, est publique ; la petite maison, du reste, ouvre aujourd'hui, n° 59, boulevard de Strasbourg, et le tout, sauf un assez grand jardin, est d'héritage séculaire pour M. Cadet de Chambine.

Ah! par exemple, on eût vainement cherché des femmes à la mode, des fermiers généraux, des procureurs ou des marchands retirés, dans les bâtiments qui se suivent, appropriés à de nouveaux usages, après la rue de la Fidélité. On y reconnaît d'anciennes dépendances de l'établissement des sœurs Grises. Une croix était devant la porte de ces filles de la Charité, comme devant celle de Saint-Lazare. Louise de Marillac, qui était la sœur de Legras, secrétaire des commandements de Marie de Médicis, avait fondé, avec saint Vincent de Paul, cette maison, qui desservait les Enfants-Trouvés, l'hospice du Nom de Jésus, qui élevait aussi des orphelines au n° 139, sans compter les services que cette institution si admirable, répandue par toute la France, ne tarda pas à généraliser. Chez les sœurs Grises, après cinq ans d'épreuves, les novices étaient admises à faire des vœux simples, renouvenables le 25 mars de chaque année. En 1792, le bureau général de bienfaisance de la commune de Paris fit en vain des efforts pour empêcher leur expropriation; la vente de leur propriété eut lieu les 27 brumaire et 4 frimaire an v, avec réserve dans le cahier des charges pour l'ouverture de la rue de la Fidélité. Puis leur édifice principal fut la maison de santé Dubois, transférée depuis par la ville dans le haut du faubourg Saint-Denis.

Il y avait encore une autre croix près de l'endroit où

commence la rue de l'Echiquier; c'était sans doute pour marquer le sol appartenant aux Filles-Dieu, lesquelles y édifièrent sous Louis XIV des maisons qu'on prenait à bail. La veuve Loisel louait des carrosses, avant qu'un hôtelier vînt prendre ou partager sa place, à l'enseigne du Lion-d'Argent. Les moyens de transport pullulaient, d'ailleurs, dans la rue. La station des carrosses royaux n'avait-elle pas un singulier pendant, au pied même de la porte Saint-Denis, dans les coucous traditionnels de Montmorency, de Saint-Denis, de Gonesse et d'Ecouen? Les messageries Touchard, qui firent le service de toutes les grandes directions, ne dataient, il est vrai, au n° 48, que de la fin du Directoire ; mais elles avaient eu pour aînées des entreprises plus modestes, au passage du Bois-de-Boulogne, au Lion-d'Argent. A force de servir, il arrivait que le pavé de la rue, qui devenait moins carrossable, eut besoin de réparations. En pareil cas, Mme Loisel n'avait que quelques pas à faire : elle s'en allait frapper tout doucement chez messire de l'Orme, inspecteur du pavé de la ville, dont l'hôtel, de nos jours, répond au chiffre 8, boulevard Bonne-Nouvelle, et elle obtenait du cocher, moyennant quelques prévenances, qu'il cahotât le lendemain son maître, en engageant les roues de sa voiture dans les ornières ou dans les fondrières dont la veuve lui avait donné le signalement. La crainte d'y verser une autre fois poussait M. de l'Orme à y envoyer tout de suite les paveurs.

RUE DU FAUBOURG-SAINT-JACQUES.

Il y avait, du temps de Rollin, un faubourg Saint-Jacques-du-Haut-Pas, entre la rue Saint-Jacques et celle du Faubourg-Saint-Jacques proprement dite, qui commençait au même point qu'aujourd'hui. Voici le tableau des principaux habitants de la rue, en 1726 :

Gauche. *En montant la rue.* **Droite.**

Gauche	Droite
Les Capucins.	Un marchand de vins.
Un loueur de carrosses.	Port-Royal.
Un charretier.	Un perruquier.
Un taillandier.	Un voiturer.
Les locataires d'une maison divisée en logements et en chambres.	M. La Serre, bourgeois.
Idem.	Les commis du bureau des entrées, occupant une maison à M. Cassini.
Un maréchal.	L'Observatoire.
M. Mercier, contrôleur de la maison de la reine.	M. Dupuis, ancien maître des requêtes.
Les locataires d'une maison divisée.	Mme veuve Potry : *deux maisons.*
Dame Camuset, aubergiste : *deux maisons.*	Un meunier, locataire des Invalides.
Un charron.	
Locataires divers.	
Un marchand de chevaux.	
Un charretier.	
Une maison divisée.	
Un marchand de vins.	
Deux maisons divisées.	
Un nourrisseur.	
Un charretier.	
Une voiturière.	
Dacier, carrier, dont la maison s'appelait *la Tombe-Issoire.*	

François Godefroy de la Tour, étant tombé malade dans sa maison de la Tour, faubourg Saint-Jacques, la légua, en 1613, aux capucins. Mathieu Molé, syndic de ces religieux, en prit possession en leur nom. Les capucins en firent leur noviciat, dont le cloître avait peu d'étendue ; les murs en étaient revêtus d'inscriptions innombrables en vers, tant latins que français, faits pour porter à la piété. Cette communauté devint si nombreuse, dans des bâtiments ayant peine à en contenir tous les membres, qu'on fit surtout pour elle le proverbe : *Serrés comme des capucins*. En revanche, l'espace ne manquait pas à la promenade des révérends, dans leur enclos, qui comprenait une portion du ci-devant chantier d'Auxerre, et qui s'étendait par derrière les trois quarts des maisons bordant la rive gauche du faubourg. Quant à la place plantée d'arbres, dite le Champ des Capucins, conduisant rue des Bourguignons, c'est le commencement d'un boulevard projeté au xviiie siècle, mais promptement abandonné. En 1792, c'en était fait de la capucinière ; on mit à la place un hospice pour les maladies vénériennes, qui manquait à Paris, si riche néanmoins en établissements hospitaliers qu'aucune ville du monde n'eût pu lui être comparée ; jusque-là on avait envoyé à Bicêtre, à Vaugirard, les vénériens. La ci-devant maison des capucins est encore là ; mais elle n'a pas gardé, sur le faubourg, la porte que le plan de Turgot montrait en 1739 ; les premiers numéros impairs, que suit un mur de l'hôpital, sont des bicoques en ayant fait partie.

La plupart des numéros pairs sont absorbés jusqu'au 24

par le territoire de la Bourbe, hospice de la Maternité, qui servit de prison pendant la grande révolution, et notamment à l'héroïque Mlle de Sombreuil. Qui ne sait pas que les siècles précédents avaient vu dans les mêmes murs l'établissement de Port-Royal ?

Le 17, autrefois séjour du contrôleur de la maison de la reine, propriétaire d'autres maisons dans la rue, a été relié à la Bourbe par un passage souterrain pratiqué tout exprès pour en faire une succursale de cette maison d'accouchement. Puis une maison de santé particulière y a pris la suite de l'hospice. C'est maintenant occupé par des locataires moins féconds, moins alités, car ils ont meilleure mine. La maison du bourgeois La Serre, n° 30, a subi d'autres destinées : sous Napoléon Ier, un confiseur de la rue des Lombards y fabriquait pralines et dragées ; ensuite s'en arrangeait un pensionnat, tenu par une sœur qui avait été supérieure des sœurs de l'hospice Cochin. Maintenant la moitié du local est occupée par un asile d'enfants. Les arbres du jardin sont encore verts derrière les bâtiments, qui n'ont perdu ni leurs anciennes ferrures, ni toutes les décorations des boiseries à l'intérieur.

Le 34 n'a pas l'air d'être trop fier d'avoir appartenu aux Cassini, les célèbres astronomes. Au 57, maison d'éducation tenue par les sœurs de Saint-Joseph, ne cherchons pas d'autre origine qu'une institution de jeunes gens, fondée grandement sous l'Empire. Au 60, encore une pension,

dont Mme Chevrier est la maîtresse depuis vingt ans, et qui
a de la réputation. M. de Lamennais habita cette villa,
avant que des pertes d'argent et des procès le reléguas-
sent pour un temps à La Chesnaye, près de Dinan. A l'é-
poque où les élégantes eussent donné jusqu'à leurs diamants pour avoir des bijoux d'acier, Provent, qui faisait
sa fortune avec la parure à la mode, acheta un petit hôtel,
le n° 64. Les deux immeubles qui suivent sont occupés présentement par une communauté de prêtres, qui
remplacent de leur mieux un pensionnat de jeunes filles,
établi vers 1830 par M. de Forbinjanson, évêque de Nancy.
M. de Lachapelle, un rédacteur du *Moniteur*, vendait alors
le 70, qui n'est, ma foi, qu'un petit trou, au sieur Bocage,
épicier, rue Saint-Jacques, frère de l'acteur du même nom.
Cette partie de la rue répond, sur le tableau de 1726, aux
maisons de Dupuis et de Mme Potry, qui n'y ont été qu'aug-
mentées.

L'impasse Longue-Avoine, qui vient immédiatement après,
était une ruelle menant au boulevard d'Enfer et à l'Observatoire ; son peu de largeur, cause d'accidents, en fit supprimer la moitié en 1795. Un astronome du nom de Longue-
Avoine y avait une résidence assez spacieuse, n° 9,
qui devint après lui une pension de garçons, Louis XVI
régnant. Le médecin Pinel, ami de Chaptal, professeur à
la Faculté, en fit une maison d'aliénés, tout au commencement du siècle ; et son neveu en est maintenant le chef.

Vis-à-vis, dans l'impasse, est encore une institution de eunes gens, que dirigeait avec succès M. Gandon, à l'époque révolutionnaire : comme ses élèves, presque tous, appartenaient aux grandes familles, il eut la douleur d'en compter, en deux décades, jusqu'à six, auxquels était enlevé leur père par la guillotine.

Quant à la Tombe-Issoire, c'était le nom d'un fief à Saint-Jean-de-Latran : il avait existé une famille de Tombes ; un brigand appelé Issouard s'était fait redouter ensuite, dans les parages du manoir de Tombes. Voilà toute la vérité, qu'on a dénaturée de cent manières. Les catacombes, situées entre la barrière d'Enfer et celle Saint-Jacques, sont le sous-sol du fief de Tombe-Issoire.

RUE DU FAUBOURG-SAINT-MARTIN.

Deffieux. — Le 59. — M. Delorc. — La Foire Saint-Laurent. — Le Nom de Jésus. — Les Récollets. — Le Régent. — Chaudron. — M. Debaynin.

Nous disions, rue de Bondy, que l'immeuble où s'exploite le restaurant Deffieux avait été le siége d'une ambassade. Le chevalier Zéno, puis le chevalier Capello, ministres de la république de Venise, y donnaient à jouer sous Louis XVI. Les ambassades étaient privilégiées, comme les maisons princières, sous ce rapport : on y jouait sans permission de jeu. Les bals de noces ont ainsi succédé aux parties de belle, jeu qui faisait fureur, dans ces mêmes salons ayant déjà accoutumé de s'éclairer souvent la nuit. Au lieu de mettre au flambeau, les habitués déposaient leur offrande dans une corbeille soi-disant pour les gens, mais qui souvent ne récoltait que pour le maître du logis dans ces sortes de réunions. Les pamphlets du temps, qui plus est, reprochaient à Son Excellence d'avoir toujours à son service le prétexte de la même migraine, à la même heure, pour se retirer dans ses appartements, sans accorder de revanche aux perdants. Ajoutons que cet hôtel, créé pour le maître des œuvres de charpenterie de la ville, était propriété municipale en 1726.

A cette date, il existait déjà, après un marchand de vin, après un marchand de fer et après l'impasse de l'Egout, sans compter les maisons dépourvues de porte cochère, il existait un autre hôtel, dont la porte est comme une grande bouche, dentelée de bornes plombées en fer, qui avale ou rend quand elle s'ouvre, une population assez industrieuse, assez nombreuse pour qu'on en fît une ville! Une galerie vitrée et des enseignes y masquent une belle façade; des constructions modernes se groupent, dans la cour, autour d'un corps de bâtiment dont les croisées et l'escalier ont gardé leurs vieilles garnitures. Avant la commission et le roulage, l'église catholique française y déballa le fragile colis de ses autels. Un peu plus tôt, c'était le siége de la Compagnie des Dames blanches, qui succédait elle-même aux Pompes funèbres. Transformations qui n'empêchent pas encore qu'on dise : — C'est l'hôtel du Tillet!... Toutefois, le président Titon du Tillet et ses héritiers n'ont eu que de seconde main cette résidence magistrale, due à l'initiative de Le Mercier, receveur général des finances, qui y laissait sa veuve, sous la Régence. Les émanations d'un égout un peu au-dessus de sa maison n'avaient pas fait reculer Le Mercier; la rue du Petit-Saint-Jean, qui est maintenant celle du Château-d'Eau, fut pour le président Titon un voisinage plus agréable. La porte de Paris, qui s'y trouvait encore, n'était plus qu'une fausse porte, et celle du boulevard ne figurait que comme monument, depuis que la ville englobait la moitié du faubourg actuel.

L'ancien hôtel des Arts, espèce de cité ouvrière, caserne ensuite, et aujourd'hui mairie, se trouve porte à porte avec la maison de banque de M. Delore, maire de l'arrondissement, qui tient moins de place qu'elle n'a d'importance pour toutes les industries du bâtiment : de là sort la moitié de l'argent qui sert à la paye du samedi. Arnoult, notaire au parlement, grand-père de M. Petit, propriétaire actuel et magistrat, a mis à cheval sur cet immeuble le n° 76, où le baron Méchin et l'économiste Jean-Baptiste Say ont demeuré beaucoup plus tard, aux premières années du règne de Louis-Philippe. Celle des deux propriétés qu'une avenue rend accessible, en est évidemment l'aînée : des sculptures, des cheminées en bronze, un petit jardin, des cuisines d'ambassadeur, le peu d'élévation de l'édifice et son éloignement du bruit, dénonceraient une petite maison. Mais un hôtel de Boyne était au faubourg Saint-Martin, et nous n'avons aucune répugnance à le croire presque en face de l'hôtel du Tillet : les de Boyne étaient de noblesse dauphinoise. Gouthières, à coup sûr, ce ciseleur en bronze qui a laissé un nom d'artiste, n'avait pas, sous le Directoire, un domicile différent.

La Ceinture de Sainte-Opportune, c'est-à-dire la censive de cet hospice qui flottait d'un quartier à l'autre, sur Paris, à travers les autres censives, passait entre les rues des Vinaigriers et des Récollets ; à distance presque égale de l'une et de l'autre, peut bien se retrouver une grande maison qui a appartenu à M. de Boisen avant 89 : elle relevait de l'archevêché par devant, de Sainte-Opportune par derrière. Un peu plus haut que cette propriété, il y en avait au même temps une autre à la famille Delore, déjà en pied par conséquent dans le quartier auquel elle est fidèle. Le 140, qui a des airs d'hôtel, des dessus de porte, dut le jour néanmoins, il y a cent ans, à un simple menuisier.

De l'autre côté, le 99 porta le nom de Cour du commerce. Le curé et la communauté des prêtres de Saint-Laurent possédaient, avant leur église et le cimetière y attenant, le 117, le 119. On a dit chaussée Saint-Laurent presque toute la rue dont nous nous occupons. Ce fut aussi le nom d'une foire, dont les spectacles firent la réputation, comme berceau de l'opéra-comique. Louis XIII avait donné aux Lazaristes le privilége de cette foire; les loges néanmoins, qu'on y louait aux marchands, n'appartenaient pas toutes à ces messieurs de Saint-Lazare, au milieu du siècle dernier. La foire Saint-Laurent durait un peu plus de deux mois, ouverte le 28 juin de chaque année sous les auspices du lieutenant de police, qui tenait ce jour-là sa grande audience à Saint-Lazare.

L'hôpital du Nom-de-Jésus fut fondé au milieu du xviie siècle par saint Vincent de Paul, au nom d'un bienfaiteur anonyme, et sous la direction simultanée de MM. de Saint-Lazare et des sœurs de la Charité : hommes et femmes y étaient reçus, et ils entendaient à la fois, sans qu'ils fussent à même de se voir, la même messe à la chapelle, la même lecture pendant les repas. La maison-mère de l'Institut des Frères des Écoles chrétiennes fut installée depuis dans l'hôpital, un peu au-dessus de Saint-Laurent; les Frères y tiennent encore l'école des garçons du Ve arrondissement.

La plus grande partie des aumôniers de la marine étaient formés aux Récollets, pépinière de prédicateurs, aidant aux prêtres séculiers. Les Incurables ont pris la place de ces religieux de l'ordre de saint François. Des constructions tout récemment élevées sur la ci-devant basse-cour des pères, dissimulent leur ancien édifice; seulement nous croyons que les Récollets à l'origine poussaient plus loin leur territoire.

On rapporte qu'au 160, dont le jardin était adjacent à celui des Récollets, les pères avaient eu leur lieu de sépulture sous Henri IV. M. Duthy, notable commerçant, y occuperait l'ancien logement du supérieur. Sa maison, pourtant, sous Louis XVI, était encore grevée d'une rente foncière et d'un droit de dîme au profit de Saint-Lazare, qu'acquittait Théaulon, comme propriétaire, et on y voyait l'*hôtel des Quatre fils Aymon*, principalement à l'usage d'officiers des mousquetaires noirs. Le duc de Lorges, sous la Régence, l'avait déjà en possession ; c'était évidemment le fils ou le petit-fils du maréchal Durfort de Duras, duc de Lorges, décédé en 1703. De plus, l'immeuble qui vient après n'en était pas en ce temps-là séparé ; Philippe d'Orléans lui-même l'utilisait pour ses plaisirs, et jusqu'aux buttes Saint-Chaumont s'en étendaient les dépendances, où il s'organisait jusqu'à des chasses. Il y avait aussi, mais plus haut, au delà d'un gros lot de terres labourables, une propriété placée ainsi que pour servir d'annexe à la susdite maison de plaisance : tout s'y trouvait encore en double, colombier, cour, corps de logis, porte cochère, à l'exception du détenteur seul apparent, qui était Saint-Léger, premier valet de chambre du régent. Le même nom propre s'attachait à ce qu'on appelait la Maison-Verte, au bout d'un chemin qui ouvrait presque en face ; nous gagerions que le château Landon, découvert par M. Rousseau, la représente. Saint-Léger fut le messager que dépêcha le duc d'Orléans, pour annoncer au roi la perte de la bataille de Turin.

Sur la rive opposée à celle des deux colombiers, et sur un terrain qui d'abord dépendait aussi de la Villette, surgissait l'abbaye de Sainte-Périne, transférée à Chaillot au milieu du xviiie siècle. Mais un peu au-dessous de la terre de labour précitée, il y avait dès lors bien des bâtisses d'une importance beaucoup moindre. Joseph Chaudron possédait une maison près d'une fontaine forée en 1718, laquelle a conservé son nom au coin de la rue Lafayette, et il était marchand boucher, n° 231, à deux pas d'une rue dont il fut aussi le parrain, bien qu'on la dise du Chaudron. Un autre gros propriétaire, contemporain de celui-là, s'est moins soucié de l'immortalité; il exerçait l'état de plâtrier, un peu plus bas que son émule, et Guilchard, un maître à danser, avait, au son de sa pochette, fait sortir de la terre le n° 235. Par exemple, le conseiller Piet n'avait pas encore édifié le n° 218, qui est plus jeune d'un demi-siècle ; notre éditeur tient ce renseignement du doyen des propriétaires de ce faubourg, M. Fournier, qui, sur quatre-vingt-quatre années, en a passé soixante dans la rue. Loin que ce soit sur le pavé, M. Fournier dispose encore du 171, qui est à peine son aîné, et qui cache un jardin derrière ses pierres de taille : surprise fréquente dans ces parages!

Ne te reste-t-il plus, écho du faubourg Saint-Martin, un finale pour cet opéra? Depuis Amphion, ce sont les pierres qui chantent, pour attendrir de durs démolisseurs ; on ne s'étonne plus que les murs aient des oreilles, du moment qu'ils ouvrent la bouche, pour entonner l'air des souvenirs. Telle maison ne donne qu'une ariette; cette autre qui échappe à la mesure se contente du récitatif; de grands hôtels semblent tout un orchestre, jouant pour l'auditoire invisible dont l'histoire a marqué les stalles; d'anciennes chapelles, devenues salles de bal, voient s'arrêter leurs valseurs étonnés d'un retour subit au plain-chant. Au concert, qui touche à sa fin, il manque un morceau capital, et quel est-il, ce déserteur? Pourquoi du blanc dans le programme? Toute une partition du plus chantant de nos compositeurs a justement pour titre : *le Déserteur!* Une messe en musique fut célébrée à Saint-Laurent, en janvier 1817, pour rendre les derniers honneurs à Monsigny, qui était de la paroisse. Il avait eu *Félix* pour chant du cygne, dès l'âge de quarante-huit ans, et depuis la mort de Louis XV, il vivait au théâtre sur sa réputation. Monsigny vécut également d'un traitement de maître d'hôtel, place qui lui resta jusqu'en 89 chez le duc d'Orléans. Pendant le Directoire, faute de Comédie-Italienne, le théâtre Favart lui décerna 2,400 livres de pension ; puis il fut du Conservatoire, de l'Institut. La demeure du musicien, assez proche de l'emplacement de l'ancienne foire Saint-Laurent, n'était qu'une maisonnette avec un jardinet, l'un et l'autre sous la même clef qu'une masure ou deux de vachers. Un bel hôtel à M. Dehaynin ferait aujourd'hui bien plus d'ombre sur l'héliotrope et les marguerites qu'y voyait lever Monsigny.

RUE DU FAUBOURG-DU-TEMPLE.

Au boulevard commençait la Courtille, lorsque la ville y finissait ; elle a bien voulu reculer à mesure que Paris prenait de l'extension, pour éviter les droits de ville ; mais une queue de marchands de vin, dont le bail n'était pas fini, marquait toujours son passage derrière elle, et bienheureux ceux que le voisinage permettait de se rattraper sur le va-et-vient des théâtres ! Hainsselin n'était qu'un marchand de vin, au milieu du xviiie siècle, et il succédait à Brassard, qui n'était pas son seul prédécesseur ; un jardin dépendait de son établissement, à la porte duquel il y avait écrit : *Salon de 100 couverts pour noces et festins ;* ses successeurs ne tiennent plus qu'un café. N° 4, un petit hôtel garni fait bien de garder pour enseigne l'ancienne porte à tourelles du Temple : du vivant d'Hainsselin, la veuve Vallois était propriétaire de cette maison formant un angle aigu, qu'occupait le bureau des fermes, attenant à une fausse porte, et où déjà, sous Louis XIV, se donnaient les laissez-passer. En ce temps plus éloigné de nous, de simples jardiniers, cultivant les marais proches de leurs demeures, qu'on retrouverait presque toutes, se suivaient exclusivement depuis le bureau des fermiers jusqu'au carrefour visible après le canal.

Astley, père et fils, deux Anglais, ont créé un genre de spectacle, en ouvrant là un cirque, année 1780 ; mais ils exploitaient d'autres villes, et leurs danseurs de corde, leurs écuyers, ne passaient à Paris que l'hiver. A la Révolution, les Astley, qui donnaient des leçons d'équitation, prirent couleur pour ceux de leurs élèves qui émigraient, et firent comme eux ; Antoine Franconi en profita pour donner des représentations du même genre dans le ci-devant couvent des Capucines ; au retour des Astley, il fut leur associé d'abord, leur heureux concurrent ensuite, rue Monthabor, leur acquéreur et successeur enfin. Franconi, en donnant son nom au cirque du faubourg du Temple, s'y établit avec ses fils ; puis il ajouta au spectacle une spécialité nouvelle, celle des pièces militaires. On y jouait l'*Incendie de Salins*, quand la salle brûla, en 1827. Une souscription combla le déficit ; transportés au boulevard, les Franconi firent du cirque incendié, dont les murs avaient tenu bon, une maison de revenu, le 16, qui appartient maintenant au petit-fils de Franconi Ier ; son valeureux aïeul montait encore à cheval, bien qu'aveugle, à 80 ans. La porte du 18 était une de celles du manége.

M. de Fourcy, président, possédait trois maisons en face ; le restaurant Passoir, qui est une des gaietés de Paris, n'y date pas de ce temps-là. Néanmoins, sous l'ancien régime, Passoir, qui logeait des maçons, leur donnait aussi à manger, et de ceux-ci la place est prise de fond en comble, par une clientèle beaucoup moins vouée au blanc, que composent surtout des acteurs, des actrices, des auteurs et des officiers, de vieux garçons fêtant leur gouvernante. Malheureusement, depuis quelques années, il manque un habitué à cette maison et au *Bœuf à la Provençale ;* son absence, dès le premier jour, était un présage sinistre, et le lendemain, sans lettre de faire part, on pouvait dire : — Le père Gourié est mort !... Ce buveur de la vieille école jaugeait de six à dix bouteilles, puis il partait, la canne sur l'épaule, pour montrer qu'elles passaient droit. C'était un ancien marchand de châles, invitant souvent des acteurs, pour leur dire, quand ils étaient gris : — Tu n'es bon, toi, qu'à faire semblant de boire !

Les *Vendanges de Bourgogne* ont suivi une marche inverse : un marchand de vin a hérité et de l'encoignure et de l'enseigne, qui rappellent à bien des époux le plus beau jour, ou le plus détestable, celui des noces qu'ils y ont célébrées. Les bals chicards étaient dans leur éclat, lorsqu'ils avaient lieu aux *Vendanges.*

(*La fin de la notice de la rue du Faubourg-du-Temple paraîtra dans la livraison suivante.*)

Paris. — Imprimerie de Pommeret et Moreau, 42, rue Vavin.

LES ANCIENNES MAISONS

Des rues du Faubourg-du-Temple, du Fauconnier, du Figuier et des Jardins-Saint-Pol, Favart, de la Ferronnerie et aux Fers, Feydeau, boulevard et rue des Filles-du-Calvaire, des Filles-Saint-Thomas, Fontaine-Molière, des Fossés.

NOTICES FAISANT PARTIE DE L'OUVRAGE INTITULÉ :

LES ANCIENNES MAISONS DE PARIS SOUS NAPOLÉON III,

PAR M. LEFEUVE,

Monographies publiées par livraisons séparées en suivant l'ordre alphabétique des rues.

RUE DU FAUBOURG-DU-TEMPLE.

(Fin de la notice.)

A la veuve Bombarde était, sous la Régence, une triple propriété qui touchait au bureau des aides, établi comme plus bas à côté d'une fausse-porte. Le n° 36, dont la physionomie contraste avec son titre d'*Hôtel de Plaisance*, appartenait aussi à cette dame, de même que les maisons suivantes; seulement la construction en remonte jusqu'au règne de Charles IX, avant lequel était désert cet ancien clos de Malevart, devenu quartier populeux dès le règne de Louis XIV. Des boulangers, des plâtriers, des jardiniers et des bourgeois occupaient, de droite et de gauche, des propriétés moins anciennes, quand la Courtille était aux *Marronniers*.

Ruelle, marchand de vin, tenait cette grande guinguette, à l'époque où Mme de Prie et Mme de Parabère ne dédaignaient pas de s'y glisser, et l'on y arrêtait Cartouche. Les plaisirs populaires y prirent leurs ébats jusqu'à la fin du consulat. Un chantier remplace de nos jours ce célèbre jardin, où l'amour naissait d'une rencontre, pour y mourir d'un rendez-vous manqué. Aux arbres qui lui valaient son nom survivent plusieurs acacias, un pavillon où l'on dansait, et que semble menacer, plus que jamais, la profession d'un de ses locataires, qui entreprend force démolitions. Non loin des marronniers, le marquis de la Lande disposait du 74 et de deux autres propriétés : tout n'était donc pas roturier, dans le faubourg de la Courtille ! Sur les plans de Paris au XVIIe siècle, on remarque jusqu'à une croix à quelques pas de la guinguette; on y voit également un corps de garde, dont la concomitance était beaucoup plus explicable, et une troisième porte de la ville, après laquelle commençait la chaussée dite de Belleville. L'illustre cabaretière Ramponneau ne quitta, pour les Porcherons, en l'année 1760, le cabaret des Marronniers, qu'en laissant son fils établi plus haut, dans la même direction; la fortune de tous deux fut la suite d'une diminution d'un sol par pinte sur le vin. Quant à leur émule Desnoyers, il ne transféra que plus tard la Courtille proprement dite au n° 129, avant qu'elle fût poussée jusqu'à Belleville par les exigences de l'octroi. La fameuse mascarade du mercredi des Cendres l'y suivit, sans se faire prier.

RUES DU FAUCONNIER, DU FIGUIER ET DES JARDINS-SAINT-POL.

Les Fausses Confidences. — L'hôtel de Sens. — La reine Margot. — La fauconnerie. — Petit de la Villonnière. — Les Miron. — Le tailleur de Louis XI. — Rabelais.

— Mademoiselle, pouvez-vous me dire où demeure la rue du Figuier?

Par ces paroles, dans les *Fausses Confidences,* le valet de Dorante ne simulait tant d'ignorance qu'afin d'y trouver le prétexte de mettre sous les yeux d'Araminte une lettre venant de son maître. Ne devrait-il pas être, de notre temps, beaucoup moins pardonnable d'oublier que l'hôtel de Sens demeure au coin de la rue du Figuier? Toutefois, il faut en convenir, le Parisien de notre siècle, qui marivaude si volontiers en affaires et en politique, abandonne souvent les raretés, les merveilles de sa cité, à l'admiration exclusive des curieux arrivés de loin, et ceux-ci ne jouent pas avec la même passion au même genre de confidences.

Rappelons donc son origine réelle à notre cher manoir du moyen âge. D'un hôtel dans le voisinage avait pris possession, au commencement du XIVe siècle, Étienne Bécard, archevêque de Sens; ses successeurs en avaient hérité; Charles V, afin de l'ajouter au royal séjour de Saint-Pol, donna aux prélats en échange l'hôtel d'Estoménil, que

Tristan de Salazar fit reconstruire ensuite. Fils d'un capitaine espagnol, cet archevêque suivait Louis XII dans ses campagnes d'Italie, et la cotte de mailles lui tenait alors lieu d'étole, ainsi que le cimier de mitre. Lorsque le cardinal Duprat, chancelier de France, occupa le même siége, il acheva l'hôtel ; il n'alla même pas, de son vivant, jusqu'à sa métropole : l'évêché de Paris était alors le suffragant de l'archevêché de Sens en ce temps-là. La même résidence fut encore occupée successivement par Louis de Bourbon, par Louis de Guise, cardinal de Lorraine, par Bertrandi, garde des sceaux, par le cardinal de Pellevé, par Marguerite de Valois.

Cette première femme d'Henri IV n'en put fortifier les tourelles contre les agressions de son propre cœur ; elle y aima donc un beau page, qui avait nom Julien. Le jeune comte de Vermond en fut jaloux à un tel point que, le 5 avril 1606, lorsque la reine et son page, en carrosse, tournaient la rue de la Mortellerie, après la messe des Célestins, le dernier coup de midi fut répété par le coup de pistolet d'un traître. Le sourire commencé finit cette fois en adieu, sur les lèvres de Julien que la mort laissait entr'ouvertes, aux pieds de l'auguste châtelaine, pour mieux le faire regretter. L'assassin ne fut arrêté que rue Saint-Denis ; on lui trancha la tête, deux jours après, à la porte de l'hôtel de Sens.

L'évêque de Paris étant devenu en 1622 archevêque,

prélats sénonais perdirent leur suprématie indirecte, et
uittèrent tout à fait leur hôtel, dans lequel, au xviiie siè-
le bureau des coches de Lyon et autres lieux payait
r. Le *Dictionnaire des Rues de Paris* rapporte la vente
onale de l'immeuble au 1er ventôse, en l'an v. Sous le
e dernier, un roulage y tenait la place qu'occupe pré-
tement un marchand de peaux de lapins en gros.
ès l'année 1300 existait la rue du Figuier, ainsi dite à
se d'un figuier devant lequel se rencontrait la rue de la
tellerie (aujourd'hui de l'Hôtel-de-Ville) avec celle des
rés et celle du Fauconnier. Cette dernière rue est
sée comme val d'amour dans la nomenclature des rues
Guillot a rimée, du reste, quand le capitulaire de Char-
agne, bannissant de la ville toutes les femmes publiques,
t tombé en désuétude, et quand certaines rues leur
ent sacrifiées. Néanmoins les religieuses béguines y ont
uis une maison, dans la censive de Tiron, au mois d'avril
2, c'est-à-dire du vivant de Guillot. Tout un côté de la
du Fauconnier est encore occupé par les murs du cou-
t, transformé en caserne, dont nous avons parlé en
ps et lieu. De l'autre, les maisons sont anciennes ; mais
hasse au faucon, dont l'art s'est tout à fait perdu, a
té malheur à la nôtre, qui poursuivait une fauconnerie
ale, dans les parages de Saint-Pol, pour s'abattre à la
sur des ceintures dorées et des béguins de bonne re-
nmée !

Sous Louis XV, la rue du Figuier était, comme celle [du] Fauconnier, habitée plus bourgeoisement que du tem[ps] des palais Saint-Pol et des Tournelles ; seulement on [y] appartenait à un monde que n'a pas inventé Marivaux, prêtant plus d'esprit que d'amour : l'idéal de tous deu[x] en France, ne les montre-t-il pas encore inséparables ? Christophe Oger, par exemple, trésorier provincial des [li]vres en Berri, avait été adjugé au Châtelet, dès l'ann[ée] 1645, le 20 de la rue du Figuier, construction déjà séculai[re] qui fut comptée pour deux dans les mains de ses héritie[rs]. Un de ceux-ci, Petit de la Villonnière, conseiller au par[le]ment, les donna à sa fille, qui épousa Le Pileur de B[ri]vannes, président en la chambre des comptes. Ses affai[res] devenant mauvaises, le président vendit cet héritage, [en] 1777, à Le Boulanger, maître-paveur privilégié du roi, do[nt] la fille vivait encore il y a cinq années à peine. Les voisi[ns] du paveur, quels étaient-ils? Gilbert, ancien commissai[re] de la voirie, et le sieur Cotte, d'une part; de l'autre, [la] veuve Briant ; par derrière, MM. Devilliers de la Berge, q[ui] siégeaient, l'un au parlement, l'autre au Châtelet. La m[ai]son payait cens elle-même à la Sainte-Trinité, abbaye [de] Tiron.

On peut croire que le 15 était déjà distinct à ce[tte] époque, dans les titres de propriété, du 13, qui se r[attache] encore à un immeuble, rue des Nonnains-d'Hyères. L[es] Miron, famille illustrée dans l'édilité parisienne, y av[aient]

u de longue date pour hôtel tout ce qu'une façade sculptée
'a pas cessé d'apparenter évidemment comme origine.
ette propriété héréditaire était encore la résidence de
rançois-Louis Miron, seigneur du Tremblay, dont la fille,
emme de Darfeuil d'Erff, baron du Saint-Empire, grand-
ourgeois de Berne, eut pour acheteur M. Dupont, banquier,
n 1759. Malherbe, abbé commendataire de Tiron, contre-
igna l'acte de vente. La fabrique de l'église Saint-Paul y
tait indiquée comme propriétaire mitoyen.

Le moyen de ne pas se croire, pour un moment, sujet
t justiciable de Louis XI, quand on regarde la porte du
2, quand on puise de l'eau au puits du 5, à margelle
culptée! Le tailleur qui mettait des pièces au pourpoint
e ce roi sans faste, logeait près de l'hôtel de Sens : on a
eproduit ses mémoires, qui n'étaient pourtant que des fac-
ures. Très-possible que ce brave homme, dont l'argentier
oyal n'avait pas à se reprocher d'avoir fait du tout la for-
une, demeurât au n° 3! Cette maison pourtant et celle
'après semblent avoir dépendu tout à fait de la résidence
eigneuriale. Il paraîtrait outrecuidant de placer un tailleur
n vieux dans la propriété n° 7, qui fut plus tard, avant 89,
habitation du marquis de Conflans. Le cardinal de Luynes
sait pourtant à ce dernier : — Votre famille est devenue si
auvre que mon gentilhomme caudataire est un Conflans.—
otre Éminence ne m'étonne pas, osa répondre le marquis;

il y a longtemps que nous en sommes réduits à tirer diable par la queue.

En ce qui regarde le n° 8, dont le petit escalier à balustres se croqueville modestement, rivé aux vieux murs de sa cage, Charles Nodier lui faisait plus d'honneur ; il saluait, en passant, le séjour même de Rabelais. Il est vrai que, reçu médecin par la faculté de Montpellier, Rabelais la raccommoda avec le chancelier Duprat, qui résidait hôtel de Sens. Mais le cardinal du Bellay, en ayant fait son favori, l'emmena avec lui à Rome ; il en revint curé de Meudon. Sa vie n'en fut pas moins qu'avant une série de bouffonneries cyniques ; les rois, à cause de son esprit, fermaient les yeux sur les plus violentes attaques que jamais le pape et les moines aient été forcés de subir.

Cette existence étrange trouva sa fin, le 9 avril 1553, dans la rue des Jardins-Saint-Pol, parallèle à celle du Figuier, et dont les constructions sont du même temps. On inhuma donc Rabelais dans le cimetière de Saint-Paul, au pied d'un arbre qui, à son tour, grandit avec sécurité pour ne tomber que de vieillesse. Quant à ladite rue des Jardins, elle avait été ouverte vers le même temps que les deux autres, sur des jardins aboutissant à l'enceinte de Philippe-Auguste.

RUE FAVART.

Elle fut ouverte en 1784 sur des terrains à Etienne-
[F]rançois de Choiseul-Amboise, marquis de Stainville et de
[la] Bourdaisière. Mais les numéros du côté pair ont été édi-
[fi]és sur un plan identique, par une compagnie d'assurances
[s]ur la vie, à laquelle Vieusseux avait cédé l'emplacement
[q]ue lui avaient vendu antérieurement les héritiers béné-
[fi]ciaires du duc de Choiseul, le ministre.

Le voisinage d'un grand théâtre a peuplé ces maisons
[d]'un plus grand nombre d'acteurs que nous ne saurions en
[ci]ter. Favart, qui a donné son nom au théâtre pour quelque
[t]emps, mais à la rue par bail qui court encore, n'a vu
[fi]nir sa vie qu'en 1792; il n'a pas habité, que nous sachions,
[la] rue Favart. Mais Saint-Phal, du Théâtre-Français,
[C]hollet, Mlle Prévost, Mme Albert, Mme Pauline Garcia
(Viardot), se sont vu présenter des quittances de loyer au
[n]° 18, comme au n° 8 Mme Ugalde, Mlle Marquet, et au n° 1
Mlle Page : nous le savons, grâce aux indiscrétions d'un
[a]mateur infatigable, habitué de tous les spectacles, qui a
[e]nvoyé des bouquets aux trois adresses ci-dessus.

Les citoyens Longayrou n'ont pas craint, le 21 thermi-
[d]or en l'an IV, de se faire adjuger le 6, pour la somme fa-
[b]uleuse de 2,901,000 francs, car elle était payable en assi-

gnats. Le terrain de ce côté-là, qui avait été traversé par l'ancien fossé de la ville, traité de *fossé jaune* dans les contrats, avait été au président Ménars, acquéreur des Grancey, en 1685.

Un fruit-sec du théâtre, acteur nomade, directeur à Genève, auteur pourtant de comédies, et convive des plus tenaces une fois qu'il était à table, a fait violence à la célébrité en composant un opuscule, *l'Almanach du père Gérard*, qui l'a fait lauréat du club des Jacobins. Une fois connu, il veut être ministre ; il réussit du moins, le 10 août, à figurer parmi les membres de la Commune de Paris ; puis il est du Salut public, conventionnel. Dès que Collot d'Herbois n'a plus à jouer qu'un rôle, il y excelle, en vérité, et la Terreur lui dresse des théâtres, où il n'a plus à craindre le sifflet. Une fois, il est vrai, deux balles de pistolet sifflent à ses oreilles, avec la brise du printemps, à une heure d'après-minuit, au seuil même de son domicile ; mais, comme si n'était encore qu'un jeu de scène, il s'en tire avec le succès d'une recrudescence d'influence. Bref, après avoir contribué avec vigueur à la persécution des Girondins, puis tourné contre Robespierre, Collot d'Herbois a le bonheur de triompher d'un terrible adversaire, c'est-à-dire du triumvirat que dissout le 9 thermidor ; malheureusement pour lui, son tour arrive, il est dénoncé par Lecointre et déporté à la Guyane.

RUE DE LA FERRONNERIE ET RUE AUX FERS.

**La belle Ferronnière. — Henri IV. — Les enseignes. — Ninon de Lenclos.
— Leçon donnée à deux jeunes filles. — Vadé.**

C'était la rue de la Charonnerie, avant que saint Louis y contribuât à l'établissement de pauvres ferrailleurs. La belle Ferronnière y recevait François Ier, preuve que le commerce du quartier n'avait pas renoncé encore à la spécialité de la ferraille : on sait comment le mari de cette marchande, remarquable par sa beauté, imagina de venger son honneur aux dépens de la vie du royal séducteur. La rue était, à cette époque, bien plus resserrée qu'à présent. Henri II, par édit du 14 mai 1554, ordonna un dégagement qui, par malheur, était encore à opérer le 14 mai 1610 : l'assassinat de Henri IV, se rendant en voiture du Louvre à l'Arsenal, servait trop tard de rappel à l'édit. Que c'était une triste fin pour un prince à qui la fortune, ayant été souvent la bonne, promettait de sourire encore ! La bravoure du Béarnais lui avait valu de bonne heure le renom de grand capitaine ; les saillies naturelles à son esprit avaient eu le dessus sur l'érudition tracassière et fanatique de la Ligue ; une messe lui avait rapporté, en guise d'offrande, un royaume ; ses infatigables amours lui conciliaient l'admiration que Parisiens et Parisiennes auront toujours pour ce genre de mé-

rite, espéré, regretté, envié faute de mieux : le couteau
Ravaillac, frappant lâchement en plein jour, sur la limite
quartier des Halles, un roi qui avait voulu mettre la pou
au pot pour tous les paysans, le fit à jamais populaire.
buste d'Henri IV fut placé au n° 3 de la rue de la Ferro
nerie, accompagné de ce dystique :

> Henrici Magni recreat præsentia cives,
> Quos illi æterno fœdere junxit amor.

Robespierre, neveu de Damiens, autre régicide, n'eu
pas souffert qu'un pareil témoignage flétrît le crime de R
vaillac, au profit d'une mémoire auguste, que la Restaur:
tion n'eut pas grand'peine à réhabiliter sur le Pont-Neu
ainsi qu'à la porte des Halles. Buste et légende ont encor
disparu, depuis que les révolutions, visant plus juste que le
armes, intervertissent les dynasties. Passe encore pour l
Soleil-d'Or, enseigne aujourd'hui remplacée par le numér
qui menace les chefs de dynasties nouvelles ! Une fleur d
lis s'épanouissait sous le balcon en fer du 7. La maiso
que l'on voit après répondait au Fer à cheval ; la suivante
à la Chasse royale. Sur cette ligne, tous les propriétaire
étaient simplement des marchands, sous le règne d
Louis XIV ; commerçants et propriétaires, ils avaient comm
un culte pour l'image pendue à leur porte, et qui étai
le gage de leur fortune ; beaucoup des fils de leurs prédécesseurs, qui se croyaient déjà dans la noblesse de robe,

avaient changé d'idolâtrie en accolant leur nom patronymique à celui d'une terre quelconque, destiné à le remplacer absolument. Par exception, M. de Tilleras, dont la noblesse n'avait rien de douteux, puisqu'il était officier chez le roi, possédait, près de la rue des Déchargeurs, une propriété où l'avait précédé M. Gervais, particulier assez notable pour que Gomboust lui consacrât une désignation nominale sur le plan de Paris. Lepage, poëte lyrique et comique, habita sous le même toit; c'est à lui que Ninon de Lenclos reprochait des goûts peu relevés. — Que vous faut-il pour être heureux? lui disait cette philosophe du bel esprit et du plaisir. Vous ne voulez que du vin, du fromage, du petit vin et la première venue.

De l'autre côté de la rue, furent élevés, sous Louis XIV, par MM. du chapitre Saint-Germain-l'Auxerrois, les bâtiments dont on remarque à notre époque encore la symétrie. La porte à deux arcades des Charniers du cimetière des Innocents s'y retrouve. Néanmoins, les maisons de cette galerie à deux faces, rive gauche de la rue aux Fers, rive droite au contraire dans celle de la Ferronnerie, étaient indépendantes l'une de l'autre comme propriété et comme enseigne. L'angle de la rue Saint-Denis arborait un Coq lié de perles, et d'autres emblèmes se succédaient jusqu'au dernier corps de logis qui portait : A la Providence !

Là était justement le domicile, en 1760, de Godefrin, commis à la Vallée, dont la femme était liée avec l'épouse de Garchot, dit Laroche, domestique chez Lanoue, marchand de soie. Chacune de ces commères avait une fille, dont le seizième printemps se trouvait mal d'éclore au foyer maternel. Les impatientes s'y comparaient à deux informes crysalides qui avaient hâte de passer papillons. Un jour donc les époux Godefrin ne trouvèrent plus leur enfant au logis ; même surprise chez les époux Laroche. On accusa de ce double enlèvement quelques roués qui n'y pensaient guère, car les deux échappées avaient été prémunies de longue-main contre la séduction gratuite, par les conseils de leurs parents qui n'avaient cru que celle-là possible. Le danger des larcins d'amour leur ayant été démontré, les petites en avaient conclu qu'il valait mieux négocier qu'être dupe : elles s'étaient mises en quête d'une bonne maison de banque, et elles avaient demandé compte ouvert à Mme Varenne, financière connue dans la spécialité. L'une et l'autre étaient fort avenantes et se targuaient d'une innocence qui eût trouvé des galants incrédules ; mais la Varenne, juge infaillible, trouva prudent, vu la rareté du cas, vu les périls d'une telle précocité, de demander conseil à la police, qui lui fit dire de retenir sous clef la marchandise et les marchandes. Le dénoûment de cette échauffourée vient à l'honneur d'une époque calomniée, d'une police mal jugée à l'endroit de l'honneur des filles ; voilà pourquoi nous allons jusqu'au bout. Les deux mères pardonnaient d'avance, pourvu que les transfuges fussent ramenées ; mais les pères accusaient d'une complicité désolante jusqu'à l'exempt, qui jurait que les coupables en étaient quittes pour leur avoir fait peur. Darnet, chirurgien, fut mandé ; on eut la preuve que nul n'avait menti, pas même ces demoiselles à la Varenne.

La suppression du cimetière, en 1786, permit d'ajouter le marché des Innocents, comme annexe, à la halle. On est en train maintenant d'en faire un square. Aussi bien une gaieté française y était morte, celle des halles, et l'idiome poissard, de si joyeuse mémoire, qui fit la fortune de Vadé, comme plaisant de profession, avait renoncé après lui à l'habit écarlate, aux culottes noires et aux bas de soie blancs, qui étaient la tenue du maître, ainsi qu'aux larges parasols à l'ombre desquels la réplique allait au-devant de la demande.

La rue aux Fers embrassait ce marché ; son bras droit n'est plus aussi long. La maison en équerre, sur la rue Saint-Denis, portait pour image un Lion d'or, mais à une époque antérieure au changement de place de la fontaine, ornée des bas-reliefs de Jean-Goujon, laquelle s'adossait vis-à-vis à l'église des Innocents. La propriété vénérable qui vient après naquit pareillement sous les auspices des Balances. La mansarde solitaire du 6 avait au-dessous d'elle un soleil, qu'elle gardait des ardeurs de l'autre.

RUE FEYDEAU.

Tracée en 1650, la rue Feydeau a pour point de départ à cette époque une porte Montmartre qu'il ne faut pas confondre avec celle jetée bas en 1653, à deux pas de la rue Cléry, et son alignement suit les fossés bordant l'enceinte de Charles V et VI. On la nomme par conséquent rue Neuve-des-Fossés-Montmartre, en même temps que rue Feydeau ; mais ils se trompent ceux-là qui attribuent sa dédicace à Feydeau de Marville, seigneur de Dampierre et de Gien, lieutenant général de police du 21 décembre 1739 au 27 mai 1747 : le plan de Lacaille, en 1714, qui porte *rue Feydeau ou Neuve-des-Fossés*, lui reconnaît 15 maisons, 6 lanternes. Eustache Feydeau, avocat, a mis en vue dès le xive siècle la famille dont il était membre, laquelle a été divisée en branches de Marville et de Brou, celle-ci éteinte au xviiie siècle.

La maison d'encoignure à pan coupé, que nous pourrions porter sur le compte de la rue Saint-Marc, est-elle dès lors habitée par des revendeuses de caresses ? Nous en concevrions peu d'étonnement. On a supprimé de nos jours quelques-unes des auberges galantes de la rue : il y en avait de séculaires. Il est certain que, sous Louis XV, est installée parfaitement, rue Feydeau, la femme Varenne, raccoleuse en renom, dont les recrues changent d'enrôlements pour passer dans la troupe d'élite des entretenues, quand ce n'est pas à l'hôpital; mais les vides ne sont pas à craindre dans les cadres de la Varenne, dont la brillante clientèle a pour noyau tous les amis du comte de Benthen, son amant ci-devant. Elle a, sans sortir de la rue, un valeureux émule dans Brissault, autre appareilleur, qui fournit de la compagnie pour les soupers, soit chez lui, soit en ville, et dont une femme bientôt prendra le nom, incapable de déroger, avec la suite des affaires. Les traditions de ce genre, à Paris, sont, par malheur, plus respectées que d'autres. Le 12 pourtant n'affiche de prétentions qu'à soixante années d'exercice; on l'appelle maison Toinette, en mémoire d'une bonne qui, ayant succédé à la mère Gardet, sa maîtresse, a vu l'aiguillon de la chair s'émousser à son détriment devant une cherté croissante dans les denrées et les loyers. Mais ce 12, au moins comme immeuble, peut se donner les gants d'avoir été, sous Louis XIV, à l'enseigne du roi Henri : propriétaire alors, le sieur Dubreuil. Le 9 se pare depuis longtemps, en tant que fonds de commerce *ejusdem farinæ*, du nom familier de Léon, qui date au moins du Directoire; les balustres de son escalier remontent pour sûr, quant à eux, à Rouxelin, maître des lieux du vivant de Dubreuil. Le 7, immeuble plus honnête, s'est détaché également de la propriété considérable du susnommé. Sur le jardin de Rouxelin et sur celui des

Filles-Saint-Thomas, furent établis des rues, le passage Feydeau et le théâtre de Monsieur, que la Révolution appela uniquement Feydeau. Puis il reste de ce côté les n°^{os} 1, 3, et 5, ayant respectivement pour détenteurs, fin xviie siècle, Cochy, Gonin aîné et Gonin, chirurgien.

On allait voir alors, en face des jardins du président Croizette (car il en avait deux qui faisaient suite à ses maisons de la rue des Filles-Saint-Thomas), on allait voir M. Petit, charpentier du roi, au 24, l'architecte Sérousse, au 30, et les maisons suivantes appartenaient à M. Rémy : censive de la Grange-Batelière.

BOULEVARD ET RUE DES FILLES-DU-CALVAIRE

Les religieuses de ce nom, ordre établi en 1620, avaient dans le quartier du Luxembourg leur première maison à Paris. Le père Joseph, et à l'instigation de ce capucin influent le cardinal de Richelieu, puis le roi en troisième instance, voulurent à ces dames un second établissement, appelé à devenir chef-lieu de la congrégation et résidence de la directrice générale de l'ordre ; on leur indiqua donc trois arpents de terrain, où il y avait déjà des bâtiments et trois jardins, entre les rues du Pont-aux-Choux, de Poitou et Vieille-du-Temple. Cet emplacement coûta 37,000 livres à la caisse commune de la congrégation des Bénédictines-du-Calvaire. La duchesse d'Aiguillon, en entrant dans les vues de Richelieu, son oncle, posa la première pierre du couvent; l'édifice principal, présentant la forme carrée, en fut sis, comme son église, du côté de la rue Saint-Louis, depuis la rue du Pont-aux-Choux jusqu'à celle des Filles-du-Calvaire, laquelle fut seulement percée en 1696. Le prix de la pension, au milieu du siècle suivant, était de 600 livres chez les dames du Calvaire ; 400 pour une femme de chambre. Il y avait des appartements variant de 100 livres à 600.

Que reste-t-il encore du couvent, chef-d'ordre de vingt monastères? Des bâtiments isolés l'un de l'autre par l'ouverture de deux rues, Neuve-Ménilmontant et Neuve-de-Bretagne. Le 22, rue du Pont-aux-Choux, le 72, rue Saint-Louis, sont deux membres épars du corps, disséqué ainsi que tant d'autres, après avoir vécu son temps, sur la claie révolutionnaire. M. Guyard, neveu de Fourcroy, n'a-t-il pas été plus à plaindre que la duchesse d'Aiguillon? Avec les débris de l'église, il a construit une salle de spectacle, sous un titre qui sent bien fort le Directoire, et que voici : *Boudoir des muses;* on y a joué la comédie bourgeoise, et puis la comédie de profession ; or, déjà en 1807, le spectacle était supprimé, et on a démoli la salle de fond en comble, mais en commençant par le comble : précaution fort peu usitée aux époques de révolution !

Une maison plus que séculaire répond bien, sur le boulevard, au chiffre 13 ; elle était du pourtour des Filles-du-Calvaire, mais la propriété de Jacques Adam, sculpteur-marbrier du roi, par suite d'une concession plus importante de terrain faite en 1691 à Louvier, jardinier-fleuriste. Nous croyons, en revanche, que plusieurs numéros de la rue, tels que le 10, qui appartenaient au couvent, avaient déjà tout au moins un étage, à usage de location.

Le 17 fut créé, avant 89, par l'architecte Lenoir, qui en fit l'abandon à Munich, son décorateur, pour le couvrir du prix de grands travaux faits pour le compte du cédant dans la rue de la Barillerie. Munich, qui fut aussi décorateur de Percié et Fontaine, sous le premier empire, acheta à cette autre époque deux ou trois autres propriétés, dans la rue des Filles-du-Calvaire ; mais elles ne comportaient alors que des hangars ou des logements en rez-de-chaussée, comme les représente encore la devanture du n° 9.

RUE DES FILLES-SAINT-THOMAS.

L'hôtel du président Croizet s'est transformé en hôtel d'Angleterre, dans la rue des Filles-Saint-Thomas ; il était dit de la Tranquillité, quand Mme de Permon, mère de la duchesse d'Abrantès, épargna à Salicetti, en l'y cachant, le sort fatal de ses collègues, Romme, Goujon, Soubrani,

Bourbotte, etc. Bonaparte partageait alors avec Junot un logement dans la même hôtellerie. M. Paget avait l'hôtel de Lyon, qui devait être seulement maison bourgeoise, et deux autres propriétés à l'autre coin de la rue Richelieu. Celle qui fait extrémité fut plus récemment le séjour de Brillat-Savarin, le physiologiste du goût, magistrat à l'audience et magistrat à table; l'autre doit sa notoriété au cercle dit de Constantin, académie du jeu de billard. Le 7 était à la disposition du comte de La Marre; le 5, du président Croizet déjà nommé.

La rue dont nous nous occupons se prolongeait encore, il n'y a pas beaucoup d'années, jusqu'à la rue Notre-Dame-des-Victoires; elle y commençait, pour mieux dire, car Brillat-Savarin mettait sur ses cartes de visite le n° 23, et non le 11. Elléviou, qui avait débuté à Feydeau à l'époque de la Constituante, et qui jouait surtout à ravir les rôles de merveilleux du jour, demeurait au n° 9, dont le chiffre n'a pas changé, mais compte maintenant pour la place de la Bourse. Or, au lieu même de cet immeuble et de tous ceux qui le séparent de ladite rue Notre-Dame-des-Victoires, Lacaille n'indiquait sur son plan (1714) qu'un jardin, attenant à l'hôtel Bignon, qui se retrouve au coin de la rue Vivienne. Avant même que Jean-Paul Bignon, abbé de Saint-Quentin, conseiller d'Etat, occupant le fauteuil académique de Bussy-Rabutin, eut succédé à l'abbé de Louvois, comme bibliothécaire du roi, il résidait au coin de la rue Vivienne;

son hôtel confinait presque à la bibliothèque, située alors en face la rue Colbert. Son neveu, maître des requêtes et intendant de Soissons, obtint la survivance de sa charge ; il en prit même possession en 1741, deux ans avant la mort de l'oncle. D'autres Bignon suivirent l'impulsion, tant comme avocats généraux que comme bibliothécaires : ce fut une grande famille. Le libraire-éditeur Delloye, prédécesseur de V. Lecou, avait ses magasins, sous Louis-Philippe, dans le ci-devant hôtel Bignon ; ses nombreuses publications, parmi lesquelles il y en eut de bonnes, l'ont fait un des Barbins d'une époque passionnée par la littérature.

Aussi bien on a commencé par nommer rue Saint-Augustin la portion que la place a confisquée depuis, tout comme celle qu'a conservée la rue, percée vers 1650, sur des terrains aux Augustins, dits Petits-Pères, et aux filles Saint-Thomas. Ces religieuses, protégées à Paris par Anne de Caumont, femme de François d'Orléans de Longueville, comte de Saint-Pol, duc de Fronsac, avaient changé une ou deux fois de résidence avant de s'établir définitivement, en 1642, le 7 mars, jour de la fête de saint Thomas : de là venait l'invocation du saint sous laquelle elles s'étaient mises. La grande porte de leur couvent faisait face à la rue Vivienne ; la place de la Bourse donne à peu près la mesure de leur jardin, écorné du côté de l'ancien théâtre Feydeau avant que la Révolution eût supprimé la maison conventuelle, pour la changer en chef-lieu de section. Les dames de Saint-Thomas se chargeaient de l'éducation des jeunes personnes, à raison de 500 livres par an ; elles avaient, en outre, des adultes pour pensionnaires et des logements à céder, qui n'étaient pas sous la même clef. Un de ces corps de bâtiment a laissé pour le moins des pans de mur au théâtre du Vaudeville, lequel est venu remplacer celui de l'Opéra-Comique, dans la salle construite sous la Restauration pour le théâtre des Nouveautés. Mme Doublet de Persan, qui demeurait aux Filles-Saint-Thomas, y présida, durant soixante années, des réunions dont n'est pas oublié tout l'esprit qui s'y dépensa : baptême prématuré, c'est vrai, mais d'excellent augure pour un théâtre! La femme que Doublet, intendant du commerce, laissa veuve, était fille d'un M. Legendre et grand'tante, par les Crozat, de la duchesse de Choiseul. Chaque fidèle de sa petite église, formant académie à part, avait dans le salon son fauteuil, son propre portrait, qui marquait la place du fauteuil : Helvétius, Piron, Marivaux, Bachaumont en étaient surtout. Les *Nouvelles à la main*, qui paraissaient chaque semaine, et les volumineux *Mémoires secrets de Bachaumont*, sont archives intéressantes de cette société de nouvellistes. Mme Doublet avait 94 ans, elle était impotente, et depuis quarante ans elle ne sortait plus, lorsque cessa de vivre Bachaumont, en 1771. Pour ne pas lui apprendre la mort de cet ami, on annonça qu'il allait prendre les eaux ; mais elle ne put se consoler de ce que l'ingrat, en partant, n'eût pas même pris congé d'elle. La même année elle se laissa mourir, comme si le parti en fût pris.

RUE FONTAINE-MOLIÉRE.

Voici, en regard des numéros actuels, quels étaient, en 1710, les propriétaires de la rue, longeant l'enceinte de Charles V et VI, et dite successivement Traversine, Bâton-Royal, Traversière, Fontaine-Molière :

En venant de la porte Saint-Honoré.

GAUCHE.

- N° 1 : Mme Dupuis.
- — 3 et 5 : M. Jouan.
- — 7 : M. de Luyne, bourgeois.
- — 9 : M. Desaint, à l'image de Saint-Antoine.
- — 11 : M de Fontenay.
- — 13 : M. Tavené.
- — 15 : M. Breugnier.
- — 17 : M. Poitevin.
- — 19 : M. Mazière.
- — 21 : M. de Chennevelle.
- — 23 : M. l'abbé de Cose.
- — 25 : Les religieuses de la Roquette.
- — 27 : M. Galart.
- — 29 : M. de la Boulonnière.
- — 31 : M. Dufrénoy.
- — 33 : Mme Le Normand.

(Venait ensuite un hôtel de Givry, qui a cédé la place à des constructions plus récentes, et qui appartenait aux héritiers du comte d'Alaux, marquis de Givry, ambassadeur, décédé l'année précédente. Levasseur, conseiller, avait ensuite deux maisons ; le sieur Graillet, une autre.)

- — 41 : Mme de Monestrolle.

DROITE.

N° 2 : Delanoue.
— 4 : Galland, à l'enseigne de l'*Isle d'Amour*. (Permis de croire que le propriétaire de ce considérable bâtiment était le professeur d'arabe, l'antiquaire du roi, traducteur des *Mille et une Nuits*. Sa chambre devait être sur la rue, car son nom prononcé l'éveilla en sursaut, par une nuit glaciale de janvier, et ayant ouvert sa croisée, il aperçut des jeunes gens, qu'un souper prolongé mettait en veine de mystification. — Si vous ne dormez pas, monsieur Galland, lui dit en chœur toute la bande, contez-nous donc un de ces jolis contes que vous savez conter si bien !)
— 6 : Les héritiers Gautier, aux *Armes de la reine-mère*.
— 8 : M. de Verteuille, au *Faisan royal*.
— 10 : M. Pesche.
— 12 : M. Roguet.
— 14 : M. Dubois, conseiller, à l'*Hôtel d'Aumale*.
— 16 : La marquise de la Boissière.
— 18 : Hôtel de Pluche, trésorier de France.
— 22 : M. d'Etanchaux, officier de la garde suisse.
— 24 : Mlle Baudouin.
— 26 : Hôtel de Foucauld, intendant à Caen.
— 28 : Le comte de Feuquières. (Son père, colonel du régiment de Feuquières, auteur d'écrits divers sur la tactique militaire, expira le 27 janvier 1711 : mais il avait écrit, *in extremis*, ces quelques lignes à Louis XIV : « Je sais que j'ai « déplu à Votre Majesté, et « quoique je ne sache pas trop « en quoi, je ne m'en crois « pas moins coupable. » Le roi donna au fils la survivance de toutes les pensions du père.)
— 30 : M. Baudouin, conseiller.
— 32 : M. de Rasan.
— 34 : La veuve de Rouillé, conseiller d'Etat.
— 36 : Mme Beaugran.
— 38 : Les pères des l'Oratoire de la rue d'Enfer.
— 40 : M. de Tonville.
— 42 et 44 : M. Gaudron.

RUES DES FOSSÉS.

Rue des Fossés-Saint-Bernard. — Des quelques rues qui suivent le tracé des anciens fossés de la ville, et dont la dénomination en perpétue le souvenir, la plus droite est aussi la rue que l'ordre alphabétique présente la première. Du côté de l'entrepôt des vins était l'abbaye Saint-Victor, d'où le poëte Santeul put déjà voir un certain nombre des maisons qui existent de notre temps dans cette rue des Fossés-Saint-Bernard, bien qu'elle parût encore déserte sur le plan de Paris en 1652 : par exemple, on y tenait compte de la porte de la Tournelle entre le pont audit nom et la rue. Les constructions du règne de Louis XIV laissaient, sur les cartes postérieures, entre les numéros 34 et 44, un vide ; il y avait là du moins une muraille percée de cinq portes donnant sur cinq cours contiguës : le tout avait grandement l'air de dépendre du collége du Cardinal-Lemoine.

Rue des Fossés-Saint-Germain-l'Auxerrois. — Au lieu d'avoir grossi le nombre de ses maisons, en supprimant leurs anciennes cours, cette rue compte à peine en notre temps quelques immeubles dont les vieux numéros ont eux-mêmes à reculer : elle en avait jusqu'à 77, dans le grand siècle, époque où elle tenait à la rue du Roule et à la rue de Bourbon, aujourd'hui rue du Louvre. Le 15 se reconnaît encore, bien qu'on l'ait exhaussé, blanchi ; mais il se croirait transporté dans une ville différente, grâce à la rue de Rivoli, s'il ne lui restait un hôtel pour vis-à-vis au n° 24, un hôtel de l'ancien régime, qui a communiqué avec le cul-de-sac de Court-Bâton, et jouit encore d'une seconde façade rue de l'Arbre-Sec. Gabrielle d'Estrées habita cette maison, située près du Petit-Bourbon ; les marquis d'Escoubleaux de Sourdis en faisaient leur hôtel au xviie siècle ; deux médecins, membres de la famille Sue, y avaient leur appartement antérieurement à la révolution, et l'un d'eux n'était autre que le père de l'auteur des *Mystères de Paris*. Ne confondons pas cet hôtel avec celui des comtes de Ponthieu, occupé par l'amiral de Coligny, par Dubourg, à l'époque d'une guerre civile trop mémorable, et où naquit Sophie Arnoult : de celui-là tout a bien disparu ! La rue du *Fossé-Saint Germain* fut citée, dès le xiiie siècle, par Guillot ; on lui donna pourtant le pseudonyme çà et là de rue au Comte-de-Ponthieu (Quens-de-Pontis) et de rue Béthisy. Le fossé, sur lequel serpentait son parcours, avait été creusé vers 886 par les Normands qui assiégeaient Paris.

Rue des Fossés-Saint-Jacques. — Celle-ci prend naissance, comme le disent fort bien MM. Lazare (*Dictionnaire des rues de Paris*), à l'ancienne porte Saint-Jacques, enceinte de Philippe-Auguste, en mémoire de laquelle se séparait encore sur ce point la rue Saint-Jacques de la rue du Faubourg, il n'y a pas beaucoup d'années.

Une boucherie était n° 2, dans la rue des Fossés-Saint-Jacques. Le 4, dit-on, dépendait d'un couvent ; nous

croyons qu'il appartenait aux Dames-de-la-Visitation. Les
numéros qui suivent sont debout depuis un grand nombre
d'années. Le 16 fut la pension Dabot, si longtemps pépinière de lauréats du grand concours ; les lauriers universi-
taires n'ont préservé que de la foudre cette institution de
premier ordre, que la bifurcation-Fortoul a fait déchoir de
sa splendeur. Des souvenirs bien plus anciens pourraient
être évoqués par cet immeuble et ceux qui viennent après,
situés *ad libitum* place de l'Estrapade ou bien rue des
Fossés-Saint Jacques ; mais notre collecteur de notes en a
cherché en vain la piste. Le 22 se souvient à peine d'avoir
été l'un des mille domiciles que l'ancien monde et le nouveau ont prêtés à M. Ampère, cet infatigable voyageur
n'ayant pour véritable adresse que son fauteuil académique.

De l'autre côté de la rue, l'abbaye de Sainte-Geneviève
avait des murs et des propriétés, qui se sont mises tout à
fait dans le siècle. Une imprimerie occupe l'amphithéâtre
qu'avait, sous la Restauration, la Société des Bonnes
Etudes, et qui était devenue plus récemment une chapelle,
comme pour retourner à sa destination première. Elle attient
à une maison dont la porte très-élevée a dû être franchie
par un de ces princes de la terre qui portaient haut la tête
encore, en ne mettant qu'un pied dans la retraite. Quelle
guipure en fer, bien ouvragée, accole l'escalier du 13 ! Cette
propriété passa, en notre siècle, des mains de Mme de Plane
dans celles de M. Doineau, qui la vendit à Charles X, pour

y placer des missionnaires ; 50,000 fr. d'à-compte sur le prix se trouvaient seulement payés, quand vinrent les journées de juillet ; alors la ville racheta du domaine. Rien ne sépare le 19 du 23, qui autrefois ne faisaient qu'un.

La porte Papale, appartenant aussi aux limites urbaines du XIIe siècle, fut murée de bonne heure, rue des Fossés-Saint-Jacques ; elle était sur ce point où finissait la rue en 1652, comme elle y aboutit encore en ce temps-ci, mais non pas sans prolongation dans l'intervalle.

Rue des Fossés-Saint-Marcel. — Ainsi désignait-on en 1739 le bras de rue qui séparait la place de l'Estrapade de la place de Fourcy. Aujourd'hui, au contraire, la rue des Fossés-Saint-Marcel commence, dans l'ancien bourg de Saint-Marcel, à la rue Geoffroy-Saint-Hilaire, pour finir devant les Gobelins. Du même point que cette rue, part dans un autre sens la rue Fer-à-Moulin, qui datant du XIIe siècle, s'est dite par moment rue au Comte-de-Boulogne, rue Richebourg, rue de la Muette. Il y avait, rue Fer-à-Moulin, un hôtel édifié pour Scipion Sordini, sous Henri III, à l'angle de la rue de la Barre ou Scipion ; dès 1622, il était converti en hôpital de Sainte-Marthe ; aujourd'hui reconnaissez-le dans la boulangerie des hôpitaux. Le coin même de la rue des Fossés-Saint-Marcel et de celle Fer-à-Moulin fut occupé par un hôtel Clamart, qui avait dû appartenir, si ce n'est l'autre, aux seigneurs de Boulogne, mais en tous cas aux sires des Dormans, les seigneurs de Clamart : famille qui a donné des chanceliers de France ! Le xviie siècle avait fait du jardin de l'hôtel de Clamart un cimetière à l'usage exclusif des trépassés de l'Hôtel-Dieu ; on y apportait les cadavres, en temps de grande mortalité, dans un chariot qui en contenait cinquante et qui faisait par jour quatre voyages. Cependant, les familles pouvaient, comme à présent, réclamer les morts de l'hospice pour les faire enterrer aux Saints-Innocents. La rue des Fossés-Saint-Marcel se tord, comme un serpent, dont la robe alternativement fait miroiter de vieilles écailles et de nouvelles, avec des places pelées par intervalles.

Rue des Fossés-Saint-Martin. — On la disait fort crûment, avant 89, Chemin-de-la-Voirie, et elle était voisine alors de la décharge des immondices de la ville.

Rue des Fossés-Montmartre. — Dans la rue des Fossés-Montmartre on trouvait, au commencement de l'autre siècle, les propriétaires que voici :

Euvard, au coin de la rue Montmartre, du côté des chiffres impairs ; puis *Martin; Mme Charpentier; Lemoyne,* procureur en la chambre des comptes ; *Mabire;* veuve *Pagnon; Ridouard,* bourrelier ; veuve *de Montry; idem; Mme Aubourg; Chambreuil; Berault; De Nocé; Le Maistre; Mme Taussier; Desgranges,* avec ouverture rue du Mail ; *Clerambaut,* avec ouverture rue Vide-Gousset. — La marquise *de Pomponne,* du côté des numéros pairs, avec une porte sur la place des Victoires ; puis le président *Du Metz,* avec une porte également sur la rue des Vieux-Augustins; *Quentin*, valet de chambre du roi; le maître-d'hôtel ordinaire de la duchesse de Bourgogne, née princesse de Savoie, femme du petit-fils de Louis XIV et mère de Louis XV ; le président *Du Metz; Charpentier; Mme de Salle; Byon*, à l'enseigne de la Corne-de-Cerf; *De la Renaudière; idem* ; une boucherie : en tout, 30 maisons, 11 lanternes, pour 1714.

Or, devant la susdite boucherie s'était dressée la porte urbaine, jetée bas en 1633. Mme de Salle, également susnommée, possédait le n° 16, que distinguent encore des sculptures et un balcon. L'officier de la maison de Mme de Bourgogne avait, dans le n° 10, un hôtel de grande apparence, car les deux pavillons en aile n'en étaient alors que la cour, qu'un simple mur séparait de la rue. Des balustres en pierre décorent les fenêtres du 8, propriété du valet de chambre du roi. Une des maisons du président Du Metz, dont les douze croisées, par étages, font remarquer l'ample façade, semblait faite pour un ministère ; on y mit, en effet, au commencement de l'Empire, les bureaux de la banque de France, qui occupaient aussi le 4 et le 2. Dès ce temps-là, Garrat y gouvernait ; les Perregaux, Davillier, Delessert, Doyen, Mallet, Hottinguer, Récamier, etc., composaient la régence ; parmi les membres du conseil d'escompte figurait alors un Ternaux. Le fabricant de châles, plus tard député, de ce nom, succéda à la banque de France, dans la maison qui ouvre sur la place ; un de ses successeurs y est encore.

Mais, avant d'être habitée par Garrat, on l'avait dite hôtel Massiac, du chef d'un fils ou d'un neveu de Gabriel de Massiac, qui avait été historien et qui avait aussi, comme officier, fait toutes les campagnes jusqu'à la paix de Ryswich. Le marquis de Pomponne, fils d'Arnaud d'Andilly, n'avait-il pas lui-même antérieurement cette belle encoignure pour résidence? Pomponne fut ministre des affaires étrangères; Mme de Grignan lui écrivit, rendant justice à l'un de ses trois fils, colonel de dragons, mort en 1693 : « Il ne sera. jamais parlé de la bataille de Fleurus sans que M. votre fils soit nommé. » La veuve du ministre obtenait elle-même de Louis XIV, tout à la fin du siècle, 12,000 livres de pension, car elle avait peu de fortune, et elle vécut dans son hôtel, place des Victoires, jusqu'à son dernier jour, qui fut également le dernier jour de l'an 1715. Les Pomponne, qui plus est, avaient eu pour prédécesseur Anne de Lhospital, lieutenant-général, dans cette propriété, dont l'origine est encore antérieure à la création de la place.

Les numéros 7 et 9 autrefois étaient une seule et même maison : on y voit aujourd'hui un hôtel des Victoires, dont une chambre au quatrième étage fut une chambre de Bonaparte, au-dessus de l'appartement que Fabre d'Eglantine occupait, vers le même temps, dans cette hôtellerie, dite alors de la Liberté. Le plus grand homme des temps modernes n'a pas laissé, pour toute trace de son passage dans l'hôtel, le changement de son enseigne : une partie du mobilier de sa chambre est demeurée comme de son temps !

(*La fin de la notice des rues des Fossés paraîtra dans la livraison suivante.*)

Paris. — Imprimerie de Pommeret et Moreau, 42, rue Vavin.

Liv. 36

LES ANCIENNES MAISONS

Des rues des Fossés, Férou, des Fontaines, du Fouarre, des Fourreurs,
Française, des Francs-Bourgeois, du Grand-Chantier.

NOTICES FAISANT PARTIE DE L'OUVRAGE INTITULÉ :

LES ANCIENNES MAISONS DE PARIS SOUS NAPOLÉON III,

PAR M. LEFEUVE,

Monographies publiées par livraisons séparées en suivant l'ordre alphabétique des rues.

RUES DES FOSSÉS.

(Fin de la notice.)

Rue des Fossés-du-Temple.—En 1781, le marquis de Rubelles était propriétaire du sol, entre les rues de Ménilmontant et Crussol ; M. Gérôme disposait de la maison Chapard, place d'Angoulême, et l'architecte Aubert de la propriété qui fait pendant à celle-ci, de l'autre côté de la place. Le 42, le 44, dont les portes jumelles sont pourvues de colonnes, et les fenêtres de balustres en pierre, appartenaient à l'abbé Dumonçais, possesseur des maisons et du terrain de presque toute la rue de la Tour. Les masures finissant la rue du côté droit, près du faubourg du Temple, étaient déjà une amidonnerie, lorsque les fossés du rempart, nommé depuis le boulevard, étaient suivis de marais en culture, au delà du chemin des Fossés.

Rue des Fossés-Saint-Victor. — On estime qu'un

cirque romain a étagé ses gradins circulaires entre la place du Panthéon et l'Entrepôt des vins. L'emplacement en a été longtemps désigné comme clos des Arènes ou Saint-Victor ; puis, au milieu du XVIIe siècle, on y a inhumé les morts de la Pitié, d'abord portés au cimetière Saint-Médard. Les pères de la Doctrine chrétienne, institués par César de Bus au XVIe siècle, y ont acquis, en 1627, de Julien Joly, tout ou partie de l'hôtel de Verberie, pour y bâtir leur maison de Saint-Charles : Antoine Vigier était alors le supérieur de la communauté. Ces pères, qui prenaient à tâche de catéchiser les campagnes, avaient 60 séminaires dans le royaume, qu'ils divisaient en trois provinces : Avignon, Paris et Toulouse. Une bibliothèque nombreuse leur a été léguée par Jean Miron, docteur en théologie, à la seule condition d'en faire profiter le public; clause remplie dès 1718. Au 45 de la rue des Fossés se reconnaît le corps de bâtiment derrière lequel s'élevait leur église, dédiée à saint Charles Borromée, transformée depuis lors en classes pour les frères des écoles chrétiennes pendant un certain nombre d'années. Le respectable n° 47, le vaste jardin du 39, le 41 également, ont dépendu de l'hôtel Verberie, du cimetière, puis de l'établissement des pères de la Doctrine chrétienne, qui a fait retour à l'Etat en 1792, qui a été mis aux enchères le 19 messidor an IV.

L'appellation de Loustalot remplaçait alors celle de rue des Fossés-Saint-Victor. Un citoyen Loustalot, il est vrai, avait collaboré au journal de Prudhomme, les *Révolutions de Paris*, mais pendant quelques mois à peine, puisque les Cordeliers, les Jacobins, avaient porté le deuil de Loustalot, en novembre 1790. Que n'appelait-on rue Saint-Foix celle qu'avait habitée longtemps l'auteur des *Essais sur Paris ?* La substitution eût pu prendre! Les n°s 38-36-34 sont un hôtel du xvii siècle, où l'ancien mousquetaire, auteur d'un grand nombre de pièces, collaborateur du *Mercure* qui lui faisait une pension, historiographe de l'ordre du Saint-Esprit, passa, un peu plus loin du monde, au milieu des colléges qui en étaient le vestibule et des couvents qui en cherchaient l'oubli, les derniers lustres de sa vie. Impatient, susceptible encore, bien qu'il eût cessé, avec l'âge, d'émouvoir Paris de ses duels, il était difficile que ce septuagénaire eût gardé grand nombre d'amis; la longanimité de Sabatier et de La Dixmerie, ses fidèles, avait manqué successivement aux autres, qui néanmoins le regrettèrent et honorèrent sa mémoire en 1776. M. Affre, neveu du prélat qui a trouvé la mort entre deux barricades, dispose maintenant de l'hôtel. Derrière se trouvent des vestiges de l'enceinte de Philippe-Auguste.

Dans une maison qui fait face, des jeunes gens sont préparés à l'examen des baccalauréats; on y a supprimé en 1792 le collége des Ecossais, et on y dit encore la messe, devant un mausolée de Jacques II, sculpté par Louis Garnier sous Louis XIV, dans une chapelle dont la moitié pourtant a été traduite en parloir. David, évêque de Murray, a fondé en 1323, au Cardinal-Lemoine, quatre bourses pour des Ecossais ; un de ses successeurs en a fait plus tard le noyau d'un collége spécial, dans les parages de Sainte-Barbe, rue d'Ecosse. L'archevêque de Glaskow, ambassadeur en France, a créé, d'autre part, un séminaire pour les siens, avec la coopération de Marie Stuart et de divers transfuges papistes. Séminaire et collége, en 1662, ont été réunis dans la rue des Fossés, par les soins de Robert Barclay, le principal. Seulement, l'édifice était bien antérieur à cette translation ; nous n'en voulons pas d'autre preuve que les balustres d'escalier en chêne qui ne vont pas moins haut qu'au quatrième étage. N'est-ce pas là l'hôtel de Verberie, dans son bâtiment principal ?

Le poëte Baïf, contemporain de Ronsard, fut bien propriétaire, au XVIe siècle, d'une maison voisine, où ne vinrent s'établir qu'en 1639 les religieuses anglaises qu'on y revoit encore en notre siècle ! Ronsard, dont la vie politique finissait avec sa jeunesse, après plusieurs voyages en Écosse, revint se faire grand helléniste, en prenant domicile dans l'ancien bâtiment du collége de Coqueret, fondu avec celui de Sainte-Barbe, et en suivant les cours de Jean Daurat ; il se fixa ensuite près de Baïf, dans une petite maison attenante aux vieux murs de ville, ainsi qu'au collége de Boncourt. Baïf créa alors avec Ronsard, dans son hôtel des Fossés-Saint-Victor, l'académie de poésie et de musique, autorisée par des lettres patentes de Charles IX, et la *Pléiade* jeta son vif éclat dans le ciel de la Renaissance : les étoiles en étaient Ronsard, Baïf, Du Bartas, Du Bellay, Ponthus de Thyard, Jodelle. Le roi de France et le roi de Navarre assistèrent, des premiers, aux représentations scéniques de cette académie prime-sautière, là et au collége de Navarre ; mais Baïf mourut pauvre, en 1589.

D'autres poëtes et d'autres Mécènes avaient organisé sur des bases plus solides l'Académie française, quand les Filles anglaises, chanoinesses régulières de Notre-Dame-de-Sion, auxquelles Marie Tresduray, leur abbesse, ne frayait plus que les voies du salut, remplaçaient, à mi-côte de la montagne Sainte-Geneviève, les étoiles qui avaient filé devant l'aurore de Malherbe. De nouvelles lettres patentes autorisaient ces dames anglaises, en 1655, à recevoir des religieuses françaises, et elles élevaient dès lors, comme à présent, des jeunes personnes. « La loi « du 5 novembre 1790, rapportent MM. Lazare à leur « sujet, disposa que les biens possédés en France par des « établissements étrangers, ne feraient pas partie des do- « maines nationaux. Une autre loi du 8 mars 1793 ex- « cepta de la vente des domaines nationaux les biens de « tout genre possédés par ces établissements. » Néanmoins, les terrains et bâtiments de la communauté des Filles anglaises furent en partie aliénés par le domaine de l'État, les 7 et 17 vendémiaire an VIII. Une faveur impériale rendit à ces religieuses, en 1806, ceux de leurs biens qui n'étaient pas vendus, et dont la jouissance leur avait été accordée précédemment.

Une institution de jeunes gens occupe le n° 13, auquel il nous plaît fort de rattacher le souvenir de Lebrun, le plus fécond et le plus illustre des peintres français. La preuve qu'il a habité là, c'est qu'il a été enterré en 1690 dans une église toute voisine, Saint-Nicolas-du-Chardonnet ; cette première preuve, par malheur, pourrait être jugée incomplète. Plusieurs artistes de son école ont décoré l'habitation ; on y revoit, du côté du jardin, le médaillon du maître, et des mascarons de Flaman sous les consoles du grand balcon, et puis, du côté de la cour, dans le tympan d'un fronton, un écusson gratté, où les armes de Lebrun étaient représentées : Fleur de lys d'or sur champ d'azur, soleil en chef sur champ de sable. Le péristyle de cette maison est d'un style assez imposant, et conduit à un escalier à rampe de fer.

L'architecte Boffrand fut l'auteur de cette construction, ou plus probablement de sa réparation, opérée pour Lebrun, auditeur des comptes, neveu et héritier du peintre, et celui-ci y honorait à chaque pas la mémoire de son oncle : on venait admirer chez lui un riche cabinet de tableaux, dus la plupart au grand artiste. Des fenêtres de cette demeure, du côté du Jardin du Roi, on jouissait d'une vue magnifique, laquelle a été reproduite en 1787 par le chevalier de Lespinasse, dans un dessin qui est au Louvre.

RUE FÉROU.

Lavoisier. — Mlle Luzy. — Mme de Labourdonnais.

En 1793, les anciens fermiers généraux furent condamnés à mort, au nombre de 28, par le tribunal révolutionnaire. Lavoisier, menacé comme tel d'un sort pareil, voulait répondre aux récriminations qui s'adressaient seulement à sa fortune : il était beaucoup plus connu en sa qualité de savant, reçu à l'âge de 25 ans membre de l'Académie des sciences, qu'en qualité de financier, et son génie, n'eût-il amélioré que la fabrication de la poudre, avait assez bien mérité des 14 armées de Carnot pour que la guillotine elle-même reculât au dernier moment devant sa tête encore si pleine! Mais une dame, profitant d'une visite que son ami Lavoisier vient lui faire au n° 9 rue Férou, trouve plus sage de l'enfermer chez elle, malgré lui, dans son désir de sauver ce grand homme à ses propres risques et périls. Celui-ci ne cède aux prières, aux remontrances affectueuses, qui gardent à vue sa personne, que jusqu'au moment de trouver cette surveillance tutélaire en défaut. Il s'échappe un matin, pendant que la dame est sortie, et il se rend au Bourg-la-Reine, où sa liberté sur-le-champ est bien autrement entravée qu'elle ne l'était rue Férou, car le savant n'a plus pour lendemain que le dernier jour de sa vie. Il est bien temps encore pour quelques-uns de faire ces objections timides : — Il a changé la face de la science! il n'a que 51 ans! — Il ne nous faut plus de savants! réplique aussitôt l'ère nouvelle... Lavoisier ne demande, quant à lui, qu'un sursis de quelques journées, pour achever des expériences utiles à l'humanité. La date fatale, hélas! est inflexible : 8 mai 1794.

Un souvenir bien moins cruel se rattache au n° 6, comme séjour de Mlle Luzy, actrice de la Comédie-Française, à laquelle on avait donné cette maison, ornée de bas-reliefs où des amours courent encore l'un après l'autre. Ceux-ci ne feraient-ils pas mieux de rattraper, s'il se pouvait, et les peintures et les dorures encore plus fugitives, qui décoraient un boudoir disparu, si élégant et de si bon conseil qu'ils eussent bien fait de veiller à sa garde? De 1770 à 1785 la jolie comédienne, maîtresse du logis, a tenu l'emploi des soubrettes. Que sa rivale, Mme Doligny, eût plus de talent, c'est probable; Mlle Luzy ne l'emportait que par les avantages de sa personne. Dorat, loin de les méconnaître, envoyait souvent rue Férou, lorsqu'il demeurait rue d'Enfer, des vers qu'il allait y relire. Il nous souvient de ceux ou il évoque le vieux dragon qui veillait autrefois sur le jardin des Hespérides, et qu'il fait relever de garde par l'Amour.

> Un jeune enfant, non moins fidèle,
> Garde aujourd'hui les pommes d'or,

Il les garde pour la plus belle,
Et barricade son trésor.
J'approche : son œil étincelle,
Il brandit son arc menaçant,
Mais je te nomme, et dans l'instant,
Je vois mon Argus qui chancelle.
— Prends, me dit-il, cueille, choisis :
Luzy seule excitait mon zèle.
Porte à ses pieds l'arbre, les fruits,
Et si tu veux le sentinelle.

M. Bouillet, dans son grand dictionnaire, a fait mourir Mahé de Labourdonnais en 1755 ; nous croyons que ce millésime est surchargé de plus d'un an. A l'abbaye de Saint-Germain-des-Prés, on a ensaisiné une vente du 15 mai 1754, faite par Tristan, chevalier de la Tour et de Reymonval, à dame Elisabeth de Combault d'Hauteuil, veuve de Bertrand François Mahé de Labourdonnais, capitaine de frégate, gouverneur des îles de France et de Bourbon, et l'objet de cette vente était une propriété près du séminaire Saint-Sulpice, que tout nous porte à croire le 4 : la nue-propriété en était réservée dans l'acte aux enfants issus du mariage. Labourdonnais doit au bien qu'il a fait dans son gouvernement, moins encore qu'au rôle que Bernardin de Saint-Pierre lui a donné dans *Paul et Virginie*, en immortalisant son nom, l'hommage qu'une statue va rendre à sa mémoire, loin de la métropole, où l'embastillement et les accusations attristèrent la dernière période de sa vie.

Des autres maisons de la rue, citons encore le n° 3, qui

touchait à l'ancien cimetière de Saint-Sulpice, lequel commençait à l'église ; le 5, angle de la rue du Canivet, angle aussi d'un hôtel qu'occupait Louis Hubert, comte de Champagne et de la Rouvière, au milieu du siècle précédent ; le 15, qui dépendait en ce temps-là de l'hôtel Charost ; le 8, petit hôtel de la Trémoille et mitoyen avec le grand hôtel audit nom rue de Vaugirard. Il se trouve au reste une arcade, sur le plan de Paris en 1739, à cette extrémité de la rue Férou. Une impasse Férou y apparaît également presque en face de la rue du Canivet, et au fond de l'impasse sont un mur et une porte du petit séminaire de Saint-Sulpice, dit la communauté des Robertins ; avant 1680, le cul-de-sac était une rue Saint-Pierre, devant son nom à une chapelle. Quant à Férou, ayant donné le sien à la voie dont nous vous parlons, il était possesseur d'un clos qu'elle divisa, et procureur en 1500.

RUE DES FONTAINES.

M. Rousseau nous a bien signalé une maison de la Cité, rue aux Fèves, n° 4, que l'an 900 a vu construire; son escalier étroit et dur monte en tenant à bras-le-corps quatre poteaux serrés l'un contre l'autre, mât de cocagne où grimpent les locataires. Mais y en avait-il assez pour mériter une notice à part? Aux petites rues qui ne sont pas plus riches, autant brûler la politesse! Les documents qui courent dans tous les livres n'ayant pas de quoi nous tenter, l'inédit lui-même est de trop, lorsqu'il n'offre aucun intérêt. La pêche aux perles et au corail n'est-elle pas aussi plus capricieuse que celle des moules et des harengs? La rue des Fontaines elle-même, qui existait déjà au xv° siècle, a failli éprouver le sort des rues nouvelles, dont les maisons n'ont rien à dire encore. Elle a fourni peu : jugez-en.

La plupart des dix-huit maisons qu'on y comptait en 1714 étaient sous la censive de Saint-Martin-des-Champs.

M. de Montaran, auquel Napoléon avait donné, à Rambouillet, le cheval qu'il avait monté à Waterloo, ramena le coursier, dont les bons soins prolongèrent la vieillesse, au n° 5 de la rue, où M. de Montaran avait alors sa résidence.

De toute antiquité le 7 a eu pour enseigne un Grand cerf :

il a été d'abord maison bourgeoise, puis hôtellerie, puis roulage.

Un Montmorency, sous Louis XIII, a eu le 13 pour hôtel.

Marguerite Claude de Gondi, veuve de Florimond d'Halluyn, marquis de Maignelay, a établi dans cette rue, en 1620, les filles repenties dites Madelonnettes, institution déjà fondée par d'autres, mais sur laquelle elle attirait la bienveillante munificence du roi. Quand les dames de Saint-Michel sont venues gouverner cette communauté à la place des dames de la Visitation, c'est-à-dire en 1720, la supérieure s'est logée dans la maison n° 15, reliée par un pont à l'hôtel vis-à-vis, où les Madelonnettes étaient depuis un siècle. Il y avait trois classes dans la communauté : 1° les filles de Sainte-Madeleine, qu'on était sur le point d'admettre à faire leurs vœux ; 2° celles de Sainte-Marthe, qui commençaient à revenir des égarements antérieurs ; 3° des filles dont la tête était couverte d'une coiffe de taffetas noir : celles-là subissaient une pénitence involontaire. Il y a eu de même sous l'Empire, dans cette maison religieuse transformée en prison de femmes, des détenues pour dettes, des prévenues, des condamnées, des prostituées et des jeunes filles en correction, qui n'étaient divisées qu'en trois catégories. Au reste, comme transition, les Madelonnettes avaient commencé par servir de prison, sous la Terreur, à des aristocrates, tels que l'abbé Barthelemy, le président Sallier, le général Lanoue, Boulainvilliers, Saint-Prix, de la Comédie-Française, Dazincourt et Fleury, *idem*, et quelques autres de leurs camarades.

RUE DU FOUARRE.

Voici la vraie rue des Ecoles, ouverte au xiiie siècle sur le clos de Garlande, dont les Montmorency étaient propriétaires ; on la disait aussi rue du Fouarre et du Feurre, d'un mot qui équivaut à *paille*. On y a régenté pendant près de six siècles ; la plupart de ses édifices ont retenti de la leçon orale, qui s'inspire des anciens écrits pour en inspirer de nouveaux. Les quatre Nations y ont eu leurs écoles, qui comportaient plus de quatre maisons, où l'auditoire s'asseyait sur la paille, comme dans les écoles de médecine, pour montrer aux régents et aux docteurs ; qui siégeaient dans leurs chaires, un respect gardant les distances : usage qui fut approuvé par le pape Urbain V, en 1366 ! Il est vrai que les écoliers se relâchaient de tant de déférence, lorsque le maître avait le dos tourné. En 1358, l'Université de Paris se plaignait, à très-juste titre, de ce qu'on encombrât de tas d'ordures, nuitamment, et qu'on souillât la rue du Fouarre ; on se permettait même, ajoutait-elle, d'y enfoncer les portes des écoles pour introduire des ribaudes : Charles V, qui n'était encore que régent du royaume où il régna plus tard non moins sagement pour son compte, la fit fermer aux deux bouts tous les soirs.

Le n° 1, que découpe à angle droit la rue de la Bûcherie, avait du côté de l'eau pour vis-à-vis, comme en ce siècle-ci, un bâtiment qui, au moyen d'un pont, se rattachait à l'Hôtel-Dieu : cette annexe d'outre-Seine représentait alors la terre promise pour les malades en traitement ; c'était l'asile des convalescents. Bien commencé, n'est-il pas vrai ? pour une rue où les cours de médecine furent suivis pendant un temps, comme nous l'avons déjà dit quand nous étions rue de la Bûcherie ! Ceux qui apprenaient à guérir n'étaient qu'à deux pas des malades ! Le 5, sous le règne de Louis XV, logeait, mais il n'enseignait plus : cet hôtel de Mézières faisait payer le gîte de 6 à 24 livres par mois. Le 7, avec sa grande porte ; le 9, avec sa rampe de fer, ne sont que les cadets du 10, du 16, où des balustres garnissent les escaliers.

Qui veut revoir un des quatre colléges de la rue, n'a qu'à s'arrêter devant ce dernier numéro. Pour celui-là, pas d'équivoque possible : la guirlande traditionnelle en surmonte encore l'entrée. C'est le collége d'Allemagne, sans exercice, que le plan de Lacaille y place ; seulement cette indication nous paraît bien rétrospective. André Duchesne, dans son livre des *Antiquités et recherches* (page 133), dit en l'année 1648 : « Le collége des Allemands estoit ancien-

« nement en la rue qui tend de la porte Saint-Germain au
« coin de l'hostel de Rheims : mais auiourd'hui il n'en reste
« que le nom pour toute mémoire. » Pendant tout le
XVIe siècle, ce collége, en effet, était rue du Mûrier, tenant
d'une part à la Nation d'Allemagne; mais il faut croire qu'à
son origine, plutôt qu'en 1714, millésime du plan de Lacaille, les Allemands ont donné leur nom à l'école de la
rue du Fouarre, n° 16. En 1652, déjà, Gomboust installait
à leur place le collége de Normandie.

Le collége de la Nation de Picardie est demeuré le seul,
dans cette rue, encore ouvert pendant le règne de Louis XV.
Le n° 19, dont la vieillesse a pour canne son escalier à serrurerie magnifique, était le principal corps de logis de ce
collége, qui tournait sur la rue Galande. Le n° 15, rue du
Fouarre, dont la façade est creusée d'une niche, pouvait
bien en faire partie. Quant au 17, que couturent au-dehors,
comme des cicatrices fermées, les lignes courbes d'arceaux
qu'elles trahissent, c'était pour sûr une chapelle dédiée à
la sainte Vierge, puis à saint Nicolas, et, enfin, à sainte
Catherine, que la Nation de Picardie, en 1487, avait obtenu
le droit d'édifier, mais qui n'avait été ouverte qu'après un
laps de dix-huit ans : l'Etat en effectua la vente, le 28 frimaire en l'an IX.

Le 11 a été également le collége d'une des quatre Nations.

RUE DES FOURREURS.

Victor Hugo a dit :

> Cordoue, aux maisons vieilles
> A sa mosquée où l'œil se perd dans les merveilles !

Mais il importe peu au poëte que cette ville se soit montrée jadis industrieuse par excellence, et que la patrie de Gonzalve ait été également celle d'une branche d'industrie, dite d'abord la cordouannerie. L'article de Cordoue était évidemment multiple ; il n'a jamais été représenté qu'imparfaitement par la cordonnerie, dont le nom, dit-on, en dérive. Les artisans de chaussure féminine, par une corruption nouvelle, ont confisqué à leur profit la qualification de cordonniers au détriment des marchands de cordon. De bonne heure dans les affaires, la cordouannerie a présidé au mariage de la passementerie avec la mise en œuvre du cuir ; c'était une industrie de luxe, qui comportait jusqu'à l'orfévrerie, à commencer par celle des boucles : Paris en fut longtemps le tributaire. Il y eut donc dans notre propre ville une rue de la Cordouannerie. Une spécialité de commerce s'y était détachée dès la fin du XIIIe siècle, de la cordouannerie proprement dite : c'était la pelleterie. Sous Louis XIV, on trouva rationnel de graver l'ancienne inscription pour en gratter une nouvelle, aux extrémités de la rue qui fut appelée des Fourreurs.

Elle comptait alors 5 lanternes, illustrant ses 25 maisons. Celles-ci répondraient presque toutes à l'appel des numéros actuels, car il en est peu de refaites; mais du côté du cloître Sainte-Opportune, aujourd'hui place ainsi nommée, on en a supprimé une demi-douzaine. Au surplus, voici dans quel ordre s'y suivaient les propriétaires, aux premières années du XVIIIe siècle :

Côté gauche. — Rousseau, mitoyen du cloître, avec entrée rue des Lavandières; Mme Massigné, à l'enseigne du Heaume; Noblet; Bellanger, notaire, à l'Ecu-de-France; Barbot; Lhuillier; Porcher de Condé; Gouard; Langlois, au Chef-de-Saint-Jean; Barron, à l'image de Mme la Dauphine; Batonneau, au Lion-d'Or; de Linclou, marchand, aux Trois-Rois.

Côté droit. — Ricard, avocat, au Grand-Turc, en mitoyenneté avec le cloître; Baissier; le curé de Sainte-Opportune, à l'enseigne de la Tête-Noire; Parisot, au Chef-de-Saint-Denis; le chapitre de Sainte-Opportune, à l'image de Sainte-Opportune; Morand, au Dauphin; la fabrique de Saint-Germain-l'Auxerrois, à l'Empereur; Fouquelin, à Notre-Dame; *id.*; Maraux, à Saint-Claude; Chouin, au Renard-Blanc; de Roemond, au Roi-de-Pologne; Lemaître, fermier général, à l'Ours.

RUE FRANÇAISE.

On ne va plus guère rue Française que pour y vendre ou acheter des cuirs. Nos pères l'eurent en meilleure odeur; ses maisons étaient de finance et de magistrature à l'origine. Il y avait deux hôtelleries dans son peu d'étendue.

au moment où la halle aux cuirs vint, sous Louis XVI, apporter au quartier cette spécialité si importante.

La belle façade du n° 2, n'ayant pas pu être sculptée pour un dépôt de corroyeur, nous avons demandé à l'escalier de maître, qui vient derrière, quelles mains avaient si bien glissé sur sa rampe de fer, sans y laisser d'empreinte, il y a cent cinquante années. Les marches ont retenti alors, par un écho de loin venu, du léger craquement des mules de Mme de Villemur, annonçant autrefois le spectacle de ses jarretières à des degrés de pierre dont la froideur faisait croire qu'ils n'avaient pas d'yeux ! Le 6., qui a changé de face, appartenait à Hesselin, mousquetaire de Louis XIV, quand Nicolas Lemoine, procureur à la chambre des comptes, était propriétaire du 12, dont la grande porte et les vieilles ferrures demeurent très-reconnaissables. Le 14, où pendait antérieurement l'image du Sacrifice d'Abraham, tenait dès lors le coin de la rue Pavée.

En face du susdit immeuble est l'ancien hôtel de Tournay, commissaire de la marine, puis celui de M. de Bragelonne ; une propriété considérable, dont la porte ferrée signale le n° 9, appartenait au marquis de la Houssaye et comportait un jeu de paume. Les Enfants-Trouvés possédaient, avec une ouverture rue Mauconseil, l'ancienne salle de spectacle des confrères de la Passion, devenue le théâtre si mémorable de l'hôtel de Bourgogne, où le plus grand nombre des ouvrages de Racine avaient été joués à la même place que les anciens mystères. Mais avant que la salle de spectacle, exploitée en hôtellerie, se transformât en halle aux cuirs, avec sa grande entrée rue Mauconseil, on voyait encore sur le seuil, du côté de la rue Française, une croix et d'autres instruments de la Passion, à la place du 7 et du 5, dont les gros murs toutefois sont les mêmes et ont gardé leur point d'appui sur le 3 (à Mme Portail, sous Louis XIV). Le berceau du théâtre français était solide, comme on voit, et le peu qu'il en reste a pour consolation de remonter pour le moins à cinq siècles. La rue elle-même est sortie d'une des côtes du théâtre des auteurs cycliques : en 1543 elle a été ouverte sur le jardin de l'hôtel de Bourgogne, dont elle a porté le nom d'abord. Quelques-uns veulent qu'on l'ait dite rue *Françoise* à cause de sa salle de comédie; mais cela fait anachronisme. En l'honneur de François Ier, cette rue s'est appelée *Françoise*, comme la rue Dauphine, un peu plus tard, a tenu son nom d'un dauphin. Cette rue porterait encore son acte de naissance aux deux extrémités, si l'on y lisait : *Rue Françoise*.

RUES DES FRANCS-BOURGEOIS.

La féodalité bourgeoise. — Les bourgeois IN PARTIBUS. **— La Courtille-Barbette. — Hôtels Livry, Voysin, Roquelaure, de Courchant, d'Albret, de Creil, Le Tellier, Charolois.**

La bourgeoisie du moyen âge avait ses grades tout comme la noblesse : les cas s'en déclinaient. Les petits bourgeois restaient serfs en ce qui concernait leur domicile ; les grands bourgeois pouvaient changer de place, pourvu qu'ils demeurassent les justiciables de la même seigneurie locale ; les francs bourgeois étaient tout-à fait libres. On passait d'une classe à l'autre, dans cette féodalité bourgeoise qui a disparu la première en payant certaines redevances, pour acquérir de nouveaux droits. La franche bourgeoisie a laissé son nom à deux rues, dans une ville où le crédit suffit à perpétuer une inégalité, effacée des coutumes écrites, mais qui n'en est mobilisée que plus à l'aise par d'impérieux usages. En dépit des affranchissements de toute espèce prononcés par la lettre, est-ce que l'esprit ne revient pas encore à des idées purement hiérarchiques? Quand on parle de la bourgeoisie, on dit à chaque instant : Les classes moyennes. Par conséquent, il s'en trahit plusieurs : la division se subdivise quand même.

En 1296, le parlement déclara, par arrêt, le territoire de Saint-Marcel indépendant des faubourgs de la ville ; une des rues enclavées dans le bourg s'appelait rue des Francs-Bourgeois, du chef des Parisiens notables qui, les premiers, en avaient peuplé le désert. Du côté de la rue des Fossés-Saint-Marcel, on y retrouve à notre époque des constructions de divers âges qui contrastent visiblement avec les immeubles modernes plus voisins de la place de la Collégiale. C'est surtout le n° 7 qui a gardé une physionomie de franche bourgeoisie déchue.

D'autres francs bourgeois habitaient, au XIIIe siècle, une autre rue, dans les parages des chevaliers du Temple. Jean Gennis et sa femme y donnèrent aux Templiers, en 1271, une maison qui rapportait 20 sols parisis de rentes, et dans laquelle on se livrait à un jeu de *poulies* assez connu en ce temps-là pour qu'il servît à désigner la rue. On la disait aussi des Francs-Bourgeois, et pourtant, dans les actes, on ajoutait encore, en 1789 : « qui a été rue des Poulies. » Jean Roussel et son épouse Alix, sous le règne de Jean-le-Bon, y firent bâtir un hôtel destiné à servir d'asile à vingt-quatre bourgeois tombés dans la misère. Pierre le Mazurier et sa femme, fille de Roussel, en transportèrent la propriété au grand-prieur de France, lequel avait été pourvu de la commanderie du Temple, demeurée haute seigneurie et bénéfice considérable depuis la destruction de l'ordre; ils ajoutèrent à ce don une rente de 70 livres, mais le tout à la condition que le grand-prieur logerait, dans chacune des chambres de l'hôtel, deux des bourgeois *in partibus* en vue desquels etait fondée cette œuvre. Nous serions étonné qu'il ne subsistât rien de l'édifice hospitalier, dans une rue aussi conservatrice que celle dont nous nous occupons : il ne faudrait pas même désespérer d'y retrouver un des pavés de la première couche parisienne, équarri sous Philippe-Auguste !

La jolie tourelle, qui pivote au coin de la rue Vieille-du-Temple, fit corps avec l'hôtel Barbette, dont nous avons parlé déjà. Richer de Boismauclair, qui habitait le Mans, n'en était le propriétaire qu'un peu avant la grande révolution, comme héritier de Thibault de Baurain. Le 22, à porte cintrée, et le 20, qui a l'air d'un ci-devant cul-de-sac, gardent certainement plus que des murs, du séjour même de Barbette, qui devint résidence royale. Aussi bien ce côté de la voie en dépendit presque entièrement, comme territoire. Quoique l'ouverture de la rue ait été antérieure à l'époque ou Philippe-le-Bel avait pour maître des monnaies le créateur de ce palais, une portion de l'autre rive appartint aussi à Barbette, formant cordon autour du grand hôtel.

Entre le 18 et le 16, un pas-de-mule montrait encore, au commencement du règne de Louis-Philippe, ses trois marches de pierre qui avaient vu passer bien des générations de montures, depuis le palefroi de la reine Isabeau de Bavière, hôtesse du logis Barbette. Nicolas le Baillif, plus tard, mit souvent là le pied dans l'étrier, pour chevaucher sur une véritable mule : c'était un auditeur des comptes sous Louis XVI, qui disposait d'une propriété que nous croyons être le 22. Le Baillif avait pour voisin Thomé de Rentilly, capitaine de grenadiers aux gardes-françaises, dont le beau-père, Leclère de Grandmaison, tenait l'héritage de Leclère, trésorier général de l'extraordinaire des guerres. Après le capitaine aux gardes venait Mascarany de Lavalette, dont le prédécesseur Langlois de la Fortette, président à la cour des comptes, n'avait pas craint d'acheter sa maison des créanciers de Bitault, son collègue.

L'hôtel attenant à ce dernier est une maison historique, frappée du n° 14 ; on y revoit un buste de Henri IV, qui affiche des prétentions à ce que Gabrielle d'Estrées y ait reçu des visites de son royal amant. Nous pouvons affirmer, du moins, que si cette maison écrivait ses *Mémoires*, on y remarquerait les chapitres suivants : — *J'appartiens à Etienne Briois, sous Louis XIII. — Nomination d'un curateur à la succession vacante de Briois. — M. de Bordeaux, propriétaire, à l'époque où Jacques Gomboust a dressé son plan de Paris. — Louis Sanguin, marquis de Livry, me tient de sa mère, née Bordeaux. — Je passe au père du marquis Thomas de Pange, qui me vend à son tour, en 1754, à Michaut de Montaran, doyen du grand conseil, ci-devant trésorier général des États de Bretagne. — Du fils de ce dernier, intendant du commerce, je suis acquise par Charles Chastel, trésorier général de l'artillerie et du génie.*

Même origine pour le n° 12, que M. de Livry fit rétablir

sur les dessins de Boffrand en 1709, mais qui s'est séparé bientôt de l'autre hôtel, pour recevoir le chancelier Voysin, que Mme de Maintenon avait d'abord fait intendant de Saint-Cyr sur la démission de Chamillart. On sait que ce garde des sceaux a laissé dans l'histoire un nom inséparable du souvenir d'une spéculation peu honorable sur le testament de Louis XIV. Le dernier duc de Roquelaure, petit-fils de celui qui avait conseillé, le premier, au roi Henri IV de quitter Gabrielle d'Estrées, s'installa dans l'hôtel laissé vacant en 1717 par le décès du chancelier Voysin. Héritier d'un nom haut placé, tant dans les fastes militaires que dans ceux de la gaieté française, Roquelaure fut nommé maréchal de France, et il ne laissa que deux filles. Le ci-devant hôtel Roquelaure, qui a conservé des sculptures et des balcons si remarquables, est maintenant caserne de gendarmerie.

Le 10 était à Le Mayrat, ayant eu pour prédécesseurs les présidents Le Vallier et Poncet. Guillemin de Courchant, capitaine aux gardes-françaises, avait acheté le 6, en 1740, du marquis de Louvois, gouverneur de la Navarre, maître de la garde-robe du roi, et légataire universel d'un fils du ministre de ce nom. La femme de l'homme d'Etat célèbre était née Barantin; elle avait acquis par échange cette propriété assez considérable de Durier de Telmont, qui l'avait héritée de son père. Aussi bien ces Durier tenaient aux religieuses de la Nativité de Jésus, qui occupaient le 4 avec le 2.

Que si nous traversons la rue, pour y revenir sur nos pas, nous commençons par chercher vainement, à l'encoignure de la rue Pavée, les écuries de l'hôtel de Lorraine, dit aussi hôtel Savoisi et d'Herbouville, à des époques différentes. Voici, en revanche, une façade à fronton, à balcon et à sculptures, magistralement produite par le n° 5 : combien a-t-il de quartiers de noblesse? La rue des Francs-Bourgeois en voit poser la première pierre au milieu du XVIe siècle pour le connétable Anne de Montmorency, et de ce temps-là date l'escalier à bordure de chêne qui fait face dans la cour à un autre escalier plus large, mais garni d'une rampe en fer. Cent ans après, un cartouche accolé à l'édifice, sur le plan de Paris, est celui-ci : *M. de Guénegaud*. La propriété passe, un peu plus tard, avec la main de Mlle Marie-Magdeleine Guénegaud, dans celles de Phébus d'Albret, comte de Miossans, gouverneur de Bordeaux et maréchal de France, lequel cesse de vivre en 1670. Avec les héritiers du maréchal s'en arrange Brunet de Chailly, garde du trésor royal, qui a pour héritier son neveu Dutillet, un président au parlement, et la baronnie de Chailly s'ajoute en même temps au marquisat de Villarceaux et au comté de Sérigny, entrés déjà dans cette famille de robe.

Le 7 n'étant pas autre chose que le petit hôtel d'Albret, apprenons au lecteur que l'immeuble suivant, où se fait remarquer par sa légèreté la ferrure d'un vieux escalier, fut laissé, au milieu du XVIIIe siècle, par M. et Mme de Créil, à l'union de leurs créanciers, avant de devenir le bien de Julien Devin de Fontenay, président à la cour des comptes sous le ministère de Turgot.

Tout ce qui séparait M. de Creil du passage des dames hospitalières de Saint-Gervais, élargi présentement en rue, composait deux maisons à l'époque de la Fronde : l'une à Flesselles, baron de Bregy ; l'autre à Nicolas de Caux, aumônier du roi. Un peu après la mort de Mazarin, le chancelier de France Michel Le Tellier, qui n'exerçait alors que la charge de conseiller d'Etat, dont il obtint bientôt la survivance pour le marquis de Louvois, son fils ; Le Tellier, disons-nous, fit l'emplette des deux maisons, avec sa femme, Elisabeth Turpin, pour y fixer sa résidence. Maurice Le Tellier, archevêque-duc de Reims, fut donataire du chancelier ; il aliéna la donation. Ainsi, à quelque temps de là, un trésorier de l'extraordinaire, ayant nom Lebas du Plessis, propriétaire des deux hôtels, avait pour locataire de celui-ci le comte de Charolois, prince du sang, et il habitait celui-là. A Lebas du Plessis succédait Lebas de Courmont, fermier général, puis payeur des rentes de l'Hôtel-de-Ville. Les deux habitations font quatre immeubles, sous le règne où nous écrivons ; M. Busson, grand fabricant, dispose de la totalité. Comme elles sont loin, les fortunes qui arrivaient toutes faites dans la rue ! Elle en voit d'autres qui commencent sous tant de lambris dédorés !

Nous sommes déjà entré au 21, par la porte qui ouvre

sur le marché des Blancs-Manteaux. (*Notice de la rue des Blancs-Manteaux.*)

RUE DU GRAND-CHANTIER.

Les hôtels de Savoie, de Beauvilliers, de Montaran, Denis, de Vouguy, le Juge, Sallier, de Vallières, Thiroux, Machault, Lacurne.

Amédée VII, comte de Savoie, a possédé, en 1388, un hôtel qu'on avait bâti dans cette rue, sur l'emplacement d'un chantier qu'y avaient eu les chevaliers du Temple, et cette habitation en formant deux, le grand et le petit hôtel, s'étendait par ses dépendances jusqu'à la rue de l'Echelle-du-Temple (Vieilles-Haudriettes). Très-vraisemblablement il en subsiste la plus grande partie encore, mais difficile à reconnaître.

Jean Fabry, maître des requêtes sous Louis XIII, a vendu un terrain, dans cette rue du Grand-Chantier, à Daniel Ferey, trésorier provincial de l'extraordinaire des guerres, et celui-ci a eu pour acquéreur, en 1642, La Chapelle, que les actes désignent comme l'auteur du n° 18. Nous estimons pourtant qu'à cette époque on s'est borné à le refaire : son escalier, dont la belle rampe en fer va seulement jusqu'au premier étage, continue à tourner plus haut, mais autour d'une garniture qui sentait déjà son vieux temps lors de l'acquisition de La Chapelle. A ce propriétaire ont succédé : le Peletier de Souci, intendant des finances, puis Mlle le Peletier, femme de Turgot, conseiller du roi, maître des requêtes ordinaires de son hôtel et père de Turgot, le prévôt des marchands ; puis Mme de Creil, marquise de Bournezeau, baronne de Brillac, née Turgot, dont le mari était intendant de Metz et conseiller d'Etat. La fille de cette dernière, duchesse de Beauvilliers et dame d'honneur de la princesse Adélaïde, occupait la maison au milieu du règne de Louis XVI.

C'était le temps où Thubeuf de Blanzat, conseiller honoraire, disposait du n° 16, créé ou restauré en 1641 pour Larcher, receveur général des finances. C'était aussi le temps où Michaut de Montaran, intendant du commerce, tenait le n° 14 de son beau-père, M. de Villeflix, maître de la chambre aux deniers du roi, et dans la famille duquel était l'hôtel depuis un siècle. Possible même que cette propriété ait été, comme le bruit en court, l'hôtel des archives de Louis XIII ; mais notre certitude est plus complète quant à la vente qu'en a faite Montaran, le 21 août 1793, à Tardieu de Maleyssie, un *ci-devant* : c'était alors une qualification ! Villeflix avait eu pour voisin Denis, trésorier général des bâtiments du roi, et Denis les Pomponne de Refuge, lesquels avaient pour successeur M. de Vougny, secrétaire des finances.

François **Le Juge**, intéressé dans les affaires du roi, s'est rendu acquéreur de deux maisons de notre rue en 1687, et il les a fait démolir, pour édifier un bel hôtel, qui appartenait sous Louis XVI au comte de Choiseul-Stainville, mais du chef de sa femme, Mlle de Clermont-d'Amboise. Mme la marquise d'Anglade en disposait il n'y a pas encore longtemps ; des plafonds peints par Lebrun ou Coypel, n'en sont pas moins l'ornement à présent du magasin d'un quincaillier, qui les aimerait mieux au Louvre. Il a fallu transformer en bureau un joli boudoir tout doré, inappris à tenir ses livres.

Président en la cour des Aides, Guy Sallier a reçu le 6 de M. de la Michodière, notre ancien prévôt des marchands. Comment a fini Guy Sallier? Interrogez à cet égard le nécrologe révolutionnaire à la date du 20 avril 1794. Les Sallier étaient de haute robe ; l'abbé Claude Sallier, un des leurs, avait été philologue distingué, l'un des quarante de l'Académie, et de plus professeur d'hébreu, garde de la Bibliothèque du roi. Mme la comtesse de Bullion, née de Gourgues, a pris possession, sous le règne de Louis-Philippe, de l'immeuble qui avait été au président.

Une ancienne construction a été rajeunie, vers l'an 1709, pour M. de Mongelas ; nous l'avons au n° 4. Le marquis de Vallières, lieutenant général, directeur général du génie et de l'artillerie, en faisait son hôtel un peu avant la prise de la Bastille. Bellard, procureur général, préparait là, sous la Restauration, dans son cabinet, au premier, les célèbres réquisitoires qui ont fait condamner et le maréchal Ney, et les quatre sergents de la Rochelle. L'immeuble d'à côté a été apporté au comte de Choiseul-Beaupré, inspecteur général de l'infanterie et menin du Dauphin, par sa première femme; M. de Choiseul l'a cédé à Thiroux d'Espersonne, maître des requêtes, duquel a hérité Thiroux d'Arconville, un président au parlement. De la même famille, qui a donné un intendant des postes et plusieurs fermiers généraux, est la propriétaire actuelle, Mlle Thiroux de Gervilliers, petite-nièce du lieutenant de police Thiroux de Crosne.

Pour donner comme la réplique à ces demeures de noble apparence, qui ne servent plus de théâtre à des scènes du grand répertoire, il y en avait vis-à-vis qui l'emportaient encore comme prestance. Soulevons donc de ce côté la toile, que l'industrie a fait tomber de même sur des hôtels qui ont changé de rôle depuis le drame si pathétique de la fin du siècle dernier.

Le plan même de Turgot, ou que du moins ce chef de nos édiles a fait graver sous ses auspices, nous fait seulement distinguer, dans cette rue du Grand-Chantier, une maison qui n'est pas du tout celle de la famille du prévôt. Faute d'indication nominale, il a fallu nous souvenir que Machault, contrôleur général et garde des sceaux, avait par là grand et petit hôtel, avec deux jardins à pièces d'eau, à belles allées de marronniers. Lefebvre de Monnant, en 1642, s'était défait de cette propriété en faveur de Machault, sieur d'Arnouville, père d'un conseiller d'Etat et grand-père du chancelier. Celui-ci, en mettant lui-même à la question Damiens le régicide, se montra plus bourreau que juge ; mais il commit en même temps une faute d'un autre genre, en croyant aux suites mortelles des blessures de Louis XV, et en faisant signifier un congé prématuré à Mme de Pompadour : la disgrâce de d'Argenson et de Machault vengea la favorite. Dans la rue dont nous vous parlons, le maréchal-de-camp Machault avait à son nom l'héritage, du vivant même de son père, qui était l'ancien chancelier, et qui fut arrêté à Rouen en 1794. Transféré aux Madelonnettes, le prisonnier mourut de consomption et privé de tous les secours. Une portion de l'ancien hôtel Machault appartenait au comte Dupont ; la Ville y mit la caisse de Poissy sous la Restauration.

M. Auger, le député, avait, après 1830, son appartement au n° 5, propriété, cinquante années avant, de la comtesse de Bussy. Un fronton, qui rehausse le 7, est d'une majesté presque royale, à laquelle ne prennent plus garde les artisans qui passent par dessous. *Culmen regale!* dirait Ovide. Le moyen de le tenir quitte, à moins qu'il ne nous donne un duc et pair ! En voici précisément un, qui est aussi évêque de Metz et premier aumônier du roi, membre de l'Académie française, avant la fin du règne de Louis XIV : Combault, duc de Coislin, a hérité de sa famille cet hôtel qui allait alors jusque sur la rue Pastourel. Lacurne de Sainte-Palaye, gentilhomme ordinaire du duc d'Orléans, le régent, l'a acquis de l'évêque de Metz. Or, ce Lacurne avait deux fils, frères siamois de ce temps-là, plus jumeaux et plus frères qu'on ne saurait le croire, tant ils montraient de dévouement et d'affection touchante l'un pour l'autre. Celui-ci avait de l'esprit, une vocation littéraire, et il fut de l'académie des Inscriptions et puis l'un des quarante. L'autre eut de l'ordre pour tous deux ; il renonça à la main d'une fiancée, qu'il avait peur d'aimer aux dépens de son propre frère, dont il voulait grossir encore la part au lieu de la lui mesurer. Ils héritèrent de leur père, plus que jamais inséparables : Lacurne gérait les affaires, qui étaient celles de tous deux, pendant que Sainte-Palaye, son frère, augmentant la réputation du nom qui leur était commun, publiait ses *Mémoires sur la chevalerie, sur les anciens romans français.* Lacurne ayant cessé de vivre, Sainte-Palaye ne traîna plus qu'une existence languissante ; ses écrits restaient manuscrits. La solitude réduisait le survivant, qui s'était cru l'aîné, à se sentir pupille sans tuteur. Quand son heure à son tour sonna, il ne répéta qu'à la terre l'adieu suprême que le prémourant n'avait voulu faire qu'à son frère. On dressa l'inventaire posthume de ses travaux : il y en avait bien pour deux !

LES ANCIENNES MAISONS

Des rues des Orfévres, de Gramont, du Mail, Neuve-des-Mathurins, des Moulins, de Luxembourg, de la Michodière et de la Ville-l'Evêque.

NOTICES FAISANT PARTIE DE L'OUVRAGE INTITULÉ :

LES ANCIENNES MAISONS DE PARIS SOUS NAPOLÉON III,

PAR M. LEFEUVE,

Monographies publiées par livraisons séparées, avec table de concordance à la fin de la publication.

RUE DES ORFÉVRES (1).

Dans la rue de la Ferronnerie, dont nous vous parlions l'autre jour, les marchands de ferraille ne font plus groupe comme au temps de saint Louis, mais on y voit encore des quincailliers, des marchands de jupons en acier, et surtout des passementiers. Or, la belle Ferronnière elle-même y vendait, au XVIe siècle, plus de ferrets, de boucles et d'aiguillettes, nous le croyons, que de loquets et de targettes. A ce compte, l'industrie locale s'est modifiée tout douce-

---

(1) **AVIS.** — *Les éditeurs des Anciennes Maisons de Paris ont l'honneur de prévenir MM. les souscripteurs qu'ils éprouvent des difficultés trop grandes à suivre l'ordre alphabétique des rues, comme ils ont cherché à le faire jusqu'à ce jour, sans même pouvoir y réussir entièrement. Les documents, qu'il faut tant de patience pour découvrir et réunir, arrivent sans suivre aucun ordre. Les collectionneurs de nos brochures sont avertis, en conséquence, qu'une table de concordance paraîtra à la fin de la publication.*

ment dans la rue de la Ferronnerie. Il n'en est pas de même
rue des Orfévres, où l'âge d'or n'est plus même l'âge de fer:
au lieu de métal, c'est le bois que tonneliers, menuisiers
y travaillent. On y déchiffre pourtant, n. 9, sur la porte
d'un tonnelier, le nom de *Thiau, marchand orphèvre*, qui
n'y était pas éloigné de la plupart de ses confrères.

Quant au quai des Orfévres, qui s'est beaucoup moins
démenti, nous vous avons déjà dit l'origine d'un certain
nombre de ses maisons dans la notice de la place Dauphine:
l'un des deux, quai ou place, était l'envers de l'autre.

Le cercle dans lequel rayonnait à Paris l'orfévrerie, bien
qu'il fût assez étendu, eut pour centre pendant quatre
siècles la petite rue, dite d'abord des Moines-de-Joie-en-Val,
et qu'on nomma ensuite des Deux-Portes, en même temps
que des Orfévres : nos pères avaient jugé prudent de la
mettre sous clef la nuit ! Le bureau des Orfévres, sixième
des corps marchands, s'y était établi dès 1399, dans un
hôtel des Trois-Degrés, vendu à la corporation par Roger
de la Poterne, orfévre, et sa femme Jeanne. L'artisan, ou
plutôt l'artiste, et le marchand étaient tout un, dans ce
sixième corps. L'apprentissage durait huit ans, et le nombre
des maîtres était limité à trois cents. Philippe de Valois,
lequel avait donné à la corporation ses armoiries, y avait
accolé une devise rappelant à la fois les deux grands buts
que se proposait l'art : l'ornementation des couronnes et
celle des vases sacrés. Au coin de la rue Jean-Lantier et de

la rue des Lavandières est encore visible cet écu des Orfévres, mais veuf de signes héraldiques. La chapelle Saint-Éloi, où ils faisaient dire leurs messes, n'était tout d'abord qu'en charpente; en 1550, elle fut refaite sur les dessins de Philibert Delorme, et on y admira jusqu'en 89 de belles figures de Germain Pilon : Moïse, Aaron, des apôtres. Les gardes en charge nommaient le chapelain, qui, autant que possible, devait être le fils d'un orfévre, les diacre, sous-diacre, etc. On retrouve rue des Orfévres, rue Jean-Lantier et rue des Lavandières, les bâtiments du bureau des Orfévres, sa chapelle et le lieu d'asile, hôtel des Invalides du corps d'état, où de toute origine étaient soignés les orfèvres indigents, quand ils étaient vieux ou malades.

La maison d'en face la chapelle, rue des Orfévres, appartenait aux Frères tailleurs, ainsi qu'une ou deux autres maisons se repliant de même rue Jean-Lantier. Cette dernière petite rue devait son nom, par corruption, à Jean Lointier, Parisien du XIIIe siècle, lequel y avait eu parmi ses héritiers un Philippe Lointier deux cents années plus tard. L'autre côté de la rue Jean-Lantier débouchait rue Bertin-Poirée par une maison au collége de la Marche; les Enfants-Trouvés y avaient une autre maison qui subsiste, vis-à-vis de celle des Orfévres. La rue des Lavandières, qui aujourd'hui encore voit passer tant de blanchisseuses, séparait également la confrérie marchande de deux propriétés à la marquise de Saint-Romand, et d'une maison à Bapst, orfévre. Aussi bien le bureau n'avait de mitoyenneté qu'avec le grenier à sel de la rue Saint-Germain l'Auxerrois, dont les bâtiments se revoient, à partir du n° 4 de la rue des Orfévres.

RUE DE GRAMONT.

Cet hôtel Manchester, que vous voyez à l'entrée de la rue, et la maison d'après étaient au roi, comme bureau des Aides et puis de l'Enregistrement. L'hôtel du Périgord, qui lui fait face, appartenait de même, comme immeuble, à M. de Lachevardière. La façade du 7, outre les masques lui servant d'ornement, portait les armes de M. de Méron. Sandrié de Montrecourt, qui disposait de la maison suivante, pouvait ne pas être le même qui a créé le passage Sandrié; seulement les n°s 8, 9, 10, 11, 12 et 14, paraissent avoir été bâtis sur le même plan et par le même entrepreneur.

Or il est vrai qu'en 1726 la maréchale duchesse de Gramont et le duc de Noailles, tous deux en qualité d'exécuteurs testamentaires du maréchal, ont obtenu la permission d'ouvrir deux rues, celles de Ménars et de Gramont, à la place de son hôtel, ouvrant rue Neuve-Saint-Augustin; mais ce dernier n'a été démoli qu'une quarantaine d'années plus tard, après avoir servi de résidence à quatre générations de Gramont ; le spéculateur Monnerot l'avait néanmoins possédé, et les lettres patentes de 1726 avaient été renouvelées en 1765, au nom de l'abbé Clément, comme adjudicataire. Par conséquent, les plus anciennes maisons ne sont pas encore séculaires dans la rue que nous sommes en train d'interroger.

La notice de la rue de Choiseul nous a déjà fait faire connaissance avec le 13, où fut longtemps connu un magasin de nouveautés, qui va chercher fortune ailleurs ; un nouveau document nous prouve qu'il fut l'hôtel du marquis de Chalabre, dont nous avons dit quelques mots. Parmi les habitants du 16, figura M. Dassenay, amateur de peinture qui habita aussi la rue des Fontaines-du-Temple : on remarquait surtout dans sa galerie des ouvrages de Rigault et de Largillière.

M. Bignan, ancien agent de change, frère du poëte de ce nom, occupe au n° 17 une maison où demeura longtemps une célébrité politique du dernier règne, M. Fulchiron, lequel y avait eu lui-même pour prédécesseur, sous Louis XVI, M. de Vernage. Celui-ci, bien qu'il fût alors propriétaire rue de Ménars, payait son loyer rue Gramont au sieur Lardant, à qui appartenait de même le n° 19.

Quel nom connu se rattachait au n° 21 de la même rue? Celui du marquis de Saint-Chamans, lieutenant général, gouverneur de Saint-Venant en Artois, grand-sénéchal d'épée de la province de Béarn, qui avait épousé la fille du marquis de Souvré. Au 23? Couture, architecte, n'avait pas un domicile autre, quand la mort de Constant d'Ivri, arrivée en 1777, le laissa seul à la tête des travaux de l'église de la Madeleine. Et au 25? Dame! on y rencontrait M. Berger, dont le neveu ou dont le fils a été préfet de la Seine.

Le Jockey-Club, depuis quelques années, s'est installé à l'encoignure du boulevard et de la rue Gramont. Le règne de Louis XVI a vu faire absolument la même chose à l'ambassade de Russie, lorsque le prince Bariatinski était ministre plénipotentiaire de la czarine Catherine II. Les almanachs royaux du temps désignent comme hôtel *Lévi* le siége de cette ambassade : le nom de la famille Levis, accolé dans l'histoire moderne à Mirepoix, se prononce en effet sans faire sonner l'*s*. Ses quartiers de noblesse remontent, à travers de brillants services, jusqu'à la tribu de Lévi, noblesse de l'Ancien-Testament, où elle fut alliée de près aux parents de la Sainte-Vierge. Dans un tableau du moyen âge, qui a décoré quelque temps une des pièces de l'hôtel, rue Gramont, le peintre avait représenté la mère de Dieu et un Lévis, qui toutefois lui ôtait son chapeau. La Sainte-Vierge lui disait, au moyen d'un cartouche : — Mon cousin, couvrez-vous. — Je n'en fais rien, répondait le parent ; mais c'est pour ma commodité.

RUE DU MAIL.

Voici le tableau des propriétaires de la rue, au milieu du règne de Louis XVI :

Côté des numéros impairs.	Côté des numéros pairs.
De Villarceaux.	De Broué.
La marquise d'Assi ou d'Arcy.	Ferrand.
Lenfant.	Trudaine.
Thuillier.	Vassé.
Cousin.	Mlle Beauvoisin.
Les PP. de la Doctrine chrétienne.	Caignard.
Langlois.	Les religieuses Ursulines.
Blondel.	Mme Marquise-Osne.
Vassor.	Cadet.
De Vertigny.	De Veaux.
Mme Roger.	Delorme.
De la Chesnaye.	Brochet.
Neveu.	Mme de Franne.
De Lamotte.	Quatremer.

> Églé, belle et poëte, a deux petits travers :
> Elle fait son visage et ne fait pas ses vers.

Lebrun, auteur de ce distique, avait en vue Mme Fanny de Beauharnais, parente par alliance du premier mari de l'impératrice Joséphine; elle publia des *Poésies*, et son fils Claude fut pair de France dans les premières années de la Restauration. Mme Fanny de Beauharnais, puisqu'elle a reçu, rue du Mail, près des Petits-Pères, des visites de

Dorat, de Cubières et d'autres beaux-esprits, très-probablement habita l'hôtel des Villarceaux, famille ministérielle, dont les mascarons datent évidemment du même siècle que la rue. Celle-ci fut ouverte en 1634, à la place d'un mail longeant les remparts de la ville à partir de la porte Montmartre ; on appelait *mail* un jeu qui commençait à ne plus être du goût des Parisiens, et le lieu même où il se jouait.

La marquise d'Assi, qui était-ce ? Une famille du Berri, audit nom, avait dû faire ses preuves de noblesse, puisque Mlle Anne-Rose d'Assi avait été reçue à Saint-Cyr, le 24 décembre 1695. Mais il y avait eu plus récemment un Gouy, marquis d'Arcy, maréchal de camp ; et les titres manuscrits auxquels nous recourons souvent ont une façon d'écrire les noms propres qui laisse beaucoup d'incertitudes. Nous avons lu *marquise Dassie*, sur le terrier de l'archevêché de Paris, d'où relevaient presque toutes les maisons de la rue du Mail. La propriété dont s'agit avait été, dans le principe, à un Colbert ; dans notre siècle, Aguado l'occupa. Elle en forme deux aujourd'hui : n° 3, n° 5. Cette dernière, dont la porte est décorée d'un mascaron énorme, fut aussi le bureau d'un journal important, le *Temps*, sous le règne de Louis-Philippe.

Les trois maisons qui suivent en formaient deux ; un architecte du roi en fut l'auteur. Les Pères de la Doctrine chrétienne, établis montagne Sainte-Geneviève, avaient pour locataire ou pour prédécesseur, n° 13, un trésorier de France, et maintenaient un parc à cochons sur l'aile droite de la propriété. Erard, le facteur de pianos, se défit de ce voisinage peu harmonieux et de mauvaise odeur, pour donner de très-beaux concerts, dans la salle qui portait son nom, entre la grande révolution et la révolution de Février ; la *Parisienne*, chant de 1830, n'avait pas couvert ses accords. Des coquilles sculptées s'enfilent, formant collier, entre un premier et un second étage, au 21 et au 23, qui furent la résidence du comte de Villars, peut-être même du maréchal son frère, et qui passèrent ensuite à Mme Roger, transformés en hôtel garni, avec un établissement de bains : il y avait déjà, au milieu du xviiie siècle, plusieurs hôtelleries rue du Mail.

Le 27 a reçu aussi des voyageurs, en qualité d'hôtel de Mars, tenu il n'y a pas longtemps par Mme Labédoyère, veuve du colonel dont la mémoire lui a valu, sous le second empire, le paiement d'une dette posthume, mais sacrée, du premier empire. Dans le principe, c'était l'hôtel Deschiens, du chef d'un financier, Lacour-Deschiens : mauvais nom, bonne signature!

Les Quatremer pareillement appartenaient à la finance ; seulement leur hôtel était rue du Bouloi, avant 89, et ils se gardaient d'habiter les maisons à petite porte qui répondent dans notre rue aux chiffres impairs les plus hauts. Sur le plan de Paris en 1739, des boutiques sont déjà visibles du côté de la rue Montmartre, dans celle dont nous parlons ; le commerce y paraît épier, pour s'installer moins à l'étroit, le moment où les belles façades de la rue permettront à des écriteaux de s'accrocher aux reliefs de l'architecture. Une partie de ces ornements sont justement dus au ciseau de Vassé père, de Vassé fils, que nous avons cités plus haut comme propriétaires dans la rue.

Mme Récamier, lorsqu'elle demeurait rue du Mail, dans un des immeubles en regard de celui d'Erard, était dans tout l'éclat de sa beauté; la Célimène du Directoire n'a reçu ses visites que postérieurement dans un plus vaste hôtel de la rue de la Chaussée-d'Antin.

Ne nous étonnons pas d'y voir nager, à quelques trente années de là, une jolie fille ainsi qu'entre deux eaux, au n° 16 de la rue, dans le courant des hôtels qu'un Trudaine ne dédaigne pas d'occuper, et au milieu d'une marée montante de transactions multipliées, de compromis et de fusion, dont le bouillonnement se fait sentir dans les plaisirs comme dans les affaires. La demoiselle Testart n'est pas la seule qui fasse alors lever la tête à des passants, lorsqu'elle se met à la fenêtre ; mais elle est d'autant plus en vue que le duc de Duras l'a prise pour maîtresse. Et à qui le sacrifie-t-elle? A maître Clos, un procureur, dont l'état est des moins galants, mais qui, par un raffinement d'habileté et d'habitude, fait mentir jusqu'à son état. Clos ne craint pas de la mener aux secondes, en pleine Comédie-Française, à la barbe de tous les ducs, et M. de Duras l'y voit. Mlle Testart n'est plus quittée d'une semelle par ce procureur amoureux, qui se conduit plus lestement qu'un clerc, sans gêne comme un prince du sang. Si le coureur du duc frappe à la porte, c'est le rival qui vient ouvrir, qui apprend l'heure de la visite du maître, et il se sauve avec la belle qu'il enferme dans son étude, avant l'arrivée du carrosse.

Berthaut, architecte du Palais-Royal, a édifié le 12, qui appartient encore à sa famille, et où Talma a séjourné. On ajoute que, dans sa jeunesse, Napoléon y demeurait en même temps que le grand tragédien; nous sommes loin d'y contredire, si la maison en ce temps-là se reliait à l'hôtel qui la touche par derrière, et où le futur empereur a eu sa chambre, comme nous l'avons vu dans la rue des Fossés-Montmartre.

Les mansardes du 10, superbe construction, le font remonter à l'époque de l'ouverture de la voie; le 8 et le 6, qui plus est, où des glaces fort bien sculptées décorent le vaste salon d'une table d'hôte à bon marché, ont à coup sûr fait corps avec le 10. On affirme, par tradition, que Mme de Pompadour a reposé sous cet immense toit; on parle même de Ninon. Nous n'y voyons aucun inconvénient. Au reste, le marteau de la démolition est aux prises, quant à présent, avec la maison du milieu ; bientôt il ne subsistera plus, par conséquent, que les deux ailes de ce grand logis.

RUE NEUVE-DES-MATHURINS.

Lagrange. — Tristan l'Ermite. — Le marquis de Beauharnais. — La princesse de Bauffremont. — Brunc. — Mme Dumanoir. — M. de Noë. — Le prince de la Paix.

Le comte Lagrange, lieutenant général, eut pour hôtel, sous la Restauration, le 98 de cette rue : il mourut pair de France en 1836. Le roi Jérôme, en Westphalie, avait eu le comte Lagrange pour ministre de la guerre.

Tristan l'Ermite, grand prévôt de Louis XI, a-t-il laissé à deux branches d'héritiers sa fortune et jusqu'à son nom à partager ? Il y avait en tout cas, sous Louis XVI, entre la rue de la Ferme et celle de la Madeleine, deux habitations contiguës, payant cens à l'archevêché : l'une au nom de Tristan, l'autre au nom de l'Ermite. Le n° 96, que l'amiral Baudin a plus récemment habité, et qui, pendant un certain temps, ne faisait qu'un avec le 94, peut être sûr d'avoir appartenu aux descendants ou homonymes de l'ancien compère justicier, ou pour le moins à l'un des deux.

Au même temps, le 86 était à François de Beauharnais, que ses états de service dans la marine avaient fait major des armées navales en 1754, gouverneur et lieutenant général à la Martinique, d'où il avait renvoyé les Anglais, et aux îles de la Guadeloupe, de la Grenade, de Saint-Vincent, de Cayenne, etc., le tout par provisions du 1er novembre 1756, et qui enfin, huit ans après, avait été nommé chef d'escadre des armées navales. Cet officier général obtenait ensuite l'érection de sa terre de Laferté-Aurain en marquisat, sous le nom de Laferté-Beauharnais. Il avait épousé sa cousine germaine, née Pivart de Chastullé, et il en avait eu plusieurs enfants, notamment Alexandre, vicomte de Beauharnais, né à la Martinique, époux de Joséphine de la Pagerie, plus tard impératrice. On trouverait encore, dans la maison dont nous parlons, son écriteau d'*Hôtel de Beauharnois*. Le corps de logis du milieu n'était qu'entre cour et jardin. La seconde femme du comte de Choiseul-Gouffier, ambassadeur, savant nomade et académicien, l'occupait au temps de l'Empire; elle faisait hôtel et nom à part, car on l'appela toute sa vie princesse Hélène de Bauffremont. Dérogation en sens contraire avait été faite à l'usage en premières noces, sous le rapport du nom : M. de Choiseul avait pris celui de sa femme, née Gouffier, resté inséparable du sien. Mme de Saulx-Tavannes, qui se trouvait enfant du premier lit, a écrit un roman sous ce titre : *Le Père et la Fille;* elle en avait réalisé un autre en mariant elle-même son père avec son amie, la princesse. La belle-mère n'était pas marâtre. La bonne intelligence n'eut jamais le temps de se rompre entre la princesse et le comte : ils se rendaient ensemble aux eaux d'Aix-la-Chapelle, très-peu de temps avant la mort de M. de Choiseul-Gouffier.

Au 76 et au 74 a vécu le maréchal Brune, qui avait été

imprimeur et journaliste au début d'une carrière dont le terme a été avancé par un crime, lors de la réaction royaliste de 1815. Néanmoins son épée, sur laquelle Danton avait compté avant Napoléon, était rentrée dans le fourreau au milieu même de l'Empire, bien qu'elle eût porté aux honneurs, sous ce régime purement militaire, le soldat de la République. La première restauration trouvait Brune presque dégagé vis-à-vis de Napoléon; il a donc été faire sa cour à Louis XVIII, qui l'a bien accueilli. L'ambassadeur d'Espagne, prince de Masserano, était alors le cicérone du maréchal aux Tuileries : cet étranger connaissait mieux que lui les courtisans, même ceux du pouvoir déchu qui assistaient au petit-lever de l'autre.

Le 72, qui par derrière date du siècle précédent, le 70, qui a été refait, ou le 66, leur voisin, fut l'habitation à Paris de Noë, maire de Bordeaux, chambellan du duc d'Orléans, mari de Mlle Flavie de Cohorn de la Palun. Cette dernière qualité put susciter au maire de Bordeaux une querelle d'Allemand qui lui fut faite, pendant la lune de miel, par le vieux maréchal de Richelieu, gouverneur de la Guienne pour le roi. M. de Noë fut assigné, « pour avoir violé sa consigne au « spectacle de Bordeaux, » devant le tribunal du point d'honneur, qui siégeait à Paris, et Richelieu suivit l'affaire.

Les terrains faisant face, entre les rues de l'Arcade et Caumartin, appartenaient avant 89 à la duchesse de Béthune, baronne d'Ancenis. Mais les pères Mathurins avaient été précédemment propriétaires de presque tout le sol. En 1792, seulement, la rue fut prolongée entre la rue de l'Arcade et la rue de la Madeleine, sur le territoire du couvent des dames de la Ville-l'Evêque.

Mme Pinel du Manoir, qui demeurait à l'angle de la rue Caumartin, côté des numéros impairs, était la femme d'un colonel des milices de la Guadeloupe, et leur fille avait épousé en 1773 le vicomte de Saint-Chamans, colonel du régiment de La Fère. Nous sommes loin de croire étranger à cette famille le spirituel auteur qui signe, de nos jours, ses comédies du nom de Dumanoir.

Au centre de la rue actuelle sont encore des maisons de la fin de l'ancien régime : il y en avait deux à M. de Montessuy, deux à M. de Laferté, et le carrossier Rouconnières était locataire de l'une d'elles. Ce Laferté, pour son malheur, était probablement M. Papillon de Laferté, intendant des menus-plaisirs, guillotiné le 19 messidor an II, à l'âge de 64 ans : il avait écrit sur la peinture, l'architecture et la géographie. Le marquis Ferron de la Ferronnays, colonel, puis brigadier des armées du roi, commandant à Saint-Domingue, avait ramené, lui aussi, dans cette rue des Mathurins, une créole de Longane, sa femme : son hôtel porte le n° 38 et a été, depuis, la résidence de la famille d'Alogny. Le 32, s'il vous plaît, était l'habitation de Veymeranges, fermier général, époux de Mlle de Ligneville, princesse de Lorraine, qui le faisait beau-frère d'Helvétius.

Mlle Le Peletier de Martainville disposait, elle, du 33, lequel fut plus connu comme hôtel Le Peletier-d'Aunay ; sa propriété, du côté du passage Sandrié, touchait à celle de Sandrié lui-même, qui n'a pas encore disparu. Le prince de la Paix a longtemps demeuré dans l'ancienne maison Le Peletier. Don Manuel Godoï, duc d'Acudia, prince de la Paix, avait été, comme premier ministre, l'adversaire politique de l'empereur Napoléon, qui pourtant, en 1808, pour le soustraire aux rancunes espagnoles, le fit tirer de sa prison. Sa maison de Paris n'avait plus la magnificence de son beau palais de Madrid ; mais il se ménageait aussi à Rome un pied-à-terre de consolation : il continuait à jouir de la confiance de Charles IV, et que n'espérait pas Napoléon de son influence sur ce prince ! L'ancien ministre du roi d'Espagne avait contracté un premier mariage avec une princesse de Bourbon, qui avait obtenu une pension sur ses biens confisqués. Il restait à Godoï, en outre, cinq millions de piastres lorsqu'elle cessa de vivre. Le train qu'il menait à Paris eût été défrayé à beaucoup moins : il ne voyait presque personne.

RUE DES MOULINS.

La Butte. — L'abbé de l'Épée. — L'avocat de Louis XVI. — Le baron d'Holbach. — L'inventeur des chapeaux de soie.

La rue dont nous allons parler, déjà bordée de constructions en l'année 1624, n'allait que de la rue de l'Evêque à la rue Thérèse; elle n'a absorbé qu'en 1793 la rue Royale, dite d'abord rue Neuve-de-Richelieu, qui la fait déboucher rue Neuve-des-Petits-Champs. La butte des Moulins, qui a donné son nom à une section, royaliste au 13 vendémiaire, passe pour avoir été produite par les déblais des fossés du rempart. Tous les ouvrages sur Paris vous diront que dès moulins ont fait tourner leurs ailes au-dessus de ce monticule artificiel; néanmoins, le plan de Gomboust, loin de nous montrer ces moulins au point culminant de la butte, les place sur le territoire abaissé pour la rue Neuve-des-Petits-Champs. A vrai dire, cette élévation a surtout cessé de paraître, grâce à celle du sol, dans les nouveaux quartiers environnants : le jardin du Palais-Royal et le jardin des Tuileries nous en donnent encore le niveau antérieur. Lorsqu'elle servait de marché aux pourceaux, c'était à peine une colline, mais elle tenait plus de place, un Montmartre en diminutif et sous la main, dont les moulins éventaient le dimanche des badauds prenant leurs ébats d'où la vue s'étendait librement sur un horizon de collines plus élevées, tout à fait verdoyantes. Jeanne d'Arc s'y est postée en 1429, quand les Anglais tenaient Paris; les ducs d'Alençon, de Vendôme et tant d'autres, ses compagnons d'armes, ont pu revoir au mieux les tours du Louvre, et la meilleure envie leur est venue, le 8 septembre, de pardonner au nom du roi, si la ville leur ouvrait la porte Saint-Honoré. Mais un trait d'arbalète a blessé Jeanne d'Arc, et les soldats de Charles VII sont allés en rejoindre d'autres près de la Loire.

Sous Louis XV, la rue des Moulins n'était pas dépourvue de boutiques, mais il en manquait rue Royale. Sous le règne suivant, voici à quels noms répondaient les maisons principales de l'une et l'autre rues :

Le chevalier de Saint-Lambert avait ce même n° 11 qui fait le coin de la rue des Moineaux, et dont les œils-de-bœuf restent braqués sur les maisons d'en face à petites portes, ou bien ce grand n° 11, qui se replie jusque sur la rue Ventadour.

Le n° 14 appartenait à l'abbé de l'Epée, et il y commença l'institution donnant l'instruction aux sourds-muets. Un nommé Péreire, il est vrai, avait déjà imaginé un moyen d'enseignement spécial, mais il avait le tort de n'en rien faire; il en voulut à l'abbé de l'Epée de ce qu'il expérimentât des découvertes analogues au profit de l'humanité. Les ressources pécuniaires de cet homme d'initiative étaient bornées à 7,000 livres de rente; mais le duc de Penthièvre et d'autres l'aidèrent à fonder une science, un établissement d'utilité publique ; l'empereur Joseph II, pendant son séjour à Paris, assista plusieurs fois, dans la rue des Moulins, aux leçons de l'instituteur.

Mme Marguerite Hébert, épouse séparée de biens du sieur Dufour, disposait du n° 15, dont la cour magistrale mène à un escalier à rampe de fer. Cet hôtel est sans doute le doyen de la rue. Le père de Mme Dufour s'en était rendu adjudicataire en 1758, sur licitation poursuivie entre les héritiers et représentants de Marie-Jeanne Varlet, épouse en secondes noces de Louis Gluck d'Epreville. Valleton en fut l'acquéreur en 1790, et Jumel deux années après ; celui-ci vendit, dès l'an III, à Mme veuve Raymond de Saint-Sauveur, qu'un sentiment de gratitude a portée, comme royaliste, à léguer son immeuble à l'avocat Desèze, défenseur de Louis XVI, et à M. de Belletrux, plus tard garde-du-corps de Louis XVIII. D'anciens ministres y ont l'un après l'autre occupé des appartements : MM. Mérilhou, Corvetto, et il y reste encore M. Sénard.

Le 17 n'est qu'une des façades d'une maison qui donne aussi rue Thérèse et rue Ventadour, et qui appartenait à Laideguive, d'une famille de notaires. De ce côté, la rue Thérèse et l'autre, dans sa totalité, ne forment à elles deux qu'un bras de rue. Le garde-notes y avait des voisins, porteurs de noms appétissants pour leur contemporain

d'Hozier, le généalogiste de la cour : le marquis Brunet d'E-
vry, la baronne de Montmorency, le marquis de Ferrand,
M. de Saint-Wast, M. de Mesgrigny. Dans notre rue, la
maison qui suivait avait pour possesseur M. d'Embrun ;
celle d'après, le comte de Gouy d'Arcy, 19 et 21 à l'heure
qu'il est.

Vous lisez vis-à-vis : *Hôtel de la Côte-d'Or*, sur la porte
d'un petit hôtel qui avait communication avec un autre
rue Sainte-Anne ; ils furent tous deux habités par le fameux
baron d'Holbach. On sait que cet amphytrion de la philosophie recevait à sa table ceux que Mme Geoffrin trouvait
trop avancés pour les admettre à la sienne. D'Holbach passe
encore pour l'auteur d'un grand nombre d'écrits ultra-phi-
losophiques, publiés sous le voile de l'anonyme et du pseudonyme. La liberté dont il jouissait prouve que le gouvernement d'alors faisait plus que de tolérer, et qu'on
autorisait tacitement ses publications si hardies, pour servir comme de contre-poids à l'influence prépondérante du
clergé.

Le n° 24, où demeurait la présidente de Bussy, jouait le
rôle de trait d'union entre la salle à manger de l'*Encyclopédie* et une maison infiniment moins raisonneuse.

Déjà, quelques années avant, Mlle Daigremont y avait mené
un grand train ; elle était signalée comme l'amie intime de
Prévost, premier inventeur des chapeaux de soie. Plus en
grand l'hospitalité a été exercée, depuis, par la proprié-

taire actuelle de l'immeuble. Mme Guérin passe également pour avoir fait fortune dans la maison, sans la laisser déchoir d'une élégance qui paraissait de bonne compagnie. Ses salons encore sont ouverts, à peu près comme de son temps, si l'on peut appeler ainsi ceux où l'on entre sans ôter son chapeau.

RUE DE LUXEMBOURG.

N{os} 9, 19, 21, 23, 25, 26, 27, 28, 29, 31, 36, 37, 38, 41, 43, 49.

Le maréchal de Luxembourg a rendu le dernier soupir, le 4 Janvier 1691, à Versailles. Son hôtel était contigu à la maison des Filles de la Conception, du tiers-ordre de Saint-François, établies rue Saint-Honoré, vis-à-vis de la communauté de l'Assomption, en l'année 1634. L'architecte Leduc avait déjà l'hôtel, quand l'ouverture d'une rue a été décidée sur son emplacement, en vertu de lettres patentes enregistrées au parlement en 1722.

La rue a commencé tout de suite à se border d'hôtels à mascarons; mais encore plus de murs que de façades y étaient indiqués sur le plan de Turgot. Voici le recencement des propriétaires de la rue pour 1757, eu égard tant aux constructions qu'aux jardins et places à bâtir :

𝔇𝔯𝔬𝔦𝔱𝔢. — D'Herbecourt ; Le Corps, charron ; de Tavenot ; la Chancellerie ; de Tugny ; *Mme de Pontchartrain ; de Castanier ; Mme Desvieux.*

𝔊𝔞𝔲𝔠𝔥𝔢. — De Launay ; de Croixmare ; Chomel ; Germain ; Langiboust ; veuve Rousseau ; de l'Epée ; de Bouvard ; Housseau ; Mme de Villemur ; de la Live ; *Mme de Pontchartrain ; de Launay ; Hatte ; de la Live.*

Les noms propres en italique s'appliquent à deux lots indivis aux deux extrémités de la rue.

Sous le règne suivant, Mme de Watteville était propriétaire de deux maisons pareilles au coin du boulevard, et le marquis de Toulongeon, d'une autre maison moins considérable. M. de Bronville, au contraire, percevait le loyer du grand hôtel Villequier-d'Aumont (n°s 49 et 47). Le duc de Villequier, gentilhomme de la chambre et gouverneur du Boulonnais, en survivance du duc d'Aumont, son père, était veuf de la fille du marquis de Courtanvau, dame d'honneur de Mesdames.

M. Hatte, fermier-général, disposait du 43, avant son gendre, le marquis de Girardin, grand-veneur de Louis XVI. L'hospitalité qu'a offerte ce dernier à Jean-Jacques Rousseau, dans sa propriété d'Ermenonville, l'a convié lui-même en retour à ce banquet d'estime et de reconnaissance, que la prospérité aime à servir aux protecteurs des hommes de génie. De nos jours, M. de Janzé a voué un culte intelligent à la science des curiosités, dans l'ancien hôtel Girardin.

De l'autre côté de la rue, il y avait encore deux maisons à Mme de Watteville, qui ont fait place à d'autres. Le 34, qui a tenu bon, était le derrière de l'hôtel de Béthune, ouvrant place Vendôme, et maintenant hôtel Schikler. Le jardin de l'hôtel de la Chancellerie remplit encore les numéros suivants; mais, sous l'ancienne monarchie, il absorbait aussi les dépendances qui donnent une sortie sur notre rue à l'hôtel de l'Etat-Major de la 1re division militaire. Parmi les ordres partant de là, pour être distribués sur tous les points de la circonscription, il en est un qui nous regarde. Du moins il entre pour beaucoup dans ce qui nous oblige à redoubler de zèle, de savoir l'intérêt que prend le maréchal Magnan à nos recherches historiques, sur la ville qui lui doit une sécurité dont l'histoire offre peu d'exemples.

M. de la Live de Bellegarde, fermier général, est celui qui a spéculé, dans le principe, sur des terrains de notre rue. Quelqu'un des siens, si ce n'est pas lui, a disposé du 41, du 39, qui ont appartenu dans notre siècle à la famille de Casimir Périer, et maintenant à M. Barillon, député sous le dernier règne. Le duc d'Escars, qui était attaché à la maison du comte de Provence, était chez soi au n° 37. Le comte de Brienne, lieutenant général, frère du cardinal de Loménie, devint ministre de la guerre en 1787 : il avait une des maisons qui séparaient M. de Brienne d'un architecte, frère de l'abbé de l'Épée, propriétaire du 31. Au n° 29, placez Gailley; au n° 27, Langiboust; au n° 25,

Grandhomme; au n° 23, Chomel, notaire; au n° 21, un comte Du Luc, autant vaut dire un Vintimille; au n° 19, M. de Launac, et vous aurez, en reculant d'un siècle moins une vingtaine d'années, gagné la rue Saint-Honoré.

Ce M. Chomel susnommé était probablement proche parent des Chomel, médecins dont la dynastie n'a pas cessé de régner à Paris sur les catharres, les fièvres et la goutte. Il possédait encore deux maisons à côté de la Chancellerie : le 26 nous en est resté.

Les consuls, par un arrêté du 1er floreal an x, ont ouvert la rue Mondovi, une section de la rue Mont-Thabor et une rue Neuve-de-Luxembourg, sur le territoire confisqué des ci-devant dames de l'Assomption, communauté établie là par le cardinal François de La Rochefoucault en 1632. Qu'en reste-t-il à notre époque? D'abord l'église de l'Assomption, élevée au xviie siècle sur les dessins de Charles Erard. Il subsiste, en outre, un hôtel qu'avaient acquis les religieuses, et des constructions ajoutées successivement à l'édifice, qui a servi de quartier aux Cent-Suisses, à la garde municipale, etc., et qui s'est transformé enfin en un dépôt du matériel et des archives du ministère des finances. On y admire à juste titre un escalier à balustres de pierre et la balustrade en fer d'une terrasse, qui doivent être du xvie siècle.

La rue Neuve-de-Luxembourg n'est plus que le commencement de la rue dont l'histoire s'arrête où nous voici.

RUE DE LA MICHODIÈRE.

Le prévôt des marchands. — La particule nobiliaire. — Le prince de Deux-Ponts. — Mme de Lannoy. — L'hôtel d'Armenonville.

M. Edouard Fournier, dans la *Patrie*, a reproché l'année dernière à l'édilité parisienne d'avoir écrit de deux manières le nom que porte cette rue, sur les estampilles officielles chargées d'indiquer aux passants où elle commence, où elle finit. Notre confrère connaît son vieux Paris, et nous n'en sommes que plus flatté d'avoir en lui un lecteur assidu, parfaitement capable d'apprécier l'étendue des difficultés que présente le travail de recherches qui nous occupe au jour le jour. M. le préfet de la Seine et la plupart de nos édiles nous font aussi l'honneur de suivre nos études rétrospectives sur la ville à laquelle ils ôtent infiniment moins qu'ils n'ajoutent. A plus forte raison se lit la *Patrie* à l'Hôtel-de-Ville ; on y a pris en considération l'observation de M. Edouard Fournier, et, pour obéir à la loi de l'uniformité, chaque écriteau municipal porte aujourd'hui : *De la Michodière* en trois mots.

A notre tour, risquons une critique. Ne vaudrait-il pas mieux qu'on adoptât la manière d'écrire du parrain lui-même de la rue ? Il était prévôt des marchands lorsqu'elle s'est fait jour en passant sur le corps à l'hôtel de Deux-

Ponts, en 1778 ; la terre d'Hauteville, en Champagne, qui venait de sa mère, avait été pour lui érigée en comté vingt-sept années avant, et d'autre part il avait epousé la fille de Luthier de Saint-Martin, maître des comptes ; mais aucune de ces circonstances n'avait modifié sa signature.

Nous l'avons vue au bas de plusieurs titres, et elle n'était pas du tout *De la Michodière* en trois mots, encore moins *De Lamichodière* avec une seule particule ; le prévôt des marchands écrivait donc d'un trait et sans espace *Delamichodière*, voilà tout. La particule nobiliaire, au surplus, n'avait aucun sens, lorsqu'elle ne servait pas de trait d'union entre le nom patronymique et un titre, ne fût-ce que d'une seigneurie. Le nom de lieu a servi si souvent à distinguer les membres l'un de l'autre, dans une famille nombreuse, qu'il est impossible aujourd'hui de savoir d'où viennent les *de ;* il ne s'en trouve plus un sur vingt qui ait été synonyme de *messire*. L'état civil du *de* est introuvable, dans les titres de l'ancien régime, et constitue près des noms propres un véritable solécisme, quand ils ne sont pas noms de lieu. MM. d'Arthur, de Mathieu, de Durand, du Tremplin, de l'Escarpolette, ainsi s'appellent à merveille les personnages d'une comédie ; on voit pourtant, de par le monde, bien des dames qui sont fort heureuses de partager des noms pareils, qu'elles croient d'ancienne extraction.

Le premier pavé de la rue a été établi aux frais des héritiers de Christian IV, comte palatin, duc de Deux-Ponts, dont le nom retentit encore dans la chronique galante de son temps. La Gourdan, à ce qu'il paraît, avait été à Paris le ministre des amours du prince étranger, et ce dernier lui avait donné l'ordre, un jour qu'il devait s'absenter, de placer jusqu'à son retour à Sainte-Périnne la demoiselle Lillier, dont il était le protecteur. Cette jeune femme avait pris au couvent des maîtres dont les leçons coûtaient 144 livres par mois, outre les 500 livres par an de la pension. Christian IV, étant mort sans en régler le compte, les héritiers avaient dû ajouter à la dépense du pavé le mémoire de la femme Gourdan. Aussi bien, l'hôtel de Deux-Ponts, antérieurement hôtel de Chamillart, se trouvait contigu, rue Neuve-Saint-Augustin, à l'hôtel Richelieu, précédemment d'Antin, bâti dans le principe pour Lacour-Deschiens, financier. Mais il n'y avait pas que les appartements du prince et de la princesse, dans le local considérable où ils ne craignaient pas d'admettre plusieurs locataires étrangers.

Quand la voie fut livrée à la circulation, M. de Richelieu était propriétaire unique sur la rive gauche ; son jardin restait suspendu à plusieurs pieds du niveau de la rue, qu'il bordait en grande partie. Quatre maisons étaient pourtant debout, du côté de la place Gaillon ; l'une d'elles, peu après la mort du maréchal, fut occupée par deux nouveaux époux, venus des Flandres pour passer l'hiver à

Paris : c'était le comte de Lannoy et sa femme, née comtesse de Coswaren. Musicienne pour son plaisir, la comtesse était loin de prévoir en ce temps-là que des révolutions et des procès la réduiraient à se réfugier à Berlin, sans autre moyen d'existence que les leçons de piano qu'elle donnait : elle publia dans cette ville des sonates pour le clavecin, d'autres morceaux de sa composition. L'infortunée comtesse était plus pauvre encore lorsqu'elle revint à Paris; elle n'y trouva rien de mieux que des bouts de rôle à jouer, avec ses filles, au théâtre de la Porte-Saint-Martin. La maison dont nous vous parlons est à présent l'hôtel Molière, que tient Mlle Maxime, lasse elle-même du théâtre, après avoir joué du Racine, du Corneille, et non sans éclat, à l'Odéon, puis à la Comédie-Française. Pauvre Mme de Lannoy !

Il y a environ six ans que Mme Montgolfier, veuve de l'aéronaute, est morte, à l'âge de cent quatre ans, rue de la Michodière, n° 4. Mme Boulanger, de l'Opéra-Comique, a eu longtemps un autre appartement dans cette propriété, qui date de l'origine de la rue.

Le président d'Armenonville, qui était de la même famille que le garde des sceaux Fleuriau d'Armenonville, demeurait au n° 8, vers le milieu du règne de Louis XVI. Entre le président et M. Flandin, sénateur, maintenant propriétaire de l'immeuble, il y a eu place notamment pour M. le comte de Breteuil. On a conservé l'habitude d'y avoir le logis seigneurial de la rue de la Michodière ; dans le quartier, on croit donc fermement que l'ancien prévôt des marchands y occupait l'appartement de M. Lambert de Sainte-Croix, ou celui de M. Billault, conseiller général du département de la Seine : sur ce le quartier se mécompte.

M. de Montigny était propriétaire au coin de la rue de Hanôvre, qui n'était alors qu'une impasse. La duchesse de Deux-Ponts, mère du roi Max de Bavière, disposait du n° 20 et d'une autre propriété que faisait remarquer naguère l'établissement des Bains chinois, dont l'aspect si original décorait bien le coin du boulevard.

RUE DE LA VILLE-LÉVÈQUE.

S. E. l'archevêque de Paris, qui honore de sa souscription le présent recueil de notices, est ici sur un territoire qui a appartenu à ses prédécesseurs ; les évêques de Paris en avaient pourtant déjà inféodé, avant le XIII° siècle, certaines portions, aussi bien que quelques-uns de leurs droits, moyennant un redevance seigneuriale. Un notable bourgeois y disposait sous Charles VI, d'un grand logis que le roi d'Angleterre, durant l'occupation anglaise, lui retira afin d'en gratifier son propre chancelier, lequel avait nom Jean Le Clerc. Les évêques, puis les archevêques ont conservé sous leur censive, jusqu'à la grande révolution, la plupart des maisons que nous revoyons dans la rue. Les noms correspondant à ces propriétés, sur *l'Atlas des plans de la censive de l'archevêque deParis, commencé sous l'archiépiscopat de monseigneur de Beaumont, par Rittmann et Junié, et terminé par ordre de monseigneur Antoine-Eléonor-Léon Le Clerc de Juigné, archevêque de Paris, duc de Saint-Cloud, pair de France, par Junié, son ingénieur-géographe*, sont les noms suivants :

Droite. — Les religieuses de la Ville-l'Évêque; église, presbytère et cimetière de la Madeleine; la fabrique de la Madeleine; Le Clerc; Trudon; Colin de Coligny; Gérard; Alexandre; Louvet; Froment; de Marbeuf; Crépin; héritiers Du Belloy; Langiboust Dupin; de Francueil; Vassé; Drouet; Houdon; Froment; Glinet; Ligué.

Gauche. — Milon Dayré; d'Espagnac; école de charité de la Ville-l'Évêque; d'Auvray; Chevenny de la Chapelle; Buret; Corbelin; de Surgères; Chéron; Delaborde; Camus; de Castellan; Cretey; Mme Helanchouan.

Les bénédictines de la Ville-l'Evêque devaient leur établissement donnant en face de la rue qui porte ce nom, et puis longeant la rue de la Madeleine, à Catherine d'Orléans-Longueville et à Marguerite d'Orléans-d'Estouteville, sa sœur, qui y avaient placé, pour commencer, dix religieuses de l'abbaye de Montmartre. Bien que l'église actuelle de la Madeleine fût déjà commencée quand le diocèse de Paris avait M. de Beaumont pour chef, il n'est pas question d'elle dans le recensement que nous avons fait ci-dessus : ses colonnes se trouvaient encore sans chapiteaux quand la Révolution vint y interrompre des travaux qui n'avaient suivi jusque-là qu'une marche déjà très-lente. Une autre église, sous le même vocable, avait été fondée comme chapelle par Charles VIII; celle-là était une annexe, pour le faubourg Saint-Honoré, de l'église Saint-Germain-l'Auxerrois.

Parmi les noms propres qui figurent dans ladite nomenclature, se distingue celui du marquis de Marbeuf, neveu du gouverneur de l'île de Corse, et dont la femme était la sœur de la marquise de Lévis. Son hôtel devait être le 30. Au 26 est celui du maréchal Suchet, à la porte duquel s'arrêtaient souvent les passants, pour entendre chanter les vêpres en fausset par des perroquets, que Suchet avait fait dresser à cet exercice. Le banquier Bartholdi a acheté de Suchet. Deux escaliers à balustres de pierre se remarquent, quant à présent, dans cet hôtel passé en d'autres mains ; ils pourraient faire prendre un jour l'hôtel Suchet pour une construction du xvie siècle, si nous n'étions pas là pour dire que ce temps-ci les a vu mettre à la place d'escaliers à rampes de fer.

La maison doyenne de la rue est vraisemblablement le 9, qui ouvre sur la rue d'Anjou. Le plan de 1714 la souligne de ces mots : *M. de M. de Lorraine*. Ce qui veut sans doute dire : maison de M. de Lorraine. Le baron d'Espagnac, fils du gouverneur des Invalides, y résidait sous le règne de Louis XVI. Le comte de Langeron était n° 5. Le 3 nous représente de même un hôtel Colbert-Chabannais.

Quelque temps plus tard, sous l'Empire, nous eussions rencontré, au premier étage du 38, la princesse d'Aremberg, fille du duc de Brancas-Lauraguais ; au second, Mme de Balbi, née Caumont de Laforce, qu'avait aimée Monsieur, comte de Provence, et qui était plus joueuse que les cartes ; au troisième, la duchesse de Fleury, née Coigny, et Mme de Saint-Geniès, avec son fils.

Presque en face habitaient alors la princesse de Bauffremont et la duchesse de Damas, entre l'hôtel du comte de Larochefoucauld-Surgères et celui où demeuraient la comtesse d'Avaux, le comte Joseph de Ségur, ci-devant colonel des dragons de Ségur, devenu auteur dramatique ; cette propriété est maintenant l'*hôtel de la ville de Paris.*

Il y avait encore à cette époque la marquise de Seignelay, née Béthune, un peu au-dessous de l'hôtel Surgères ; Mme de la Briffe au 35, où son gendre, le comte Molé, lui succéda; le baron Denier, intendant militaire en chef, au 31, et le comte Dupont, lieutenant général, au 45.

Tous ces noms étaient beaux sans doute ; mais ceux-là dont s'était contentée notre rue avant les Etats généraux, étaient-ils donc sans signification ? A côté de Vassé, sculpteur, il y avait le grand sculpteur Houdon : le talent donc à deux pas du génie !

La rue de la Ville-l'Evêque a été prolongée, en 1807, de la rue de Penthièvre à la rue de la Pépinière.

Son histoire contemporaine ajoutera deux beaux fleurons à la couronne de souvenirs que nous venons de lui tresser. M. de Lamartine réside au 43 ; M. Guizot, naguère, était au 8.

Paris. — Imprimerie de Pommeret et Moreau, 42, rue Vavin.

LIV. 78
LES ANCIENNES MAISONS

Des rues des Sept-Voies, du Jour, Laffitte, Taitbout, rue et quai des Grands-Augustins, rues Gît-le-Cœur, de l'Hirondelle et de Grenelle-Saint-Germain.

NOTICES FAISANT PARTIE DE L'OUVRAGE INTITULÉ :

LES ANCIENNES MAISONS DE PARIS SOUS NAPOLÉON III,

PAR M. LEFEUVE,

Monographies publiées par livraisons séparées, avec table de concordance à la fin de la publication.

RUE DES SEPT-VOIES.

Collége de Fortet. — L'honorable maison Perducet, dont nous avons trouvé le patriarche dans l'île Saint-Louis, fait le commerce des vins depuis un siècle ; elle a fourni à la maison de Sainte-Barbe plusieurs générations d'élèves, qui, pour entrer en classe ou en sortir, n'ont jamais eu que la rue des Sept-Voies à traverser, dans sa largeur modeste. MM. Perducet y sont encore propriétaires, aux n°s 19 et 21, de l'ancien collége de Fortet, dont nous allons faire l'histoire.

Pierre Fortet, né à Aurillac, archidiacre de Cussac et chanoine de plusieurs églises, ne multipliait sur sa tête les bénéfices, au xive siècle, qu'en vue de faire plus de bien. La preuve suprême en fut donnée par ses dispositions testamentaires qui fondaient un petit collége avec huit bourses, sans compter les offices, en laissant des maisons en différents quartiers de Paris, puis des rentes, des fiefs et des terres, avec la liberté pour ses exécuteurs testamentaires d'établir le collége où bon leur semblerait après sa dernière heure, laquelle sonna le 22 avril 1394. Deux des maisons de ville ainsi léguées étaient sises au coin de la rue Saint-Jacques et de celle des Cordiers ; nous en retrouvons au moins une, dont l'aspect vénérable sourit aux antiquaires, à travers deux petites portes, dont une cintrée, et qui égrène encore, comme un chapelet, ses deux escaliers à balustres, n° 3, rue des Cordiers : elle avait pour enseigne le Barillet. L'autre, qui a été refaite, portait l'image de la Madeleine. Là fut d'abord créé l'établissement, transféré trois années plus tard rue des Sept-Voies, dans une propriété acquise de Listenois, seigneur de Montaigu, moyennant 500 écus d'or qui formaient, avec une vingtaine d'écus de pot-de-vin comptés à un intermédiaire, 458 parisis. La chapelle ajoutée bien vite à l'édifice approprié à sa nouvelle destination, était dédiée à saint Géraud, autrefois seigneur d'Aurillac. Une maison où pendait une Corne de cerf fut incorporée à l'établissement en 1493 : c'était bien un accroissement. Néanmoins les finances du collége de Fortet n'avaient pas prospéré pendant le premier siècle de son ère : ses rentes sur des particuliers en avaient trouvé d'insolvables ; ses placements sur diverses caisses avaient subi des quartiers de réduction ; une de ses maisons, située rue des Prouvaires, avait été vendue menaçant ruine.

La faute pouvait-elle s'en imputer aux maîtres? La principalité de Fortet, à laquelle nommait le chapitre de Paris, en vertu d'un droit conféré par les statuts originaires, passait en 1416 à Jean de Rouvrai, qui eut pour successeur Jean du Sellier; mais le chapitre, en 1414, avait nommé un procureur, pour administrer les affaires, outre le principal et le chapelain.

Le siècle suivant fut plus favorable. Charles de la Rivière, comte de Dammartin, devait au principal et aux boursiers, substitués aux droits de Fortet, 160 livres parisis : des procès intentés aux acquéreurs des biens du débiteur amenèrent à composition, après plus de 150 ans, l'un d'eux, M. de Harlay, qui se détermina à transporter au collége de Fortet, en 1566, 400 livres de rente à prendre sur celle de 1,000, que les prévôt et échevins lui avaient constituée en 1562 sur le clergé. Jean Beauchêne, grand vicaire de Paris, avait fondé trois nouvelles bourses, en y appliquant l'abandonnement d'un moulin Martinot, sis à Eaubonne, à Andilly, à Margency, dans la vallée de Montmorency, et ce bienfaiteur était mort en 1566; Nicole Watin, principal de Fortet, en ajoutait deux autres, en 1574. Les testaments de Jean Froideval et de Crouzon, qui remplissaient au même siècle les fonctions de principal, l'un avant, l'autre après Watin, léguaient aussi de petites sommes, à titre de fondations d'obit, dans la chapelle de la maison. C'est du temps de Jean Froideval que revint au collége Calvin : il y avait précédemment étudié en théologie, il en était sorti pourvu de bénéfices, bien qu'il n'eût pas encore vingt ans, et il avait été suivre des cours de droit en se perfectionnant comme helléniste, à Orléans. Le second chef de la Réforme se démettait, en rentrant à Paris, de ses titres et revenus ecclésiastiques, et la savante montagne Sainte-Geneviève, grosse en tout temps des œuvres du passé, se sentit mère d'idées nouvelles. Pierre Robert d'Olivetan s'y était lié avec Calvin, et l'université de Paris avait déjà des échos pour leurs voix. Une harangue de Michel Cop, qui n'en était pas moins que le recteur, fut dénoncée en 1533, comme leçon que l'orateur avait apprise de Calvin : on voulut donc s'en prendre à tous les deux. Seulement l'habitant du collége de Fortet avait déjà quitté sa chambre, lorsqu'on y vint à sa recherche ; le chanoine Dutillet, frère du greffier en chef du parlement de Paris, lui donna asile en Saintonge, puis la reine Marguerite, à Nérac. Ayant changé de communion à gauche, la rue des Sept-Voies en fut quitte pour s'administrer elle-même une correction exemplaire de l'autre côté de la rue, où Sainte-Barbe était le berceau de la compagnie de Jésus.

Aussi bien l'université agissait officiellement, par des visites, sur la discipline de Fortet, et le parlement eut lui-même à s'immiscer dans ses querelles intestines. Charles de Goussancourt, fait principal par les chanoines, se voyait disputer la place néanmoins par Jean Cinqarbres, que les boursiers lui préféraient : un arrêt de la cour ne tarda pas à annuler la nomination de Goussancourt, parce qu'elle avait eu lieu pendant l'office divin. Les agitations de la Ligue, avant d'avoir le royaume pour théâtre, se ménagèrent des coulisses dans le même établissement, où Boucher, curé de Saint-Benoît, eut assez longtemps un asile : le conseil général de la faction des Seize y tint ses premières séances, en 1585. Le XVIe siècle compta donc, avec le collége de Fortet, comme un des centres de ses initiatives. Ses boursiers oubliaient de prendre leurs degrés ; mais leurs finances n'en allaient pas plus mal.

L'hôtel des évêques de Nevers, longeant le jardin du collége et ouvrant rue des Amandiers ainsi qu'au carrefour de Saint-Etienne-du-Mont, avait été adjugé au collége en 1564. Quand, plus tard, l'évêque de Nevers voulut profiter des édits de 1608 et 1613, autorisant le réméré des biens ecclésiastiques aliénés pendant les guerres de religion, les acquéreurs lui réclamèrent judiciairement une somme trois fois plus forte que celle de l'adjudication, à cause des réparations qu'ils avaient faites dans la propriété, et le vendeur préféra renoncer à toute revendication. Ladite propriété, dont les boursiers tirèrent pendant deux siècles le revenu, était appelée cour de la Vérité, du côté de la rue des Amandiers où maintenant elle remplit encore les n°s 13 et 17, avec passage rue des Sept-Voies, 17. Du côté de

Saint-Etienne-du-Mont, elle garda la dénomination d'hôtel de Nevers tant qu'elle put.

Une acquisition du même temps est représentée à nos yeux par un des deux immeubles de MM. Perducet : voyons-y Marly-le-Châtel, maison à trois corps de logis, vendue par Claude de Lévis, qui était seigneur de Marly. La corporation des relieurs, démembrée de celle des libraires en 1689, renforcée au siècle suivant par celle des papetiers-colleurs, et reconnaissant pour patron saint Jean Porte-Latine, y avait son bureau, qui payait loyer au collége. Autre maison encore, et puis jardin, dans la même rue des Sept-Voies, accaparés par adjudication sous le règne de Henri III. En 1610, restauration complète du collége proprement dit. Fondation de quatre bourses de plus, deux ans après, par Claude Croisier, principal. Deux *idem* ajoutées, en 1719, par Grémiot, chanoine de Castres. En ce temps-là, Bernard Collot exerce la principalité; ce fonctionnaire, d'humeur trop processive, finit par être déclaré incapable d'ester en justice sans l'assistance de Lavigne, avocat, nommé d'office par la cour. Puis le collége de Fortet est au nombre de ceux qu'on réunit au collége Louis-le-Grand, en 1764 : trois officiers, seize boursiers composent alors son personnel. Le bureau du collége Louis-le-Grand administre ses biens, que la Révolution fait nationaux ; l'immeuble du collége n'est adjugé à un particulier que le 12 juillet 1806.

Collége de la Merci. — L'État a vendu celui-là dès 1793.

Son bel édifice fait face à la rue du Four-Saint-Hilaire; mais cela fut aussi une imprimerie royale pour la musique. Deux escaliers à balustres de chêne y remontent peut-être à l'époque où les comtes de Blois avaient sur ce point leur séjour, qui fut ensuite au comte de Penthièvre, puis donné en partie à Jean de la Chesnaie en 1516. L'autre moitié appartenait alors à Alain d'Albret, comte de Dreux, lequel y précédait la mère d'Henri IV. Nicolas Barrière, procureur général de l'ordre religieux et militaire de la Merci, acquit bientôt d'Alain d'Albret une place et une masure, où fut créé le collége audit nom, qui prit bientôt plus d'extension. Pourtant au xviii° siècle, ce collége n'était plus, à vrai dire, que l'hospice de la Merci, succursale de la maison dont nous avons trouvé les restes à l'angle des rues de Braque et du Chaume. L'hôtel d'Albret, la cour d'Albret, n'étaient qu'à quelques pas de l'église Saint-Hilaire et du petit séminaire attaché à l'église, dans l'impasse d'une cour des Bœufs, dont il subsiste quelque chose dans la rue. L'hôtel d'Albret était donc désigné comme sis au mont Saint-Hilaire.

Collége de Reims. — Il y avait déjà près de cinq siècles que la rue des Sept-Voies avait sept débouchés sur ce versant de la montagne, heptacorde vibrant au grand air, quand, sous le règne de Charles VI, le testament de Guy de Roye, archevêque de Reims, fut ouvert : le défunt y enjoignait à ses héritiers d'établir à Paris un collége de Reims et de Rethel. Un hôtel de Bourgogne, situé au-dessus de la paroisse Saint-Hilaire, fut acquis, en 1412, à cet effet par une réunion d'écoliers, et ces premiers bénéficiaires de la fondation champenoise avaient l'honneur d'être sous la conduite, sous la protection de Gerson. Né à Rethel, diocèse de Reims, cet auteur présumé de l'*Imitation de Jésus-Christ* avait fait ses études au collége de Navarre ; comme curé de Saint-Jean-en-Grève, il s'était élevé en chaire contre la doctrine de Petit, théologien qui avait essayé de justifier le meurtre du duc d'Orléans, assassiné à la porte Barbette. L'influence de Gerson dans l'université de Paris était déjà considérable, avant qu'il y eût succédé, comme chancelier, à son ami le grand-maître Pierre d'Ailly.

Voulez-vous voir la porte principale de ce collége, oublié aujourd'hui, dont la façade sur la rue des Sept-Voies a été entièrement refaite en 1745 ? Elle répond au chiffre 16. La somme de 72,000 livres était énorme sous Louis XV; on se demandait donc dans quelle caisse le docteur en théologie François Copette, à la fois principal, procureur et chapelain, avait puisé pour subvenir, dans une aussi large mesure, à une reconstruction partielle. Maître Copette, qui plus est, loin de se contenter à cette époque d'économiser deux offices pour faire face à tant de dépenses, va jusqu'à ramener à l'unité les bourses fondées à trois reprises dans la maison qu'on vient de réparer : il a mieux aimé faire bâtir, avec le revenu des bourses, que de retenir des boursiers sous un toit qui se refusait à les couvrir, entre des murs qui commençaient eux-mêmes à faire l'école buissonnière. Hâtons-nous d'ajouter que l'archevêque de Reims, comme collateur aux bourses, consent, en ce temps-là, à sauvegarder l'avenir aux dépens du présent de cette institution.

Le conseil, composé du recteur, des anciens recteurs et des principaux des colléges, qui prélude par une enquête à la réunion à Louis-le-Grand des colléges trop endettés, veut au moins qu'on lui représente, qu'on lui fasse connaître à fond l'unique élève, *rara avis*, défrayé par la fondation. C'est un jeune clerc tonsuré, Laurent Modaine, arrivé par le coche la veille de la convocation : examiné par des régents, ce rhétoricien de province n'est reçu à Paris qu'élève de troisième au collége de Lisieux. Il y a toutefois dix autres étudiants, tant en théologie et en philosophie qu'en médecine, en physique et en droit, payant loyer de leur chambre au collége et qui ne suivent pas tous à l'extérieur le cours objet de leurs études. Les professeurs de droit ont, en effet, pris à bail la plus grande classe de la maison, afin d'y donner des leçons, et maître Tranchant du Tret, bachelier en théologie, qui vise à entrer en Sorbonne, professe en attendant rue des Sept-Voies, et la chapelle elle-même sert de classe au maître de philosophie. Enfin Dubois, maître de pension, locataire d'une bonne portion des bâtiments, envoie ses trente-cinq pensionnaires suivre les classes du collége de Beauvais. Le principal de Reims, quant au dehors, rend un compte non moins fidèle du revenu de onze maisons formant le pourtour du collége, six rue de Reims et rue Chartière, et cinq sur la rue des Sept-Voies ; sa place pourtant ne lui rapporte en tout que 1,374 livres 10 sous, sur lesquels 250 livres sont retenues pour son propre logement. Le conseil, au bas du mémoire que lui a présenté Copelle, écrit ces mots : « L'état de ce collége fournit une « preuve bien sensible et bien convaincante de la nécessité « de la réunion. »

La grande institution de Sainte-Barbe, en notre siècle, a établi les mathématiciens qu'elle prépare aux examens des écoles du gouvernement, dans une partie des bâtiments de Reims, mis en vente par l'Etat les 8 messidor an IV, 2 mai et 8 août 1807. L'ancien collége de Sainte-Barbe, dont nous avons écrit l'histoire en un volume tout entier (1), a été fondé plus d'un siècle après le vieux collége de Montaigu, dont l'emplacement est occupé surtout par la moderne bibliothèque Sainte-Geneviève.

RUE DU JOUR.

Le collége de Fortet avait une petite rente sur une maison rue du Jour, en face de l'église Saint-Eustache ; c'était probablement le 5. Le 3 a fait partie de l'hôtel Châteauneuf, ouvrant rue Coquillière, donnant aussi rue Plâtrière

(1) *Histoire de l'ancienne Sainte-Barbe et du collége Rollin.* In-8, 1853.

(Jean-Jacques-Rousseau) : M. de l'Aubespine, marquis de Châteauneuf, garde des sceaux, en était le propriétaire dans la première moitié du XVII° siècle, et le marquis de Pourpre sous Louis XVI.

L'hôtel de Royaumont se carre très-bien, sur le plan de Paris en 1652, du côté de l'église Saint-Eustache ; reconnaissons-le donc n° 4, avec sa grande porte, dont le couronnement flanqué à présent de deux chiens de faïence : un marchand de faïence et de porcelaine y laisse grimper du lierre sur une des faces de la cour. Philippe Hurault, évêque de Chartres, abbé de Royaumont, fit construire cet hôtel en 1612. François Montmorency, comte de Bouteville, ne tarda pas à y établir une salle d'armes, où se réunissaient les raffinés du point-d'honneur, qui s'y entretenaient la main en mettant des fleurets à la disposition de tout bretteur de profession, sauf à noyer sa raison dans le vin s'il en avait encore trop pour se faire le second du premier venu. Cet illustre duelliste Bouteville, père du maréchal de Luxembourg, affronta jusqu'au bout les édits de Louis XIII contre le duel. Forcé de se réfugier à Bruxelles après une rencontre, il revint tout à coup pour se battre en plein jour sur la place Royale. Arrêté dans sa fuite, il paya de sa tête en place de Grève cette forfanterie suprême.

Un grand cabinet littéraire occupait en partie l'hôtel de Royaumont au moment de la Révolution, et l'archevêque de Cambrai, devenu abbé de Royaumont, touchait le prix de location. Les propriétaires de la rue étaient alors la fabrique de Saint-Eustache pour le 2, M. de Voypierre pour le 10, le comte de Montmort ou le marquis de Coursillon pour le 29, M. Mallet de Chanteloup pour le 11 ou bien pour le 13. L'abbé de Royaumont possédait également le n° 19 sur ce côté gauche de la rue, où plus d'un historiographe place, par méprise, le grand hôtel qui a repris, après la mort de Boutteville, la qualité de logis abbatial.

Le n° 25, à notre avis, a donné son nom à la rue dite du Séjour, du Jour par corruption, après avoir été, au xiiie siècle la rue Raoul-Roissolle. Charles V a créé, dans cette rue qui touchait à l'enceinte de Philippe-Auguste, un hôtel dit Séjour du roi, que les historiographes, à l'unanimité, se sont plu à jeter par terre sans jamais donner date à cette prétendue démolition. Le royal pied-à-terre du xive siècle n'a pas encore disparu. Dans l'escalier du n° 25, une bordure de pilastres en bois, comme les beaux dessus de porte des paliers à tous les étages, lui confirment un droit d'aînesse incontestable sur l'hôtel des abbés. Que sera-ce donc si vous vous arrêtez à deux fines colonnes dont les chapiteaux forment des têtes de béliers, dans la cour? Des mascarons, des dorures intérieures, qui ne remontent qu'au siècle de Louis XIV, sont un fard dissimulant mal un âge beaucoup plus avancé. Cette propriété, du reste, appartenait ou au marquis de Coursillon, que nous avons cité plus haut, ou plus probablement aux filles de Sainte-Agnès, lesquelles occupèrent en tout cas la maison contiguë et celle qui vient avant.

La porte d'une crèche, rue Jean Jacques Rousseau, a été l'entrée principale de ces filles de Sainte-Agnès, tenant une école de filles pauvres et une pension de jeunes demoiselles, mais séparées l'une de l'autre. Léonard de Lamet, curé de Saint-Eustache, avait institué leur communauté en 1678, et les titulaires de la cure, depuis lors, avaient continué à veiller sur sa bonne tenue. Poupart, curé de Saint-Eustache, a été le dernier à en prendre soin. La grande révolution a supprimé, avec toutes les autres, cette communauté gratifiée par Colbert d'une rente de 500 livres dont elle avait engagé le contrat, pendant l'hiver rigoureux de 1709, afin d'être plus secourable aux enfants confiés à sa garde.

RUE LAFFITTE.

Le café Hardy. — Cérutti. — Le marquis d'Hertford.— Laromiguière. — Le Dîner de l'Exposition. — La fausse Malibran. — MM. de Rothschild. — La reine Hortense. — Hôtels Laffitte et Thélusson.

Riz au lait, riz au gras, ces mots étaient écrits à la porte des meilleurs cafés, qui ne servaient rien de plus substantiel, quand le café Hardy imagina, à l'époque du Directoire, d'ajouter à cette inscription : *et déjeuners à la four-*

chette. L'innovation d'abord était timide : elle avait surtout trait à des déjeuners froids ; mais les œufs et les côtelettes amenèrent peu à peu bien des limonadiers à se faire restaurateurs, à l'exemple du pauvre Hardy, qui a fini par se couper le cou, et dont le café, tout d'abord, avait été l'œil-de-bœuf des affaires, la petite Bourse escomptant les nouvelles, la coulisse des spéculateurs sur les fournitures des armées. Le restaurant de la Maison-d'Or a pris la suite du café Riche, dans un immeuble qui remplace, depuis 1839, l'ancien hôtel de Mme Laferrière, décédée au milieu du règne de Louis XVI. Cette maison disparue a été plus connue comme résidence des Stainville, qui se rattachaient aux Choiseul ; Mme Tallien l'a habitée aussi, mais après Cérutti, dont la rue a porté le nom de 1792 à 1814. Cet élève des jésuites, membre de la commune de Paris et député à l'Assemblée, est mort à l'angle de sa rue.

Le ci-devant hôtel d'Aubeterre, dont l'encoignure circulaire fait vis-à-vis à celle-là, n'appartient plus à une famille ayant produit des maréchaux de France ; mais le marquis d'Hertford, pair d'Angleterre, partout gentilhomme accompli, l'a acheté sous la Restauration, afin de ne pas déménager, au moment où sa mère, qui y demeurait avec lui, faisait l'acquisition du grand hôtel au coin de la rue Taitbout.

Au n° 10 ou au 12, l'an VIII voyait Laromiguière, qui avait publié, au fort de la Terreur, ses *Eléments de Physique* à Toulouse.

Nous croyons que le 16 n'était pas étranger au grand hôtel ci-devant de Choiseul, maintenant occupé par l'administration de l'Opéra, et dont la Révolution avait fait un hôtel garni, ayant une porte rue Cérutti. Un passage Laffitte s'y trouvait, en tout cas, avant que M. Emile de Girardin, acquéreur de l'immeuble, y eût pour locataires les fondateurs du Dîner de l'Exposition universelle. Plutôt qu'un restaurant, n'était-ce pas la banque des assignats de la gastronomie? Que d'actionnaires en sortaient ayant faim ! Toujours est-il qu'une maison de filles précéda, audit numéro, le Dîner de l'Exposition, et qu'un corps de logis, qui passait pour mieux habité, à l'extrémité du passage, vit exploiter une supercherie odieuse, quand Mme Malibran faisait aux Italiens l'admiration et l'orgueil de Paris. Une vieille femme, postée au paradis, assistait fréquemment aux représentations, et elle était habile à distinguer les étrangers fraîchement débarqués, que le talent de la prima-dona exaltait à si juste titre. L'intrigante fieffée s'arrangeait, dans l'entr'acte, pour en aborder au moins un, en se donnant pour la parente, pour l'amie de la cantatrice, et que n'osait-elle pas offrir ! Rendez-vous étant pris, une femme, dont les traits avaient assez de rapport avec ceux de la grande artiste, se trouvait au bras de la duègne après la sortie du spectacle, à l'autre bout du passage Laffitte. L'étranger en bonne fortune vidait sa bourse sans regret, et souvent il quittait Paris avant qu'un examen plus attentif l'eût tiré d'une erreur où son amour propre trouvait son compte. Passage, M. de Girardin a très-bien fait de te condamner !

La rue dont nous parlons, au reste, n'est plus du tout l'avenue du quartier Breda, qui lui-même se moralise en prenant du développement. Lola Montès, qui a donné des bals par souscription au n° 40, et Mogador, si connue à Mabile, lorsqu'elle était logée au 52, ont des couronnes brodées sur leur mouchoir !

Mais revenons aux numéros impairs. Après Mme Laferrière, dont la propriété tenait plus de place que la Maison-d'Or, venait M. Lalive de July, introducteur des ambassadeurs ; puis M. d'Aubeterre, qui était d'une branche de la famille d'Esparbès, avait une seconde maison, les n°s 13 et 15 d'à présent. M. de Saint-Julien, trésorier des États de Bourgogne, disposait alors de l'hôtel, qu'à la fin de l'Empire a occupé la reine Hortense. Mieux encore qu'un tel souvenir, un des rameaux de l'arbre des Rothschild protége cette belle demeure : une greffe de Vienne s'y ente sur Paris, mais le rejeton n'en est pas du bois dont on fait les cognées. M. Anselme de Rothschild veille de loin sur son immeuble, naguère habité par M. Salomon ; des compagnies de chemins de fer y ont pourtant établi un réseau de siéges administratifs, qui comptent l'espace par minutes, comme le temps par kilomètres.

M. le baron James de Rothschild a fait assez d'affaires avec des rois pour qu'on ne s'étonne pas beaucoup de trouver sa maison de banque à la place des bureaux du trésor royal : ceux-ci, en effet, se trouvaient vis-à-vis de la rue Pinon, maintenant Rossini, avant 89. D'Arvelet, qui demeurait là, devait être garde du trésor. Restituons du même coup 23 et 25 à Naugude, lequel a eu pour successeur le général Savary, duc de Rovigo, ministre de la police sous l'Empire, M. de Greffulhe, M. Joseph Périer, qui a fait bâtir le devant, puis M. James de Rothschild.

M. le comte de Laborde, banquier de Joseh II, créa l'hôtel qui vient après, et que l'on est en train de démolir pour faire place à une rue de biais, reliant le boulevard des Capucines à la Nouvelle-France. Laborde, substitué aux droits que Bouret de Vezelay, un autre financier, tenait des édiles parisiens sur les bords de l'égout parallèle au boulevard, Laborde obtint des lettres patentes, vers la fin du règne de Louis XV, autorisant le percement de la rue dite alors d'Artois, puis Cérutti jusqu'en 1830, puis Laffitte en mémoire d'une révolution à laquelle Jacques Laffitte avait tant contribué ! On sait que, le 28 juillet, les députés de l'opposition s'étaient réunis chez Laffitte, dans l'ancien hôtel de Laborde, dont leur collègue était propriétaire depuis huit ans ; on sait aussi que la maison du banquier se ressentit défavorablement du pouvoir passager de l'homme politique, si vite relégué dans les rangs de l'opposition, et qu'une souscription nationale acheta bientôt son hôtel pour le lui rendre. Laffitte était l'incarnation bourgeoise du centre gauche, dont l'influence prépondérante en France n'est ni d'un jour, ni d'un règne isolé ! N'a-t-on pas cru souvent à son suicide, la veille de sa résurrection ?

La rue Laffitte s'est prolongée, en 1823, jusqu'à la rue de la Victoire, en faisant mordre la poussière au superbe hôtel de Thélusson, confisqué par l'État, habité par Murat, par l'ambassadeur de Russie, jeté bas par Berchut, un tailleur du Palais-Royal. L'année suivante, la rue fut continuée sur le territoire d'Ollivier, auquel nous avons consacré des souvenirs dans le faubourg Montmartre.

RUE TAITBOUT.

Thénard, Bougainville, Talleyrand, Parny, de Jouy, Bouret, de Fleurieu, Ouvrard, Aguado, Dantan jeune, Lablache, Mme Déjazet, Mlle Flore, Tortoni, lord Seymour.

La constitution de l'an VIII fut promulguée à une époque où Bougainville et Thénard, deux savants, logeaient au cul-de-sac Taitbout, qui n'avait pas encore été prolongé en rue du Helder. L'Institut donnait pour collègue à Bougainville le premier consul, qui devait le faire sénateur, comte de l'Empire ; il était déjà avancé dans ce voyage de la vie qui lui en avait fait faire tant d'autres, et en sa qualité de fils d'un échevin, il avait de bonne heure contracté des liaisons avec la famille de Taitbout, greffier du bureau de la Ville, parrain de la rue pratiquée en 1775. Ces relations longtemps suivies avaient même fait attribuer au grand navigateur un *Essai sur l'île d'O-Taïti,* qui était l'œuvre d'un Taitbout. La maison de Thénard et de Bougainville était probablement celle qui fait encore encoignure.

M. de Talleyrand, autre membre de l'Institut, sortait fréquemment, à cheval, du n° 30 de la rue, précédemment hôtel d'Orsay, avec Mme Grandt, une Indienne, veuve d'un administrateur de la compagnie des Indes. Le ministre du Directoire, ayant donné sa démission à temps, revenait aux affaires grâce au 18 brumaire. Le premier consul vit d'abord avec l'indifférence d'un Athénien que l'ancien évêque d'Autun donnât à des femmes en public le bras auquel était confié le portefeuille des relations extérieures ; il dit pourtant à son ministre : — Finissez-en avec Mme Grandt.... M. de Talleyrand, n'étant pas homme à se complaire aux longs attachements, se proposait précisément de rompre ; mais il lui eût coûté bien davantage de résister directement à l'ordre, ou de lui obéir sans restriction. Il trouva un biais : le mariage. Le contrat fut signé sans bruit, comme un testament, rue Taitbout. Un bref de Pie VII, il est vrai, relevait postérieurement ou peu avant l'homme d'église de ses premiers vœux ; mais la question de l'hyménée n'y était que sous-entendue : aussi M. de Talleyrand ne fit-il accueillir qu'avec difficulté Mme Grandt aux Tuileries.

Macdonald et Français de Nantes avaient un peu plus tard leur protégé Parny, dans une maison ayant appartenu au ci-devant marquis de Mesnil. C'était, ma foi, le n° 25, et un autre homme d'esprit, avec délices, Parisien né au surplus dans le Marais, a pris dans la Chaussée-d'Antin, mais après un long intervalle, la survivance du poëte qui a pleuré souvent avec les femmes, mais badiné toujours avec les dieux. Le faubourg Poissonnière, au reste, fut aussi habité par M. de Parny, auquel Napoléon finit par accorder une rente de 3,000 fr. : pension, pensionnaire et Empire, tout s'éteignit en même temps.

Il ne fallut pas loin courir pour remplir à l'Académie le fauteuil devenu vacant. M. de Jouy, dont le couvert n'était plus mis, avec celui de Jay et de Tissot, aux déjeuners de Savary, n'en vécut pas moins en ermite de la Chaussée-d'Aantin, au 67 de notre rue, qui s'appelait par là rue des Trois-Frères, percée en 1778 par Magny de Maisonneuve, avocat, et ses frères. Pour mettre en communication la rue Taitbout avec celle des Trois-Frères, M. Le Peletier du Houssay avait eu bien raison d'ouvrir la petite rue du Houssay, qui s'est ajoutée, elle aussi, en 1853, à la rue Taitbout primitive, établie aux dépens de Bouret de Vézelay, trésorier général de l'artillerie et du génie.

Ledit spéculateur ou sa famille possédait encore le 9,

dans la seconde moitié du règne de Louis XVI, et deux maisons peu importantes, que séparait l'une de l'autre l'hôtel du comte de Vasan, à peu près en face du 25. M. de Fleurieu était au n° 20 : il ne devint ministre de la marine qu'en 1790, et mourut sénateur, membre de l'Institut, vingt ans après. Une des dames de la Live se trouvait au 40, mis depuis lors en communication avec l'hôtel qui le touche par derrière. La banque d'Ouvrard, fameux munitionnaire, occupa le n° 11, mais à partir du Directoire.

Une petite maison du dernier siècle figurait bien encore, sous Louis-Philippe, au n° 44 : un salon y formait rotonde à l'angle des rues Taitbout et de Provence. M. Aguado y meubla une danseuse de l'Opéra, en ajoutant le contenant au contenu. Lorsqu'un autre acquéreur voulut en faire une maison de revenu, un tour de force s'y exécuta : le locataire du premier continuait à dormir sur les deux oreilles, pendant qu'on refaisait deux étages par-dessous, en ajoutant trois étages par-dessus. Les amateurs admirent, depuis lors, les bas-reliefs qui surmontent les croisées, et le vestibule de la cour présente lui-même un beau travail. M. Ed. Renaud, contrôleur en chef des grands travaux de la Ville, s'en est tiré en habile architecte, comme toujours, et de plus en artiste. Son logement, en haut de la maison, est dans son genre une merveille. On y remarque une cheminée pleine d'originalité, où soufflent deux petits démons ; plus haut est l'Amour qui s'échappe, après avoir allumé son flambleau : il fuit le foyer domestique où il n'a pas brûlé ses ailes, car une glace les montre tout ouvertes. Dantan jeune, qui est un ami de M. Renaud, a voulu faire un calembour de plus en l'honneur de cette œuvre d'art ; il a donc dit à l'architecte : — Quand tu feras, mon cher, un autre amour, ne lui mets plus le derrière à la glace !

Le 16 doit être bien bâti, car le gros Lablache y logeait. Mlle Déjazet, ce ravissant colibri de la scène, pèse infiniment moins au 5. Mlle Flore, sous l'Empire, a été mise dans ses meubles par un gros fermier de la Brie, au-dessus même de Tortoni. Le propriétaire de l'immeuble était alors M. Mallet, qui n'y avait pas succédé directement à M. de la Reynière. Tortoni, mort en 1822, avait fondé pendant la République son illustre établissement.

Lord Seymour a cessé de vivre récemment dans l'ancien hôtel de Brancas, qui fait le coin du boulevard. La branche des Brancas-Lauraguais avait créé cette belle propriété ; M. Demidoff père y avait loué. Mme la marquise d'Hertford, mère de lord Seymour, en fit l'acquisition quelques années après l'établissement, au rez-de-chaussée, du Café de Paris, véritable salon à manger, seul restaurant où il fût de bon ton de paraître de temps en temps. Le Café de Paris a été ouvert trente-six ans : il a fait des réputations, et il a défait des fortunes, à commencer par celles des fondateurs.

RUE ET QUAI DES GRANDS-AUGUSTINS.—RUES GIT-LE-COEUR ET DE L'HIRONDELLE.

Les Augustins. — Hôtels d'Hercule, Feydeau, Montholon, de François Ier, de la Salamandre, d'O, de Luynes, de Saint-Louis, du collége d'Autun, des Charités-Saint-Denis, de Savoie, Conflans, Bussy.

Philippe-le-Bel fit établir le quai, à la place de saules qui y bordaient la Seine; dans le siècle suivant, les Augustins y succédèrent aux frères de la Pénitence de Jésus-Christ, dits Sachets, que saint Louis y avait placés. Dans l'histoire de France est écrite une partie de celle du couvent, dépositaire des archives des ordres de la noblesse et des ordres du roi : les assemblées du clergé s'y tenaient, Marie de Médicis y fut saluée régente, plusieurs chambres de justice et celle des comptes en occupèrent les grandes salles. De l'église des Augustins, dédiée à sainte Anne en 1443, et qui longeait le quai à l'endroit occupé par le marché à la volaille, rien ne reste debout. L'an 1790 a justifié complétement la demi-prédiction de Boileau :

> J'aurais fait soutenir un siége aux Augustins.

Il subsiste pourtant un assez bon nombre des maisons qui formaient le pourtour du monastère, à titre de dépendances, et les murs de son réfectoire se reconnaissent encore sur le derrière de plus d'une propriété, entre les rues du Pont-de-Lodi et Christine.

A l'autre angle de la rue des Grands-Augustins était le grand logis du chancelier Duprat, sous François Ier, habité par le prévôt Nantouillet sous les règnes suivants et dit hôtel d'Hercule à cause des peintures ou des tapisseries qui en décoraient l'intérieur. On y trouve, vers la fin du règne de Louis XIV, deux maisons à Forget, comte de Bruillevert, grand-maître des eaux et forêts, avec une porte sur le quai et une autre porte sur la rue. Les d'Ourset, correcteurs des comptes de père en fils, touchent à Guérin d'un côté, et de l'autre au marquis de Novion, époux en secondes noces d'une Le Boulanger.

On remarque aujourd'hui au coin de la rue Pavée une façade décorée de jolis dessus de croisées, avec la librairie académique de Didier, au rez-de-chaussée; l'immeuble contigu, qu'orne un balcon, a été, sous le Directoire, le domicile de Laplace, l'immortel mathématicien. L'une et l'autre de ces maisons furent vendues, en 1700, à Martin, procureur, par les familles Feydeau et Montholon. L'autre coin de ladite rue passe de Revelois en Revelois vers ce temps-là : l'un est marchand rue Saint-Denis, ce qui n'empêche pas les autres, un avocat, un médecin, de s'appeler M. de Revelois, seigneur de Buire, dans les actes. Pierre Martin, sieur de la Guette, maître des comptes, possède bien une maison à côté de la précitée, mais il réside rue Saint-Avoye. Emery, libraire, en tient deux autres de Saint-Simon, marquis de Sandricourt et de Lemaistre de Bellejamme, conseiller au parlement. Ses affaires deviennent mauvaises, et le voilà exproprié ! Bailly, doyen de la chambre des comptes un peu avant l'avénement de Louis XVI, dispose aussi d'une propriété, qui nous laisse à l'entrée de la rue Gît-le-Cœur. Le n° 25 est donc franchi, où la Salubrité eut ses bureaux sous Louis-Philippe : son origine, pourtant, fut d'un palais. François Ier le fit construire, afin d'être plus rapproché d'un hôtel habité par la duchesse d'Etampes, visible encore rue de l'Hirondelle.

Une Salamandre y est restée, ornement qui servit longtemps à désigner cette demeure, dont les peintures à fresque, les tapisseries, la salle de bain et le jardin, ne sont plus qu'un vague souvenir. L'amant royal aurait pu y graver cette devise : *Souvent maison varie !* Celle-là, en effet, avait appartenu à Louis de Sancerre, connétable de France, et aux évêques de Chartres. Après Mme d'Etampes, elle se divisa en hôtel d'O, dont une porte se retrouve au 5 de la rue Gît-le-Cœur, et en hôtel de Luynes, duquel a dépendu le n° 17 du quai. Le chancelier Séguier, pendant la Fronde, pensa y être assassiné ; mais des soldats, déguisés en maçons, n'y découvrirent pas sa cachette, dans une chambre où son frère l'évêque de Meaux, réfugié avec lui, se hâtait de le confesser : les assaillants s'en consolèrent en saccageant le reste de sa maison. La fille du chancelier, en épousant le duc de Luynes, réunit un hôtel à l'autre encore une fois.

Berrier, secrétaire du conseil, fut, en 1671, l'un des dix acquéreurs, pour la totalité, d'Albert de Luynes, duc de

Chevreuse, et de nouvelles constructions commencèrent, mais en respectant les anciennes, circonstance oubliée toujours par les auteurs des ouvrages sur Paris, qui n'aiment pas à tenir compte de la répugnance que nos pères avaient pour la démolition. Berrier, lieutenant de police, hérita donc le 5 de son grand-père, et un hôtel, dit alors de Saint-Louis, s'étendant rue de l'Hirondelle et comportant sans doute la Salamandre, mais avec une entrée rue Gît-le-Cœur, fut adjugé en 1689 au duc de Nivernais, ministre d'Etat, lieutenant-général, académicien, etc., qui demeurait rue de Tournon. Les Thumery de Boissise, que nous avons vus rue Barbette, et M. de Lespine, un des neuf associés de Berrier, divers membres de la cour des comptes, et Gueffier, imprimeur-libraire, avaient aussi pignon sur cette rue, devant son nom à Gilles Cœur, ou bien à Gilles, queux du roi.

Ne quittons pourtant pas son affluent, la rue de l'Hirondelle sans reconnaître au 23, au 25 et au 27, l'ancien collége d'Autun, pédagogie fondée en 1341 par le cardinal Bertrand, en face l'église Saint-André-des-Arts, d'une part, et de l'autre auprès d'une maison à l'enseigne de l'Hirondelle, portée elle-même à son avoir. Deux autres bienfaiteurs de la maison ont été Oudart de Molins, président en la chambre des comptes sous Charles VI, et André de Sauséa, évêque de Bethléem et principal du collège sous Louis XIII. Après la réunion des bourses à Louis-le-Grand, on a mis au collége d'Autun l'École gratuite de dessin, laquelle n'a été transférée qu'en 1770 à Saint-Côme, où elle est encore.

Le cardinal Bertrand n'a dû connaître le quai que sous la dénomination de rue de Seine, et la rue des Grands-Augustins que comme rue à l'Abbé de Saint-Denis ou des Ecoliers de Saint-Denis. Le fait est qu'un collége, sorte de séminaire de l'abbaye, a été établi par Matthieu de Vendôme, abbé de Saint-Denis, en même temps qu'un grand hôtel, entre les rues Contrescarpe, Saint-André, Dauphine, Anjou, Christine et Savoie, ces quatre dernières n'existant pas encore. Il s'en projetait même une aile sur l'autre rive de la rue des Grands-Augustins, avec passage par-dessous, et cette portion seule en était encore indiquée sur le plan de Paris en 1652, comme hôtel des Charités de Saint-Denis. Le trésorier de l'abbaye y avait gardé ses bureaux. Or le 25, au xviii° siècle, avait pour occupan un loueur de carrosses, et n'était séparé de ladite aumônerie que par le n° 23, dont la porte déploye ses battants à gros clous sans laisser voir un bouquet d'arbres qui survit derrière, avec d'autres, au ci-devant jardin de la trésorerie des moines. Le corps de bâtiment où se retrouve encore, dans cet ancien hôtel des Charités, un escalier à balustrade en chêne, remonte sans doute à Matthieu de Vendôme.

Plusieurs historiographes se débarrassent de même de l'hôtel de Savoie et Nemours, en disant qu'il n'existe plus depuis que la rue de Savoie est ouverte. Il y avait seulement des écuries entre les Charités et cette résidence princière, quand Charles-Amédée, duc de Savoie, de Génevois, de Nemours et d'Aumale, en hérita, avec son frère Henri de Savoie. La duchesse de Savoie, fille de Charles-Amédée, la divisa, pour s'en défaire, en 1670 ; mais les morceaux en étaient bons. Les mansardes du 7 ne s'affaissent pas encore sur ses deux étages élevés ; un escalier de figure abbatiale y fait monter sa vieille rampe en fer jusqu'à une librairie ancienne où l'in-folio domine sur les rayons, et le 5, où demeurent MM. Pillet, qui impriment le *Journal de la librairie*, depuis 1812, et celui des *Villes et Campagnes*, n'a été que refait pour Mlle de Breteville, propriétaire des deux hôtels habités antérieurement par des princes de Carignan, autrement dit par la maison de Savoie. Mlle de Bretteville a eu pour héritière sa cousine, Mlle de Conflans, qui a donné, par testament, en 1761, à Louis de Conflans, marquis d'Armentières, lieutenant-général, toute sa fortune et notamment le 5, devenu l'hôtel de Conflans-Carignan ; mais parmi quelques legs qui étaient réservés, se trouvait une maison, rue des Grands-Augustins, laissée à Brière de Bretteville, elle avait la même origine, c'était probablement le 7. Des lucarnes à la Ducerceau s'ouvrent dans une maison de brique au n° 3, même rue ; nous avons peine à croire que jusque-là pût aller l'hôtel de Nemours. Laideguive, notaire au Châtelet, qui avait là ses panonceaux, y succédait, comme propriétaire, aux Dupré-de-Saint-Maur, maîtres des comptes, et il devait en savoir plus que nous sur l'origine de ce bien de ville, qui s'était détaché, nous le croyons, du grand hôtel d'Hercule.

Du côté des numéros pairs, en face de la rue de Savoie, les initiales E. B. s'entrelacent dans la grille d'une terrasse : elles rappellent que la maison du coin, dont la porte se trouve rue Christine, a été l'hôtel de Bussy. Matthieu Feydeau, le docteur en Sorbonne, le curé janséniste exilé à tant de reprises pour ses récits, pour ses discours, n'avait que l'usufruit du n° 18 ; sa sœur en avait transporté la nue-propriété au couvent de la Conception dans lequel elle s'était retirée, rue Saint-Honoré. Claude Feydeau de Marville, lieutenant aux gardes, était propriétaire du 22. Enfin Barberie de Saint-Contest, que protégea plus tard Mme de Pompadour, et qui devint ministre des affaires étrangères, eut pour locataire un évêque, au fond du n° 26.

RUE DE GRENELLE-SAINT-GERMAIN.

Revue d'hôtels et de couvents.

Certaines rues peuvent être rajeunies ; mais on aurait beau faire pleuvoir à torrents l'eau de la Floride sur la tête de celle-ci, ses cheveux reblanchiraient vite, inséparables de la poudre. Changez même son alignement, le logement des suisses reculera, les grands hôtels resteront impassibles au fond d'une cour grande encore, et garderont l'habit à la française, avec une épée en verrouil, comme les portraits de famille qui en décorent l'intérieur. Nous n'avons jamais mis les pieds rue de Grenelle pour y voir des contemporains ; faisons le compte des cartes de visite que nous y avons déposées à l'adresse de leurs devanciers, sans espérance de retour.

Le moyen d'en vouloir encore au doge de Gênes, amené à Paris avec quatre de ses sénateurs, par Colbert de Seignelay, le fils du grand Colbert, pour faire pardonner aux Génois d'avoir fourni des frégates à l'Espagne ! Cette république bombardée, venant faire ses soumissions en 1686, est descendue à l'hôtel de Beauvais, que Pierre de Beauvais, conseiller du roi, avait acquis d'une Dampierre, veuve de Foucaut de Saint-Germain, comte de Dognon, vice-amiral et maréchal de France, cessionnaire elle-même de la marquise d'Antin, née Zamet, qui le tenait en donation de Zamet, évêque de Langres. Les Petites-Cordelières du faubourg Saint-Marcel, religieuses de Sainte-Claire-de-la-Nativité, s'établirent aussi, au moyen d'un échange, dans l'hôtel de Beauvais, après le passage du doge ; mais le conseil d'Etat, en 1744, leur envoya, d'office, un économe, leurs affaires étant en désordre, et le couvent fut bientôt supprimé : à Saint-Simon, évêque de Metz, était adjugée la maison, et ses héritiers la vendaient en 1763 à Beaumanoir de la Boissière, capitaine de dragons. D'une autre part, le comte du Châtelet a acheté l'usufruit d'un hôtel appartenant aux Carmes-Billettes, et où des religieux de Saint-François-de-la-Terre-Sainte avaient été établis par décret du 14 avril 1667. La plus considérable de ces deux propriétés contiguës s'est transformée, bien que déjà réduite en grand et petit hôtel de Créqui : le marquis de Créqui, mort en 1771, avait pour femme la marquise sur laquelle on a publié des mémoires, et lui-même cultivait les lettres. M. de l'Espinasse, général d'artillerie, habita le petit hôtel, avant qu'il devînt une mairie, et le baron Boyer, chirurgien, puis son fils, occupèrent le grand : le prolongement de la rue des Saints-Pères menace tout au moins l'un des deux.

Contemporain de M. de Créqui, M. de Bérulle a fait bâtir le 15 ; sa petite-fille l'y remplace, Mme la marquise de Puybusque. Le sol en avait dépendu de l'ancien hôtel de Beauvais, car les héritiers de Claude Cahours, baron de Beauvais, étaient encore propriétaires au coin de la rue de la Chaise, en 1763, d'une portion des bâtiments maintenant en la possession de M. le marquis de Croix. Mme la comtesse Ogier n'est venue au 45 qu'après Vien, une célébrité de la peinture ; de même, le duc de Bassano a précédé Mme Smith au n° 49, dans les appartements duquel figurent de jolis bas-reliefs. Etienne Turgot, comme prévôt des marchands, eut à inaugurer, rue de Grenelle, un monument de Bouchardon, la fontaine dont les Récollets de la rue du Bac avaient donné l'emplacement ; mais le plan de Paris, dédié en 1739 à ce chef de l'édilité, se contente d'indiquer quatre hôtels dans toute la rue : nous sommes beaucoup moins modeste.

Voici bien le 73, écart de l'hôtel Galiffet ; Mme la comtesse d'Arlincourt y a perdu le romancier, son mari, dont elle suit les traces en écrivant. Le duc d'Albe, ambassadeur de Philippe V, était mort en 1711 dans la grande maison du président Talon, plus tard hôtel de Galiffet, devenu sous la République le ministère des relations extérieures. M. de Talleyrand, étant ministre, résida au 75, dont l'histoire était différente. Le cardinal d'Estrées, camerlingue du sacré collége, membre de l'Académie française, l'avait créé au xviie siècle, s'en payant le cens à lui-même comme abbé de Saint-Germain-des-Prés, et il y avait eu en tout pour successeurs : le prince Egon, comte de Furstenberg, puis le maréchal de Tessé, général des galères de France, puis Phelypeaux de la Vrillière, ministre, puis Phelypeaux de Maurepas, que Marmontel qualifiait le plus séduisant des ministres, et dont le crédit, au surplus, n'avait pas nui à l'établissement de la fontaine voisine de sa demeure. L'ex-hôtel Maurepas, sous la Restauration, appartenait à MM. Moreton de Chabrillan, comme héritiers de la duchesse Du Plessis-Richelieu d'Aiguillon. Mme la princesse de Talmond, Mme la comtesse de la Rochejaquelein et M. de Galiffet, prince de Martigues, ont ajouté encore leur nom sur les titres de propriété, qui se ferment à l'heure qu'il est sur celui de M. Edmond Lafond. Mme de Talmond a possédé également l'immeuble subséquent, où M. de Maurepas avait autrefois pour voisine la comtesse de La Motthe-Houdancourt, née de la Vergne de Tressan.

(La fin de la notice de la rue de Grenelle paraîtra dans la prochaine livraison.)

LIV. 39
LES ANCIENNES MAISONS

De la rue de Grenelle-Saint-Germain, du quai de la Mégisserie, de la place des Victoires, des rues Notre-Dame-des-Victoires, Saint-Pierre-Montmartre, Louis-le-Grand, des Petites-Écuries, du Sentier, de Varenne.

NOTICES FAISANT PARTIE DE L'OUVRAGE INTITULÉ :

LES ANCIENNES MAISONS DE PARIS SOUS NAPOLÉON III,

PAR M. LEFEUVE,

Monographies publiées par livraisons séparées, avec table de concordance à la fin de la publication.

RUE DE GRENELLE SAINT-GERMAIN.
(Fin de la notice.)

La maison d'après nous convie à la cérémonie de son baptême, un peu avant la fin de Louis XIV : les fonts en sont tout bonnement un marais, appartenant aux Lefébure, famille d'un grand-audiencier. Cotte, premier architecte du roi, a fait les plans ; arrivent les maçons, et un superbe hôtel sort de le terre pour la duchesse d'Estrées. Le marquis de Beuvron-d'Harcourt, commissaire général de la cavalerie sous le règne suivant, l'acquiert des héritiers de la duchesse de Modène, pour en faire l'hôtel d'Harcourt. Le duc de Feltre, maréchal de France, en prend possession sous l'Empire. Quant au petit hôtel d'Harcourt, le n° 84, il remonte également à la duchesse d'Estrées ; seulement, ce sont les héritiers du comte de Montmorency-Luxembourg qui en transportent la propriété à Beuvron, et il précède encore dans la rue le ci-devant hôtel du marquis de La Salle, lieutenant-général, successeur de Bonneval, marquis de Martonne.

Les Luxembourg, au reste, n'ont pas manqué rue de Grenelle. Ainsi s'est appelée, à cause d'un duc, après avoir porté le nom de Desmarest et celui de Rivié, une habitation établie sur le dessin de Lassurance. La duchesse de Châtillon, femme de Montmorency-Luxembourg, duc de Châtillon, a acquitté, en outre, le cens du 97, mais elle habitait rue du Bac, et cette propriété n'avait été à son père, M. de Vertilly, qu'après Filz, avocat, et Boullet, le concierge du palais d'Orléans : n'y cherchez pas une maison de qualité. Voici d'ailleurs celles dont nous y ignorons la place exacte dans la rue, ou qui l'ont quittée : Luxembourg, du Rourre, Dillon, Konski, Mirepoix, Lamoignon, Caumont, Castellane, Feuquières, Bréant. Pas moyen de garder un doute relativement à l'hôtel d'Avaray, qui arbore les lettres d'or d'une inscription. Le duc d'Avaray, favori du comte de Provence, décédé en 1810, y avait remplacé le marquis d'Avaray, lieutenant-général, ambassadeur près les cantons suisses, gouverneur de Péronne, etc., au commencement du règne de Louis XV.

De l'hôtel Seignelay à celui de Maillebois, il pouvait n'y avoir qu'une génération : le comte de Maillebois, lieutenant général, avait pour oncle Colbert de Seignelay. Mettons-les donc l'un après l'autre au n° 87, si nous osons nous contenter de conjectures vraisemblables. Le ministère de l'intérieur procède originairement de Le Voyer de Paulmy d'Argenson ; Mademoiselle, princesse de Charolois, s'en est rendue propriétaire, et un autre prince du sang lui a donné ensuite la dénomination de Conti. Lacaille, en 1714, a marqué sur son plan l'hôtel du marquis de Rothelin ; c'est Lassurance encore qui l'avait édifié dix ans plus tôt, mais Hoguer, financier, venait de l'acheter, et le comte de Sparre, ambassadeur extraordinaire du roi de Suède, y descendait en 1716.

Guy Guérarpin de Vauréal, évêque de Rennes, ancien ambassadeur, grand d'Espagne, grand-maître de la Chapelle du roi, s'est fixé, au milieu du xviiie siècle, au n° 125 ; il avait pour vendeurs les hoirs de la marquise de Rochechouart, née Pincy de Saint-Luc. Or cet hôtel de Rochechouart, qui tenait par derrière au clos des Invalides, avait été dit Pompadour : comme Chanac, abbé de Pompadour, descendant de l'ancienne famille de Guillaume de Chanac, évêque de Paris au xive siècle, avait fait bâtir un hôtel rue de Grenelle, n'était-ce pas le même ? Il a servi en tout cas de bureaux, sous la Restauration, à la liste civile, quand la maison du roi avait pour siége le palais archiépiscopal actuel. Nous estimons que cette grande demeure a été disposée par le crayon de Cortonne en 1722 pour son client, le duc de Noirmoutiers. Jusqu'en 1838, notre rue s'est arrêtée là, elle se poursuit aujourd'hui dans le quartier du Gros-Caillou.

S. A. le prince Lucien Bonaparte occupe l'hôtel du baron de Bezenval, avant 89 inspecteur général des gardes-suisses, zélé courtisan de la reine, et dont la galerie de tableaux avait de la réputation : l'église de Sainte-Valère, à laquelle tenait une communauté de filles, et qui touchait à la maison, a disparu en 1840. L'hôtel de Bezenval avait été petit hôtel de Pompadour. Celui des archevêques de Sens, caserne des gardes du corps de Monsieur, comte d'Artois, s'est changé en École impériale d'état-major.

Le 134 servait de logement aux officiers supérieurs de la caserne Bellechasse, un peu avant que le duc de Duras, gentilhomme de la chambre de Louis XVIII, s'y installât personnellement. Nous serions étonné qu'il n'eût pas fait partie de la ci-devant maison des Carmélites de Sainte-Thérèse, venues de la rue du Bouloi vers 1688. Leur temporel ayant souffert, elles le mirent en direction ; d'Argenson, lieutenant de police, régularisa leurs affaires et fit tirer, le 13 février 1715, une loterie que le roi leur avait accordée : le principal en montait à 478,000 livres, dont 15 pour 100 revenaient nets à la maison.

Du grand et du petit hôtel de Villars, le moindre reste au 118. De Jacques Le Cogneux, président à mortier, et qui s'était signalé comme frondeur, ce doyen des hôtels de la rue de Grenelle avait passé au maréchal duc de Navailles, à Charles de Lorraine, duc d'Elbeuf, puis au maréchal de Villars, dont la famille conserva au bout du jardin la statue, ouvrage de Coustou l'aîné. L'ambassade ottomane appartient seulement à notre siècle, en tant que création de M. de Forbinjanson, évêque de Nancy. Quelques-uns veulent que l'hôtel de Brissac, maintenant ministère de l'instruction publique, ait été aussi Rochechouart.

Des Augustines du Verbe incarné, installées en 1644 dans l'ancienne orangerie du roi, n'ont pu s'y maintenir que vingt-deux ans; leurs biens ont été appliqués à l'hôpital-général, qui, moyennant échange, a transmis l'établissement aux dames de Panthemont, abbaye fondée de longue date en Picardie. Coutant et Fransque y ont construit cette église à coupole, qui est un temple protestant depuis le Consulat. L'administration du génie a hérité, tout à côté, d'un bâtiment aux dames de Panthemont. Le comte de Fontaine, lieutenant général, avait une maison dessinée par de Lisle-Mansart au commencement du dernier siècle; le nôtre y rencontra le prince de Rosbeck et des Larochefoucauld, avant qu'un carrossier s'en emparât : portons cela au compte du 102. Puis venait le jardin des dames de la Visitation-Sainte-Marie.

La marquise de Noaillac disposait, sous l'ancien régime, de l'hôtel du comte Chaptal, qui appartient encore à M. le baron Delaage, le gendre du chimiste, ministre de Napoléon : 88-86. On est en train de refaire par devant, au n° 84,

une propriété qui, par le fond, est l'œuvre de Pierre de
Lisle-Mansart, qui y travaillait pour lui-même à la fin du
xviie siècle. Vis-à-vis la rue de la Chaise, auprès d'une
maison appartenant aux Cordeliers, Desbordes était marchand de vin en 1734, ainsi que Pierre Carteron en 1681 :
il paraît que la place est bonne, car il en reste encore un
de nos jours. Près de là, un hôtel garni a conservé le titre
de Clarence, après avoir été, dit-on, le séjour d'un duc de
ce nom. Et pourquoi pas? Nous pouvons ajouter que l'immeuble a été connu, auparavant d'être maison meublée,
pour petit hôtel de Beauvais, eu égard à celui d'en face
dont il était le frère de lait. Robert de Bragelonne, capitaine au régiment d'Epagny, n'en fut pas le premier propriétaire; son successeur, Louis de Beauvais, baron de Gentilly, changea la face de l'édifice en 1687 ; les Sénecterre,
marquis de Saint-Victour, y sont venus moins de trente ans
après. Pourquoi ne pas dire au 24 qu'il avait pour propriétaire, peu avant la Révolution, Pierre Vignon, l'un des douze
marchands de vins du roi? Voilà un titre de noblesse pour
sa cave! L'enseigne du *Bon Lafontaine* est celle d'une autre
hôtellerie, parce qu'un petit-neveu du fabuliste a possédé
l'immeuble qu'elle exploite; mais le *Bon Lafontaine* a englobé aussi une maison, le n° 18, qui conserve un petit
jardin, et qu'habitaient des Beauharnais.

QUAI DE LA MÉGISSERIE.

Le quai de la Mégisserie aurait beau se pourvoir auprès de S. Exc. le garde des sceaux, pour obtenir d'ajouter à son nom ceux sous lesquels il a été connu, il n'en serait pas pour cela plus noble. Les gens qui lui donnent cet exemple croient en tirer plus de profit; ils y gagnent tout au moins un *de*, qui ne demande qu'à passer pour particule nobiliaire. Les plus vilains nominatifs, pourvu qu'on les décline, brillent comme génitifs. Beaucoup de nos contemporains, nés Bardout, Chicot ou Royer, qui en veulent à leurs ancêtres d'avoir manqué de prévoyance quant à la carte de visite, se contenteraient d'être dits de la Saunerie, de la Poulaillerie, de la Ferraille, au pis-aller Vallée de Misère. Bien au contraire, le quai a répudié ces dénominations, trop qualificatives pour qu'il y eût regret.

En face du grenier à sel, situé dans la rue parallèle au quai, le port Pépin attirait les sauniers : on y déchargeait bien du sel, qui venait par eau à Paris. Le port Marion recevait force blé, car des moulins à eau se suivaient sur la Seine, outre des bateaux de blanchisseuses. Les arches Pépin et Marion, sous lesquelles se vidaient entre soldats aux gardes des affaires d'honneur, protégeaient également deux entrées d'abreuvoir et deux sorties d'égouts, où l'utile restait séparé de l'agréable sur deux points qui allaient de pair. Un marché aux oiseaux, qui descendait évidemment d'un grand marché à la volaille, s'y tenait le dimanche matin, de même qu'un marché aux fleurs le mercredi et le samedi. Le For-l'Évêque, prison des comédiens au xviiie siècle, se trouvait entre les deux arches, mais plus près de celle Marion. Une barrière des huissiers et sergents à verge figurait pareillement devant la rue de la Monnaie, du moins en 1714. La mégie, c'est-à-dire l'art de préparer en blanc les peaux de mouton, avait déjà quitté la place, à cette époque, puisqu'elle s'était repliée depuis un siècle de la Seine sur la Bièvre. Mais des marchands de vieille ferraille étalaient tout le long du quai, sans en occuper les maisons. On y retrouve en ce temps-ci, à défaut de spécialité bien accusée, des marchands de graines à semer, des oiseliers, des quincailliers, beaucoup mieux installés dans des propriétés dont la serrurerie porte çà et là des vestiges de dorure plus que séculaire, des arabesques s'enlaçant avec art, des lettres faisant chercher un nom.

Des racoleurs, qui avaient leur bureau quai de la Ferraille, en plein vent, ainsi que chez les marchands de vin, il nous reste la conscription, dont les contingents sont plus sûrs, plus nombreux, plus dignes surtout d'un peuple libre. Quand les rois, par exemple, se battent pour leur plaisir, dans un intérêt dynastique, en vue de cueillir des lauriers ou de marier à leur convenance un prince ou une princesse du sang, pardonnons-leur, louons-les même de rendre volontaire, pour leurs sujets, l'impôt du sang : le sergent cherche des recrues pour le compte d'un colonel, dont le régiment sert le prince. Ce régime a rendu des boucheries humaines moins fréquentes et moins meurtrières, dans un temps où les rois n'y eussent renoncé qu'en passant pour d'osés tyrans. On s'engageait d'abord pour une campagne ; Louis XIV donna une année pour minimum aux engagements. Des perpectives plus modestes qu'à présent s'ouvraient pour les jeunes recrues ; il fallait donc suppléer aux honneurs par l'honneur même de porter l'uniforme. En entrant dans un régiment, on changeait de nom comme au couvent. La Tulipe, Brin-d'Amour avaient cédé le plus souvent à l'éloquence d'un racoleur du quai de la Ferraille, et de copieuses libations avaient servi de baptême à l'enrôlement. Trop de fois l'apprenti-héros avait cédé à l'ardeur d'un moment, à un désespoir amoureux, à une envie de se dépayser, née d'un regret ou d'un soupçon, que les larmes d'un père, le repentir d'une infidèle, lui reprochaient le lendemain ; mais sa signature faisait foi, et aujourd'hui il en faut moins encore pour qu'une fête s'improvise au village, en contrastant impitoyablement avec le deuil d'une famille, quand le conscrit s'en va sous les drapeaux. L'un s'enivrait en contractant la dette ; l'autre s'enivre devant la feuille de route, échéance d'un billet souscrit par la naissance. En dépit de ces différences, nos armées de l'ancien régime n'ont pas été toujours exemptes d'un Waterloo ; celles du nouveau ont souvent répété la belle journée de Fontenoy.

Une démolition récente supprime la moitié des immeubles sur le quai de la Mégisserie : les plus hauts numéros ont été épargnés, ils en seront quittes pour descendre de la moitié dans l'ordre numérique. Parmi les maisons disparues, il s'en trouvait peut-être du temps de Charles V, qui fut le créateur du quai. Plusieurs, du moins, avaient été bâties sous le règne de François Ier, qui en changea l'alignement. Bien hardis ceux qui vous affirmeraient qu'il n'en reste pas quelque chose ! Toujours est-il qu'au dernier siècle, le 82 d'à présent appartenait à l'évêque de Senlis, et le 74 au marquis de Bevillon. Le marquis de Bercy avait dans le 66 une belle propriété ; or, le père de Tallien, ce fameux révolutionnaire, n'était rien moins que le maître-d'hôtel du susdit marquis de Bercy.

Près de là, et rien d'étonnant que ce fût au 54, la corporation des tailleurs d'habits tenait son bureau. Elle avait été réunie à celle des marchands pourpointiers en 1655, et de plus les fripiers y avaient été agrégés en 1776. L'apprentissage était de trois années, le compagnonnage de même. Le brevet coûtait 24 livres et la maîtrise 400.

PLACE DES VICTOIRES.

François d'Aubusson de La Feuillade, duc et pair, maréchal de France, colonel des gardes-françaises, avait résolu d'élever un monument à la gloire de son roi ; il donna donc 500,000 livres du grand hôtel de Laferté-Sénecterre, duc et pair; mais il n'eut à en appliquer, comme emplacement, qu'une portion à l'accomplissement de son projet, car la Ville fit l'acquisition d'un hôtel d'Emery, qu'une simple rue séparait du premier, et elle acheta du même coup quelques petis héritages contigus. L'architecte Prédot, sur les dessins de Jules-Hardouin Mansart, et à la diligence des prévôt et échevins, construisit cette belle place, qui fut inaugurée le 18 mars 1686. M. de La Feuillade avait fait, à lui seul, les frais de la statue, ou pour mieux dire du groupe, œuvre de Desjardins, où Louis XIV était représenté drapé dans le manteau du sacre, et foulant aux pieds un Cerbère : une figure ailée de la Victoire déposait la couronne sur le front du monarque. Pour assurer la conservation de cet ouvrage, le maréchal avait donné de mâle en mâle à ceux de sa maison, et après extinction de sa race à la Ville, le duché de La Feuillade, valant 22,000 livres de rente, à la charge de réparer le monument tous les vingt-cinq ans.

Mort en 1691, La Feuillade laissait pour héritier principal son fils, encore mineur comme sa fille, et pour principal créancier le marquis de Clérambault, qui avait hypothèque sur les biens du défunt, parmi lesquels figurait son hôtel, précédemment de Sénecterre, et des maisons qu'avait données au duc le corps de Ville en échange du terrain que lui avait ôté la place. Un angle formé par ledit hôtel, que l'archevêque d'Embrun, évêque de Metz, se proposait d'acheter, dérangeait et la symétrie de l'architecture de la place et la perfection de son ovale ; l'édilité eut à donner une nouvelle indemnité pour le retranchement nécessaire au complément de l'œuvre de Mansart. La maison de La Feuillade recula donc, ce qui ne nous empêche pas d'en retrouver encore la porte, surmontée d'un joli balcon, rue La Feuillade, n° 4, et les derrières rue Neuve-des-Petits-Pères. Tant que le maréchal avait vécu, on avait négligé aussi de régulariser le cens pesant sur ce nouveau quartier : le contrôleur des domaines réclama. Tout l'ancien territoire de l'hôtel Sénecterre et plusieurs des lots de l'autre hôtel, son contemporain, avaient porté antérieurement les fortifications de 1358, et relevaient par conséquent du roi. L'archevêque de Paris gardait en sa censive plusieurs lots de l'hôtel d'Emery ; il demandait, en outre, des dédommagements pour la construction du Palais-Royal, pour la vente de l'hôtel de Vendôme, pour l'ouverture de la place des Victoires, pour l'acquisition de l'hôtel Séguier, le tout sis dans les mêmes parages, et en totalité ou en partie dans les fiefs et censives de l'archevêché de Paris : le conseil du roi avait chargé M. de Ponchartrain, contrôleur des finances, de lui présenter un rapport relativement à cette prétention. Quant à la statue de la place, des épigrammes suffirent à lui faire perdre, avant la fin du XVIIe siècle, les quatre lanternes qui éclairaient le soir l'image d'un roi dont le soleil était l'emblème accoutumé.

Le n° 3, derrière lequel paraissent subsister des restes de l'hôtel d'Emery, fut acquis, dans l'année de la mort de La Feuillade, par Mme de Soyecourt, veuve du personnage de la cour qui avait servi de modèle au personnage du chasseur bavard, dans une pièce de Molière, les *Fâcheux*. C'est le marquis de Brown qui occupait la maison de Mme de Soyecourt.

Nous n'aimons pas à nous inscrire en faux contre les traditions locales, car elles ont toujours une raison d'être, directe ou indirecte. Le moyen, néanmoins, d'accorder au n° 5 l'honneur d'avoir logé Turenne ? Avant que la place des Victoires fût tracée, le grand capitaine était mort, l'histoire de France dit comment ; il n'avait pu avoir pour résidence que le logis préexistant. Rendons au 5 plusieurs Péreuse-d'Escars, qui lui ont mieux appartenu.

Aussi bien les maréchaux de France n'avaient pas tardé à avoir des financiers pour successeurs, dans les nouveaux hôtels. La caisse du chevalier Bernard était au 7. Ce traitant, beaucoup plus connu sous le nom de Samuel Bernard, avait fait sa fortune sous le ministère Chamillard ; Louis XIV, qui avait figuré parmi ses débiteurs, lui avait accordé des lettres de noblesse. M. de Boulainvilliers possédait encore, sous Louis XVI, la propriété de Bernard, qui n'était autre que son aïeul ; seulement un Voyer-d'Argenson y avait fixé sa demeure. De Monchy et Lemée, qui étaient fermiers généraux, occupaient deux des autres maisons de la place, du vivant de l'opulent Samuel. Disons plus : le célèbre Law fut quelque temps au 2, au 4, maisons échues plus tard à M. Begeret. Mme de Wolcomte, sous l'un de ces deux toits, vécut 97 ans, existence emphytéotique révolue vers l'année 1854 ! Quand cette vénérable dame remontait, par le souvenir, jusqu'à son enfance si lointaine, elle voyait d'anciens propriétaires à la place de ceux d'à présent : n° 1, M. Autreau ; n° 3, Mlle Oré ; n° 6, M. Lenoir ; n° 8, les héritiers Plé ; n° 10, M. Gigault ; n° 12, M. Le Duc. Les initiales de ce dernier n'ont pas quitté la ferrure de sa porte ; il descendait d'un tailleur émérite, lequel avait habillé Louis XIV, et la maison avait été bâtie par ce Dusautoy du grand siècle. Le 48 de la rue Pagevin est pour ainsi dire sur la place ; nous en avons déjà parlé dans la notice de la rue des Fossés-Montmartre. Les 2 et 4 de la rue Vide-Gousset étaient à la disposition : celui-ci, de Mlle Pallu, fille ou nièce du conseiller d'Etat auquel Voltaire avait adressé des épîtres, et celui-là de Mlle Oré.

Plusieurs fois Mme de Wolcomte avait vu la statue elle-même changer de face. Dès 1790 on avait arraché de son piédestal les quatre esclaves qui formaient ses quatre angles, et qui actuellement décorent l'hôtel des Invalides. Puis une pyramide en bois, portant le nom des citoyens morts dans la journée du 10 août, avait remplacé Louis XIV, place des Victoires-Nationales. Désaix était venu ensuite. Un nouveau Louis XIV, modelé par Bosio, lui avait été substitué en 1816.

L'éminent physiologiste Barthez, médecin consultant de Louis XVI, s'était retiré à Carcassonne pendant la Révolution ; il prit un appartement sur la place, lors de son retour à Paris, pour y rendre son dernier soupir le 15 octobre 1806 : Napoléon avait aussi nommé Barthez son médecin consultant.

C'est seulement en 1830 que des enseignes commerciales barriolèrent à leur aise ou dissimulèrent les arcades, le soubassement sur lequel il s'élève un grand ordre de pilastres ioniques : une partie de la rue des Bourdonnais émigrait place des Victoires, le lendemain d'une révolution dont le commerce pouvait prendre sa part, car elle ne s'était pas faite sans lui.

RUES NOTRE-DAME-DES-VICTOIRES ET SAINT-PIERRE-MONTMARTRE.

Samuel Bernard était propriétaire, rue Notre-Dame-des-Victoires, de deux maisons à tout le moins, que nous retrouvons l'une et l'autre entre les rues Saint-Pierre et Joquelet. Le n° 32 appartenait encore sous Louis XVI à un Bernard; mais Samuel était mort en 1739, âgé de 88 ans, sans avoir fait mauvais usage de la fortune considérable que lui avait rapportée l'autre siècle. Au surplus, ce prince des croquants avait été le père d'un président au parlement, Bernard de Rieux, et d'un comte de Coubert. Ce dernier titre avait dû appartenir tout aussi bien au chef de la famille; mais on eût beaucoup ri d'entendre le fils d'un graveur se faire annoncer de la sorte : il paraissait encore, à l'époque de sa jeunesse, presque aussi difficile au roi de faire un noble avec un roturier, qui n'avait pas porté l'épée, que de changer une fille en garçon ! Samuel Bernard ne se parait que de la qualité de chevalier. Sa deuxième propriété, que posséda plus tard son petit-fils, le marquis de Boulainvilliers, était vraiment un bel hôtel, dont le 28 comporte encore une portion. Son jardin a longtemps servi d'embarcadère aux Messageries royales, avant l'exploitation des chemins de fer. Là commençait Paris à l'arrivée, il y finissait au départ. La femme y mettait en voiture ou son amant ou son mari, avec des larmes dans les yeux; elle en avait d'autres à cacher, en revenant à sa rencontre. Les Messageries impériales ont changé d'élément, pour exploiter surtout les paquebots de la Méditerranée; les échelles du Levant sont pour elles de simples relais; l'administration, néanmoins, siége toujours au n° 28. La compagnie du chemin de fer d'Orléans, qui a installé des bureaux dans la cour des Messageries, ne lui rend pas toute son activité. En revanche, les voyageurs ne sont plus exposés à se tromper de ligne, à monter, par exemple, dans la diligence de Marseille quand leurs bagages prennent la route de Brest. L'escalier de Samuel Bernard a fini par céder lui-même aux besoins de locomotion qui dominent tout en ce temps-ci; entraîné par l'exemple qui lui était donné de première main, il a lui-même fait son petit voyage. Les lecteurs n'auront pas grand'peine à le suivre, par le train express de nos notices : il s'est arrêté rue Louis-le-Grand.

Le passage Saint-Pierre, reliant à la rue Montmartre ladite cour, n'a été sous l'ancien régime qu'une impasse. La rue du même nom longe des propriétés qui appartiennent, elles aussi, aux actionnaires du chemin d'Orléans, financier collectif remplaçant aujourd'hui celui du siècle de Louis XIV. Nous y retrouverions probablement jusqu'au logis de Pierre Pénécher, qui a mis sous l'invocation de son patron cette petite rue, ainsi que le cul-de-sac, l'un l'autre percés sur le clos Gautier, ou des Mâsures, Henri IV étant roi, avec la dénomination originaire de Petit-Chemin-Herbu : à cette époque se rapportent les deux niches du 4 et du 5, rue Saint-Pierre, auxquels deux madones ou deux saints ont servi d'enseigne et d'égide.

Ce qu'on a pour deux francs sans marchander, n° 3, rappelle de son mieux la spécialité luxurieuse qu'avaient donnée deux ou trois grands seigneurs du xviiie siècle à des maisons de la rue et de l'impasse. Devenues des hôtels garnis, ces maisons ont de grandes portes, sans lesquelles n'aurait pu y entrer un carrosse. Au 10, lorsqu'il était l'auberge des galanteries de Lauzun, que de nuits blanches se succédèrent! De laquelle lui demander compte? Levons au moins le voile qui en couvre une. Tout ce qui se passait chez Lauzun, rue Saint-Pierre, un valet l'allait rapporter à l'hôtel du lieutenant de police, qui le colportait à Versailles : arrêtons l'espion au passage, le matin du dernier lundi d'août 1770. Le maraud va nous dire ceci :
— Mon maître a reçu hier soir bonne compagnie : d'abord le duc de Chartres, dont la petite maison, rue Blanche, garde un peu mieux ses secrets que la nôtre : que ne puis-je y servir à table! M. le prince d'Isenghien, qui n'est autre qu'un de Gand-Mérode-Montmorency, le comte d'Osmond, M. de Bézenval avaient aussi leur couvert mis à ce petit souper, dont les autres convives faisaient corps avec le menu. La demoiselle Duthé, qu'entretient maintenant le marquis de

Duras; voilà pour le morceau de roi. Mon maître n'en a fait qu'une bouchée, bien qu'on le crût amoureux fou de la demoiselle Audinot, laquelle vient de recevoir de ses bijoux, sans les porter toutefois devant le prince de Soubise. Les demoiselles Joinville et Legrand, c'est-à-dire les maîtresses du marquis de Villette et de M. Minute, ont été remerciées honnêtement à minuit, ainsi que M{}^{lle} Duthé. C'était l'heure du relais pour elles, pour ces messieurs également. Ils m'avaient envoyé d'avance chez la Brissault, excellente maîtresse de poste : les filles Argentine et Fournier ont fait le reste du voyage.

Le 15 et le 17, même rue, ont dû le jour à un serrurier en carrosses. Le marquis de Gouffier, M. de Saint-Paul, M. Cadau, trois contemporains de Lauzun, étaient propriétaires là et tout près.

Rue Notre-Dame-des-Victoires, le 42 était alors au comte Dufort, le 30 au comte du Lude, comme le 16 au président d'Hozier, grand généalogiste de la cour, auteur avec son père de l'*Armorial de France* : d'autres d'Hozier successivement avaient rempli la même charge ; la race en explorait, depuis Louis XIII, les vieux titres, pour y chercher des comtes, des écuyers, et elle faisait plus de nobles que le roi ! Maillard, ci-devant intéressé dans les gabelles, a laissé, dans un temps plus rapproché du nôtre, le 14 à son fils, un conseiller d'État. Que si des mascarons, des rampes de fer servent de chevrons aux immeubles précités, les états de service du 12 comptent encore plus de campagnes : des balustres de chêne font créneaux dans son escalier. Par conséquent, il date d'une époque où sans doute le Chemin-Herbu n'était pas encore érigé en rue Notre-Dame-des-Victoires. La première pierre de l'église des Petits-Pères, placée sous cette invocation, fut posée par Louis XIII, qui ne se doutait guère que cette église, pendant un interrègne, se travestirait en une Bourse à l'entrée de la rue des Victoires-Nationales. Un peu avant cette transformation, M. Pajot disposait des immeubles répondant de nos jours aux premiers chiffres pairs.

RUE LOUIS-LE-GRAND.

Les propriétaires de la rue étaient, sous le règne de Louis XVI :

Côté des numéros impairs : — MM. de La Fontaine de Brassard, de Grandbourg, Castela, de La Bussière, de Villemarais, Maurangel, Gueffier, Daugny, d'Egmont, de Goutaut, Mme de Nicolaï, MM. Arthur et Grenard.

Côté des numéros pairs : — M. Duval de Lépinay, Mlle Quinon, les héritiers Croixmare, MM. de Verville, Vernier, de Richelieu.

Bien qu'ouverte en 1703, la rue était bordée encore de plus de murs que de maisons sur le plan de Paris en 1739 ; ces murs pourtant tenaient à des hôtels, parmi lesquels gardons-nous d'oublier le plus ancien, le moins connu de tous. C'était plutôt une maison qu'un hôtel, car elle n'avait pas de jardin ; la clôture du couvent des Capucines la bornait par derrière. Là Mme de Montespan eut quelque temps sa résidence : depuis son départ de Versailles, elle menait une vie de pénitence, quoique peu sédentaire, après s'être essayée à la retraite dans la communauté des filles de Saint-Joseph ; la moitié de l'année la voyait dans ses terres, elle prenait aussi les eaux de Bourbon. Le duc du Maine, le comte de Toulouse, légitimés princes du sang, visitaient à Paris Mme de Montespan, qui ne les traitait pas sur un pied autre que le fils du marquis de Montespan, leur frère aîné. Elle mourut en 1707. MM. de Grandbourg et Castela, à l'époque citée plus haut, disposaient de l'habitation inaugurée par cette femme célèbre, occupée de plus fraîche date par l'amiral Parceval-Deschênes, par le général Digeon : les n°s 3 et 5 d'à présent.

M. de l'Epinay était propriétaire du 4, arrière-bâtiment de l'hôtel Mondragon, que nous avons vu rue d'Antin. M. de Villemarais, qui avait succédé à Mme Varignon, quant au n° 9, a été le prédécesseur du marquis de Chasseloup-Laubat, père du ministre actuel des colonies. Sénateur depuis une année, le général, en 1814, se rappela qu'il était fils et petit-fils de brillants officiers ayant servi sous le drapeau des maréchaux de Saxe et de Luxembourg ; il refusa même, aux Cent-Jours, de reprendre sa place au sénat ; ce qui n'empêcha pas Napoléon de faire encore à Sainte-Hélène l'éloge des talents et de la probité de Chasseloup-Laubat. Le général a eu pour acquéreur le beau-père de M. Double, propriétaire à l'heure qu'il est de l'immeuble où il a donné une hospitalité fort honorable à une rampe d'escalier, tirée de la maison de Samuel Bernard, rue Notre-Dame-des-Victoires. M. Double possède aussi, dans la vallée de Montmorency, le château des ducs de Vendôme, qui fut de plus à Mlle d'Enghien. Son appartement à Paris est d'un luxe devenu rare en ce qu'il ne parle pas qu'aux yeux : un magnifique mobilier historique y réveille le souvenir des détenteurs primitifs de chaque pièce, c'est-à-dire des plus grands ministres, des ducs et pairs, des rois eux-mêmes, et des femmes qui, l'une après l'autre, taillèrent dans chaque règne le leur. Tapisseries, cheminées, porcelaines, mosaïques, pendules, bronzes, dorures, lustres, sofas et guéridons en disent long, outre qu'ils séduisent comme chefs-d'œuvre. Tout n'est pas une importation dans cet éblouissant musée ; la menuiserie, les sculptures et les peintures des plafonds, des dessus de porte, n'ont jamais été autre part : Bon Boulogne a passé par-là.

Suit l'ancienne propriété de M. Maurangel ; M. Taupin, vers 1800, la vendit à Merlin, agent de change, beau-père du général Bertin de Vaux, qui y commande. Les immeubles d'après n'ont fait, pour la plupart, que croître, plus souvent qu'embellir, depuis le règne de Louis XVI : exemple, le grand hôtel d'Egmont au 21, et le petit dans le fond du

23. L'hôtel de M. de Gontaut a quitté tout à fait la place à des maisons de revenu ; la fameuse pension Morin et cet hôtel, qu'elle occupait après le théâtre de Pierre, sont morts dans les bras l'un de l'autre. *L'Histoire du lycée Bonaparte* donne sur la pension Morin des détails plus circonstanciés, qui seraient pour nous une redite.

Le financier Lacour-Deschiens, sieur de Neuville, fit bâtir, en 1707, sur les plans de Pierre Levée, un bel hôtel rue Neuve-Saint-Augustin, dont le jardin allait jusqu'au boulevard, entre les rues de la Michodière et Louis-le-Grand. Il en reste sur notre rue notamment le n° 16, marqué déjà sur le plan de Lacaille. Le duc d'Antin, fils de Mme de Montespan, ingénieux courtisan du roi, surintendant de ses bâtiments, se rendit acquéreur, en 1713, de l'hôtel qui a pris son nom pour le laisser à un quartier. Le maréchal de Richelieu en était le propriétaire dès 1757, et il y faisait faire des embellissements. Alors fut dessiné par Chevautet ce joli pavillon qui forme encore le coin du boulevard : sa rotonde y délasse la vue des monotones pans coupés que présentent tant d'autres angles ! Les masques qu'on y a sculptés demeurent les chefs-d'œuvre du genre. Un balcon tourne autour de l'édifice, comme une ceinture glissante, et c'est pourtant la seule que Richelieu ait nouée, dans son pavillon de Hanôvre : il faisait le contraire aux autres ! On sait que la plupart des femmes préféraient sa maturité à la jeunesse de ses rivaux, le poursui-

vaient encore, octogénaire, de leurs envies de pardonner, qui étaient des lettres de rappel : plus d'une finissait même par le coucher, consolation désespérée, dans la ruelle de son testament ! Il disait à son fils, goutteux :
— Imitez votre père, Fronsac ; quand un de mes pieds a la goutte, c'est l'autre qui en souffre le plus : je ne fais pas un pas de moins.

En ce qui regarde notre rue, le duc plaida avec M. Arthur, prédécesseur des frères Robert : cet Arthur avait établi, à l'autre encoignure du rempart, une fabrique de papiers peints, qui lui ôtait la moitié de sa vue. Fronsac n'hérita de son père qu'en 1788, et des entrepreneurs de fêtes publiques accaparèrent l'hôtel de seconde main, dans la Révolution. Il était dès lors divisé, car la rue de Hanovre, dont le terrain avait été acquis par Chéradame, et celle de Port-Mahon, dont le nom rappelait aussi les victoires du maréchal, avaient été, celle-ci tracée, et l'autre ouverte, avant que Richelieu rendît le dernier soupir dans l'hôtel, séparé déjà du pavillon. On y assista à des fêtes, bals, concerts, petits spectacles, feux d'artifice ; on put s'y loger en garni ; une maison de jeu s'y essaya, qu'éclipsa bientôt Frascati ; enfin Tortoni y fonda sa réputation de glacier, comme associé de Velloni. Puis les maçons revinrent à la charge, et de nouveau les lustres s'éteignirent dans les salons où, au milieu d'un bal, la générale Bonaparte avait reçu le glorieux surnom, qui déjà était justifié en 1798, de

Notre-Dame des Victoires. Simon, marchand de papiers peints, devint le locataire du pavillon, occupé aujourd'hui par un marchand de ruoltz.

Comment en un vil plomb l'or pur s'est-il changé ?

RUE DES PETITES-ÉCURIES.

Mme la comtesse Gudin, veuve d'un général de l'empire, habite le 56 de cette rue, depuis l'époque où la paix de Tilsitt était conclue avec les Russes par le maréchal Ney, dont la famille demeurait au 52. L'armée d'Espagne attendait Ney, qui fit ensuite la campagne de Russie. M. Gamot, qui a été préfet, et le parent sans doute du maréchal, possédait alors la maison dont M. de Lathan, officier aux gardes-françaises, avait été le créateur en 1783. M. François Cottier, banquier, puis membre du conseil municipal de Paris, s'en rendit acquéreur sous la Restauration, ainsi que du 54. M. André, associé de M. Cottier, et qui lui a donné son fils pour gendre, a occupé de même le 46. Or, à l'exception près du 44, construit en 1823, bien des rapports d'architecture, également sensibles au 50, voire même au 51, ne sont pas l'unique motif qui les fait attribuer en masse aux dessins de l'architecte du comte d'Artois, auteur du 48, où il avait travaillé pour lui-même. Cette dernière habitation a été le théâtre d'un crime sous Louis-Philippe : l'assassinat des époux Maës. Toutes les propriétés, sans exception, situées entre les rues des Petites-Écuries, du Faubourg-Poissonnière, de Paradis et d'Hauteville, ont eu pour origine foncière un marais vendu à Goupy, entrepreneur des bâtiments du roi, moyennant 70,000 liv., par les Filles-Dieu. Il avait fallu à ces dames, pour aliéner ledit terrain, des autorisations spéciales, à commencer par celle de dame Julie-Sophie Gillet de Pardaillan d'Antin, abbesse de Fontevrault, qui leur avait été donnée en 1771 : le couvent des Filles-Dieu était de l'ordre de Fontevrault.

Ces religieuses, au surplus, étaient propriétaires sur les deux rives de l'ancien égout de ceinture, au moment de la transformation d'un chemin de l'Ancienne-Voirie-de-Saint-Denis en rue des Petites-Écuries. Du moins elles avaient encore, du côté des chiffres impairs, le sol plus ou moins nu des six premiers immeubles à partir de la rue du Faubourg-Saint-Denis, et plus encore, mais plus bas, lorsque Verne, contrôleur des petites écuries du roi, fit couvrir l'égout de ceinture, en 1769, dans toute la longueur de la voie, après avoir obtenu l'agrément du bureau de la Ville à cet égard, Bignon étant prévôt.

Les équipages du roi étaient au 15, où se trouve une des entrées de la cour dite encore des Petites-Écuries. Le 13 nous montre l'hôtel du contrôleur, et ne nous dit-on pas, en outre, que Ninon de Lenclos y avait résidé d'abord? Dans es roues d'une tradition qui a fait son chemin sans bruit, e jetons pas, en guise de bâtons, que cette femme célèbre du xviie siècle avait déjà fermé les yeux avant que la rue fût ouverte. La cour des Petites-Écuries, qui a pu être le jardin de Ninon, a toujours eu sa porte principale sur la rue du Faubourg-Saint-Denis. Ainsi donc, pas d'anachronisme.

A cette rue des Petites-Écuries, qui aboutit près du Conservatoire, il manquerait à coup sûr quelque chose, si la musique n'avait pas voix au chapitre de ses souvenirs. Méhul, vers la fin de sa vie, demeurait au n° 40. Cet ancien élève de Gluck mourait à peu près au moment où se fêtait la naissance d'un prince, et quelle fête peut aller sans musique ? Tout alors ajoutait un intérêt de circonstance au mérite si bien reconnu de l'ouverture du *Jeune Henri* : la musique du *Chant du Départ*, dont Méhul était aussi l'auteur, paraissait avoir fait son temps. Dans une autre maison de la rue, nous serions vis-à-vis d'Alard, virtuose, notre contemporain.

RUE DU SENTIER.

Nous avons rencontré rue de Cléry l'habitation de Mme Vigée-Lebrun, dont les portraits, galerie historique, relient le dernier siècle au nôtre ; son mari ajouta une maison à celle-là, elle donnait sur la rue du Gros-Chenet, laquelle s'est fondue en 1849 avec la rue dont voici la notice. Par conséquent, le 8, rue du Sentier, fit partie de l'hôtel Lebrun. Sa façade se trouvait inférieure d'un étage au niveau du jardin, dont la terrasse reposait, vers le coin de la rue de Cléry, sur l'ancien mur de Paris.

Du 10, Mme de Bonfils était alors propriétaire, et il appartient de nos jours à Mme Chapsal, veuve du grammairien.

N° 12. — Mme de Staël a habité cette propriété, dépendance de l'hôtel de M. de Necker, dont nous avons aussi parlé quand nous étions rue de Cléry.

Le 23 a été à la disposition du président Hénault, surintendant de la maison de la reine, puis de la dauphine, membre de l'Académie française, qui, n'ayant pas d'enfants, laissa ses biens, en 1770, à ceux de la comtesse de Jonzac, sa sœur. Celle-ci avait tenu sa maison, dont les soupers réunissaient une brillante société. Outre son *Abrégé chronologique*, Hénault avait écrit des comédies, des poésies, et jusqu'à un grand drame en prose, *François II*, dont M. Mérimée a donné le pendant, dans ses *Etats de Blois*.

C'est à partir de la rue des Jeûneurs que la rue a toujours porté le même nom. Tracée déjà en 1652, elle paraît encore dépourvue de maisons sur le plan de Paris en 1714; le côté droit en est bordé pendant les vingt-cinq ans qui suivent, mais le gauche n'en a qu'à l'entrée, et des murailles le continuent. Aux trois quarts du xviiie siècle, le 27 appartient à M. de Saint-Robert; le 29 et le 31 à M. Le Fèvre, magistrat, et la Banque territoriale s'y fonde plus tard, en l'an vii, prêtant sur les biens-fonds la moitié de leur valeur en émettant des traites. L'affaire ne réussit pas, elle va se liquider lentement rue Notre-Dame-des-Victoires.

Cet hôtel contigu, qui est aujourd'hui divisé, revoyons-le tout battant neuf; Lenormant d'Étioles y reçoit sa jeune épouse, Mlle Poisson, dont cette union fait déjà la fortune ; mais elle devient Mme de Pompadour, et l'époux s'en console dans sa petite maison d'en face. Ladite se cache au fond du n° 24, avec un balcon sur la cour et un jardinet par derrière : dans un salon ovale, des médaillons de Boucher font cercle avec des médaillons de Fragonard. M. d'Étioles, une fois veuf, épouse une fille d'Opéra, sur cet autre versant de la rue ; elle le rend des plus heureux. Il va donc publiant que si en premières noces, il a eu le malheur de tomber sur une femme honnête qui est devenue une catin, le contraire cette fois a lieu. Comme il donne de très-beaux concerts rue du Sentier, Mme de Coislin s'y risque, entraînant d'autres grandes dames, et celle qui en fait les honneurs, avec une modestie charmante, se trouve acceptée par un monde qui s'était d'abord bien promis de ne la pas prendre au sérieux. De ce mariage naît une fille, qui, devenue Mme de Linières, habite le côté des numéros impairs et vend l'autre propriété, en 1801, à M. Bonnet, avocat, dont la veuve reçoit là encore ses visites.

Cette dernière maison tient, sous Louis XVI, à M. Chauveau d'une part, de l'autre à Mme Janvier, que suit M. de la Renaudière. Après se carre le bel hôtel du président Masson de Meslay, échevin, qui passera au chancelier Dambray, à M. Hottinguer, banquier, finalement aux Legentil, du commerce des nouveautés, avec le chiffre 32 sur la porte et des enseignes de marchands en gros, qui nulle part ne manquent rue du Sentier.

RUE DE VARENNE.

Documents recueillis au Archives de l'empire et mis d'accord, autant que possible, avec les assertions contenues dans les ouvrages sur Paris.

Les personnages historiques ne laissent souvent pas leur nom aux demeures qui furent les leurs ; mais elles ne sont presque jamais, pour nous, déshéritées de leur image, ni du costume de leur temps. Le 11 de la rue de Varenne porte donc une grande perruque qui retombe sur les épaules de Potier de Novion, président à mortier, pour lequel il fut édifié sous Louis XIV par Leduc : son petit-fils, ayant la survivance de sa charge, se trouva président à quinze ans. Raphaël de la Planche, trésorier des bâtiments du roi, laisse au 15 comme une fraise du temps de Henri IV ; c'est le créateur de la rue, qui s'est dite rue de la Planche, en deçà de la rue du Bac, jusqu'à la présidence républicaine de Napoléon III. Du même fondateur procédait une manufacture de tapisseries, avec entrée rue de la Chaise. Son hôtel reconstruit appartenait, au xviiie siècle, aux Joly de Fleury ; leur acquéreur a été le marquis de Montmorency, qui a vendu dernièrement aux pères de la Miséricorde. L'hôtel Saint-Gelais, occupé sous Louis XV par la duchesse de Lauzun, se délabre, n{os} 24, 26, 28. On trouvait aussi un Broglie et quelque chose aux Récollettes, dans la ci-devant rue de la Planche, habitée en notre siècle par M. de Musset, M. de Goyon, la duchesse de Lorges, le prince de Montmorency-Tancarville, Mme la marquise de Pâris, M. le duc de Narbonne.

Une salle d'asile se trouve au 39 ; 41 et 43 n'ont fait qu'un ; Mme la duchesse de Narbonne, née Serrant, a disposé du 45 ; M. le duc de Larochefoucauld-Doudeauville est au 47. A coup sûr, ce pâté d'hôtels n'a pas été fait tout d'une pièce. L'hospice des Convalescents, déjà mentionné rue du Bac, donnait aussi rue de Varenne sur ce point. L'abbé de Fontenille demeurait, en 1736, dans une propriété tenant des deux côtés et par derrière à cet établissement ; le duc de Lauraguais en était locataire ensuite. Cartaud, en 1732, dessinait pour M. de Janvry une belle maison, près des Convalescents.

Mme de Narbonne a possédé aussi le 46 ; les Baignières, le 48, ancienne résidence de Charles Skelton, maréchal de camp. L'hôtel de la duchesse d'Estrées, que nous avons vu rue de Grenelle, s'étendait, au reste, jusque-là. Gouffier, marquis de Thoix, hérita de son père le n° 56, qu'il céda à Chaumont, marquis de la Galaizière, en 1768. La contesse Bernard du Prat, née Bourgoing, inaugura l'hôtel d'Auroy, qui suit, sur lequel est assis le majorat créé pour le comte Rampont, général de l'Empire. A M. de la Galaizière fut encore le 60, dit plus tard Hôtel de Tingry. M. le comte de Béthune-Sully y succède à M. de Montmorency-Luxembourg.

Le millésime 1787 figure dans la serrurerie de la porte du 49. En l'absence d'autres documents, nous regrettons de n'y pas introduire les Jaucourt ou les Boisgelin, dont nous cherchons en vain la place exacte rue de Varenne.

(La fin de la notice de la rue de Varenne paraîtra dans la prochaine livraison.)

LES ANCIENNES MAISONS

Des rues de Varenne, Richelieu, des quais Malaquais et Voltaire, des rues Saint-Antoine et Geoffroy-l'Asnier.

NOTICES FAISANT PARTIE DE L'OUVRAGE INTITULÉ :

LES ANCIENNES MAISONS DE PARIS SOUS NAPOLÉON III,

PAR M. LEFEUVE,

Monographies publiées par livraisons séparées, avec table de concordance à la fin de la publication.

RUE DE VARENNE.

(Fin de la notice.)

Mlle d'Angennes, dont la vie a fini avec le xviiie siècle, a laissé à M. de Vérac la propriété qui précède le superbe hôtel Monaco, commencé par Cortonne pour le prince de Tingry, loué au duc de la Vauguyon, vendu à Jacques Goyon de Matignon, comte de Thorigny. On y revoit, au fond d'un grand jardin, un petit Trianon, pavillon ajouté par Matignon. A son fils, Grimaldi, pair de France, prince de Monaco cette demeure donnait pour voisins Roise, conseiller au parlement, d'une part, et le marquis de Latour-Maubourg, de l'autre. Mademoiselle, princesse Adélaïde, l'a habitée sous la Restauration ; puis le général Cavaignac, étant chef du pouvoir exécutif ; après cela, M. Baroche, président du Conseil d'Etat. Le susnommé Defay de Latour-

Maubourg, lieutenant-général, avait eu pour prédécesseur Philippe de Vendôme, grand-prieur de France, acquéreur du comte de Tessé en 1719. La duchesse de Mazarin, née Mailly, avait détaché pour elle-même une part de l'hôtel adjugé à Latour-Maubourg, qui, de cette manière, en fit deux. L'un fut connu sous le nom de Chimay : Mme Tallien, grâce au divorce, y entra princesse de Chimay; l'autre se qualifia Mazarin, puis Rohan-Chabot, avant de passer Montebello. Rougevin, architecte, les avait tous les deux à sa disposition en 1826 ; mais il perpétua leur divorce en les séparant par une rue, qui s'appela d'abord Mademoiselle, à cause du voisinage de la princesse d'Orléans, mais qui prit ensuite le nom de Vanneau, élève de l'école polytechnique, tué le 29 juillet 1830 en commandant l'attaque de la caserne Babylone.

L'hôtel qui fait face est Castries, du chef de Lacroix, marquis de Castries, et de sa femme, une Rochechouart-Mortemart, qui l'acquièrent en 1708 d'Angélique de Guynes, veuve de Dufour, seigneur de Nogent, et à l'expiration d'un bail consenti au président Etienne d'Aligre. Leur fils épouse la fille du duc de Lévis, dame d'honneur de la duchesse de Chartres sur la présentation du duc du Maine; il devient lieutenant-général, maréchal de France, puis ministre. On sait qu'à la suite d'un duel entre Charles de Lameth et M. de Castries, mestre-de-camp de cavalerie, qui a blessé son adversaire, tout un peuple excité se porte rue de Varenne, le 13 mars 1790: l'hôtel est mis à sac, et, au bout d'une demi-heure, il n'en reste plus que les murs, avec des monceaux de débris. Des petits-neveux du maréchal occupent de nos jours la maison.

Quant à Mlle Desmares, elle crée aussi un hôtel au commencement du xviiie siècle; le plan en est dressé par Aubry, architecte du roi, et la création au théâtre de ses rôles d'*Athalie* et de *Sémiramis* sont pour elle un plus grand travail. Elle joue également les amoureuses de comédie, et, grâce à ses talents de rechange, l'emploi des soubrettes lui vaut encore les suffrages du public. Vive, jolie, intelligente, elle a des succès à la ville, auxquels elle sacrifie ceux de la scène, n'ayant encore que 39 ans; mais ce n'est qu'une demi-retraite, car elle joue encore à la cour, sur les théâtres des palais, des hôtels, où des seigneurs lui donnent la réplique. Le duc de Villeroi achète sa maison, en augmente les proportions. Le gouverneur de l'enfant-roi est cet ancien favori de Louis XIV; mais la surintendance de l'éducation de Louis XV, confiée par testament au duc du Maine, n'en est pas moins en d'autres mains. Aussi bien Villeroi ne refuse pas à son élève un exemple, dont le roi défunt s'est montré encore moins avare : il est lié publiquement avec la spirituelle et belle Mme de Caylus. N'est-ce pas que voilà des précédents un peu légers, pour une maison qui est devenue grave? L'hôtel Villeroi, puis Tessé, était déjà ministériel au département du commerce, lorsque lui fut confié le portefeuille de la police générale. La présidence du Conseil d'Etat a quitté l'hôtel Monaco depuis sept ans : ne fait-elle pas bien, après tout, de nous mettre une fois de plus en présence du grand avocat, qui est le chef de ce corps de l'Etat?

Le 59 a pour auteur le duc de Fornari, un Sicilien, qui du moins en trace le dessin, exécuté par l'architecte Dulin, pour le marquis Charles d'Étampes. Le cardinal de Polignac l'habite pendant la Régence, à l'époque où la conspiration de Cellamare recrute plus d'un conjuré rue de Varenne. Cet auteur de l'*Anti-Lucréce*, poëme latin, que commence à traduire le duc du Maine, occupe le fauteuil de Bossuet à l'Académie. C'est lui aussi qui, comme ambassadeur de Louis XIV, a pris une revanche à Utrecht de précédentes humiliations, en traitant avec l'Angleterre sans l'assentiment de la Hollande; l'abbé de Polignac a répondu aux négociateurs du pays, qui essayaient de l'écarter : — Nous traitons de vous et chez vous ; mais il faut que ce soit sans vous... La maison de M. d'Étampes est transportée au marquis de Mézières-Bethisi, que Saint-Simon nous représente comme vaniteux et difforme, ayant épousé une Anglaise, dont la mère a été blanchisseuse de la reine, femme de Jacques II. Celle-ci reste propriétaire de l'hôtel avec ses enfants, et l'un d'eux, qui cultive les lettres et les arts, meurt lieutenant-général, gouverneur de Longwy. Mais, par suite de plusieurs alliances, les Rohan sont à la place des Mézières, maintenant délaissée par l'une et par l'autre famille.

Le 65-67 a été fondé, mais plus tard que les habitations qui l'environnent, par la marquise de la Suze et par la vicomtesse de la Rochefoucauld, grand'mère de M. le duc de la Rochefoucauld-Doudeauville, qui est né là, propriétaire actuel.

Si nous cherchons sur le plan de Gomboust l'immeuble où M. Duchâtel, ancien ministre, réside en ce temps-ci, nous y trouvons la plaine de Grenelle; mais Lacaille nous montre, dès 1714, l'hôtel de Châtillon qui n'est pas autre. L'architecte Leblond l'a bâti pour la sœur du duc de Chevreuse, qui venait d'épouser, quoique jeune, un vieillard, le marquis de Seissac, grand-maître de la garderobe. Ce mari avait pour le noir une aversion, qui lui survécut dans sa femme, et qui la dispensa du deuil. Au lieu de madame de Seissac, qui faisait emplette plus tard de la maison de Lauzun à Passy, la rue de Varenne logea la duchesse de Châtillon, dame d'atours de Madame. Louis de Bourbon-Condé, comte de Clermont, entra postérieurement en possession. Il jeta le froc aux orties, pour se distinguer à Fontenoy, et voulut même être de l'Académie. Pour un prince du sang, n'était-ce pas un peu déroger? L'égalité commençait au fauteuil! Pendant que M. de Clermont, ses bénéfices résignés, allait finir sa vie plus loin du monde, son hôtel devenait d'Orsai. Ministère sous la République et au commencement de l'Empire, ce fut ensuite l'habitation d'Armand Séguin, ami de Berthollet, de Fourcroy, mais qui l'était aussi d'Ouvrard, qu'il fit écrouer pour une dette s'élevant à 60 millions. Acquéreur d'une immense fortune, Séguin était un grand original, un marquis de Brunoy parvenu ! M. Barbet de Jouy, en 1838, a pris sur la propriété, qui se trouvait alors entre ses mains, de quoi ouvrir la rue portant son nom, et qu'il a défrayée de pavé, de trottoirs, de bornes-fontaines, de conduits pour le gaz, en acceptant l'interdiction d'y élever des bâtiments au-dessus de $16^m,50$; le *Dictionnaire* de Lazare nous donne ce renseignement.

Dans l'hôtel contigu, ci-devant aux Broglie, et d'origine au comte de Langonnay, demeurait en 1815 Lebrun, prince de Plaisance, archi-trésorier de l'Empire, qui avait gardé son fauteuil de sénateur à la chambre des pairs de Louis XVIII, quand la nouvelle du retour de l'île d'Elbe vint le surprendre, comme tant d'autres ! M. Valette, son secrétaire, en l'abordant dans le jardin, lui rendit aussitôt un titre qu'il avait cessé de porter : — Comment se porte Votre Altesse ? — Moi, je vais bien, lui répondit Lebrun ; mais mon altesse a la migraine..... Toutefois, pendant les Cent-Jours, l'ancien consul Lebrun était grand-maître de l'université : au milieu même de ses grandeurs, il avait toujours fait état de sa qualité d'homme de lettres.

Dernier hôtel de la rue de Varenne. Il eut pour architectes

Gabriel et Aubert, dont le client était Peyrenc de Moras, chef du conseil de la maison de Condé, inspecteur général de la Banque. La duchesse du Maine, que la conspiration découverte par Dubois avait éloignée de la cour, ne reparut qu'en 1724 ; son mari l'accusait de ses malheurs et de trop dépenser ; elle acheta donc, toute seule, la maison de M. de Moras. L'excellent accueil que tous deux faisaient aux poëtes, aux beaux-esprits du temps, les aidait à se consoler séparément de leurs disgrâces ; cette passion qu'ils avaient pour les lettres finit même par les rapprocher, dans le brillant domaine de Sceaux. Le maréchal de Matignon remplaçait la duchesse alors, rue de Varenne, et les Gontaut-Biron lui succédèrent. De cette famille était Lauzun qui à son retour d'Amérique, y descendit épris des libertés qu'il avait contribué à rendre au Nouveau-Monde. Député aux états généraux, Lauzun était encore l'ami du duc de Chartres, Philippe-Égalité, et il monta sur l'échafaud le 31 décembre 1793. L'hôtel, dont les jardins avaient été publics à certaines heures, sous l'ancien régime, servait de geôle sous la Terreur, comme succursale du Luxembourg. Maintenant, c'est le Sacré-Cœur qui en occupe les bâtiments.

RUE RICHELIEU.

Maison Babin. — Le rendez-vous de chasse. — Les maisons galantes. — Les Coislin. — La marquise de Louvois. — Le duc de Villeroi. — Le président Ménars. — M. Pierre Crozat. — L'abbé Terray. — Regnard. — Frascati. — Les Traiteurs. — Hôtel Talaru. — La Muse Limonadière. — Passage Potier. — Molière.

Si l'enseigne du n° 9, dont l'escalier étroit a conservé respectueusement des balustres de bois, n'était pas décrochée depuis longtemps, nous verrions à sa porte l'image de la Botte du duc d'Orléans. Elle nous introduirait, sur un bon pied, dans une rue qui a été ouverte par le cardinal, fondateur du Palais-Royal. Le passage Saint-Guillaume se fait jour à travers l'immeuble où se trouvait M. de Bournet à la fin du xvii° siècle. Cheret, maître des comptes, avait le 15 pour hôtel, et Tanchot, secrétaire du prince, le 17. On se baignait dans la maison d'après, à l'enseigne du Bain royal. Salut ensuite à une construction qui présente encore des merveilles en cheminées, en glaces, en ferrures, en sculptures et en dorures! Le café de la Régence, pendant son court passage dans cette propriété, a pourtant fait enduire d'une affreuse couleur quelques-unes des boiseries, qu'avaient mieux respectées le costumier Babin et le traiteur Lambert. L'héritage est en meilleures mains, depuis que la presse scientifique a établi son cercle dans l'appartement principal, occupé autrefois, dit-on, par un des Richelieu. La chose n'est pas impossible. Seulement, vers la fin du règne de Louis XIV, cette maison était à la disposition de Foucault, intendant de Caen, en même temps que la suivante, grâce à laquelle il avait pour voisine la comtesse de Feutrière. De plus, il est sûr que Dodun, frère du contrôleur des finances, s'est fait bâtir, dans cette partie de la rue, sous la conduite de Chapelain, une maison de quelque importance.

Halali ! halali ! cors, sonnez ; piqueurs en avant ! N'entend-on pas le cerf qui brame ? On est toujours prêt à la courre chez M. le marquis de Gasville, dont les forêts sont giboyeuses. Sa maison de ville est elle-même, grâce aux chemins de fer convergents, le meilleur rendez-vous de chasse. Des dix-cors empaillés figurent au bas d'un escalier à rampe de fer, là où se tenait la livrée de M. de l'Espine, du vivant de Legrand, sculpteur, qui logeait au milieu de la rue du Hazard, côté de M. de l'Espine. Mme de Monestrolle possédait toute l'autre rive de cette rue perpendiculaire. Sa parallèle, qui a nom Villedo, avait pour occupants l'abbé Desroches et M. de Chauvelin, aux angles de la rue Richelieu, par conséquent auprès du 45, plus tard à la famille Javon.

Cette voie, aujourd'hui tout à fait commerciale, comptait déjà, sous la Régence, un assez bon nombre de boutiques. Une Botte d'Auvergne, vers le n° 49, qui jadis se coupait en deux, servait évidemment d'emblème à l'industrie d'un des rivaux de Monseigneur, lequel tenait à un sellier. Un commerce dépourvu d'enseigne, mais qui n'était un mystère pour personne, s'exerçait dans toute la rue : on y soupait dans mainte salle à manger, où le couvert n'était qu'un accessoire. Aux friandises de la table et du sopha s'ajoutèrent les attraits du jeu : plaisir encore moins clandestin, puisque les permissions de creps et de biribi s'obtenaient. Si la débauche, depuis, s'est divisée, le temps n'est plus ce qu'elle économise. On a même démoli, il n'y a pas longtemps, une certaine maison Lebrun, illustrée, sous le dernier règne par le poëme de *Flora*, qu'un avoué, homme d'esprit, désavoue à présent ; Mme Léon, qui donnait fréquemment asile et distraction aux patrouilles sous les armes de garde nationale, a également mis sa clef sous la porte. Nous voudrions bien en conclure que les vices se font plus rares. N'est-il pas suffisant de dire qu'on les met bien moins en commun ? Leur famille, elle aussi, prend le chacun-pour-soi de notre siècle pour un sauve-qui-peut, tendant à isoler la débauche hors du droit commun. Le centre de la grande ville disperse enfin dans les faubourgs sa plus mauvaise compagnie : est-ce à dire que la meilleure se soit tout à fait repliée derrière les comptoirs en tout genre qui remplissent chaque place vacante ? La rue Richelieu, en apparence, a enrayé plus que nulle autre. Pour qu'elle dételle tout à fait, il ne lui reste qu'un cheval à crever, un opiniâtre limonier, dont la charrette prend des voyageurs pour Paphos, au 51.

Michel Villedo, maître des œuvres des bâtiments du roi, a laissé son nom à une rue tracée vers 1740, et aussi à sa veuve, laquelle demeurait au 57, rue Richelieu. L'*hôtel d'Espagne* nous représente pareillement le domicile de Cadot, conseiller. Au duc de Villeroi, l'*hôtel de Malte*, qu'un escalier en bois sculpté fait remonter, comme édifice, à l'origine même de la rue. A M. de Souvray, puis aux Biencourt, le 66, acquis de notre temps par le bottier du rez-de-chaussée. Le 67, acheté sous l'Empire par Mlle Bigottini, danseuse, semble avoir la même origine. Qui sait même si l'*hôtel de Malte* ne tire pas un peu son nom du commandeur de Jars, pour qui le premier des Mansard a élevé un hôtel sur un territoire aliéné par l'abbaye de Saint-Victor? Les Jars, branche de Rochechouart, ont eu pour acquéreur le cardinal de Coislin, évêque d'Orléans, grand aumônier de France, qui a fixé là sa demeure, dont les pauvres se gardaient d'oublier le chemin. Le neveu de Son Éminence, c'est-à-dire le duc de Coislin, évêque de Metz et premier aumônier du roi, a cédé la maison en 1714 à Olivier, comte de Senosan, ancien banquier à Lyon, intendant général des affaires du clergé, qui a fait procéder à une reconstruction. Or, ces grands personnages ont logé successivement vis-à-vis du palais Mazarin, hôtel Nevers, maintenant Bibliothèque impériale.

Puis l'hôtel de Louvois, devenu l'Opéra, et présentement un square, avait trois portes sur la rue Richelieu, et une quatrième rue Sainte-Anne. La veuve du ministre l'habita, après lui. La présence réelle au 73 du duc de Villeroi, contemporain de Mme de Louvois, nous fait penser que le 71 a dépendu de son hôtel : M. Delorme, créateur du passage Delorme, a possédé ensuite les deux immeubles. Un petit hôtel à grande porte, qui touche la rue Neuve-Saint-Augustin, était à la disposition de la marquise de Villarceaux.

Boutin, trésorier de la marine, dont le jardin rue de Clichy s'est transformé en Tivoli, résida au 77, qui n'était toutefois que le petit hôtel Boutin. Du grand, il reste une portion, rue Neuve-Saint-Augustin, n° 4, qui se relie encore au 79, Richelieu, dont la reconstruction n'est pas ancienne. Avant Boutin, le président Ménars, dont une rue consacre aussi le nom, n'avait pas d'autre habitation. Elle touchait à l'hôtel de Guiche, dit aussi Roquelaure et Bérulle : 81, 83. La ci-devant propriété Boutin abritait en 1807 le bureau de Petites-Affiches, ainsi que la régie des Salines.

Aussi bien le xviiie siècle trouve des marchands établis, à l'image des Armes de France, entre M. de Ménars et la duchesse de Senecterre, dont la belle demeure, rétablie en 1704 par Cartault, pour Pierre Crozat, accueille d'estimables artistes, employés et logés par cet opulent financier. Oppenord, le décorateur des appartements du Palais-Royal, y laisse des traces pareilles de son passage ; Charles de la Fosse y peint le plafond d'une galerie, et il y meurt octogénaire. Crozat donne la propriété à son neveu, Louis-François Crozat, marquis du Châtel, époux de Mlle Gouffier : leurs filles deviennent par mariage, l'une duchesse de Choiseul, l'autre duchesse de Gontaut-Biron. L'année 1780 voit les dépendances de l'hôtel Choiseul, ex-Crozat, livrer place tant au prolongement de la rue Saint-Marc qu'à la rue d'Amboise (dénomination qui est due à un des titres de la famille Choiseul). Une compagnie d'assurances est en train de faire démolir son principal corps de logis, au moment où nous écrivons.

Carrière non moins longue ayant été fournie par les quatre derniers numéros impairs de la rue, quel souvenir notable s'y rattache ? Un financier, qui a mis au service des innombrables affaires de ce temps-ci une prodigieuse activité, M. Mirès, s'est rendu acquéreur de deux de ces immeubles, lesquels étaient devenus de grands hôtels garnis, pareils à l'*hôtel de Castille*, qui les sépare de l'angle du boulevard. Les bureaux de M. Mirès et cet hôtel garni, avec l'immeuble du café Cardinal, furent la demeure au dernier siècle de ce fameux abbé Terray, dont le duc d'Orléans avait abrité la jeunesse dans son propre palais : riche conseiller au parlement, devenu contrôleur des finances. Une de ces maisons a été faite ou reprise par Dulin, comme architecte d'André-Nicolas Sonning, receveur des finances de la généralité de Paris. Nous rapportons aussi à l'une d'elles l'honneur d'avoir logé précédemment Regnard, qui a vécu jusqu'en 1709. L'illustre poëte comique avait acquis lui-même une charge de trésorier de France au bureau des finances et la terre de Grillon, près Dourdan, dont les chasses l'avaient pour intendant. Il recevait les gens d'esprit et jusqu'à des princes du sang, à une époque où les maisons de ce bout de la rue tenaient, mais par derrière, à des cultures maraîchères. Regnard, du reste, donne bien son adresse à l'extrémité de la voie, et il dit à qui veut l'entendre : — Si tu demandes aux voisins

> . . . . où loge en ce marais
> Un magistrat qu'on voit rarement au palais,
> Qui, revenant chez lui lorsque chacun sommeille,
> Du bruit de ses chevaux bien souvent les réveille;
> Chez qui l'on voit entrer, pour orner ses celliers,
> Force quartauds de vin, et point de créanciers;
> Si tu veux, cher ami, leur parler de la sorte,
> Aucun ne manquera de te montrer ma porte.

Ce logis, que Regnard, donne ailleurs pour modeste et retiré, ne l'était donc pas trop. On a eu tort de le placer au coin même de la rue Feydeau, c'est-à-dire tout près de la porte Sainte-Anne, jetée bas en 1701, mais franchie avant par la rue. Aux deux encoignures-Feydeau étaient alors le jardin de l'hôtel Croizet, sis rue des Filles-Saint-Thomas, et le toit un peu bien bourgeois du sieur Rémy.

Quant à la rue Saint-Marc, tracée de ce côté depuis un demi-siècle, les sieurs de Rosbois, marchand de vin, et Pourchet en tenaient les angles : celui de Pourchet tout au moins est resté le même jusqu'à nous. Pour tant faire que de mettre Regnard sur cette rive, il faudrait le croire locataire de Mailly du Breuil, receveur général des finances à Tours, qui par malheur ne possédait encore que le terrain de sa maison, disparue actuellement, ou des Clermont, dont le toit, lui aussi, doit avoir mordu la poussière. Plus heureux, Maurisset de la Cour ! car ce trésorier général des Invalides reverrait quelque chose de son hôtel au n° 104, dans les salons dorés de *British Tavern*. Au même endroit le restaurant Lointier était Français avec délices, sous la Restauration. A dix pas lui a survécu, durant une vingtaine d'années, le restaurant Lemardelay, dont les salons, faute de bals de noces, étaient utilisés *in extremis* par les assemblées d'actionnaires, les comités électoraux.

Le trésorier des Invalides possédait un vaste terrain, où s'élevait une autre maison, entre sa demeure et un chantier, dont il était propriétaire aussi, mais de moitié avec Mailly, et qui s'étendait loin, le long du cours. Crozat transforma le chantier en orangerie, couverte d'une terrasse, et acquit en 1709 le droit d'établir un passage souterrain, pour la mettre en communication avec une autre propriété qu'il avait dans la rue du Faubourg-Richelieu, présentement

Drouot. Frascati, un jardin public donnant des fêtes, et bientôt annexé à des panoramas, à une maison de jeu qui a enterré le jardin, fut fondé sous la République dans l'ancien hôtel Lecoulteux, qu'avait habité Lavoisier, et le tout sur le territoire qui provenait de Maurisset.

L'abbé Renaudot, orientaliste et théologien distingué, demeurait vis-à-vis du petit hôtel Ménars, avant que Boutin s'y fixât. Ce dernier, au surplus, traversa tristement la rue, lorsqu'elle eut pris le nom de rue de la Loi, car il fut enfermé dans l'hôtel Talaru, en ce temps-là une prison, et il s'y rencontra avec Laborde, valet de chambre de Louis XV, et avec le marquis de Talaru lui-même, lieutenant-général, maître-d'hôtel de la reine : tous trois périrent révolutionnairement. Cet hôtel, qui en formait deux, fut adjugé postérieurement à Maës, un brasseur, puis reconstruit, mais pas entièrement. Le 62 en a gardé, outre une portion de sa devanture, un arrière-corps de bâtiment, un jardinet, et autant le 60, qui était le petit hôtel. Les bureaux de l'*Illustration* en illustrent le rez-de-chaussée, où le libraire Bossange précédemment a fait une galerie du jardin : ce libraire avait succédé, comme locataire, au père de Nourrit, qui était chanteur comme son fils.

Le susnommé valet de chambre du roi, par surcroît de coïncidence, avait été propriétaire rue Richelieu, n° 10, et il y avait fait de la musique, en amateur passionné pour cet art, avec les virtuoses de son temps : ses fenêtres donnaient, par derrière, sur le jardin même du Palais-Royal, avant la construction des galeries. Le commerce n'en avait pas moins, dès le règne de Louis XV, plus d'un rez-de-chaussée à sa disposition dans les maisons qui, comme celle-là, offraient l'avantage de la vue : les boutiques s'y trouvaient à l'entre-sol, du côté du jardin. L'une d'elles devint un café tenu par Charlotte Bourette, surnommée la Muse Limonadière, qui envoyait des vers aux célébrités de l'époque : Dorat répondait par des vers ; Voltaire, le duc de Gesvres et le roi de Prusse par des cadeaux. Nous serions étonné que le café Minerve, établissement à la tête duquel vient de mourir le comédien Grassot, n'eût pas fait suite à celui de la Muse. Un plus grand comédien a laissé une veuve, madame Potier, qui demeure au 26 : un passage y partage le nom que lui a donné son mari.

Puis, une inscription nous rappelle, en face de la fontaine Molière, sur la façade du 34, que le premier des génies dramatiques de tous les temps et de tous les pays, s'est éteint au second étage d'une maison qui, pour le coup, était assez modeste. Un mont-de-piété occupe la chambre où Molière est venu mourir, entre deux sœurs de charité, en laissant inachevée une représentation de son *Malade imaginaire* : triste substitution de dénoûment ! C'était le vendredi, 17 février 1673 ; dix coups sonnèrent sa dernière heure : il avait 51 ans. Pierre et Thomas Corneille lui survivaient ; une dame Corneille était propriétaire, avant la mort de ce dernier, de la maison habitée par Molière, et il semble que ce rapprochement de deux grands noms, au lieu d'être l'œuvre du hasard, révèle d'une façon sensible une touchante sympathie du génie !

QUAIS MALAQUAIS ET VOLTAIRE

Quai Malaquais : N° 1. — Visconti, l'antiquaire, membre de l'Institut, y cessa de vivre en 1818. C'était l'hôtel du marquis de l'Aubespine, au commencement du règne de Louis XV.

N° 3. — Maison que la Convention a condamnée au rasement, mais qui n'a pas encore porté l'inscription décrétée par les membres triomphants alors de cette assemblée délibérante : *Là fut la maison du roi Buzot.* Le Girondin Buzot avait attaqué Robespierre ; il fut trouvé mort, dans sa fuite, à côté de Saint-Emilion. Sous le même toit, le peintre Vien, membre du Sénat conservateur, cessa de vivre en 1809. Humboldt, le savant géologue, y demeurait sous Louis XVIII. Mais il y avait dans cet immeuble des dessus de porte merveilleux, des originaux du Poussin, de Duperrier, le portrait de Louis XIV, avec celui du roi de Suède, et des lucarnes à la Ducerceau, lesquelles n'ont pas tout à fait disparu. Quel en était donc le passé ? Il avait fait partie, avec la maison précédente, du palais de la reine Marguerite, première femme de Henri IV, ayant sa porte principale rue de Seine, et peut-être même par la suite de l'hôtel Mirabeau, qui avait englobé de nouveau l'hôtel l'Aubespine. Dans l'intervalle avaient eu lieu des divisions parfaitement tranchées. Cristophe de Sève, seigneur d'Estainville, avait vendu le 3, en 1669, à Dorat, seigneur de la Barre et conseiller au parlement. Claude-Joseph Dorat, le poëte, l'avait donc habité, comme héritier pour une part. Après avoir essayé du barreau, s'être fait mousquetaire, il avait écouté une vieille tante janséniste, préoccupée du salut de son neveu, et il s'était retiré du service, mais pour s'adonner au théâtre, comme auteur, et pour mettre en vers dans le domaine public les événements intimes de sa vie.

N° 5. — Le président Bérulle, en disposait, du temps de M. de l'Aubespine.

N° 7. — Au marquis de Vassan, même époque.

N° 9. — Petit hôtel de Mazarin, parce qu'à deux reprises il a partagé la fortune d'un fort grand hôtel contigu, récemment démoli pour agrandir l'école des Beaux-Arts. Mais il a porté à lui seul les noms de Brienne, de Lautrec.

N°s 15 et 17. — Petit et grand hôtel de Bouillon, établis pour Macé Bertrand de la Basinière, trésorier de l'épargne, occupé par la protectrice de La Fontaine, la duchesse de Bouillon, nièce de Mazarin, et restauré au milieu du xviii° siècle. Le duc de Bouillon y donna au comédien Dugazon un logement, avec un couvert à sa table, un cheval et un cabriolet. Cet acteur, jouant avec talent les rôles de valet sur la scène, composa aussi quelques pièces. Partisan des idées de la révolution, il fut aide de camp de Santerre. Le magnifique hôtel Bouillon, dont on vantait la galerie de peinture, a été laissé depuis peu par M. Pellaprat à son gendre, M. le prince de Chimay.

N° 19. — Mme de Lannion, qui demeurait rue de Bourbon, venait de perdre son mari, gouverneur de l'île Minorque : c'était en 1763. Elle alla au devant des compliments de condoléance du chevalier d'Aubigny, son amant, qui était plein de qualités : il exerçait un commandement à Rouen. Ce chevalier, quand elle le revit, était lui-même mal portant ; elle eut beau le soigner, on l'enterra aussi. L'éplorée Mme de Lannion, qui avait congédié les gens de sa maison en vue d'une plus longue absence, ne voulut pas rentrer dans son hôtel ; mais elle pria M. d'Invault, qui était intendant d'Amiens, de se faire le sien à Paris, en arrêtant pour elle un logement dans la maison qu'il habitait, à côté de l'hôtel Bouillon. D'Invault, qui se trouvait déjà dans la confidence de l'amour qu'elle avait eu pour d'Aubigny, tâcha de faire oublier ce passé. Mais le marquis de Saulx-Tavannes, qui ne fut pas sans rendre à la jeune veuve quelques visites, ne connaissait que le mari défunt ; il n'en brava que mieux, malgré son âge, qui dépassait la soixantaine, les dangers d'une comparaison plus compliquée qu'il ne croyait. Double chagrin, double consolation ! Mais la balance du passé se trouva encore la plus lourde. Le grand deuil avait épuisé les forces de la veuve ; le demi-deuil la fit tomber malade. Son médecin, Tronchin, était à Genève ; elle se plaignit donc, par lettre, d'un rhumatisme, de douleurs tout le long des jambes. Voici la réponse de Tronchin, qui nous a paru bonne à insérer ici, comme pièce inédite, comme consultation pour les jeunes veuves dont la santé paraît se déranger :

« Madame,

« Je suis bien fâché d'apprendre la mort de M. de Lannion et celle de mon
« bon ami, le chevalier d'Aubigny : je prévois que ces deux morts vous ont été
« si sensibles qu'elles sont la cause de votre maladie. Je vous invite à vous
« dissiper, à voir vos amis, votre famille, et à ne point prendre de mélan-
« colie. Comme vous me marquez sentir des douleurs dans les jambes et
« cuisses, ce qui peut être occasionné par un défaut d'exercice, si nous
« étions au printemps, je vous ordonnerais les promenades à votre cam-
« pagne. Comme la saison ne le permet pas, il faut, Madame, vous tenir
« chaudement. Vous ferez faire une brosse à la grandeur de votre pied et à
« laquelle vous ferez attacher deux tirans et une boucle, comme à un soulier.
« Vous frotterez votre chambre, pour que vos membres agissent et ne se
« roidissent. Au bout d'un mois d'exercice, vous me manderez votre situa-
« tion. Je vous enverrai une bouteille d'un baume pour adoucir les nerfs.
« J'ai l'honneur d'être, etc.   « Tronchin. »

Quai Voltaire. — Ici le quai change de nom ; mais une distinction n'a été bien constante que depuis la Révolution. On vendait du bois à brûler sur le port Malaquais, touchant au quai de l'Ecorcherie, dit aussi la Sablonnière ; puis on nomma le tout quai de la Reine, à cause des jardins de Marguerite, parallèles à la rivière ; on était revenu à la dénomination de Malaquais en 1669, date de la construction de l'un et de l'autre quais, comme nous les voyons aujourd'hui ; mais on les confondait également, comme quai dit des Théatins, depuis que Mazarin avait fait venir de Rome ces religieux, en pourvoyant à l'établissement à Paris d'une maison de leur ordre. Remontons donc aux origines immobilières qui leur étaient communes.

Parmi les acquéreurs des dépendances de l'hôtel de la reine, se trouvait le traitant Briois, que le roi eut à faire regorger, comme tant d'autres de ses financiers : ce créancier, deux fois privilégié, força l'infidèle Briois à faire donation de ses biens à la duchesse de Guise qui, plus tard, douairière d'Orléans, en réclama une part des Théatins. Le prieur et le procureur soutinrent alors que leur église n'avait pas été bâtie sur le lot de Briois, mais bien entre le parc de la reine et une tuilerie : les Théatins avouaient pourtant que deux de leurs maisons s'élevaient sur le terrain revendiqué. Cette contestation nous donne la clef de l'intérêt qu'eurent les Théatins à établir une scission entre leur quai et le quai Malaquais, qui n'a été complète qu'après eux.

Des six maisons dont ils tiraient revenu, il y en avait quatre rue de Bourbon, actuellement de Lille. Les deux autres étaient sur le quai : l'une leur avait été donnée par Mazarin ; Philibert Perachon, maître-d'hôtel du roi, leur avait vendu l'autre 54,000 livres, payées sur les 100,000 écus dont les avait dotés aussi le cardinal. Ils avaient pour locataires M. de Moras, à la fin du xvii₀ siècle, le comte d'Apremont au milieu du siècle suivant. L'une de ces propriétés est la grande maison de M. le comte Vigier, n°ˢ 23-25, laquelle touche encore en aile à un ancien mur de l'église, dont une porte était au 17, église qu'on avait transformée en salle de bal et en café, avant de la démolir sous la Restauration. Dans le fond du 23, vers 1845, Alfred de Musset avait un appartement.

La rue de Lille et le quai conservent d'autres bâtiments conventuels. Le 13 nous en fournit la preuve ; mais Lavaisse, un entrepreneur de bâtiments, a pensé nous jouer un bon tour en donnant l'air d'un hôtel magistral à cette construction modeste. Les ornements d'architecture, les boiseries, la serrurerie y sont des pièces de rapport. Il y en avait plus encore, avant qu'un incendie se déclarât dans les ateliers du *Moniteur*, installés audit numéro, le 15 septembre 1857.

Par exemple, l'hôtel de Tessé est authentique, n° 1. Le comte de Sinzendorff, envoyé de l'empereur d'Allemagne sous Louis XV, descendait réellement au n° 3-5, qu'habitait, en 1812, l'ex-conventionnel Thibaudeau. Le président Perrault, intendant du prince de Condé, créait 9-11 au xvii₀ siècle. La duchesse de Portsmouth, antérieurement maîtresse de Charles II, a succédé au président : elle avait une pension, que Philippe d'Orléans, régent, a augmentée. Michel Chamillard, l'ancien ministre, est venu s'installer ensuite à la place de la duchesse, qui vivait beaucoup moins en grande dame qu'en pénitente, à la ville qu'à la campagne ; il a vendu à J.-B. Gluck, seigneur de Saint-Port, directeur des Gobelins, mort sans alliance, mais très-probablement le parent du grand musicien. Cette belle résidence était pourvue d'une chapelle, d'une grande et d'une petite galerie, où les meilleures écoles de la peinture rivalisaient, et d'un jardin enrichi de statues, démembrement du parc de Marguerite, dont il reste encore quelques arbres. L'hôtel a été Bauffremont à une époque plus rapprochée de nous. Denon, conservateur des Musées du premier empire, numismate estimé, y avait rassemblé un cabinet intéressant ; il y est mort en 1825.

Bragelonne, trésorier de France, disposait, au milieu du grand règne, du 27, échu postérieurement au marquis de Villette, comme nous l'avons dit dans la notice de la rue de Beaune. Voltaire, dont les yeux s'y sont fermés le 30 mai 1778, a donné son nom à ce quai, en vertu d'un arrêté du corps municipal à la date du 4 mai 1791.

Rue de Beaune, rue du Bac, nous avons déjà rencontré un autre bel hôtel, celui de Mailly-Nesle, où Colnet, rédacteur de la *Gazette de France*, garde des archives judiciaires, avait été tout bonnement libraire, au rez-de-chaussée sur le quai, au commencement de sa carrière.

RUE SAINT-ANTOINE.

Lettre à M. Ferdinand Le Roy, directeur de la Caisse des Travaux de Paris, à l'Hôtel-de-Ville.

Monsieur et cher lecteur,

Vous m'avez fait l'honneur de m'adresser, par lettre, au sujet de la rue Saint-Antoine, des questions qui ont attiré mon attention sur des points dignes d'intérêt ; je vous en suis reconnaissant, et je vais de mon mieux répondre à cette marque de confiance.

La rue Saint-Antoine doit son nom à l'abbaye de Saint-Antoine ; mais elle a été dite partiellement et passagèrement, aux XIIIe et XIVe siècles, de la Porte-Baudet, en raison de la porte urbaine de ce nom, du Pont-Perrin, à cause d'un hôtel, de l'Aigle, en vue d'un autre hôtel. Ce dernier se trouvait au coin de la rue de Jouy. Au fief abbatial de Tiron, il revenait un droit de cens dans une zone environnante ; un théâtre Mareux, qui, sous la République, était ouvert à des acteurs apprentis ou nomades, avait une entrée rue Tiron et une autre rue Saint-Antoine, à côté de la rue de Jouy. Le n° 46 limitait cette cour Tiron.

Au milieu des troubles de la Fronde, le conseiller du roi, Pierre de Beauvais, fit construire par Lepautre un hôtel, le 62, que sa naissance aguerrissait déjà aux scènes de révolution dont la rue Saint-Antoine lui réservait un si fréquent spectacle. La reine-mère, Anne d'Autriche, avait pour confidente et pour première femme de chambre Mme de Beauvais. Celle-ci pourtant se partageait : elle n'eut rien de caché pour le roi. Saint-Simon nous apprend aussi que ses bonnes grâces ne furent pas inutiles à Fromenteau, comte de la Vauguyon. Que de fois cet hôtel, du reste, a mené un train de palais ! Anne d'Autriche, la reine d'Angleterre, Mazarin et bien d'autres personnages de la cour s'y tenaient au balcon, aux fenêtres, le 26 août 1660, jour de l'entrée solennelle à Paris de Louis XIV avec Marie-Thérèse. Nombre de princes, de princesses s'y trouvaient deux années après, pour assister au carrousel fêtant la naissance du dauphin. Dès le xvie siècle, de grandes fêtes avaient eu lieu au beau milieu de cette rue, où un exercice chevaleresque avait coûté la vie à Henri II !

Jean Orry, président à mortier au parlement de Metz, se rendit acquéreur de l'hôtel en 1704. Un fils ou bien un frère du président avait été, pour commencer, rat de cave : sans Mme de Maintenon, il eût été pendu en France, par suite d'exactions commises en Espagne, où le roi l'avait envoyé. Celui-là devint l'homme d'affaires de la duchesse de Portsmouth. Chaumont de la Galaizière et son épouse, Elisabeth Orry, habitèrent pour sûr la maison dont je dépose, Monsieur, entre vos mains le bilan historique. Leur fille, fiancée au comte de Guitaut, guidon de gendarmerie, fut trouvée morte dans son lit, le 1er mars 1756. Patu, payeur de rentes à l'Hôtel-de-Ville, acquit d'Orry, seigneur de Fulvy, et vendit au comte d'Eck, envoyé du roi de Bavière, qui se plut et trouva son compte à faire jouer. Il avait pour voisins, dans ce poste d'ambassadeur, rendant inviolable un tripot, les héritiers Matignon d'une part, de l'autre,

M. de Sauvigny, intendant de la généralité de Paris. Ayant fait retour à l'Etat, ce fut pendant la République le bureau d'un service de diligences, quant au rez-de-chaussée. Je n'ose pas affirmer, Monsieur, qu'on eût cessé d'y jouer au départ de l'ambassadeur : les passions sont de tous les régimes !

Une jolie habitation, à laquelle est resté fidèle un jardinet, porte le chiffre 76 ; un autre porte 88 et un balcon, dont le poids est léger aux robustes dragons que représentent ses consoles, mais qui a été établi en prévision de la surcharge, du temps où les courses de bagues attiraient tant de spectateurs dans les maisons de la rue Saint-Antoine. Le marquis de Monsellier avait l'une des deux, sous Louis XVI. Gaillot, conseiller d'Etat, ancien intendant des armées, Moreau de Verneuil, Massé et Brunet de Rancy disposaient de propriétés venant après ; deux d'entre elles étaient contiguës à celles des ci-devant jésuites, transportées par Louis XV au chapitre du prieuré royal de Saint-Louis en 1768. On admirait en même temps, soit au 102, soit au 104, la collection précieuse de tableaux rassemblés par Caulet d'Hauteville ; cette galerie était voisine de la bibliothèque de la Ville, transférée vers 1773 de l'hôtel Lamoignon dans un des bâtiments que la suppression de la compagnie de Jésus avait laissés vacants. Le passage Charlemagne, rendu public en 1825, traverse l'ancien hôtel Rochepot, acheté par le connétable Anne de Montmorency, revendu par sa veuve au cardinal de Bourbon, donné enfin par ce dernier à la susdite compagnie, dont la maison professe s'y était établie en 1580. Mais il y avait déjà sept ans alors, que la Ville avait concédé une partie des anciens murs d'enceinte à ces pères, et une autre partie à Poisle, conseiller au parlement. Louis XIII posa, en 1627, la première pierre de leur église, à laquelle touche le lycée Charlemagne, fondé durant le Consulat, dans des bâtiments édifiés entièrement par les jésuites.

Les deux tiers des maisons séculaires de la rue sont étroites, n'ont que deux croisées. La largeur ne manque pas moins à ces rues du quartier Saint-Paul qui y débouchent. La rue du Petit-Musc, située dehors de l'enceinte de Philippe-Auguste, était vouée aux ribaudes, au moyen âge, comme la rue Percée. Son nom n'est qu'une corruption, ou plutôt une correction de *Pute-y-Muse*. Il y eut toutefois un hôtel du Petit-Musc, annexé en 1312 par le duc de Bourbon au logis du Pont-Perrin, englobé par le séjour royal de Saint-Pol, isolé derechef et relevé par Charles VI comme séjour d'Etampes, rétabli de nouveau sur le dessin de Ducerceau pour le duc de Mayenne, lieutenant-général du royaume pour la Ligue, résidence du prince de Vaudemont en 1709 et restauré vers ce temps-là par Germain Boffrand, puis enfin hôtel d'Ormesson, du chef de Lefèvre d'Ormesson, intendant des finances, administrateur de Saint-Cyr, et d'un président dont la fille épousa le comte d'Apremont. Le fils du président, magistrat également et député, fut au nombre des victimes de la Révolution. L'institution Favard occupe de nos jours l'immeuble.

L'impasse Guémenée se rattachait, comme avenue, à un hôtel ouvrant aussi sur la place Royale, et que nous y retrouverons. Mais le plan de Turgot l'indique comme passage des Filles-de-la-Croix, placées en 1640 par Mme Luillier dans une maison acquise des sieurs Villebousin, laquelle s'était détachée précédemment de l'hôtel aux deux portes. Ces dames étaient au fond du cul-de-sac; au milieu du xviiie siècle, elles tenaient d'un côté au comte d'Augé, de l'autre à M. de la Baune, maître des comptes, par derrière au prince de Rohan.

Pourrais-je, Monsieur, mieux finir qu'en consacrant un paragraphe au magnifique hôtel et si bien conservé du ministre Sully? Quelle profusion de bossages, et pourtant quelle rectitude dans les lignes de l'architecture! Que d'amusements pour les yeux! et de noblesse en même temps! L'air du commandement s'y respire, ou plutôt de l'autorité que le sage conseiller avait sur Henri IV, sans que le roi s'en rendît compte! Vous avez vu la chambre à coucher de Sully : quel dommage que l'ameublement n'en soit pas quelque peu du temps ! Bahuts, escabeaux, baldaquin se lasseront-ils de faire anachronisme dans les appartements modernes, où ils n'apportent qu'un luxe grimaçant? Ils auraient meilleure grâce ici que les plus riches mobiliers d'à présent ! Le palais des Tournelles n'était plus que mémoire en 1624 ; c'est l'année où Galet, riche partisan, joueur effréné, profita d'une bonne veine, le 15 avril, pour faire emplette de deux maisons appartenant à Huaut de Montmagny, sur le territoire du palais dont la place Royale n'héritait pas toute seule. Ducerceau les lui érigea en deux hôtels, placés l'un devant l'autre, mais reliés par un jardin. Le petit est venu lui-même jusqu'à nous : on y entre par le 7 de la place Royale ; seulement Galet n'en a pas joui du tout : un coup de dés les avait emportés, de même qu'ils étaient venus. Avant parfait achèvement, Sully en était l'acquéreur, ainsi que sa seconde femme, qui vécut 92 ans. Les Du Vigean y résidèrent. M. Turgot de Saint-Clair après, et il était l'un des trois fils du prévôt des marchands. Plus tard encore, la comtesse de Boisgelin.

Je vous soumets avec plaisir, Monsieur et cher lecteur, le résultat de mes recherches, en souhaitant qu'elles aient réussi à satisfaire une curiosité si bien placée et en vous priant d'agréer, l'assurance de ma considération très-distinguée, Lefeuve.
31 mars 1860.

RUE GEOFFROY - LASNIER.

Un général, notre contemporain, descend des seigneurs de Pruilly, dont le nom est inscrit sur la porte du n° 19. Mais la terre-baronnie de Pruilly en Touraine a passé en beaucoup de mains, depuis qu'elle a été vendue par Frottier, descendant déjà, en 1530, des Pruilly de quatre ou cinq siècles, à Louis, seigneur de Clermont et de Gallerande : Les seigneurs Cr. de Genest, L. de Luxembourg, Ch. de la Rochefoucauld-Barbezieux, Chateignier, César de Vendôme, Crevant d'Humière, le Tonnelier de Breteuil et L. F. de Galiffet, l'ont possédée l'un après l'autre. Nous croyons même que la famille L'Asnier fut une branche de Pruilly : la rue dont nous nous occupons était dite au xiv° siècle. Frogier-l'Asnier, et Frogier nous paraît très-fort une variante de Frottier.

De toute façon, les maîtres avaient un autre accès dans

leur hôtel par le cul-de-sac Putigneux ; ne leur en faisons pas nos compliments : *Putigneux* est lui-même un mot issu de *pute* et de *teigneux*. L'impasse était en 1300 une rue Ermeline-Boiliaux, nom de femme et nom d'homme correspondant peut-être à la double allusion de la seconde dénomination. Fermée quelque cent ans après, du côté de la rue des Barres, la rue réduite en cul-de-sac fut un peu plus à l'ombre ; la ceinture dorée des femmes qui l'habitaient n'en reluisit que davantage.

La physionomie du 23, ses vieilles ferrures de fenêtres, méritent considération. C'était dernièrement encore la mairie du IX⁰ arrondissement, et la pension Petit l'avait occupé, avant de passer rue de Jouy. Nous y aurions placé l'hôtel qu'on dit bâti dans cette rue pour Anne de Montmorency ; mais ne serait-ce pas faire du tort au 26 ?

Ce dernier chiffre répond à un hôtel qui se dit Chalons, Luxembourg, mais qui ferait peut-être mieux d'arborer le nom de Le Fèvre, consacré par le plan Gomboust. Sa porte est un chef-d'œuvre du xvii⁰ siècle, comme battants et comme encadrement. Mais il reste aussi au 28, qu'une image de Saint-Jacques décorait en 1534, des ornements de cette époque plus éloignée, dans une descente de cave qui a pu s'étendre sous la rue. Le 30 accuse pareillement d'anciennes écuries souterraines, par des auges taillées dans la pierre. Les arrière-corps de bâtiment de ces immeubles n'ont-ils pas été un, avec petit hôtel en face ? Suivons du moins l'histoire du grand hôtel. M. de la Chaise ne consomme la vente de ce qui lui en appartient que le 17 juin 1608, à Antoine le Fèvre de la Boderie, poëte médiocre, qui n'en doit être que meilleur conseiller d'Etat. Il a besoin de beaucoup d'écuries pour loger un convoi de 150 chevaux dont les Anglais lui ont fait présent à la suite de son ambassade ; mais il en fait à son tour des largesses, et il ne s'en réserve qu'un seul, qu'il monte lui-même à une chasse du roi. — Compère, lu dit Henri IV, serai-je le seul de vos amis auquel vous n'en¹ donnerez pas?... La Boderie met vite pied à terre : son dernier cheval tombe en si bonnes mains! Robert-Arnaud d'Andilly reçoit le dernier soupir de l'ambassadeur, son beau-père, en 1615. Or le célèbre janséniste a dû se lever bien matin pour épouser la fille du défunt, car elle est encore mineure en 1623 ou 4, date où la maison est acquise par Perrochel, maître-d'hôtel du roi. Un jeu de paume en dépend, l'acquéreur le supprime; mais il reste investi, par le contrat, des droits de la Boderie dans la chapelle des Prévôts, en l'église de Saint-Gervais, où ses dépouilles mortelles reposent. Perrrochel a pour locataires des Chalons, famille rouennaise que le commerce n'a pas fait déroger, grâce à des lettres de maintenue de noblesse, datées de 1641, et Blaise Guérin, barbier et chirurgien de la grande écurie du roi, médiocrement lettré si l'on en juge par sa signature que voici : +. Mme de Neufbourg, née Perrochel, vend en 1659 à Mme Béon de Luxembourg du Masset, épouse non commune en biens d'un conseiller du roi. Une dame Parfait dispose plus tard du 28; mais le 26 passe à Mme Lelong en 1762, à M. de Gadincourt, maître des comptes, en 1772, et enfin, sept années après, à M. Polissard, marchand de vin du roi, grand-père du propriétaire d'à présent.

Les n°s 14, 22, 27, 31 et 34 remontent de même à plusieurs siècles. Il n'en est pas autrement du 32, en dépit du millésime 1774, qui ne trahit qu'une réparation : c'était alors une petite auberge. Du 20, quelle est la litanie? Mlle Tessier, 1633; M. de Villemontré, conseiller d'Etat, 1668; Jean-Baptiste de Machault, conseiller, 1713; Moreau, ancien colonel de la ville de Paris, 1717.

Paris. — Imprimerie de Pommeret et Moreau, 42, rue Vavin.

LIV. 41
LES ANCIENNES MAISONS

de la rue du Regard, de la place Vendôme, des rues Neuve-des-Petits-Champs, Neuve-des-Capucines, Neuve-Saint-Augustin, Vivienne et Saint-Martin.

NOTICES FAISANT PARTIE DE L'OUVRAGE INTITULÉ :

LES ANCIENNES MAISONS DE PARIS SOUS NAPOLÉON III,

PAR M. LEFEUVE,

Monographies publiées par livraisons séparées, avec table de concordance à la fin de la publication.

RUE DU REGARD.

En 1636, la reine Marie de Médicis établissait les Carmes déchaussés dans leur couvent de la rue de Vaugirard ; il existait dès lors un chemin herbu à la place de la rue du Regard. Les constructions manquaient encore du côté des numéros pairs ; mais le sol était divisé, et M. de Montrouge, propriétaire au coin de la rue du Cherche-Midi, était suivi par M. de Rochefort ; puis venait un lieu dit la Fosse-Lausmonier, à l'endroit où se trouvent de nos jours les bureaux de *l'Ami de la Religion ;* une terre, à Saint-Germain-des-Prés occupait l'autre extrémité. Les Carmes, du côté opposé, avaient un bien qui s'appelait la Planche, avec sortie vers le milieu de la rue ; au-dessus de cette ouverture s'élevaient déjà trois maisons ; les religieux possédaient le terrain d'encoignure venant après. Quand la tranchée et les fossés de ville, englobés par la ville, eurent été comblés, le chemin s'érigea en rue. Jamais baptême ne fut plus facile à conférer à une rue naissante : une véritable fontaine, dite le Regard, coulait déjà au point où la rue de Vaugirard tient à la rue Notre-Dame-des-Champs. La nouvelle voie de communication enleva son nom à la fontaine, que les Carmes changèrent, au moyen de leurs aromates, en une source d'eau de mélisse.

Dans une ou deux des maisons précitées furent placées les nourrices des enfants confiés par le roi aux soins de Mme de Maintenon, laquelle demeurait rue d'Enfer, et n'avait pas trop de chemin à faire pour venir voir à pied, et en secret dans les commencements, les nourrissons qui grandissaient lentement, emblèmes et gages de son crédit. Des trois premières constructions de la rue, une seule est venue jusqu'à nous ; les Carmes n'en furent pas les fondateurs, mais ils la possédèrent, et M. de la Guiche en disposait au commencement de la Révolution. Celui-ci eut pour acquéreur en l'an XII M. d'Aligre, qui revendit au bout de trois années à M. Devillas, un des fondateurs de l'entrepôt de Bercy. Cet ancien négociant était presque nonagénaire lorsqu'il établit dans sa demeure, en 1835, un hospice de 30 lits, qui porte encore son nom, mais que le prolongement de la rue de Rennes ne tardera pas à reporter ailleurs. A l'immeuble donné par M. Devillas s'est ajouté de seconde main l'ancien atelier de David, le statuaire, et un jardinet.

Contigu est l'hôtel La Guiche proprement dit, édifié en 1711, à la place d'une autre maison, pour la fille du marquis de Montataire et de Marie-Thérèse de Rabutin, qui venait d'épouser son neveu, Léon Madaillan de Lesparre, comte de Lassay. Quarante-trois ans se passèrent avant que le comte de La Guiche s'y installât : il avait épousé, en 1740, Henriette de Bourbon, appelée Mlle de Verneuil, fille naturelle légitimée du prince de Condé. Son fils, colonel du régiment de Bourbon, puis Mme Chastenay de Lanty, née La Guiche, eurent ensuite la maison. Une école égyptienne y précéda, de notre temps, les dames de Saint-François-Régis. L'orphelinat voisin occupe lui-même un ci-devant petit hôtel La Guiche.

L'architecte Victor Dailly fit pour les Carmes, après la mort de Louis XIV, le plan de quatre hôtels, rue du Regard. Le frère Jean-Pierre de l'Immaculée-Conception, prieur des Carmes, et les frères Paul-du-Saint-Sacrement, 1er discret, Épiphane-de-Saint-Joseph, 2e discret, Laurent-de-Jésus, 3e discret, Magloire-de-l'Ascension, provincial, en approuvèrent les dessins, ainsi que les destinataires de ces habitations nouvelles. La vicomtesse de Beaune occupa, la première, celui desdits hôtels qui passa après elle au prince de Robeck, grand d'Espagne, c'est-à-dire le n° 7. On y retrouve de beaux appartements, et un jardin auquel s'arrête par discrétion l'éloge : Mme la marquise d'Hautefeuille rajeunit, et de plus d'un siècle, par sa gracieuse présence, cette maison, que son premier mari, le marquis Bellune, tint du maréchal de Bellune.

La famille de Chevet, le marchand de comestibles, est propriétaire du 5, qui fut longtemps hôtel de Croï. Le ministre de l'intérieur ordonnait, le 17 fructidor an IV, au citoyen Signy, architecte, d'établir le devis des travaux à faire dans les ci-devant hôtels de Croï et de Robeck, pour y transporter le garde-meuble national de la place de la Concorde; mais l'année subséquente vit abandonner ce projet. Le prince de Croï, qui avait épousé la fille du prince régnant de Salm-Kirchburg, était fils du duc de Croï, un des combattants de Fontenoy. Mais l'inaugurateur de leur hôtel avait été M. de Rothenbourg, maréchal-de-camp; un neveu, qu'il avait fait venir de Berlin, avait hérité de ses richesses, puis avait épousé la fille du marquis de Parabère.

Les Carmes eurent à s'entendre avec M. de Pâris, qui stipulait pour Mlle Du Gué, eu égard au n° 3, plus tard aux évêques-comtes de Châlons.

Le petit hôtel de Vérue fut aussi l'œuvre de Victor Dailly; il avait pour aîné le grand hôtel du même nom, plus tard Toulouse, aujourd'hui des Conseils de guerre, qui donne rue du Cherche-Midi. La comtesse de Vérue, célèbre par son esprit, par ses soupers, par les curiosités que réunissait sa galerie, avait eu son mari tué à la bataille d'Hochstet; elle avait francisé la cour d'Amédée II, duc de Savoie et premier roi de Sardaigne, avant de revenir à Paris, où elle cessa de vivre en 1731 : sa fille était princesse de Carignan. Ne se pourrait-il pas que le comte de Toulouse, fils de Mme de Montespan, fût venu vers la fin de sa vie habiter la rue du Regard, où son enfance avait été bercée ? Les dates ne nous disent pas non : M. de Toulouse, marié secrètement avec Mlle de Noailles, veuve du marquis de Gondrin, a survécu de six années à la comtesse de Vérue. Mais un Toulouse-Lautrec, colonel du régiment de Condé, député aux Etats-généraux, fut dit aussi comte de Toulouse. D'autre part, un des deux hôtels de la comtesse de Vérue était habité, sous Louis XVI, par le comte de Scarnasis, ambassadeur sarde. Quoi qu'il en soit, le petit hôtel demeure en vue, au siècle où nous vivons : le docteur Récamier, beau-frère de la femme illustre de ce nom, en a fait l'acquisition en 1821, et sa famille y entretient le feu sacré des souvenirs, sans préjudice pour le présent, qui n'en est que plus obligé.

PLACE VENDOME.

Circonvolution locale et historique.

Aux deux extrémités de la rue Neuve-des-Petits

Champs sont la place des Victoires et la place Vendôme, qui n'ont pas que ce trait d'union. Ne peut-on pas les dire sœurs? L'aînée sur la cadette n'a que l'avance d'un petit nombre d'années. Deux figures du grand roi les apparient, en outre à l'origine, et les premiers occupants des hôtels qui s'enguirlandent sur l'une et l'autre places ont également des noms à comparer.

La place des Conquêtes, plus souvent dite des Victoires, et où se font les publications de paix, comment se trouve-t-elle habitée, dans les dernières années du règne qui a donné de cette façon deux pôles à une nouvelle sphère parisienne? Si nous commençons à main droite, en partant de la rue Croix-des-Petits-Champs, pour faire le tour de la place des Victoires, le cercle de ses propriétaires va se décrire comme il suit : Crozat, Cormery, le fermier général Hénault, Prudot, Pomponne, Clérambault, Nivet, Roland, dame Pelet, dame de Mailly, Raquin, dame Normando, Jérémie, dame Pelet, Legras. L'autre place, pourvu qu'on y entre par la rue Saint-Honoré, pour en sortir par la même voie, présente les trois premiers de ses hôtels dans l'ordre que voici : Delpech, Aubert, La Fare. Ce dernier est séparé d'Hertault par une place encore à bâtir, et un autre arc pareillement est vide entre Hertault et Boffrand, contigu à Nocé : là finit le premier hémisphère de la place. La seconde moitié du cercle commence par un lot en expectative d'édifice ; un des Crozat dispose subséquemment de deux hôtels :

puis se trouvent l'un après l'autre un Gramont, le fermier-général Villemarais, son confrère Luillier, Mansard, l'architecte de la place, x pour un ou deux lots vacants.

Le projet de Louvois avait été de faire carrée cette superbe place Louis-le-Grand, qu'eussent encadrée les grandes académies, la Bibliothèque du roi, l'hôtel des Ambassadeurs et la Monnaie. L'hôtel Vendôme, ainsi nommé comme résidence du fils d'Henri IV, avait été acquis à cet effet, et le couvent des Capucines avait changé d'emplacement, et les travaux étaient en bonne voie, avant que la mort du ministre en motivât la suspension. Les prévôt et échevins s'étaient chargés, huit ans après, par suite d'une concession royale, d'en reprendre l'exécution, mais sur un plan réduit et modifié, qui fermait par des pans coupés les angles du carré primitif, se transformant en octogone. La statue de Louis XIV avait été inaugurée en grande cérémonie, le 13 août 1699 : il n'y avait encore à cette date que des façades pour décorer la place, lui donnant la figure d'un cirque. Puis la Ville avait mis en vente les terrains sur lesquels des particuliers avaient élevé les maisons que nous venons d'énumérer, et ces habitations, en général, étaient beaucoup plus importantes que celles de la place des Conquêtes. Cherchons ce qu'elles sont devenues depuis la mort de Louis XIV.

Le marquis de Bourgade, sous le règne suivant, était propriétaire de l'hôtel créé par Delpech, au coin de la rue

Saint-Honoré. M. Le Peletier de Saint-Fargeau, conseiller au parlement, fils d'un contrôleur des finances, a succédé de plus près à Aubert, dans ce qui est maintenant l'*hôtel du Rhin*, avant qu'y demeurât sa fille, devenue princesse de Chimay, nommée en 1758 dame pour accompagner Mesdames. Cette femme d'esprit, qui jouait avec passion, aimait à peu près tous les jeux : elle était surnommée à la cour Dame de volupté, comme l'avait été avant elle Mme de Vérue, et quand elle gagnait, elle mettait de moitié dans son jeu M. Daigreville, sous-lieutenant de chevau-légers, sauf à faire des économies, lorsque la veine changeait, avec M. l'abbé de Talleyrand-Périgord, aumônier du roi. Le conventionnel Le Peletier de Saint-Fargeau n'était autre qu'un neveu de cette princesse de Chimay, et chacun sait qu'il fut assassiné en 1793; son corps ensanglanté fut exposé sur le même piédestal d'où avait disparu la statue de Louis XIV, et le cortége de ses funérailles défila sur la place Vendôme, en ce temps-là dite des Piques.

Voyez dans le n° 8 l'ancienne demeure des La Fare, famille de l'académicien, ami de Saint-Aulaire, de Chaulieu, tendrement attaché à Mme de la Sablière. Ses amis le pleurèrent, il est vrai, dès 1711; mais un évêque, un maréchal de France furent les fils du poëte La Fare. Les héritiers de Mme de Beaumont, sous Louis XVI, avaient des droits sur le 14. L'immeuble mitoyen appartenait alors au marquis de la Sonne; il échut plus tard à Deserre, quelque temps directeur de la Porte-Saint-Martin. M. Dainval, contemporain de La Sonne, posséda le 18, vendu postérieurement par la baronne de Feuchères à la famille Aguado de Las Marismas; il avait pour second voisin M. de la Garde. M. le général marquis de Lawoestine, au temps où nous sommes, convie tous les matins à déjeuner les officiers et quelques caporaux de service, à l'hôtel de l'état-major de la garde-nationale : cette propriété, créée par l'architecte Boffrand pour lui-même, et qui attenait d'autre part à celle de M. de Nocé, premier gentilhomme de la chambre du régent, passa à M. de Cursay, puis au financier Magon de la Baluë.

Il restait quelques lots à vendre, place Vendôme; Law en fut l'acquéreur, et l'agiot de la rue Quincampoix changea de quartier-général. Le marché aux billets, dont le bruit souleva les réclamations des voisins, fut renvoyé ailleurs, et l'hôtel qu'avait habité le créateur de cette banque fut, par ses créanciers, vendu en 1728 à M. de Boulogne, premier commis des finances, intendant des ordres du roi. Lancret, Watteau, Boucher enrichirent de peintures, qui se sont conservées, la résidence de M. de Boulogne, dont les successeurs furent M. Boucher, trésorier-général des finances d'Amérique, M. de Montbreton. Ce dernier tenait d'un côté à la comtesse de Coigny, et de l'autre à M. Dornay, dont les propriétés avaient été sous le même sequestre. Mais un autre genre de marchands, grâce à la foire annuelle de Saint-Ovide, avaient encombré depuis lors la place Vendôme de baraques : il avait fallu de rechef s'agiter et se plaindre, pour que le champ de foire fût reculé place Louis XV. Aussi bien des hommes à citer ont habité la susdite maison Dornay : 1° le marquis de Méjanes, syndic de la noblesse de Provence, grand bibliophile ; 2° Joubert, trésorier des États du Languedoc, formateur d'un riche cabinet d'histoire naturelle; 3° Lhéritier de Brutelle, savant botaniste, mis en prison chez lui sous la Terreur, mais pouvant encore se promener avec deux gardiens sur la place, où l'herbe poussait de toutes parts : ce qui permit au botaniste d'écrire sa *Flore de la place Vendôme*.

Au logement du président de la Chambre des députés a été affecté assez longtemps le n° 19, où le maréchal de Broglie avait eu pour prédécesseurs le maréchal d'Estrées, vice-amiral de France, le comte da Cunha, ambassadeur de Portugal, et le comte d'Evreux, colonel-général de la cavalerie-légère, gouverneur de l'Ile-de-France. Celui-ci avait épousé la fille d'Antoine Crozat, marquis du Châtel, qui avait fait construire par l'architecte Bullet cet hôtel, à côté de celui qu'il habitait. La comtesse d'Evreux, avant de se marier, avait accepté la dédicace de la *Géographie* de l'abbé Le François, laquelle n'a jamais eu d'autre raison pour s'appeler *Géographie de Crozat*. Le père de la comtesse cessa de vivre en 1738. Il avait été receveur des finances de Bordeaux, trésorier de l'ordre du Saint-Esprit. De toutes les maisons de la place, celle occupée par Crozat du Châtel avait été achevée la première : le peintre Mattéi en avait décoré la galerie en 1703. La célèbre collection de tableaux et dessins qu'un des fils d'Antoine fit graver, fut léguée par lui à son frère, le marquis du Châtel, en 1740. La comtesse de Béthune, qui était née Crozat, comme la maréchale de Broglie, possédait quarante ans après ledit hôtel, dont les Schikler jouissent à notre époque, et qui a gardé un jardin. Du temps de Mme de Béthune, le duc de Lauzun était locataire de l'habitation transformée aujourd'hui en bureaux du Crédit mobilier.

Les traitants Villemarais, Luillier, le sous-traitant Poisson de Bourvalais furent saisis dans leurs biens, en 1717, faute de payement d'une taxe imposée en chambre de justice, et deux hôtels qui leur appartenaient devinrent dès lors celui de la Chancellerie. Saint-Amand, fermier-général, si la justice révolutionnaire lui fut encore plus rigoureuse, a pour consolation posthume de se voir remplacé, dans la propriété attenante, par un des plus beaux hommes et des plus braves et des plus haut placés en ce temps-ci, commandant la 1re division militaire.

L'état-major de la place de Paris a pour siége la maison en pan coupé que s'est édifiée Jules Hardouin Mansart en l'an 1703, et où depuis ont demeuré M. Le Bas de Montargis, garde du trésor royal, M. de la Grange, voisin du comte de Durfort, et le célèbre girondin Vergniaud. L'abandon où était tombée la place des Piques n'empêchait pas cinq ou six députés d'y demeurer pendant la République. Le Directoire mit à la chancellerie la préfecture de Paris ; mais le grand-juge, sous l'Empire, y résidait, sans le préfet. Le prince Corsini, les comtes Venturi et Fossombrini avaient à leur tour des fenêtres sur la place Vendôme, quand fut inaugurée la colonne de la Grande-Armée.

RUES NEUVE-DES-PETITS-CHAMPS ET NEUVE DES CAPUCINES.

Inventaire de ce qui y date d'un siècle et demi.

Un des personnages de la comédie du *Menteur* dit :

> ..... L'univers entier ne peut rien voir d'égal
> Aux superbes dehors du Palais-Cardinal :
> Toute une ville entière, avec pompe bâtie,
> Semble d'un vieux fossé par miracle sortie.

De pareils vers se gardent bien de passer par la bouche du héros de la comédie, puisque ce héros doit mentir. Rien de plus historique, sincère et explicable que l'admiration ainsi vouée à l'entourage primitif du palais. Il est encadré en effet de voies de communication qui ont cru suffisant de prendre la mesure de trois carrosses ; mais l'extension trop grande de la rue rapetisse trop les monuments, et les piétons de ce temps-là tiennent encore à éviter les places sans arcades, les quais, les boulevards en plein air, chaque fois qu'ils ont à craindre le soleil, la gelée, le vent, la pluie, la poussière ou l'ennui. Les maisons où l'espace manque donnent presque toujours par derrière sur la cour, ou sur le jardin d'un palais, d'un hôtel, d'un collége ou bien d'un couvent, et la somme d'air est plus considérable que s'il était pris par devant. Ainsi raisonnent les premiers habitants de la rue Neuve-des-Petits-Champs, ouverte en 1634, et sa dénomination est encore justifiée en 1652 par des cultures qui, en partie, la bordent. Le plan de 1714 n'y désigne lui-même que trois hôtels nominalement ; nous allons tâcher de mieux faire, en remontant à la même date, sans parler des habitations dont il ne reste plus pierre sur pierre à notre époque, ou dont nous n'avons rien à dire qui intéresse l'histoire de Paris.

N° 1 : demeure de M. de Beaumont; 2 : M. Fondre, receveur-général des finances ; 6 : M. de Colbert, archevêque de Rouen, successeur de Colbert, ministre, pour lequel a été rétabli par Levau cet hôtel de Bautru-Serrant, où s'établiront avant peu les écuries de la maison d'Orléans. On trouve ensuite sur la droite le palais Mazarin, que M. le duc de Mazarin a hérité du cardinal, et l'ex-hôtel Tubeuf, appartenant à M. de Varennes, au premier coin de la rue Richelieu : la Compagnie des Indes, puis le Trésor public s'installeront au palais Mazarin, du côté de la rue Neuve-des-Petits-Champs, jusqu'à ce que la Bibliothèque du roi, établie sous Louis XV dans la portion échue au duc de Nevers, autre héritier du cardinal, englobe le palais tout entier, avec et y compris l'hôtel Tubeuf (qu'on reconstruit à l'heure qu'il est). Des maisons plus modestes font vis-à-vis à celle du duc de Mazarin ; elles ont vue, par derrière, ainsi que la maison Beaumont, sur le jardin du Palais-Cardinal, devenu Palais-Royal. L'une d'elles a pour enseigne originaire : A la Bonne Vendange. N'est-ce pas l'indice d'une buvette?

Les Chabannais de Saint-Pouange, branche de Colbert, sont propriétaires du 20, lequel dépend alors du grand hôtel sur lequel s'ouvrira en son temps la rue Chabannais.

Mme Lulli dispose des n°s 45 et 47, où se trouve déjà une boutique à l'image de l'Epée de Bois ; son mari les lui a laissés en 1687. Le plan de la première de ces maisons, décoré de pilastres d'ordre composite, a été commandé par le grand musicien à Gittard ; il était alors devenu riche, et une charge de secrétaire à la chancellerie l'avait, de plus, fait gentilhomme. Les trois fils de M. de Lulli cultivaient le même art que lui, mais en élèves respectueux restant loin, bien loin de leur maître. Quand sa santé se trouvait compromise, sa femme en accusait bien plus les plaisirs de la table que l'excès du travail, et elle en faisait des reproches à tous ceux qui les partageaient, et jusqu'à ce bon La Fontaine, que Lulli avait tant prié de lui écrire des livrets d'opéra, et qui s'était *enquinaudé* par affection pour le compositeur. Au chevalier de Lorraine, son autre ami, dont les soupers allaient beaucoup plus loin, elle s'en prit avec plus de raison ; par malheur, il était trop tard, et Lulli, quoique très-malade, se releva sur son séant, en convive reconnaissant, devant M. de Lorraine, n'en pouvant mais. — C'est chez vous, lui dit-il, que je me suis grisé la dernière fois ; eh bien ! pourvu que j'en réchappe, je vous donnerai la préférence le premier jour que cela m'arrivera..... La semaine suivante on gravait sur un mausolée, dans l'église des Petits-Pères, l'épitaphe composée par Santeul pour le musicien.

A M. Cesbron de Bonnegarde, 51, 53, 55. Enseigne de la Côte-Rôtie, au n° 59, et celle des Trois-Entonnoirs, au premier coin de la rue Saint-Roch, presque en face l'hôtel Sérouges. N°s 54, 56, 58 : M. de l'Espine ; 60, 62 : Mme Boutard ; 64, 66 : M. de Mazières. Le n° 83, qui n'est pas encore l'hôtel de Coigny, appartient tout bonnement au sieur Girard, ami du peintre Rigault, et le Van-Dick français a pris lui-même un appartement vis-à-vis, mais un peu plus bas. Perpignan, en vertu d'un droit reconnu à cette seule cité, a depuis peu conféré la noblesse à Rigault, pour l'avoir vu naître, puis le roi l'a fait chevalier de Saint-Michel.

La rue Neuve-des-Petits-Champs prend, à l'époque dont nous parlons, le nom de rue des Capucines, à partir de la rue Louis-le-Grand. D'autres hôtels sont en train d'y surgir du côté des chiffres impairs. Que s'ils sont anonymes encore, redescendons en leur faveur au commencement du règne de Louis XVI : n'y sont-ils pas dits Kerderen, Breda, Périnet, Montpezat, Dumas, Saint-Pré, Hocquart de Cueilly et Chabannes? A l'opposite, les numéros pairs sont alors à Mme d'Etienne, qui succède à M. de Coste (deux particules nobiliaires assez drôles!), à Mme de Montmagny et à la famille Tubeuf, qui s'est fixée depuis un siècle au n° 82.

Les Capucines, lors de la création de la place Vendôme, qui prenait, rue Saint-Honoré, quelque chose de leur domaine, ont été transférées de l'autre côté de la place et vis-à-vis : le ministre Louvois a été enterré dans leur nouvelle église, comme le sera Mme de Pompadour. Leur maison, sous la République, servira d'hôtel des monnaies pour la fabrication des assignats ; leur jardin deviendra un cirque, un spectacle fantasmagorique, un théâtre des Jeunes-Comédiens, un panorama, une foire, mais que mettra à leur tour en déroute le tracé de la rue de la Paix.

La rue Neuve-des-Capucines, percée au commencement du xviiie siècle, ne perdra au siècle suivant que la moitié de ses hôtels, et encore elle aura cette consolation, que l'histoire en garde l'empreinte. Par bonheur, le Crédit foncier arrachera des mains de la bande noire l'ancien hôtel Mazade et Villequier, siége de cette administration depuis l'époque de sa fondation ! En étendant, en doublant ses bureaux, le second gouverneur du Crédit foncier sauvera aussi l'hôtel Mathan, acheté de M. le baron de Septeuil, successeur de M. Dervieux. Heureuses les institutions et par conséquent les maisons tombant en de si bonnes mains! En voilà une qui aura augmenté les ressources du crédit et diminué ses charges, conjuré ses dangers, prévenu ses abus, problèmes résolus à la fois, et ses dehors n'en auront respecté que mieux et que plus volontiers des ornements légués par un autre âge, moins préoccupé d'intérêts! Enfin une autre propriété (c'est le fond du n° 16), appartenant avant 89 à M. de Melun ou à M. de la Borde, aura l'honneur de se voir habitée par le général Bonaparte après le 13 vendémiaire, par M. de Montmorency, ministre sous la Restauration, puis par M. Bethmont, aussi ministre, mais sous la seconde république.

RUE NEUVE-SAINT-AUGUSTIN.

L'ancien panorama. — Girodet. — Les hôtels garnis. — Le marchand de vin et le plombier. — L'architecte Gabriel. — La place Gaillon. — Le maréchal d'Uxelles. — Le président Robert. — Le duc de Gramont. — Le président Ménars. — M. de Pomponne.

Le premier cirque Franconi s'installa, au commencement de notre siècle, dans le ci-devant jardin des Capucines, en face de l'emplacement assigné aujourd'hui à la translation de l'Opéra. Avant que lesdites religieuses eussent quitté la rue Saint-Honoré pour la rue Neuve-des-Capucines, leur jardin était occupé par un immense marché aux chevaux. Or la rue Neuve-Saint-Augustin aboutit, depuis 1806, au boulevard des Capucines, et l'ancien cirque Franconi, transformé en panorama, a fait place en 1830 aux deux maisons qui portent dans la rue les n°s 58 et 60.

. Le peintre Girodet s'est fait bâtir, n° 65, une jolie maison, de laquelle nous avons parlé dans notre *Histoire de l'ancienne Sainte-Barbe et du collége Rollin*, parce que ce grand peintre avait fait ses humanités à Sainte-Barbe. C'est par originalité que l'artiste se contenta d'ébaucher l'intérieur de son habitation : sa chambre n'eut jamais de papier. Girodet y rendit son dernier soupir le 9 décembre 1824. David, dont il était l'élève, avait dit de lui : — C'est mon plus bel ouvrage!

Aussitôt que la démolition d'une maison de l'autre siècle eut permis à la rue Neuve-Saint-Augustin de s'étendre jusqu'au boulevard, des hôtels garnis se groupèrent en plus grand nombre dans cette voie publique ; les dénominations auxquelles ont parfaitement raison de tenir les *hôtels Chatam, de l'Amirauté, Rastadt* et *de l'Empire*, donnent à leur préexistence une authenticité irrécusable. Néanmoins en 1807 un autre *hôtel* dit *de l'Empire* était, dans la rue Cérutti, l'ancienne résidence de La Borde, où Laffitte s'installa plus tard. Paris n'avait alors que quatre hôtelleries princières, et celle-là en était une, où descendissent les voyageurs que suivait un train de maison, ou un besoin de représentation ; chacune d'elles s'était arrangée d'une demeure aristocratique, abandonnée dans la Révolution. L'hôtel Beauvau, Faubourg-Saint-Honoré, s'appelait ainsi du *Prince de Galles* ; l'hôtel Pinon portait le nom de la rue Grange-Batelière, parce qu'il y était situé ; mais *l'hôtel Richelieu*, rue Neuve-Saint-Augustin, gardait sous le nouveau régime, et au service des étrangers, la plus française des dénominations, comme au temps où, en maître unique, y avait commandé le maréchal de Richelieu.

Sur la porte d'un marchand de vin, au coin de la rue Louis-le-Grand, on lit ces mots : *Maison Ravaut fondée en 1640*. Quel malheur que la rue Louis-le-Grand et cette partie de notre rue n'aient pas même été entr'ouvertes avant le xviii siècle ! De l'hôtel Richelieu, appartenant d'abord au duc d'Antin, à Chamillart, pas une seule pierre n'a été équarrie avant l'année 1707, et l'immeuble dont le rez-de-chaussée est occupé par la maison Ravaut, paraît à coup sûr moins ancien que le 16 de la rue Louis-le-Grand, un des restes de cet hôtel. Par exemple, le marchand de vin tient, du côté de notre rue, à l'établissement d'un plombier, dont la fumée s'en va par un tuyau presque aussi haut que la colonne Vendôme, et ce plombier serait fondé à mettre sur le devant rabougri de sa bicoque : *Ancienne basse-cour de l'hôtel Richelieu*. Les écuries étaient au 45, mais à l'époque du duc d'Antin.

Aussi bien deux balcons jumeaux feraient rugir les grosses têtes de lion qui les soutiennent, si nous passions devant les n°s 47 et 49 sans leur en faire nos compliments. L'architecte Gabriel, élève et parent du second Mansart, s'est créé cette résidence, où le peintre du même nom demeurait aussi sous Louis XV. Comme cette famille a donné plusieurs architectes, désignons mieux encore celui dont nous parlons, en rappelant deux de ses ouvrages : la colonnade de la place Louis XV et l'École militaire.

Chamillart, contrôleur général des finances, a disposé également, dans la rue, d'un hôtel édifié pour Fromont, fermier général, prédécesseur du maréchal de Lorges : il y a gros à parier que la place Gaillon en garde peu ou prou. Marie-Anne de Bourbon, légitimée de France, douairière de Conti, a joui, depuis l'année 1713, de cet hôtel de Lorges, où lui a succédé le prince de Deux-Ponts, après qui a été percée sur cette propriété princière la rue de la Michodière, comme l'avait été bien avant, entre l'hôtel d'Antin et celui de Lorges, la rue de Port-Mahon, d'abord appelée de Lorges et de Chamillart. Une place qui formait l'angle, et où figurent maintenant la rue du Port-Mahon et le pourtour de la place Gaillon, avait été adjugée, par le bureau de la Ville, au maréchal de Lorges, le 10 juin 1688.

Dans l'origine, l'abbaye de Saint-Victor était propriétaire d'un marais, auprès de la porte Gaillon, mais au delà de l'ancien mur de ville ; les Victorins, en outre, avaient dans leur censive quelques-unes des maisons de la rue, bien que le plus grand nombre dicelles relevassent de l'archevêché, quelques autres du Fief-Popin et de la Grange-Batelière. Une rue Saint-Victor avait même existé passagèrement aux dépens d'un tronçon de celle qui nous occupe : n'était-ce pas dans la partie comprise entre la porte Gaillon et les Filles-Saint-Thomas, laquelle avait été tracée au milieu du siècle XVII ?

Le partisan Cotte-Blanche a fait bâtir une maison moins grande, qui toutefois s'est divisée en n° 22 et en n° 24. Au 24, Renouard de la Touanne, trésorier de l'extraordinaire, mort vers la fin du règne de Louis XV, avait formé un cabinet de curiosités ; Augustin de Saint-Ferriol, qui avait été receveur des finances du Dauphiné, l'y remplaça ; puis vint le marquis de Pons. L'autre fut la maison mortuaire du maréchal d'Uxelles, qui avait fait partie des sociétés de Mme de Lafayette et de Mme de Sévigné ; ses biens passaient, faute d'enfants, dans la maison de Beringhen ; mais Uxelles s'excusait ainsi d'avoir eu toute sa vie de l'éloignement pour le mariage : — Je n'ai jamais rencontré un homme tel que je voulusse être son père.... Ses successeurs, rue Neuve-Saint-Augustin, furent le fermier général Lallemant de Betz, Mme de Marsan, et, dans les temps modernes, comme locataires à citer, Mlle Mars, l'architecte Visconti.

Charmant séjour que le n° 20, sans qu'on s'en doute par devant ! Un fabricant de fleurs artificielles y jouit d'une moitié de jardin, élevé en terrasse sur l'ancien mur de ville et sur des écuries; une séparation à claire-voie en laisse voir l'autre moitié, qui précède un corps de logis donnant sur la rue de Hanôvre. Possible que Mlle Guimard ait profité de cette double issue, du passage en sous-sol si bien fait pour donner le change aux indiscrets ombrages du jardin! Toujours est-il que messire Louis Robert, président à la cour des comptes, faisait peindre dans cet hôtel, dès 1679, trois plafonds par Jean Jouvenet, et que la comtesse de Choiseul le possédait à cent années de là, ainsi que les propriétés qui font angle rue de Choiseul.

Un hôtel d'Arles en 1714, de Desmarets en 1739, nous parait être le 3, rue de Choiseul, bien que l'ouverture de cette voie soit d'une date postérieure; seulement il a dû être acquis par le duc de Gramont, dont l'hôtel principal a effectivement disparu, mais auquel ont appartenu le 6, le 8 de notre rue. L'habitation du président Ménars, dont le 4 dépendait, comme plusieurs maisons de la rue Richelieu, ne succédait-elle pas à l'hôtel Grancey, réuni au jardin de Thévenin, que Sauval a décrit?

De l'autre côté de la rue, avant la mort de Louis XIV, Fremont d'Auteuil avait une maison; reconnaissons-la dans le fond des n°s 29 et 31. L'hôtel de Lionne, ensuite Pontchartrain, puis Boisfranc, puis de Tresmes, et enfin du Contrôle général des finances, n'a rien laissé rue Neuve-des-Petits-Champs, rien rue Neuve-Saint-Augustin, à moins que l'entrée du passage Choiseul ne soit pratiquée dans un de ses anciens corps de bâtiment. Mais la veuve de Louvois était propriétaire du 13 et de deux maisons contiguës, et on voit assez que le 5 est une grande maison refaite. Or il y avait, sous Louis XV, un hôtel de Pomponne en face du président Ménars ou du duc de Gramont, auxquels précisément le 5 et le 13 faisaient vis-à-vis.

La marquise de Villarceaux occupait le n° 1.

RUE VIVIENNE.

« Avant la Révolution, dit Prud'homme en 1807 (*Mi-* « *roir de Paris*, tome V), pas une boutique rue Vivienne ; « à présent elles affluent et brillent par l'élégance. » Le commerce, depuis lors, n'a fait que croître et embellir, dans cette avenue des galeries auxquelles fait tort le boulevard, sans que la rue Vivienne s'en ressente. Il y aura tantôt un siècle que les écussons de ses hôtels s'effacent devant des enseignes.

La Tynna dit de son côté, dans son dictionnaire des rues, que le passage du Perron fait partie de la rue Vivienne, depuis 1806. Mais aujourd'hui les numéros commencent au delà de la rue Neuve-des-Petits-Champs, et nous doutons qu'ils soient jamais partis de la rue Beaujolais et du Palais-Royal.

Renvoyons pour l'hôtel Colbert, qui occupe les n°ˢ 2 et 4 de la présente rue, à ce que nous en avons dit dans les notices du passage Colbert et de la rue Neuve-des-Petits-Champs. Il serait fastidieux pour le public que nous tombassions dans des redites en ce qui regarde le Palais-Mazarin, actuellement Bibliothèque impériale. Lorsque la Compagnie des Indes avait là ses bureaux, on y ouvrait la Bourse, dans une galerie que remplace un parterre séparé de la rue par une grille. L'*Hôtel des Etrangers*, qui vient après, est exploité de date immémoriale, dans une des maisons que Colbert a élevées en bordure du Palais-Mazarin. Les héritiers du grand ministre possédaient, après lui, tout ce qui est situé entre la grille de la Bibliothèque et la rue Colbert.

Colbert de Seignelay, son fils, qui eut la survivance de sa charge de secrétaire d'Etat au ministère de la marine, fut maître plus particulièrement du n° 6, rue Vivienne, et d'une maison rue Colbert, au second coin de la rue Vivienne, lesquels entrèrent dans sa propre succession. A l'archevêque de Rouen, du même nom, qui habitait alors le grand hôtel Colbert, était échu personnellement le 8 et le 10, où la Bibliothèque du roi était établie, avant de passer rue Richelieu. M. Bourgevin de Saint-Morris, conseiller au parlement, et dont la collection de dessins était estimée, habitait postérieurement l'une de ces deux propriétés, où se trouvaient aussi les bureaux du trésorier des Etats de Bretagne : dans l'autre était la Caisse d'escompte, rétablie par arrêt du conseil en 1776.

Au commencement du xviiie siècle, Mme Desmousseaux disposait du n° 12, que M. de Bonneval, brigadier des armées du roi, tint lui-même de son oncle en 1755 ; la sœur de celui-ci, femme du marquis Talaru de Chalmazel, laissa la même propriété à son fils, M. de Talaru, qui vendit à M. de Baulny, receveur des domaines. La maison, en 1808, était le théâtre d'un crime : le domestique du banquier Contentin, locataire du premier étage, coupa son maître par morceaux, et puis le mit dans un panier. M. de Baulny, deux ans après, vendait l'immeuble à M. Durand père.

Mme Desmousseaux avait pour voisin M. de la Noüe, au n° 14, qu'on dit avoir appartenu à la famille Vivien. Il est vrai que Réné Vivien, seigneur du fief de la Grange-Bâtelière, a vécu au milieu du xvie siècle, époque où l'on estime que la rue, d'abord dite Vivien, s'est dessinée. Dès le siècle suivant, elle se prolongeait jusqu'à la rue Feydeau ; mais les Filles-Saint-Thomas, afin d'arrondir leur domaine, supprimèrent la partie extrême de la voie.

M. de Jonquières, secrétaire du roi, demeurait vers 1710 au n° 15, plus tard *hôtel Boston*. Les autres propriétaires des numéros impairs, jusqu'à la rue des Filles-Saint-Thomas, étaient : Anjorrand, Boucher, le duc d'Estrées, Mme Barrois. Le duc d'Estrées n'habitait pas.

En revanche, on nous montre chez un marchand de tapis, n° 16, au rez-de-chaussée, une pièce où a travaillé le marquis de Torcy, frère de M. de Seignelay, ministre d'Etat, ambassadeur, président de l'Académie des sciences, mort en 1746 à un âge avancé, remplacé rue Vivienne par le maréchal de Bezons. Cet hôtel de Torcy avait été bâti, sur les dessins de Pierre Le Muet, pour Jacques Tubeuf, surintendant des bâtiments de la reine Anne d'Autriche.

Contigu est un bel hôtel qu'occupèrent Desmarais, conseiller d'Etat, le fermier-général Melchior de Blair, puis son fils, conseiller au parlement, qui fit rétablir l'édifice par Boffrand, et enfin, mais comme locataire, l'abbé Boismont, prédicateur du roi, l'un des quarante de l'Académie. Ce dernier aimait beaucoup le monde, faisait des vers, jouait même la comédie. En 1786, il sentait sa fin approcher, quand vint le voir l'abbé Maury qui, plusieurs fois, dans la conversation, ramena M. de Boismont sur des circonstances de sa vie, dont il demandait le détail.—Vous prenez mesure, dit le malade, d'un discours de récipiendaire !

Le 20, dans l'origine, a dû faire corps avec le 22. Le premier a pourtant appartenu isolément à Debrieux, maître-d'hôtel chez le grand roi. Le second a été l'habitation du marquis de Lionne, puis de Lempereur, échevin, qui y réunissait une galerie de tableaux, et il est depuis longtemps dans la famille de M. le baron d'Ancourt.

Au coin de la place de la Bourse, M. Onslow, le musicien, est maintenant propriétaire d'un hôtel qui coûta d'abord 100,000 écus à Brioult d'Ailly, receveur-général des finances à Poitiers, où demeurait ensuite Louis Phélypeaux de Pontchartrain, quand sa nomination de chancelier l'en tira au mois de septembre 1699, qu'occupèrent après cela le marquis de l'Hospital et Bignon, de l'Académie française, bibliothécaire du roi.

Pour la seconde fois la rue Vivienne allait jusqu'à la rue Feydeau, grâce à la suppression du couvent, dont la porte lui avait fait pendant cinquante ans vis-à-vis ; elle poussa jusqu'au boulevard en l'année 1829 : M. Achille Pène, propriétaire du terrain, s'était chargé, moyennant un million, d'opérer ce dernier prolongement. Un corps de bâtiment de l'ancien hôtel de Montmorency était resté debout au milieu des constructions neuves ; le duc d'Orléans, fils du roi, en fit son cercle particulier : il y recevait principalement des officiers. Un café, depuis la mort du prince, a hérité d'un grand salon, sculpté, doré pour les Montmorencys.

RUE SAINT-MARTIN.

Origines de la rue. — Ses affluents. — Le passage Jabach. — La maison gothique. — Assassinat d'un agioteur. — Saint-Julien-des-Ménétriers. — Le théâtre Molière. — L'hôtel de Vic. — Le Vin Médecin. — L'horloge de la maison Detouche et celle du Conservatoire des Arts et Métiers.

Rien à dire des rues de la Planche-Mibray et des Arcis, réunies à la rue Saint-Martin en 1851 : leurs maisons séculaires, depuis leur annexion, ont disparu. A la rue des

Lombards commençait la rue Saint-Martin proprement dite, pour finir à la porte de la deuxième enceinte de Paris, c'est-à-dire près Saint-Merri, quand Gérard de Poissy contribua à l'établissement du premier pavé de Paris, en donnant 11,000 marcs d'argent à Philippe-Auguste. Elle ne tarda pas à arriver rue Grenier-Saint-Lazare ; elle touchait, sous Charles VI, à la rue Neuve-Saint-Denis, enfin sous Louis XIII au rempart.

Parmi les anciennes maisons de cette voie, qui était encore la plus droite de Paris au commencement de l'Empire, remarquons : — le 81, qu'a sans doute habité Chapelain dans sa jeunesse, car ce poëte a demeuré au coin du cul-de-sac Saint-Fiacre, qui était alors une ruelle, et rien n'y manque, pas même la vieille mansarde qui ajoute à la vraisemblance ; — le 89, qu'on appelle la maison de l'Annonciation, et que décore un bas-relief, à côté d'une rue du XIIIe siècle, élargie çà et là, que M. de Corbière, en 1822, a fait appeler La Reynie, pour ne plus dire Troussevache ; — et puis le n° 103, haut, étroit, et non sans sculptures, à l'enseigne du Chapeau-Rouge : il a déjà eu sa mention quand nous étions rue Aubry-le-Boucher.

Au 108, au 110, est le passage Jabach, formé en 1824 par MM. Rougevin, Mélier et Néron, à l'entrée d'un hôtel dont nous y retrouvons le bâtiment, et qui devait son nom au financier Jabach. MM. Lazare, dans leur *Dictionnaire*, rappellent qu'aux 5 et 6 juin 1832, l'insurrection républicaine fit du passage un théâtre de luttes. Ce qu'on appelle la maison gothique, un peu au-dessus de celle-là, nous paraît un pastiche : on reconnaît, toutefois, dans ce petit décor, des colonnettes d'une finesse authentique; un bas-relief y semble dû au merveilleux système reproducteur de notre ami, M. Lottin de Laval.

L'enseigne de Sainte-Geneviève servait déjà à distinguer le n° 121, lorsque la Ville adjugea à Nicolas Moreau la maison de la Fontaine-Maubuée, située en face : année 1733. Ladite fontaine remontait déjà à quatre siècles, tout en ayant encore la rue de son nom pour aînée. Du même temps est la rue de Venise, qui traverse la nôtre un peu plus loin, et une largeur de 6 pieds lui suffit dans la plus grande partie de son parcours : n'accusez donc pas ses maisons d'être modernes! On l'a dite rue Plâtrière, rue de la Corroirie, d'une part, rue Erembourg-la-Tréfilière, rue Bertaut-qui-Dort, d'autre part, avant que le xvie siècle la vît ceindre un Ecu-de-Venise, qui pendait à une de ses portes. On doit retrouver, rue de Venise, la maison où un comte de Horn, capitaine réformé, assassina, pour le voler, un agioteur de la rue Quicampoix, attiré dans ce coupe-gorge sous prétexte d'actions à négocier : Horn, et un de ses deux complices furent roués en place de Grève.

Le fleuve, dont nous suivons le cours, a toujours eu pour affluent une autre rue, celle des Vieilles-Etuves, où, au coin de la rue Beaubourg et à l'image du Lion-d'Argent, les femmes se baignaient, mais seules : ce qui ne ferait plus l'affaire des habitantes du n° 14, construction d'ailleurs vénérable.

Toutes les maisons de la rue Saint-Martin ne se contentent pas modestement de deux fenêtres par étage. Le 141 ne fut-il pas un petit hôtel, 155 un grand ? Les sculptures du 160 ne prouvent-elles pas qu'il est né sous les auspices de la bonne bourgeoisie?

Par exemple, malheur à ceux qui ont à faire, pour la première fois, dans la pittoresque rue du Maure, qu'il faut chercher, pour la trouver dans la rue Saint-Martin! M. Rousseau, notre éclaireur, l'avait prise tout bonnement pour l'allée du 168. Apprenez, cher monsieur Rousseau, que la cour et la rue du Maure ont été la rue Jean-Palée, puis Saint-Julien, à cause de l'hospice Saint-Julien-des-Ménétriers, établi en 1330 par deux ménétriers, au profit des joueurs d'instruments; la chapelle en fut affectée en 1649 aux prêtres de la Doctrine chrétienne, et convertie en maison particulière à la Révolution. On avait continué à se pourvoir, rue des Ménétriers et rue du Maure, de musiciens qui se louaient pour les noces, pour tout ce qui était une fête : de nos jours, c'est à l'angle des rues Thévenot et du Petit-Carreau que se tiennent, tous les dimanches, des musiciens à embaucher.

Un vieux balcon, une lucarne, aident à reconnaître, vis-à-vis, un des anciens logis de la belle Gabrielle, dans lequel, vers la fin du xviie siècle, la compagnie des Indes orientales recevait l'engagement de ceux qui voulaient s'embarquer. Boursault, membre de la Convention, qui avait été comédien et directeur de spectacle à Marseille, y fonda, en 1792, le théâtre Molière, nommé aussi des Sans-Culottes, quand on y jouait les *Crimes de la Féodalité;* des Troubadours, pendant le Consulat ; des Variétés étrangères, sous l'Empire : on y donnait alors des pièces traduites. Puis ce fut un théâtre d'élèves, où Mlle Rachel reçut de Saint-

Aulaire ses premières leçons. On y cultive maintenant la danse, beaucoup plus que l'art dramatique : un bal public profite des nombreux relâches de cette salle; comme théâtre.

L'impasse de Clairvaux s'est substituée jadis, entre 178 et 180, à une ruelle de la Petite-Troussevache, grâce à la construction d'un hôtel qui prenait façade rue Beaubourg : l'abbaye de Clairvaux y eut pour successeurs les moines de Rigny, qui vendirent à Hussenot, un marchand de dentelles, en 1788.

L'hôtel de Vic, n° 203, fut bâti sous François Ier, pour le savant Guillaume Budé, seigneur de Marly-la-Ville, ambassadeur, grand-audiencier et prévôt des marchands, dont les dépouilles mortelles reçurent la sépulture à Saint-Nicolas-des-Champs. Le vice-amiral Dominique de Vic a sans doute habité l'hôtel : il aimait beaucoup Henri IV et mourut trois mois après lui, le 15 août 1610, des suites du saisissement qu'il avait éprouvé la veille en passant rue de la Ferronnerie. Seulement on est beaucoup plus sûr du séjour de Merri de Vic, garde des sceaux, dans cette propriété, postérieurement embellie par Nicolas Chopin, trésorier du marc-d'or, passé en 1752 entre les mains de Papillon, agent de change.

Au 215, l'utile et l'agréable se donnent rendez-vous chez un marchand de vin, qui panse gratuitement les blessures que se sont faites les ouvriers; le cabaret à certaines heures se transforme en infirmerie : au débitant a succédé l'interne. Les excellents effets de sa charpie, de ses baumes, de ses liniments, ont valu à ce philanthrope, qui s'appelle M. Permiseux, l'autorisation de poursuivre ses frictions, ses applications; il pourrait donc mettre sur sa porte cette enseigne : *Au Vin Médecin*. Aussi bien cet établissement date de loin, rue Saint-Martin.

On ne demande jamais l'heure qu'il est, en passant près de la rue Chapon : un superbe régulateur est placé à la devanture d'une des trois maisons déjà vieilles, mais rajeunies, qu'occupent les magasins, les ateliers de M. Detouche : cet appareil si compliqué donne à la fois l'heure de quinze méridiens, indique les phases de la lune, les jours de la semaine, etc. Que de jeunes femmes cependant oublient l'heure, en s'arrêtant sous cette horloge! L'orfèvrerie, la joaillerie, la bijouterie, branches distinctes autrefois, ont fait un pacte d'alliance à l'époque même de l'inauguration de cette maison de commerce. M. Detouche est aussi l'inventeur des tourniquets-compteurs, que les petits spéculateurs maudissent, à la porte de la Bourse. Les pièces astronomiques, ses appareils uranographiques, ses pendules électriques ont élevé l'industriel au rang de savant praticien. Il vient de faire présent, en bon voisin, d'une horloge remarquable au Conservatoire des Arts et Métiers, fondé par la Convention dans l'ancienne abbaye de Saint-Martin-des-Champs. La sonnerie de cette pièce merveilleuse peut, à volonté, répéter l'heure après chaque quart : n'est-ce pas un perfectionnement éminemment ingénieux et utile, au point de vue des horloges publiques?

Paris. — Imprimerie de Rouquerat et Moreau, 42, rue Vavin.

LES ANCIENNES MAISONS

des rues Saint-Antoine, Jacob, de l'Université, du boulevard Saint-Martin,
des rues Meslay et du Temple.

NOTICES FAISANT PARTIE DE L'OUVRAGE INTITULÉ :

LES ANCIENNES MAISONS DE PARIS SOUS NAPOLÉON III,

PAR M. LEFEUVE,

Monographies publiées par livraisons séparées, avec table de concordance à la fin de la publication.

RUE SAINT-ANTOINE.

Lettre adressée à M. Lefeuve, relativement à l'hôtel de Beauvais, dont l'historique fait déjà partie d'une notice sur la rue Saint-Antoine, dans l'avant-dernière livraison parue.

MONSIEUR,

Je suis fort reconnaissant de la réponse que vous avez bien voulu faire aux questions que j'ai pris la liberté de vous adresser sur la rue Saint-Antoine, et en particulier sur l'hôtel de Beauvais, situé au n° 62 de cette rue. J'ai à vous remercier de la bienveillance avec laquelle vous avez fait droit à ma réclamation dans votre intéressant ouvrage, dont on ne saurait trop louer le but essentiellement utile.

Permettez-moi, Monsieur, de vous soumettre quelques observations inspirées par la lecture de votre travail sur l'hôtel de Beauvais et sur son plus célèbre propriétaire, Jean Orry ; elles serviront peut-être à compléter le passage qui les concerne. Bien des auteurs se sont occupés de l'hôtel de Beauvais, tous s'accordent à vanter la magnificence intérieure et extérieure dont cette habitation porta longtemps les traces. Vers l'année 1742, époque à laquelle le contrôleur général Philibert Orry, fils de Jean, l'occupait encore, on admirait non-seulement l'architecture dorique de la cour, et le péristyle de forme arrondie qui lui donne un cachet si original, mais encore une façade richement ornée et des décorations intérieures dont il ne reste plus aucun vestige ! On cherche en vain ce fameux balcon qui eut l'honneur de recevoir tant de princes et de princesses, et notamment Anne d'Autriche, soit le 26 août 1660, lors de l'entrée triomphante du roi et de la reine sa femme, soit le 5 juin 1662, pour assister au défilé du magnifique cortége qui, de la place Royale, se rendait au carrousel donné devant les Tuileries. Cette façade, d'un si beau travail, a fait place à une surface unie et maussade, qui ne rappelle en rien la splendeur.

A partir de la Révolution, et même avant, les descriptions de Paris se taisent sur cette façade. Dulaure, en l'année 1787, ne parle déjà que de la cour, qui justifie encore aujourd'hui ses éloges. La corniche du premier étage est ornée alternativement de BB entrelacés et de têtes de béliers finement sculptées, en mémoire des fondateurs, Pierre de Beauvais et Henriette *Bellier :* détail qui, jusqu'ici, n'a été signalé par personne.

La famille Orry a fait incruster l'écu de ses armes, dont je donnerai tout à l'heure l'origine et la description, sous la voûte de l'escalier principal, pour marquer son passage dans cette opulente maison, construite sur les dessins de Le Pautre, et qui excite encore aujourd'hui la curiosité des artistes et des hommes de goût. L'*Encyclopédie d'architecture* en reproduit les principaux détails; des gravures d'un fini remarquable donnent le plan de l'hôtel, qui s'étendait originairement jusqu'à la rue de Jouy et mesurait 1271 mètres. Le plan de Gomboust, dressé de 1649 à 1652, n'en fait pas mention; il est représenté en bloc dans le plan de Bretez, connu sous le titre de Plan de Turgot, qui fut exécuté en 1734.

Il serait fort difficile d'en établir la propriété bien régulièrement, depuis le moment actuel jusqu'à la construction primitive. Il faudrait se livrer à de minutieuses recherches, tant dans les anciennes censives que dans dans les adjudications déposées aux Archives de l'Etat. Néanmoins, l'immeuble paraît, depuis 1828, avoir été consacré, pour partie, à un commerce de drogueries. En 1812, on aperçoit un propriétaire du nom de Valentin; en 1806, un autre du nom de Morin. Intervient ensuite le domaine de l'Etat qui, en étant devenu possesseur par le droit révolutionnaire, et après avoir converti le rez-de-chaussée en bureaux de diligences, le vend à un sieur Baron, le 9 fructidor, an VII. Mais des mains de qui l'Etat l'avait-il recueilli, comme bien d'émigré? De plusieurs propriétaires indivis qui sont : M. Hannequin d'Ecquevilly et sa femme, née Ursule Deycke ; M. Brun de Marolles et sa femme, née Adélaïde Deycke. De qui cette famille Deycke, dont l'auteur, ainsi que vous l'énoncez, était envoyé du roi de Bavière, avait-elle acquis cette vaste propriété? D'un sieur Patu, payeur de rentes à l'Hôtel-de-Ville, qui, lui-même, dites-vous, l'avait acquis d'Orry, seigneur de Fulvy. C'est là que vos renseignements ne me semblent pas assez précis : à quelle époque, et de quel Orry? Ce ne peut être ni du président Jean Orry, ni de son fils aîné, Philibert Orry, contrôleur général des finances ; toute la question est de savoir si le sieur Patu acheta l'hôtel de M. Orry, marquis de Fulvy, intendant des finances, et frère consanguin du président, mort en 1751, ou du marquis de Fulvy, son fils, né en 1736, et mort à Londres en 1823, sans postérité. Il est probable que vous voulez parler de ce dernier; car, d'une part, en 1756, cinq ans après la mort de l'intendant des finances, l'hôtel de Beauvais était encore habité par la famille Orry, notamment par M. et Mme de La Galaisière ; et, d'autre part, il m'est prouvé que le dérangement des affaires de ce dernier marquis de Fulvy a pu le forcer de se dépouiller de cet utile domaine. Ajoutons que Jean Orry l'avait acheté, en 1706, de Pierre Savalette, notaire au Châtelet. C'est ici que je m'arrête, car je ne saurais combler la lacune entre ce dernier et Pierre de Beauvais. Quelques mots sur Jean Orry lui-même ne seront pas sans intérêt.

Saint-Simon, écrivain illustre et grand coloriste, mais historien suspect, tout entier à ses passions, sacrifiait volontiers la vérité à sa haine contre Mme de Maintenon, contre tous ceux qui tenaient de près ou de loin à cette femme illustre. Il ne pouvait épargner Jean Orry, qui possédait la confiance de la princesse des Ursins, soumise elle-même à la direction et aux conseils de Mme de Maintenon. Suivant lui, Jean Orry, qui aurait exercé le métier de rat-de-cave, celui d'homme d'affaires de la duchesse de Porsmouth, faillit être pendu en France pour exactions commises en Espagne ; il est même allé jusqu'à dire que M. Orry était de la lie du peuple. On comprend que certains biographes aient pu reproduire sans examen ces assertions malveillantes, ou, du moins, en subir l'influence ; mais une étude impartiale de l'histoire du temps en fait aisément justice.

Jean Orry, que Louis XIV honora d'une mission de confiance en Espagne dès l'avénement de Philippe V, appartenaît à une honorable famille de la bourgeoisie de Paris, où il était né en 1652. Son père, Charles Orry, que plusieurs auteurs appellent *François*, était fils de Marc Orry, libraire-juré et imprimeur à Paris, mort en 1610. Ne sait-on pas que, dès le xv° siècle, les imprimeurs formaient comme un corps savant, jouissaient de priviléges notables, et étaient loin de faire partie de la lie du peuple? Quant à Marc Orry en particulier, il tenait un rang distingué parmi les érudits de son temps et continuait l'œuvre des Etienne : les auteurs en font foi.

Lottin, dans son *Catalogue des Imprimeurs*, publié en 1789, nous dit : « Orry (Marc), gendre de N. Métayer par « Jeanne, en 1588 reçu *libraire*-juré et imprimeur, mort le « 26 janvier 1610 et inhumé à Saint-Benoist. Il avait pour « marque un lion rampant regardant les étoiles, avec ces « paroles : *Ad astra per aspera virtus;* heureux présage de « la fortune de sa postérité ; car c'est de ce libraire que « sont descendus Philibert Orry, contrôleur général des fi- « nances (de mars 1730 à décembre 1745), et Jean-Louis « Orry de Fulvy, son frère, intendant des finances (de 1737 « à 1744), lesquels ont conservé dans leur blason la mar- « que bibliographique de leur auteur. » On voit, dans le même ouvrage, que Marc Orry faisait partie de la compagnie des libraires, composée de : Nicolas Buon, Claude Chappelet, Sébastien Cramoisy, Robert Fouet, Claude Morel ; leur devise était : *Bibliopolœ urbis Parisiensis consortes.*

Grosley (dans ses œuvres publiées en 1813) rend le même témoignage. Marc Orry était père de François Orry, aïeul du contrôleur général. Il exerçait la librairie à Paris vers la fin du xv° siècle, et il a donné plusieurs éditions de bons ouvrages, la plupart relatifs à l'histoire de France. J'ai celle des *Epîtres* de Loup de Ferrières, procurée par

Papire-Masson : ainsi que tout ce qui est sorti de l'imprimerie d'Orry, elle est exécutée avec soin sur papier de choix et en très-beaux caractères : *Parisiis, apud Marcum Orry, viâ Jacobeâ, ab insigne Leonis salientis,* 1588. » Cette enseigne, joliment gravée en bois, représente un lion qui s'élance sur un roc à pic ; dans le ciel ouvert, sur la cime du roc, paraît une couronne formée de neuf étoiles ; on lit autour du cartouche, orné de fleurs dans la partie supérieure et de fruits dans l'inférieure : *Ad astra per aspera virtus.* Cet emblème s'est perpétué dans la famille de Marc Orry ; ses descendants, le contrôleur général lui-même, l'avaient pour armoiries. Les savants ont une estime singulière pour le vaste recueil que Marc Orry donna en 1604, de tous les commentaires sur Catulle et Properce : il remplit un grand in-folio de plus de 1000 pages.

Suivant la *Biographie universelle* de Michaud, ce même Marc Orry, libraire, eut pour fils François Orry, jurisconsulte remarquable, qui fut aïeul du contrôleur général, et, par conséquent, père de Jean Orry, dont ce dernier était fils.

Enfin, on lit dans un remarquable article de l'*Encyclopédie moderne,* publiée par Firmin Didot, au mot *Typographie :* « Orry, gendre de Mettayer, libraire-juré
« et imprimeur, a publié un grand nombre de livres qui
« lui ont acquis une réputation méritée. Sa marque
« était *un lion rampant regardant les étoiles,* avec cette
« devise : *Ad astra per aspera virtus,* devise que conser-
« vèrent ses descendants, contrôleurs des finances. »

Cette marque vient d'être récemment reproduite dans un intéressant ouvrage publié chez Techener, et intitulé : « *Marques typographiques, ou Recueil de monogrammes,*
« *chiffres, enseignes, emblèmes, devises, rébus et fleurons des*
« *libraires et imprimeurs qui ont exercé en France, depuis*

« *l'introduction de l'imprimerie, en* 1470, *jusqu'à la fin du*
« *seizième siècle.* » Elle était représentée par un écusson
relaté dans tous les armoriaux et se traduisant ainsi : *De
pourpre au lion d'or gravissant un rocher d'argent, mouvant
du côté droit de l'écu lampassé et armé de gueule.*

Non-seulement nous pourrions invoquer en faveur de
Jean Orry la profession de son grand-père Marc, mais celle
de son père François, dont les travaux comme jurisconsulte furent des plus remarquables pour le temps. En effet,
lors du renouvellement de l'étude du droit romain en Europe, on attacha la noblesse et le titre de comte aux docteurs en droit qui avaient professé pendant vingt ans, et
beaucoup de jurisconsultes décidèrent que cette noblesse
était héréditaire. Des parlements même avaient prononcé
qu'à cet égard : *Filii paternam conditionem sequerentur.*
C'est sans doute à ce titre, fortifié de l'opinion généralement répandue en faveur des maîtres de verreries, que
Jean Orry, fils de François, prit le titre d'escuyer dans
l'acte baptistaire de la seconde de ses filles, née à Chappes,
près Troyes, de Françoise Esmonin, sa première femme.
Voilà pour le côté paternel.

Si nous voulons rechercher sa famille maternelle, nous
verrons qu'il était fils de Madeleine Le Cosquino, ainsi
qu'il résulte de son acte de naissance du mercredi 4 septembre 1652, paroisse Saint-Germain-l'Auxerrois. Madeleine Le Cosquino elle-même était fille de Louis Le Cosquino, escuyer, seigneur de Fulvy, dont la noblesse est
incontestable. On lit dans l'*Armorial de Bresse et de
Bourgogne*, publié par Jacques Chevillard, qu'après examen des juges compétents, la noblesse a été *maintenue*
pour : Le Cosquino, seigneur de Fulvy, de Mereuille et
d'Egremont. Les armes étaient : *D'azur au coq d'or, accompagné en chef de deux étoiles d'or, et en pointe d'un crois-*

sant d'argent. Les seigneuries de Fulvy et de Méreuille passèrent de la famille Le Cosquino à la famille Orry à une époque qu'il m'est difficile de préciser, mais par une transmission certaine. D'Hozier, dans son *Armorial général*; de Courcelles, dans son *Dictionnaire universel de la noblesse*, donnent tous à Jean Orry le titre de comte de Vignory, seigneur de Fulvy, et rappellent qu'il était fils de Madeleine Le Cosquino, écuyer, seigneur de Fulvy. Or nous avons vu que le second fils de Jean Orry, frère utérin du contrôleur général, et lui-même intendant des finances, avait pris le titre de marquis de Fulvy.

Voilà donc un état civil singulièrement méconnu par le duc de Saint-Simon, qui n'a pas été plus véridique pour la partie biographique. Soyez certain qu'il n'y a rien de fondé dans ce qu'il dit du châtiment sévère que Jean Orry aurait encouru pour de prétendus méfaits à l'étranger; il suffit de consulter les historiens qui se sont occupés des affaires de la succession d'Espagne pour se convaincre qu'à cet égard les opinions sont au moins fort divisées. Grosley, dans son livre sur les Troyens célèbres, nous apprend que Jean Orry, père du contrôleur général, né avec des talents supérieurs à sa fortune, travailla d'abord à élever une verrerie dans le château de Chappes-sur-Seine, près Troyes, puis soumissionna le service des vivres en Piémont, s'y lia avec les financiers en renom et s'occupa de grandes entreprises jusqu'au moment où il fut appelé près du jeune roi, pour administrer les finances de ses nouveaux États. On ne s'explique pas comment il aurait eu le temps et même le besoin d'exercer l'état de rat-de-cave, car la *Biographie de Michaud*, citée plus haut, nous fait connaître que son père, mort en 1657, lui laissa plus de 50,000 écus de biens; cela le dispensait aussi de la nécessité de gérer les affaires de Mlle de Querouailles, duchesse de Portsmouth, qui d'ailleurs avait certainement quitté la France pour se rendre auprès de Charles II, roi d'Angleterre, avant que M. Orry fût en âge d'administrer la fortune d'autrui.

Quoi qu'il en soit, les services que Jean Orry rendit à Philippe V furent éminents et contribuèrent puissamment à l'affermissement de son trône. Son ambition n'était rien moins que d'introduire dans ce gouvernement les réformes dont Colbert avait doté la France. Investi de la confiance de la princesse des Ursins, « il ne la trahit jamais et resta son ami le plus dévoué même au plus fort de sa disgrâce. » C'est le témoignage que lui rend un judicieux écrivain, M. Combes, dans son *Histoire de la princesse des Ursins*.

La position de Jean Orry en Espagne, soumise à toutes les vicissitudes dont la fortune de sa protectrice eut à souffrir, devait être violemment attaquée : Saint-Simon s'en chargea et se fit à Versailles l'écho complaisant des mensonges de Madrid. Mais si l'on veut lire avec attention les mémoires du duc de Berwick, étranger à toute espèce de cabale, jugeant tout avec calme, avec sincérité, avec justice; ceux du sage duc de Noailles et du sévère Torcy ; les lettres de la princesse des Ursins et de madame de Maintenon, on se convaincra que les accusateurs d'Orry, tous plus ou moins ennemis de ces femmes célèbres, étaient animés des plus méchantes passions. En se présentant lui-même à Versailles en 1704, M. Orry prouva hautement qu'il n'était pas coupable et qu'il méritait toujours le choix de Louis XIV, lequel avait écrit, le 22 juin 1701, au duc d'Harcourt, ambassadeur de France : « Le cardinal Porto-Carero m'a fait de« mander quelqu'un intelligent en matière de finances pour « voir et connaître l'état de celles du roi d'Espagne, pour « examiner les moyens les plus propres de soulager ses su« jets et de pourvoir aux plus pressants besoins du public ;

« il m'assure que toute l'Espagne le désire en général :
« toutes ces raisons m'ont déterminé à choisir Jean Orry
« pour l'envoyer à Madrid. »

Ainsi, Monsieur, l'hôtel de Beauvais n'a point à rougir de ses hôtes. La famille Orry, malgré Saint-Simon, ne sentait ni la lie du peuple, ni le rat de cave, ni la corde; bien au contraire, Jean Orry, par de remarquables services rendus à la cause de Philippe V, puis Philippe Orry, par quinze ans de travaux habiles et honnêtes comme contrôleur général des finances, par la création de la manufacture de porcelaine de Sèvres et l'activité qu'il imprima à la Compagnie des Indes, méritent une étude historique dont je m'occupe avec assiduité. L'hôtel de Jean Orry qui sut parvenir, par son travail et son mérite, d'une position modeste aux plus brillants honneurs, était vraiment digne de sa devise.

Si ces renseignements sur un des restes les plus intéressants de l'architecture domestique dans Paris vous paraissent dignes d'attention, je vous serais reconnaissant, Monsieur, de lui donner place dans votre livre, et je vous prie d'agréer à l'avance mes remercîments avec l'expression de ma considération la plus distinguée.

FERDINAND LE ROY,
Directeur de la *Caisse des travaux de Paris*,
à l'Hôtel-de-Ville.

Paris, ce 1er juin 1860.

RUES JACOB ET DE L'UNIVERSITÉ.

Lettre à M. Charles Merruau, secrétaire général de la préfecture de la Seine.

Monsieur et cher Maître,

C'est plaisir et honneur pour moi de vous avoir pour lecteur ordinaire. J'ose, de plus, en profiter pour vous soumettre une question qui s'adresse comme d'elle-même à l'édilité parisienne, à l'administration municipale, mais qui n'a pour objet qu'une simplification toute de forme : deux inscriptions à fondre en une seule. Il me semble que la rue de l'Université devrait commencer rue de Seine ; elle se rattacherait un peu mieux au quartier des Ecoles, comme son nom le veut, et ce n'en serait pas moins la rue la plus droite de l'ancien Paris.

Déjà, en 1838, une rue du Colombier s'est engloutie dans la bouche de la rue Jacob : demi-mesure qui en appelle une autre. La rue disparue était noble, devant sa dénomination à un emblème seigneurial : d'où peut venir celle de Jacob ? Le *Dictionnaire de la Noblesse* de La Chenaye Desbois dit qu'il y a une famille Jacob de qualité : grand bien lui fasse ! Faute d'autre désignation, revenons aux frères prêcheurs, arrivés à Paris dès le règne de Philippe-Auguste, dits ensuite Jacobins à cause de leur dévotion à saint Jacques. N'ont-ils pas pu, avant d'instituer leur noviciat place Saint-Thomas-d'Aquin, dans un quartier désert encore, s'arrêter sur un point à proximité, qui s'est peuplé auparavant, et encore moins éloigné de leur couvent de la rue Saint-Jacques ? Voilà, Monsieur le secrétaire, une induction, la seule rationnelle, dont nul historiographe n'a fait les frais : peu importait cette étymologie aux écrivains qui pressentaient sans doute la suppression du dérivé. Germain Brice s'exprime ainsi (*tome IV, page* 58) : « La rue de l'Université « change de nom en quatre endroits différents. » Le milieu en effet, sous Louis XIV et sous Louis XV, s'est appelé rue de Sorbonne : ce qui lui fait comme trois surnoms, relevant d'un nom patronymique.

La meilleure manière de voter pour un complément d'annexion n'est-elle pas de marier les souvenirs qui se rattachent à l'une ou à l'autre rue ? Elles feraient mauvais ménage si l'ancienne abbaye de Saint-Germain-des-Prés, dont la rue Furstenberg fut l'avenue sur la rue Jacob, était encore en guerre et en procès avec recteur et écoliers, relativement au Pré-aux-Clercs ; heureusement la paix fut scellée par la pose des premières pierres de la rue de l'Université, ouverte en 1630 par les premières aliénations de ce champ de bataille, où toutes les discordes descendaient sur le pré depuis un temps immémorial, bien que le xvie siècle, s'il faut en croire un opéra-comique, y *savourât le champagne et l'amour*. Quant à l'amour, il n'y a pas d'époque où ses plaisirs fassent anachronisme, dans une une ville où il donne de l'esprit, plus de goût que partout ailleurs, politesse, élégance, raisonnement, bravoure, et qui lui doit, outre ses plus beaux livres, la plus brillante partie de ses grands hommes. Mais le champagne ne coulait pas à flots au temps de la reine Marguerite : le roi de Navarre réparait pour elle, avec deux doigts de jurançon, les forces d'une galanterie dont la distribution facile a toujours été signe de race et d'apanage pour le mérite, en France. Des auberges et cabarets ne s'en établirent pas moins, des premiers, dans la rue Jacob, à la porte du Pré-aux-Clercs, ancien champ-clos des combats judiciaires, théâtre encore de séditions, de duels, sans préjudice des rendez-vous-agréables. Une ou deux des hôtelleries qu'on y retrouve à notre époque, remontent vraisemblablement à l'origine de la rue. Un puits, ainsi qu'un escalier à balustres de chêne, datent au moins du XVIe siècle, au 7, qui a été l'*hôtel Saint-Pol*. Le 12 s'appelle *hôtel de Saxe*, à cause du maréchal de Saxe, qui, dit-on, y a résidé ; en tout cas, ce grand capitaine a été au 20 de la même rue, ou il logeait, pour ainsi dire, avec Adrienne Lecouvreur, car presque tout le côté gauche de la rue des Marais, que la tragédienne habitait, se reliait au côté droit de la rue du Colombier. Un *hôtel de Danemark*, à l'angle de la rue Saint-Benoît, tirait également son nom de ce que la famille Anspach, branche cadette de la maison de Brandebourg, y avait eu pour hôte le roi de Danemark. Là, avait descendu de même, sous Louis XVI, l'ambassadeur de Tippo-Saïb. De nos jours, un libraire modeste tient l'encoignure ; il a de grands confrères dans la rue ; mais aucun d'eux ne saurait, je le crois, se flatter d'avoir eu Marc Orry pour prédécesseur. M. le directeur de la *Caisse des travaux de Paris* a beau traduire par *rue Jacob*, et beaucoup d'autres amateurs avec lui, le *viâ Jacobeâ* des éditions faites par Marc Orry, nous préférons lire *rue Saint-Jacques*. L'imprimeur du temps de Henri IV reconnaîtrait pourtant un escalier de son époque, au fond du 39, qui a pu faire partie de la propriété Anspach.

D'autres immeubles de la rue Jacob méritent sans doute une mention. Au milieu du siècle précédent, 9, 11 et 13, n'ayant d'abord fait qu'un, appartenaient tous trois à Chabenat de la Malmaison, conseiller honoraire au parlement, époux d'une Douet de Vichy. Un des magistrats Lefèvre d'Ormesson avait alors pour hôtel le 26, où demeurent deux anciens ministres, M. le duc Decazes, M. Bixio. Suivaient les trois propriétés de M. de la Touche, du président Langlois, de M. Prévost-Saint-Cyr, qui possédait également la grande maison contiguë, rue Bonaparte, avec retour rue des Marais. A Poulard, conseiller au parlement, le 41 ; à l'hospice de la Charité, le 45, où l'établissement d'un pharmacien est actuellement séculaire, bien que les religieux tenant cet hôpital fussent tous, d'après leur règlement, apothicaires ou chirurgiens ; à M. de Lasseray, le 50 ; à M. Le Pescheur, le numéro suivant ; à M. de Gasville, le 54 ; au président Rosanbo, cet immeuble où les Didot impriment et vendent des livres.

Sur le premier plan de 1652, le nom de M. Lecoq souligne la réduction de la grande façade, n° 1, rue de l'Université ; remplaçons-le, pour 1750, par celui de M. d'Arselot, voisin de M. de Beaupréau, le successeur de Mme Bullion, à l'hôtel Rohan-Montbazon, n° 5. Le président Rougeau dispose du 11, qui, en 1854, verra mourir M. Armand Bertin ; le président de Brou, du 13, académie d'équitation à l'origine, puis manufacture de glaces, destiné à devenir la demeure du maréchal Bourmont, sous Charles X, puis un *Dépôt de la marine;* l'hôtel d'après est aux d'Aligre, acquéreurs en 1716 du célèbre Achille de Harlay, et, vers la fin du règne de Louis XV, il doit passer à M. de Maupeou, ainsi que les deux précités, puis il appartiendra isolément à Joseph de Beauharnais, qui ajoutera son chiffre aux L que présente la rampe d'escalier : initiale de Langeois d'Imbercourt, fermier général, premier hôte de ce logis. Les hôtels de M. Bochard de Sarron, d'un Mortemart, de M. Le Clère, du président Menou, séparent la maison aux d'Aligre d'une autre retournant rue du Bac, donnée par l'abbaye à l'Université de Paris, dont les armes sont sur la porte. Guy-Antoine Fourneau, recteur, demeurant aux Grassins, assisté d'autres officiers, cède la jouissance à vie de cet hôtel, par acte du 12 juin 1753, moyennant la somme de 85,000 livres, à Henri-François de Paule d'Aguesseau, conseiller d'Etat. Des baux dans la teneur ordinaire, qui ont précédé celui-là, ont été consentis à messires : Duboucher, marquis Desourches, comte deMontsorreau (1666) ; le prince de Monaco, duc de Valentinois ; Nicolas de Catinat, maréchal de France (1699); Langlois, secrétaire des finances ; Pierre de Catinat, conseiller au parlement (1725). Ledit hôtel de l'Université est double ; par conséquent, la location a pu en être divisée : nous avons même vu des actes où le recteur y faisait élection de domicile.

Mais, avant de franchir la rue du Bac, restituons encore à M. de Boulainvilliers une maison de moins d'importance, mais dont l'aspect fait bien : le 10. La septième porte plus loin ouvre sur l'hôtel Sénecterre, où M. de La Monnoye a précédé le maréchal de Laferté, et qu'un retour à l'Etat, comme bien d'émigré, a permis de mettre en loterie. Mais le gagnant a préféré l'argent de Mme de la Balivière, qui a tenu expressément à obtenir l'approbation de M. de Conflans, dont les droits sur l'immeuble ne lui paraissaient pas suffisamment éteints par le droit révolutionnaire.

Le 33, le 35, héritages de l'ancien régime, tiennent moins de place sur la rue : Mme de Nesle a succédé par là à la comtesse de Cosnac, postérieurement à 1740. Le président à mortier Des Maisons n'a vu le 47 achevé que sur un plan de Lassurance ; sa tante, marquise de Belle-Forière, y a fait mettre la dernière main en 1708 ; un ministre de la guerre, M. d'Angervilliers, y a eu sa demeure depuis. Qui n'a pas remarqué, en face, deux jolies grilles de fenêtres en vieux fer? Elles tiennent aux derrières de l'ancien hôtel d'Avejean, qui a sa porte rue de Verneuil. MM. Pozzo di Borgo et le duc de Blacas ont habité en notre siècle, à la place des Soyecourt, le n° 51. La belle résidence où M. le comte de Mailly compte pour devanciers le maréchal son père, le comte de Mailly, marquis d'Harcourt, le duc de Bouillon, le cardinal d'Auvergne et le comte d'Auvergne, est bien un des chefs-d'œuvre de Lassurance : pourtant l'escalier en est dû à la conduite de Servandoni. Duret, président au grand conseil, a eu originairement plusieurs propriétés dans ces parages, restés sous la censive de l'Université ; il a laissé des créanciers qu'ont désintéressés ses biens ; de là vient, pensons-nous, le 59, où était un Broglie au milieu du siècle passé. Mais on rend visite aujourd'hui à l'ancien ministre de ce nom chez son fils, le prince de Broglie, dont les écrits sont pleins de grandes idées, au 94 de la même rue.

Nous revoici dans les numéros pairs ; reculons donc jusqu'au 70, qui n'a pas toujours été distinct du 72 et d'un arrière-corps de logis dont l'entrée est rue de Poitiers : le président Chauvelin avait le tout. Le marquis de Sénecterre a disposé, sous la Restauration, du 74, lequel avait fait corps avec 76. Sur un terrain dont l'adjudicataire était Hardouin-Mansart, en 1686, MM. Hocquard de Cueilly, trésorier de l'artillerie, et Salles ont fait construire le numéro suivant, avec une maison attenante rue de Lille. M. de Lamartine a longtemps occupé, au 80 ou au 82, l'ancienne demeure d'un Stainville. N°s 98 et 100 : hôtel édifié pour le marquis de Lambert, qui en avait donné le dessin, habité plus tard par le vicomte de Thézan, qui a succombé révolutionnairement avec des Noailles, ses alliés.

Le vicomte de Noailles, député à la Constituante, résidait au 71 : il a servi la République dans les deux mondes. Son hôtel, présentement *Dépôt des archives de la guerre*, avait été légué par la duchesse de Richelieu, marquise de Noailles en premières noces, au maréchal d'Estrées, mais à la condition de revenir à sa famille après le maréchal et sa femme. Cet immeuble tient : d'une part au ci-devant hôtel du Périgord, vendu par la Nation le 19 vendémiaire an VIII, occupé sous le Directoire par Mme de Caseaux, qui y donnait des bals, en 1808 par Chauveau-Lagarde, l'avocat de Marie-Antoinette, de Brissot, de Charlotte Corday, et puis par le maréchal Soult; d'autre part, à l'hôtel d'Agénois-d'Aiguillon, laissé par la duchesse d'Aiguillon à M. le marquis de Chabrillan, notre contemporain. Presque vis-à-vis est M. le duc de Larochefoucauld, possesseur de l'hôtel Charost, écuries de la dauphine sous la Restauration.

Au delà du Palais-Bourbon, dont l'historique est tracé dans les livres qui parlent des monuments publics et après l'emplacement duquel était encore un Pré-aux-Clercs lors de la mort de Louis XIV, la rue de l'Université se prolonge dans le Gros-Caillou. Le boulevard de Latour-Maubourg vient d'y supprimer à moitié un chantier où clandestinement, derrière des piles de bois, se sont imprimés les *Nouvelles ecclésiastiques* et d'autres écrits jansénistes sous Louis XV. Seulement, le moyen de croire que la police n'en sût rien ! Elle fermait les yeux sur la publication de bien des livres portant l'adresse d'un pays étranger, mais imprimés dans Paris ou tout près. La liberté n'était pas dans la loi ; mais une tolérance excessive permettait au xviiie siècle de renouveler les vues de l'esprit humain.

Le nom même de la rue que je viens d'explorer me rappelle, Monsieur, qu'à un titre de plus je puis vous appeler mon maître. Non-seulement le secrétaire actuel de l'édilité parisienne fut journaliste, écrivain de talent ; il eut encore, comme professeur d'histoire, de nombreux élèves : j'en fus un. A chaque instant, je m'aperçois que ses leçons et ses conseils me manquent ; mais la gratitude fait de moi à jamais, Monsieur et cher Maître,

Votre très-dévoué serviteur,
LEFEUVE.

Paris, ce 3 juin 1860.

BOULEVARD SAINT-MARTIN ET RUE MESLAY.

Rouillé de Meslay. — Les chevaliers du guet. — Foliot, Mme Vignon, Fixon, Danse, Allegrain, Le Lorrain, Jacob, Moreaux. — La Presse des Ecoles. — Mme de Vaubecourt.

Il y avait dix ans à peine que Rouillé, conseiller d'Etat,

avait fait ériger sa terre de Meslay en comté, quand ce nom fut donné aussi à une rue, vers la fin du xviie siècle. Celle-ci remplaçait un chemin qui conduisait à une butte Saint-Martin, dite aussi Pont-aux-Biches, où étaient des moulins et une ménagerie, le tout en-deçà du boulevard. Néanmoins cette rue nouvelle débouchait encore sur le Cours, lorsque deux maisons furent acquises, le 6 mars 1723, par les propriétaires riverains, pour la faire aboutir à la rue Saint-Martin.

Les Rouillé de Meslay y possédaient plusieurs propriétés ; une note, que notre ami M. Rousseau a recueillie sur les lieux mêmes, fait figurer au nombre de ces biens le n° 22 de la rue Meslay, 31 sur le boulevard, qui, sous Louis XVI, appartenait à la famille Le Laboureur. Firmin Le Laboureur, seigneur de Bérenval, lieutenant-colonel d'infanterie, commandant de la garde de Paris et chevalier du guet, avait tenu le n° 26 de la même rue (35, boulevard) de Mlle Derbais, femme de Langlois, intendant des finances, héritière de sa mère Catherine de Goullons, laquelle avait eu trois maris : Michel Derbais, en premières noces, puis Varignon, maréchal des logis du roi, et puis ledit Le Laboureur, mais qu'elle n'avait pas enterré. Jules de Goullons, sculpteur des bâtiments du roi, avait construit sur partie d'une place de 1458 toises, adjugée à lui-même par le bureau de la Ville en 1714, cette maison que M. de Bérenval, quand Dubois lui eut succédé en qualité de chevalier du guet, vendit à un bourgeois de Paris nommé Dupuis. Ce dernier possédait aussi la propriété contiguë, qu'occupait Bardy, marchand de soie, et qu'avait aliénée en sa faveur Catherine de Goullons, dont le père, notaire et secrétaire du roi près la cour des aides, avait fait élever la maison. Là, Dupuis eut pour successeurs M. Noël Simon Desportes, liquidateur des rentes du clergé, puis M. de Guisy, puis Lamy, ancien négociant, lequel eut pour tenants, pendant le Directoire, Baudouin, marchand de chevaux, et Jarry, ci-devant notaire. De plus, le n° 29 du boulevard, 20 sur la rue, avait été donné à bail antérieurement à un autre chevalier du guet, Leroy de Rocquemont, par Pierre-Charles de Moncrif, docteur en Sorbonne, doyen et premier chanoine de l'église d'Autun, conseiller-né aux Etats de Bourgogne, protonotaire du Saint-Siége et avocat en parlement : le père de ce propriétaire, garde des livres de la chambre des comptes, lieutenant des chasses de Sa Majesté, avait acquis ladite propriété en 1730, de Desjardins, fondeur et sculpteur du roi, qui l'avait établie, sur une portion du territoire adjugé aux mêmes Goullons. Par conséquent, les chevaliers du guet avaient leur hôtel rue Meslay, avant que la garde de Paris eut fait suite à l'institution tant de fois séculaire du guet, dont l'exercice avait été réglé en l'an 595 par Clotaire II. Les parades de la nouvelle garde, créée et payée par le roi, avaient lieu sur le boulevard, sous les fenêtres du commandant ; elle se composait d'une compagnie de cavalerie, comptant 3 maîtres, et de 852 hommes d'infanterie, au temps du chevalier Dubois. Ce dernier chevalier du guet repoussa avec énergie, le 24 août 1787, des agressions qui avaient pour théâtre sa propre rue, la place Dauphine et puis la rue Saint-Dominique. Le conventionnel Poultier habita, lui aussi, en 1793, l'hôtel du chevalier du guet, en tant que commandant de la gendarmerie.

De la même provenance, comme terrain, est le 27-18, adjugé à Foliot, sculpteur, ainsi qu'une maison voisine, sur licitation poursuivie entre les héritiers de Nelle, menuisier des bâtiments du roi, cessionnaire des Goullons. Nelle avait acquis également le 45-36, mais des héritiers de Lalanne, autre menuisier, et sa fille, Catherine Nelle, veuve de l'architecte Laudouin, y eut pour locataire le comte de Jaucourt; puis la famille Samson de Sansal, originaire de celle des bourreaux, lui succéda avant la fin du siècle précédent. Après l'ancienne demeure du comte de Jaucourt, vient un immeuble qui, comme les adjacents, a sa façade primitive sur la rue, ses derrières sur le boulevard : la respectable Mme Vignon, veuve d'un des architectes de la Madeleine, le tient de son père, Duboisterf, maître maçon. Pierre Fixon, sculpteur, directeur de l'académie de Saint-Luc, posséda la maison d'ensuite, édifiée sur une place adjugée par la ville à Nicolas de Saint-Martin, en 1711. Dans l'hôtel subséquent, peignait et sculptait L. P. Danse, dont le père, marbrier, et la mère, née Hersent, avaient eu pour prédécesseur une dame Chavand, qu'une adjudication, en 1738, avait mise aux droits de Jean Pigalle. Le bureau de la *Presse des Ecoles*, journal que rédigeaient exclusivement des élèves de troisième, de seconde et de rhétorique, sous Louis-Philippe, rendait jeune le deuxième étage de cette maison, du côté du boulevard : parmi les fondateurs de la *Presse des Ecoles* figurait Ferdinand Dugué, le pathétique auteur de tant de drames, avec le rédacteur du présent recueil. Quant au sol du café de Malte et des constructions contiguës, il avait été aliéné par le bureau dès 1676, au profit des Saint-Genis frères : on y trouvait Fumée, baron de Boutelaire, lieutenant général en Châtellerault, un demi-siècle plus tard, plus le limonadier Antoine Billard, après un autre demi-siècle.

Or, nous avons beau faire de notre mieux pour ne pas nous tromper de porte, ce n'est pas sans tâtonnements que nous donnons leur ordre rationnel aux documents épars dans nos cartons qui regardent cette enfilade de propriétés à deux faces. Entre rue et boulevard logeait aussi la veuve de Carpentier, un fabricant d'étoffes, acquéreur des Dailly, postérieurs aux Roussel; nous ne savons pas trop où la placer. Elle avait, toutefois, pour voisine Mme Houillier, qui touchait de près Allegrain, et nous voyons dans 19-40 la résidence de ce sculpteur du roi, dont le ciseau déshabilla Diane et Vénus pour Mme Dubarry : M. Caubert, père du propriétaire actuel dudit immeuble, l'habitait déjà sous Louis XVI. Le menuisier Houllier avait pris des prévôts et échevins, un an après la mort de Louis XIV, 495 toises de terrain, tant pour lui que pour les Roussel. De l'autre côté d'Allegrain, Le Lorrain, ingénieur du roi, et ses frères, qui étaient prêtres, disposaient pour sûr d'un hôtel, mitoyen d'autre part avec un hôtel à l'abbé Bréolle ; ils étaient neveux ou petits-fils du célèbre paysagiste, et leur père, Robert Le Lorrain, sculpteur du roi, avait bâti pour eux sur un lot de concession directe. N'était-ce donc pas une nouvelle Athènes, principalement peuplée d'artistes, que cette bordure d'un rempart se transformant alors en promenade?

Mais comment désigner le toit, qui ne suffisait pas en ce temps-là à cacher les amours de la marquise de Vaubecourt avec le chevalier de Choiseul de Meuze ? Le mari offensé tenta en vain de ramener sa femme, dont les démarches inconsidérées affichaient une passion rebelle aux remontrances ; les récidives le rebutèrent, et il finit par s'adresser au duc de Choiseul, le ministre, qui était aussi son parent de la main droite, dans l'espoir qu'il lui permettrait de faire enfermer la marquise, dans l'intérêt du chevalier lui-même. Cette infidèle épouse ne craignait pas d'avoir ses rendez-vous galants dans une habitation peu éloignée de celle du chevalier du guet. Qui sait si les péchés mignons de Mme de Vaubecourt, pour mieux braver les menaces du mari, n'ont pas été commis en face du chef de la force publique, c'est-à-dire dans une maison qui a conservé de nos jours quelques sculptures extérieures, et où résonnent les mélodieux accords des orgues du facteur Alexandre?

Aussi bien les immeubles qui, dans la rue Meslay, répondent aux chiffres impairs, nous offrent moins de souvenirs que ceux qui leur font vis-à-vis. Pourtant le 7 fut un hôtel Roquelaure ; il a une porte principale rue Notre-Dame-de-Nazareth, et le duc de Roquelaure y reconnaîtrait encore la rampe de son escalier. De jolis bas-reliefs illustrent le 49. Jacob Desmalter, ébéniste en réputation sous Louis XVI, sous Napoléon, avait son atelier au 57, qu'occupe encore un fabricant de meubles.

Sur le boulevard Saint-Martin, à l'angle de la rue de Bondy, Moreaux, architecte du roi, maître-général, contrôleur et inspecteur des bâtiments de la Ville, garde ayant charge des eaux et fontaines publiques, habitait la maison Deffieux, du temps de Mme de Vaubecourt. Mais ce n'est pas ici le cas de revenir à un proverbe, dont le chevalier de Choiseul pouvait faire bien mieux les honneurs à la marquise : *Bis repetita placent*. Cet axiome n'est guère applicable à celles des maisons du boulevard qui donnent aussi rue de Bondy, où nous les avons vues précédemment.

RUE DU TEMPLE.

Le bureau des Gabelles : — situé au n° 20 d'à présent, rue du Temple, au milieu du xvii° siècle.

N° 22 :—appartient à Jean Goussu en 1407; à Gilles de La Vigne, tapissier, en 1633 ; à Pierre Lallier, en 1696 ; au marquis de la Maisonfort, capitaine des vaisseaux du roi, en 1718; à Canet Du Guay, lieutenant-général honoraire de la connétablie et maréchaussée de France, en 1752.

Maison de la Tourelle : — Guichard Courtin, bourgeois de Paris, 1555 ; Le Boullenger, trésorier de France à Bordeaux, 1620 ; F. Turpin, chirurgien de Monsieur, frère du roi, 1635 ; Ch. Turpin, 1653 ; Jolly, maître-chirurgien, 1685; Claude Rousseau, marchand de vins, adjudicataire en 1689. On voit, par cette dernière date, que le marchand de vins qui occupe ce coin de la rue Sainte-Croix-de-la-Bretonnerie, ne trompe pas du tout son monde en rapportant par une inscription la fondation de son établissement à l'année 1690 : c'est de bon augure pour son vin. Le débit du rez-de-chaussée n'empêchait pas la veuve de Trumeau, payeur de rentes, d'habiter au-dessus dans le siècle suivant : après Rousseau, la maison de la tourelle avait été acquise par J. Patu, bourgeois, dont le frère, secrétaire du roi, avait hérité; leur nièce, Catherine Patu de Fontenilles, avait eu à son tour pour héritier son cousin, Patu des Hauts-Champs, vendeur de Trumeau. A cet angle finissait la rue Barre-du-Bec, commençant rue de la Verrerie, et annexée à celle du Temple en 1851 : l'abbé Du Bec, qui nommait aux deux cures de Saint-Jean et de Saint-Gervais, avait sa barre, c'est-à-dire sa justice.

Les Rotrou et les Rambuteau. — Il doit subsister peu ou prou d'une propriété à laquelle s'ajoutait une plus petite qui donnait dans la rue du Plâtre. Voici leurs états de service : Bail à cens, fait par le grand-prieur, pour le terrain d'icelles et de plusieurs autres contiguës, le 24 mai 1458, à Ravault Le Danois, *général des monnoies du roi*, qui a pour cessionnaires Albin Lainé, puis Aug. de Pomereu, seigneur de La Bretèche, mari d'Agnès Lainé, puis Richemont ; Hardy, directeur des finances, 1660 ; les créanciers dudit vendent à Pierre de Rotrou, conseiller d'Etat, maître d'hôtel ordinaire du roi, frère du poëte, en 1685 ; J.-B.-R. de Rotrou de Sandreville, un des fils de Pierre ; Claude Barthelot de Rambuteau, lieutenant-colonel au régiment de Conti, lieutenant du roi à Mâcon, ayant épousé en 1722 Marie-Marguerite de Rotrou, fille du précédent ; Barthelot Dornay, marquis de Rambuteau, seigneur d'Ecusse, major au régiment de Conti, et le chevalier de Rambuteau, tous deux fils du lieutenant-colonel : famille du comte de Rambuteau, préfet de la Seine sous Louis-Philippe.

Les Filles de Sainte-Avoye : — couvent d'Ursulines fondé en 1622 au second coin de la rue Geoffroi-Langevin, avec une chapelle dédiée à cette sainte. La section de la rue du Temple, comprise entre les rues Sainte-Croix-de-la-Bretonnerie et des Vieilles-Haudriettes, était dite grande rue du Temple avant l'établissement de ces religieuses ; on a cessé de l'appeler Sainte-Avoye en 1851.

Hôtel Saint-Aignan : — bâti sur le plan de Le Muet, pour Claude de Mesmes, comte d'Avaux, ambassadeur ; vendu ensuite à Beauvilliers, duc de Saint-Aignan, ami de Fénelon, chef du conseil des finances, précepteur du duc de Bourgogne, démissionnaire de sa charge de premier gentilhomme de la chambre en faveur de son gendre, le duc de Mortemart, et mort en 1714 : sa veuve lui survécut vingt ans. Une inscription désigne cet hôtel qui respire encore la grandeur, au plus épais de l'atmosphère exclusivement industrielle qui n'étouffe pas ses souvenirs.

Hôtel de Mesmes. — C'était le grand hôtel audit nom : nous avons parlé du petit dans la notice de la rue de Braque. Antoine de Mesmes, président au parlement, avait succédé aux Montmorency rue du Temple, vis-à-vis l'hôtel Saint-Aignan : le connétable Anne de Montmorency était mort dans cette maison des blessures qu'il avait reçues à la bataille de Saint-Denis. Elle avait été tout d'abord un séjour du duc d'Orléans, qui occupait plus d'étendue, et où était reçu Henri II : il n'en fallait pas davantage pour la dire un logis du roi. La banque de Law y installa plus tard des bureaux ; puis M. de Vergennes y mit ceux de la recette générale des finances ; vinrent ensuite les droits réunis.

Hôtel Montmor. — C'est le nom accolé sur le plan de Gomboust à cette propriété d'en face la rue de Braque, dont la grande porte entre deux pavillons et les sculptures, sentent de loin la qualité. Concluons-en que le maître du logis, au commencement des guerres de la Fronde, n'était pas ce même Montmor, décrassé du nom de Le Tellier, qu'on représente comme s'étant élevé par la finance sous Colbert, après avoir été receveur du marché des bœufs à Sceaux, avec 800 livres de gages. Une seigneurie de Montmor fut vendue, mais un siècle après, à Loppin, président au parlement de Dijon, par les Gigault de Bellefond ; la maison de la rue du Temple était alors un hôtel Rochechouart, en train de passer Montholon, par les mains d'un descendant du garde des sceaux.

Hôtel Sainte-Avoye : — dénomination qui se rapportait au 76.

Les descendants du valet de cœur. — Au deuxième angle de la rue des Vieilles-Haudriettes, dite aussi de l'Echelle-du-Temple, à cause d'une échelle qui marquait à cette encoignure la juridiction de la commanderie du Temple, il y avait un marchand de vins à l'enseigne de la Croix-Blanche, sous Louis XV. La Hire, bourgeois de Paris, était propriétaire de la maison, qui venait de son père, docteur en médecine et associé de l'Académie des sciences, ayant un frère architecte du roi. Magistrats, avocats, médecins d'à présent, saluez des descendants du père La Hire, que vous avez connu à la Chaumière, bal impossible à remplacer ! Des ancêtres que ce bon La Hire pouvait avoir, on ne citait que le valet de cœur : en voici d'autres plus sérieux, plus prudents, par conséquent moins populaires que le premier et le dernier d'une race qui commença par rendre la raison, sous les auspices d'Odette, à un roi fou, et qui finit par faire le contraire à une génération nombreuse d'étudiants suivant au bal la *reine Pomaré !* Tout le monde ne savait pas que le père La Hire cumulât : le matin et les jours de pluie il n'était que marchand de vin, et il passait l'hiver à l'Entrepôt ; il en sortait à l'état de bourgeon, quand s'annonçaient les premières feuilles, afin d'afficher le printemps et l'ouverture de la Chaumière. On ignorait surtout que La Hire, en sus de ses deux professions, fût de moitié dans l'exploitation d'une pension de vraies demoiselles, que tenait sa sœur, au Marais !

Impasse de l'Echiquier.—A l'entrée de ce cul-de-sac, qui avait été la ruelle de la Tour-du-Noyer, puis du Mûrier, il y avait une maison portant l'enseigne du Dauphin et qui appartenait à la famille de Perrot, maître des comptes : le 106 de la rue du Temple. La communauté de Sainte-Marie-du-Temple disposait de l'autre maison d'encoignure, à l'image de l'Echiquier, quand Machault, maréchal-de-camp, successeur rue du Grand-Chantier de son père le garde des sceaux, voulut faire revivre un droit de passage, tombé en désuétude depuis le changement de la rue en cul-de-sac. Une protestation fut rédigée par Laquesnoy, vicaire-général du diocèse de Vence, prédicateur ordinaire du roi, curé; Drépaud, conventuel de la vénérable langue de Provence, procureur; Ricard, conventuel de ladite langue; Desvallettes, ancien commandeur de Karantois; Parrien, conventuel de la vénérable langue d'Auvergne, composant ensemble la communauté.

N° 114 : — Mayssat, conseiller au parlement sous Louis XVI ; 118 : — Monginot, maître des comptes ; 128 : — un épicier ayant eu pour prédécesseurs, dans les titres de propriété, le chancelier Voysin et une Trudaine ; 134 : — Montessuy, agent du roi de Prusse, sur un terrain donné à cens, par le grand-prieur et MM. de Malte, en 1620, à Parent, lecteur du roi en l'université ; 148 : — Deboisneuf, receveur de la capitation de la cour, acquéreur de Mme Chassepot de Beaumont.

Fouquet. — Ce surintendant des finances, qui a joué un rôle important sur le théâtre du grand siècle, avait sa résidence, en 1652, aux n°s 101, 103 : il n'était alors que procureur général au parlement.

Les Carmélites. — Celles de la rue Chapon ont disposé, dans notre rue, du n° 113. L'hôtel de l'évêque et du chapitre de Châlons avait été cédé à ces dames en 1619 ; mais elles en avaient augmenté, depuis ce temps, les dépendances, et elles possédaient, au moins, tout ce qui séparait la rue Montmorency de la rue Chapon.

Les Vinaigrettes : — petit nom qu'on donnait aux brouettes, véhicules qu'il ne faut pas confondre avec les chaises à porteurs : on portait celles-ci, et celles-là roulaient. Une seule personne y prenait place ; un homme de trait s'y attelait au moyen d'un brancard. On en trouvait à diverses stations ; mais le grand bureau en était 153, rue du Temple.

Poisson fils, comédien, prend un jour une brouette, par un temps de pluie massacrante, pour aller du Marais à la Comédie : moyen de transport médiocrement expéditif, mais préservatif très-probable contre l'eau qui tombe et la boue. Le véhicule se traîne ce jour-là plus lentement encore qu'à l'ordinaire, et l'acteur de s'en plaindre. — Est-ce ma faute? répond l'homme en colère; j'irais plus vite si j'avais un pousseur ! — Il fallait donc le dire, reprend Poisson, qui déjà a mis pied à terre.... Et le voilà qui pousse la vinaigrette ; il arrive au théâtre crotté et mouillé, mais plus vite : le limonier n'en pouvait plus !

Mme Du Barry. — Une façade-pompadour distingue une propriété contiguë à l'ancienne église des Filles de Sainte-Elisabeth, dont l'établissement donnait aussi rue du Vertbois : à l'autre coin de cette rue étaient les Pères de Notre-Dame-de-Nazareth. La maison aux sculptures a été habitée par Mme Du Barry. On est donc étonné d'apprendre qu'une porte y communiquait avec l'église, comme si la supérieure y eût fixé sa résidence ; mais cette porte ne conduisait qu'à une tribune pour entendre la messe, et il s'en faut de beaucoup, comme on sait, que la favorite royale ait passé sa vie rue du Temple, où d'autres personnes devaient être à sa place. Au reste, à la mort de Louis XV, elle fut reléguée à l'abbaye du Pont-aux-Dames, près Meaux, et lorsqu'elle put en sortir, avec une pension sur la cassette du roi, petit-fils de Louis XV, elle conserva l'habitude, le besoin d'accomplir tous les devoirs religieux. M. de Rougemont, auteur dramatique, a longtemps demeuré au second, dans cet immeuble.

Hôtel des Bains : — le 178. On prenait réellement des bains dans cette maison qui dépendait de l'enclos du Temple, comme les hôtels Boufflers, de Guise, et autres habitations : Mme Lebœuvre en disposait, aliénation ayant eu lieu par un bail emphytéotique.

Jean Beausire : — architecte, contrôleur général des bâtiments et fontaines publiques. L'ordre de Malte lui avait livré par échange, avant la fin du xviie siècle, un grand terrain entre les Filles du Calvaire et la porte du Temple. De cette concession provenait le territoire de trois propriétés, que les créanciers de Jean Beausire avaient vendu aux La Ferté pour y bâtir : 190, 192, 194.

Hôtel de l'Hôpital. — Le marquis de l'Hôpital, savant mathématicien, avait résidé dans cet hôtel, déjà visible sur le plan de 1714. Sur le boulevard s'étendait son jardin, plus tard public et dit Paphos, attenant à une maison de jeu, n° 200, dans la rue. Les émotions de la roulette ont blanchi là bien des cheveux qui tombaient en oreilles de chien à la mode du Directoire. Et l'eau de la Floride ne coulait pas encore pour rendre à ces cheveux leur couleur primitive.

LES ANCIENNES MAISONS

Des rues Vieille-du-Temple, Vendôme, du boulevard du Temple, des rues Portefoin, Pastourel et Saint-Dominique.

NOTICES FAISANT PARTIE DE L'OUVRAGE INTITULÉ :

LES ANCIENNES MAISONS DE PARIS SOUS NAPOLÉON III,

PAR M. LEFEUVE,

Monographies publiées par livraisons séparées, avec table de concordance à la fin de la publication.

RUE VIEILLE-DU-TEMPLE.

Rencontre de Henri IV avec trois procureurs. — Les dames de Saint-Gervais. — La tourelle. — Les comédiens du Marais. — Hôtel d'Epernon. — Les généalogistes. — Le pâtissier de l'Imprimerie impériale. — Hôtels La Tour-du-Pin, de Rieux, d'Effiat, d'Argenson.

Henri IV, en chassant un jour près de Grosbois, quitte la chasse, en quête d'aventures, et arrive tout seul à Créteil. Comme c'est l'heure du dîner, il entre dans une hôtellerie, où l'attire le fumet déjà savoureux d'un rôti, dont il a le plaisir de voir une broche se dégainer.

— A qui destinez-vous cette pièce ? demande le nouveau venu.

— C'est un morceau de roi, répond l'hôtesse; vous vous flattez, messire le passant, de vous en lécher tant la barbe. Je n'en ferai pas tort au dîner que je sers à trois procureurs, parmi lesquels se trouve maître Lubin, aussi gourmand qu'il est madré! Ces gens-là, on les craint à jeûn plutôt qu'à table : il fait bon les tenir par la gueule!

— Dites aux trois procureurs, réplique l'inconnu, qu'un gentilhomme fatigué, qui a faim, demande une petite place au bout de la table en payant son écot.

— Vous n'êtes pas dégoûté, remarque la messagère, qui se charge à la fois de la commission et du plat.

Mais l'un est mieux reçu que l'autre. L'impertinent triumvirat fait répondre qu'un couvert de plus dérangerait le nombre impair qui convient à leur appétit, à leur menu, à leur esprit de corps, et qui, du reste, plaît aux dieux. Blessé au vif, le convive éconduit ne se sent plus ni faim, ni soif; mais il tient à punir un manque de courtoisie allant jusqu'à la cruauté, et il s'écrie :

— Ventre-saint-gris! ma mie, vos trois compères sont si peu complaisants, que je me vois forcé de recourir aux provisions d'une dizaine de gens mieux appris, auxquels je faussais compagnie. Envoyez un garçon au-devant d'eux, sur la route de Villeneuve ; il y distinguera sans peine un cavalier à casaque rouge, auquel il suffira de faire savoir que le maître du grand cornet l'attend ici.

Inintelligible pour l'hôtesse, ce message est mieux accueilli que le premier. M. de Vitry, en effet, ne tarde pas à rejoindre le roi, avec des hommes de sa suite. Les convives réfractaires à l'hospitalité sont entraînés, pour dessert, à Grosbois, où ils reçoivent les étrivières.

Maître Lubin de rentrer fort penaud, après cette partie de plaisir, dans son logis de la rue Vieille-Barbette. Ainsi s'appelle en ce temps-là une section de la rue Vieille-du-Temple, construite dès 1250, et où se trouve de nos jours plus d'un logis du temps de Henri IV, outre l'habitation du procureur que ce prince a fait étriller, le n° 56, dont les autres propriétaires ont été, sous l'ancien régime : Dodun, contrôleur général des finances, Desplaces, notaire, Bouzaingaut, marchand de vin.

Au commencement de la Révolution on remarquait encore, rue Vieille-du-Temple, en face du 55, un reste de l'ancienne porte de l'hôtel Barbette, entre le couvent des Hospitalières de Saint-Athanase dites les Dames de Saint-Gervais, et la rue des Francs-Bourgeois. Ladite communauté, supprimée en 1791, a occupé le territoire actuel du marché des Blancs-Manteaux, et s'étendait, en outre, depuis la rue des Francs-Bourgeois jusqu'à celle des Rosiers. Une reconnaissance censuelle a été faite au grand-prieur de France, à cause de sa commanderie du Temple, vers le milieu du dernier siècle, par ces dames de l'hôpital de Saint-Gervais, comparantes par sœur Marie d'Etampes, prieure perpétuelle, sœur Marie-Anne Rabel, sous-prieure, sœur Anne Auvray et sœur Anne-Louise Germain, toutes assemblées au parloir dudit couvent au son de la cloche, en la manière accoutumée, pour y parler de leurs affaires temporelles : cette déclaration était relative à leur couvent hospitalier, propriété acquise en 1655 des créanciers du marquis d'O, surintendant des finances sous Henri III et Henri IV. Or, l'hôtel d'O avait été auparavant un hôtel Adjacet. Les immeubles n°ˢ 50 et 52, rue Vieille-du-Temple, n'appartenaient en rien à la communauté ; car cens était payé par Quentin, contrôleur des rentes de l'Hôtel-de-Ville, pour le premier, et par Laville, maître maréchal, pour le second.

Par exemple, ne confondons pas cette porte de l'hôtel Barbette avec l'ancienne porte urbaine du même nom, située à l'extrémité du quai des Ormes. La rue Vieille-du-Temple s'est dite aussi rue de la Porte-Barbette, à titre de pseudonyme : sa première désignation avait été simplement rue du Temple. Du séjour d'Etienne Barbette, voyer de Paris, maître des monnaies et prévôt des marchands sous Philippe-le-Bel, une tourelle subsiste dans notre rue, tout près de la demeure du procureur Lubin ; mais ce n'est pas tout ce qu'il reste de l'hôtel, ou plutôt du palais Barbette. Comme elles deviennent rares à Paris, les tourelles dont les lucarnes prennent jour sur cinq ou six siècles ! Un épicier, qui jouit de celle-là, compterait plus d'un prédécesseur dans son magasin d'encoignure ; une boutique y existait déjà quand la maison appartenait à Brunet de Chailly, président en la chambre des comptes sous Louis XIV. Voici les successeurs du président : dame du Tillet, née Brunet ; du Tillet, marquis de Villarceaux, président au parlement, dont le fils, maître des requêtes au conseil du roi, a hérité ; puis Mathis, secrétaire des finances, qui possédait au même temps le n° 66.

Aux Pommereu, famille de grande robe, a été le 64, dont la porte magistrale, la cour carrée et le jardin rappellent encore le passé. Le 74, à Marie de Lionne, veuve de Perrochel, seigneur de Grande, laquelle a eu pour acquéreur, en 1676, Bigot, père d'un contrôleur des gardes-suisses, qui a été lui-même prédécesseur de Claude Menant, payeur de rentes.

Encore moins de prétentions à la jeunesse, dans le 86, où se tient le bureau de placement des ouvriers de la maréchalerie. La vieille communauté des maréchaux-ferrants, avec saint Eloi pour patron, aurait pour le moins le même âge ; mais son bureau, au dernier siècle, était rue des Grands-Augustins. En revanche, cette maison modeste attenait à un jeu de paume dans lequel se sont établis, au commencement du règne de Louis XIII, les comédiens dits du Marais, qui venaient de l'hôtel d'Argent, rue de la Poterie-des-Arcis, et qui ont été jusqu'à rivaliser avec la troupe de Molière, avant de s'installer au faubourg Saint-Germain avec les comédiens de l'hôtel de Bourgogne.

L'hôtel Sallé, maintenant école Centrale, rue des Coutures-Saint-Gervais, englobait le 94. Caumartin et Villedo, deux noms qui se rattachent sur plusieurs points à l'histoire de Paris, ont été ceux de deux hôtels, entre la rue des Coutures-Saint-Gervais et la rue Saint-François. Le 100, où les belles galeries de Ringo, fabricant de bronzes, n'absorbent que partie d'un jardin, a été Caumartin et surtout d'Épernon. Les La Valette d'Epernon, moins en faveur près des premiers Bourbons qu'à la cour des derniers Valois, étaient pourtant restés en vue. Comme le favori d'Henri III, le gouverneur de la Guienne craignait encore, sous Louis XIII, de reconnaître un autre supérieur, un autre maître que le roi : ne rappelait-il pas un courrier, qui avait déjà fait trente lieues, pour effacer ces mots, *votre très-humble*, à la fin d'une lettre adressée au cardinal de Richelieu, qui ne lui avait donné que de l'*affectueux?* Était-ce trop, pour un d'Épernon, de posséder l'un près de l'autre deux petits hotels et un grand? L'un des trois, le 106, a été restauré, au milieu du xviiie siècle, au profit de Charles du Tillet de la Boussière, membre d'une famille connue dans les lettres, dans le parlement. Un café occupe le fond et le jardin de cette propriété, où a cessé de vivre le comte de Saint-Albin avant la fin du règne de Louis-Philippe. Une haute fenêtre, couronnée d'un fronton, en décore l'entrée ; mais on a tellement gratté l'écusson comporté par le tympan qu'on en a fait un trou, sans compter qu'une enseigne remplace un balcon dont la porte se trouve décapitée. En ajoutant le 108 aux deux autres, nous ne désignons pas encore tout ce qui survit de l'hôtel d'Épernon.

Le 126, hôtel bien conservé, appartenait à ces comtes

d'Hozier, dont la dynastie a régné de seconde main sur toute la noblesse en fixant l'histoire de ses titres. Du vivant même des d'Hozier, on était déjà fort habile à arracher par le crédit, à usurper, grâce au nom d'une terre, maintes distinctions nobiliaires; mais la noblesse d'épée était la seule dont on fît toujours cas. Aujourd'hui, on a peine à croire héréditaires les qualifications honorifiques d'une origine postérieure aux longs travaux de ces généalogistes.

De l'autre côté de la rue, deux frères Américains ont fait construire le 113, qui donne également rue Saintonge. C'était une dizaine d'années avant que Tallien fondât son club dans l'hôtel élevé en 1712 par Lemaire pour le cardinal de Rohan, évêque de Strasbourg, membre de l'Académie française. Ce palais-cardinal, où est l'Imprimerie impériale, avait le même jardin que l'hôtel de Rohan-Soubise, qu'occupent les Archives de l'Empire : la promenade en était publique avant la Révolution. La bibliothèque des Illustres, réunie par De Thou, augmentée par le président Ménars, puis acquise par le cardinal, remplissait le rez-de-chaussée.

De quels pâtés, de quelles brioches, l'Imprimerie impériale fait-elle une consommation perpétuelle? Si quelqu'un lisait ce qu'elle imprime, nous irions aux renseignements; par malheur, les rapports qui sortent de ses presses sont si nombreux et si volumineux, que pas un domestique de conseiller d'État, de sénateur, ne se laisse arriérer d'un mois pour les faire mettre au pilon. Un *pâtissier de l'Imprimerie impériale*, titre arboré sur son enseigne, utilise plus en détail les épreuves, les maculatures, reliefs des festins officiels de la typographie voisine. Sa boutique se rattache au 75, hôtel La Tour-du-Pin. La fille du marquis de Merville a apporté cette propriété à Bertin, son mari, trésorier des parties casuelles, beau-père de Latour-du-Pin, marquis de Gouvernet, lieutenant-général des armées de Bourgogne pour le comte de Charolois, qui commandait en chef cette province.

Plus bas, un souvenir évoque une date plus reculée : 4 novembre 1407. Les gens du maréchal de Rieux entendent des cris pendant la nuit : des assassins masqués ont déjà fui, au grand galop de leurs montures, lorsqu'on ramasse, au coin de la rue Barbette, le corps inanimé et mutilé du duc d'Orléans, frère du roi. Le cadavre du prince est porté chez le maréchal et le lendemain aux Blancs-Manteaux. L'hôtel de Rieux est justement situé rue Vieille-du-Temple et rue des Blancs-Manteaux. Les Anglais le confisquent, l'an 1421, sur Pierre de Rieux de Rochefort; après quoi, en diverses mains, il se morcelle. Mme Hardy en vend un reste à Amelot de Biseuil en 1638, et une reconstruction a lieu sur le plan de Cottard. Postérieurement en est maître Louis Lefellier, architecte du roi, contrôleur des bâtiments de son domaine de Versailles; les ambassadeurs de Hollande en font leur résidence ensuite, et le voilà qui de nos jours répond au chiffre 47 ! Une porte en chêne bien travaillé, d'autres sculptures et des cadrans solaires qu'a disposés un carme, le père Sébastien Truchet, frappent l'attention du passant, et ont mieux résisté à l'action du temps que les peintures dont Vouet, Vien, Van-Boucle, Dorigny et J.-B. Corneille ont orné l'intérieur. Les archives du 43, dont l'origine peut bien être identique, offrent ces noms : des Bragelonne, puis Mottet, gentilhomme ordinaire du roi.

Pour Antoine Coiffier de Ruzé d'Effiat, maréchal de France, surintendant des finances, auteur de différents écrits, ont été édifiés un grand et un petit hôtel encore debout, nºˢ 26-28-30 : Cinq-Mars et Charles Coiffier, abbé d'Effiat, étaient deux de ses fils et de ses héritiers. Claude Le Peletier, prévôt des marchands, puis contrôleur-général des finances et ministre d'État, a été l'acquéreur de la famille d'Effiat. Enseveli à l'église Saint-Gervais, il a laissé cette propriété aux magistrats Le Peletier de Saint-Fargeau, qui s'y sont longtemps succédé.

Le 24 passe pour remonter aux Guise.

Dans l'impasse d'Argenson, il reste quelque chose d'une maison du xviᵉ siècle, habitée ultérieurement par René d'Argenson, le chancelier de France, qui a été aussi l'un des quarante.

RUE DE VENDOME ET BOULEVARD DU TEMPLE.

Hôtels de l'intendant de Paris, de Roissy, de Saint-Priest. — Les Filles du Sauveur. — Le jeu de Paume. — Le boulevard du Temple en 1652, en 1739, en 1785, en 1803, en 1810 et en 1860.

La rue de Vendôme s'ouvrit à la fin du xviie siècle, sur un terrain provenant du prieuré du Temple, sous la commanderie du grand-prieur Philippe de Vendôme. Au comte d'Artois, son successeur, appartenait encore, au moment de la Révolution, le n° 19, dépendance de l'hôtel Boufflers, sis dans l'enclos.

En ce temps-là, Bertier, intendant de la généralité de Paris, avait, dans sa propre maison, mais aux frais du roi, ses bureaux et son domicile rue de Vendôme. Son hôtel a passé plus tard au comte Friant, général de l'Empire, dont la Restauration accepta d'abord les services, mais qu'elle dut mettre hors des cadres après le revirement des Cent-Jours. C'est actuellement la mairie du IIIe arrondissement.

Le fermier général Marin Delahaye tenait de son père, Salomon Delahaye des Fossés, deux maisons, 5 et 7, et il habitait la première. Elles avaient été à Michel de Roissy, receveur général des finances de Bordeaux, acquéreur, en 1736, de Jean Pujol, greffier du conseil privé. Pujol avait fait bâtir sur des places qui venaient de Gabriel Dezègre et Michel Richer, maître-maçon, ce dernier comme cessionnaire de Berger, conseiller du roi, payeur de rentes, qui avait acquis de Jean Beausire, adjudicataire en 1695.

Bergeret de Trouville, directeur des finances du roi, habitait pareillement le 3, où l'avait précédé Mme de Boismilet et M. Meulan, son gendre ; mais, comme propriétaire de cette belle maison et d'une autre contiguë, qui donnait rue Charlot, il succédait à Peyrenc de Moras, marquis de Grosbois et de Saint-Priest, ministre d'Etat, héritier de Peyrenc de Saint-Priest, conseiller au Parlement, et de Peyrene de Moras, maître des requêtes de l'hôtel. Leur auteur, Abraham Peyrenc, avait été, comme Jean Pujol, Pierre Savalette et Jacques Malo, conseiller au grand-conseil, intéressé dans les affaires traitées de ce côté par Gabriel Dezègre, avec les créanciers de Jean Beausire : spéculations faites sur les terrains, en y élevant des constructions. Ainsi s'expliquent parfaitement que le 3 et 5 aient l'air des deux moitiés d'un même hôtel. A Savalette, à Malo, aux Dezègre, avait été aussi bien l'emplacement du 83, rue Charlot, élevé par Charles Poullain, sculpteur-marbrier, directeur de l'académie de Saint-Luc.

Les Filles du Sauveur, dont la communauté avait été fondée par Mme Desbordes, pour procurer un asile de repentir aux femmes de mauvaises mœurs, accupaient, rue de Vendôme, un bâtiment carré, depuis 1704. Les dames hospitalières de Saint-Thomas-de-Villeneuve dirigeaient, dans les derniers temps, l'établissement. Le général baron Darriule, qui était parti simple soldat de son village dans le Béarn, n'y entra qu'en propriétaire et bien après le départ des sœurs : son compatriote Henri IV eût préféré s'y présenter avant. En 1825 fut percé le passage Vendôme, sur les deux ailes duquel il reste des corps de bâtiment inaugurés par les Filles du Sauveur.

Rue de Vendôme et boulevard du Temple est le Théâtre-Déjazet, une gaieté de bonne aloi, car l'esprit est de la partie, et surtout de la repartie : le meilleur acteur de Paris est, à présent, Mlle Déjazet. Il y a peut-être vingt années qu'elle ne progresse plus dans son art, mais elle n'a jamais mieux chanté, plus galamment troussé un compliment, mieux mimé un sous-entendu : elle dure, et tous les autres passent. La façade sur le boulevard, de la maison où se tient son spectacle, est de plus ancienne origine que toutes celles des théâtres d'en face : le Théâtre-Déjazet tient, en effet, la place de l'ancien jeu de paume du comte d'Artois.

Mais puisque le boulevard du Temple est sur le point de perdre la principale partie de son autre rive, où se pressent sept autres théâtres, aidons à prononcer son oraison funèbre en rappelant quelques-unes de ses transformations depuis 1652.

Quatre moulins, à cette date, surmontent une butte entre la rue du Temple et le passage Vendôme ; rien de plus n'est visible sur l'une et l'autre rives. Le plan de 1739 ne montre encore, dans la partie qui longe la rue de Vendôme, que les murs de quelques jardins et deux maisons, dont une grande, où se trouve aujourd'hui le restaura

Bonvalet. Quatre ou cinq autres, moins importantes, bordent le cours entre la rue Charlot et celle des Filles-du-Calvaire ; mais il n'en existe que deux, du côté qui touche aux fossés, celle du marchand de vin Hainsselin, dont le petit-fils sera limonadier, et une autre contiguë à cette construction d'encoignure sur le faubourg. Tout le terrain qui suit, en allant jusqu'au point où s'ouvrira plus tard la rue de Crussol, a été adjugé en 1716, par la Ville, à Brossard, jardinier-fleuriste, qui le cultive. Brossard vend à Judith Prévost, femme de Mathurin Chavanne, procureur du roi, et leur fils, Jacques Chavanne, conseiller au parlement, en fait des lots.

En 1775, il transporte l'hôtel Chavanne, qui a été bâti sur ce terrain, près des deux bâtiments dont nous avons parlé, à religieux seigneur Claude Rouveroy de Saint-Simon, chevalier de Malte, grand'croix de l'ordre. Celui-ci meurt, n'ayant pas longtemps joui. Jacques François Le Bailli d'Argenteuil, *procureur général de l'ordre de Malte, receveur du vénérable commun trésor au grand-prieuré de France, et en cette qualité ayant droit de recueillir les dépouilles des religieux frères qui décèdent dans ledit ordre, et tous leurs rentes, biens, meubles et immeubles*, passe contrat de la propriété, dès 1778, à Joseph-François Foullon, comte de Morangis, conseiller d'Etat, commandeur secrétaire-greffier de l'ordre royal et militaire de Saint-Louis. Telle est l'histoire de cet hôtel Foullon, sur les débris duquel Alexandre Dumas a élevé le Théâtre-Historique, aujourd'hui Théâtre-Lyrique.

Que si nous passons en revue les autres acquéreurs de Jacques Chavanne, nous trouvons immédiatement après Foullon, Jean-Guillaume Curtius, peintre et sculpteur de l'académie de Saint-Luc, dont le cabinet de figures de cire était célèbre : son successeur, Tuffaut, montrait aussi une chemise portée par Henri IV. Nicolas-Médard Audinot, et son théâtre de l'Ambigu-Comique, inauguré le 9 juillet 1769, n'étaient séparés de Curtius que par une grande maison : cet entrepreneur de spectacle commença par faire travailler des marionnettes, puis des enfants, et les enfants grandirent. Après un incendie, en 1829, ce théâtre changea de place : les Folies-Dramatiques, à deux ans de là, prenaient l'ancienne. Audinot touchait, d'autre part, à J.-B. Nicolet, directeur de la troupe des Grands danseurs du roi, titre qu'elle portait depuis qu'elle avait été jouer devant Louis XV, chez Mme Du Barry, en 1772, c'est-à-dire six années après l'acquisition de sa place au boulevard. Les entr'actes étaient remplis dans cette salle par des équilibristes, et Taconnet, tout en faisant fureur dans les rôles à tablier, composait une partie des pièces. Après la mort de Nicolet, dont la femme avait été belle, même dans le rôle de Jeanne d'Arc, qu'elle était loin de remplir à la ville, son spectacle prit le nom de théâtre de la Gaîté. Ribié, qui en devint directeur en 1795 et l'appela quelque temps théâtre d'Emulation, habitait une maison dont la physionomie est demeurée la même en ce temps-ci, le n° 56 : ce parvenu, ruiné trois ou quatre fois, a accolé son nom à celui de Martainville pour la pièce du *Pied de mouton*, laquelle fit courir tout Paris, et fit aussi de l'acteur Dumesnil un niais par excellence. Au reste, *l'Almanach des spectacles* de 1791 parlait ainsi du théâtre Nicolet : « Ce spectacle est d'un genre tout à fait étranger aux autres ; on y allait autrefois pour y jouir d'une liberté qu'on ne trouvait nulle part ailleurs. On y chantait, on y riait, on y faisait une connaissance, et quelquefois plus encore, sans que personne y trouvât à redire ; chacun y était aussi libre que dans sa chambre à coucher. Aujourd'hui la bonne compagnie commence à changer un peu le ton de ce spectacle. »

Au milieu du règne de Louis XVI, les *Jeux du boulevard du Temple*, autrement dit des places vagues réservées aux parades des Bobêche, des Galimafré, dont la toile à matelas défraye les salles de spectacles, et des maisons où sont des pâtissiers, des débitants de vins et de bière, appartiennent en grande partie à Poilloux de Saint-Mars, seigneur du Petit-Saint-Mars, gentilhomme du duc d'Orléans, à cause de sa femme, Antoinette-Julie Chavanne, fille du conseiller au parlement. A ceux-ci tient, en face du café Turc, le limonadier Savrillat, auquel va succéder Emery : Liédat a fondé cette maison sur un des lots de Jacques Chavanne. Vient à la suite Jacques-Julien Bancelin, marchand de vins traiteur, qui s'est porté antérieurement adjudicataire sur Leprince, pâtissier-traiteur, saisi à la requête de son confrère Lapostolle. Le jardin de Bancelin prend un peu plus d'espace que les tonnelles des maisons adjacentes ; c'est l'établissement qui rivalise avec le Cadran-Bleu, du coin de la rue Charlot, où Fanchon la vielleuse chante les couplets de Collé, de Piron, et où les Bancelin eux-mêmes ne tardent pas à succéder aux Henneveu. Le directoire de l'insurrection du 10 août tient sa seconde séance au Cadran-Bleu, et c'est d'une maison habituée aux parties fines, aux soupers d'après le spectacle, aux dîners et aux bals de noces, que part nuitamment le mouvement qui décidera, le lendemain, du sort de la monarchie.

Charonnat, marchand de vins traiteur, possédait aussi deux maisons vis-à-vis de la rue Charlot ; Gaudy, mercier de la rue des Prêtres-Saint-Germain-l'Auxerrois, en a acheté une : laquelle des deux s'était ouverte, comme théâtre des Elèves-de-l'Opéra, le 7 janvier 1779 ? Salle qui, en tout cas, a été appelée depuis Variétés-Amusantes, Lycée-Dramatique, Panorama-Dramatique. L'arlequin Lazari lui a donné aussi son nom, avant qu'un petit théâtre du voisinage le reprît en l'année 1821.

Bancelin, frère du précité, était en face du Cadran-Bleu. Suivaient Piat, pharmacien, puis la veuve Alexandre, au café Ozouf, puis Pawson, fabricant de papiers peints à Londres, dont la succursale à Paris avait pris la place d'un café. Delahogue, qui avait tenu ledit café, était propriétaire de deux maisons plus loin, séparées l'une de l'autre par la propriété d'un tiers. La façade de la dernière, se tournant dans le sens de la rue de Crussol, regardait la Bastille qu'elle ne devait plus voir longtemps ; le bal de la Galiote, ayant là son entrée, n'en a dansé que plus à l'aise, mais tout auprès d'un corps de garde conduisant à d'autres prisons moins réservées aux grands seigneurs.

La liberté des théâtres, proclamée en 1791, a attiré au boulevard du Temple un si grand nombre de spectacles, que Brazier lui-même en oublie, dans son ouvrage sur les petits théâtres. Le livre de ce vaudevilliste confond à tort le Jardin-Turc avec Paphos, dit aussi le Jardin des Princes, auquel touchait, pendant le Consulat, une manufacture de porcelaine à l'angle de la rue du Temple. On rencontrait alors sur ce boulevard la Gaîté, l'Ambigu, le théâtre des Nouveaux-Troubadours, les Délassements-Comiques (spectacle fondé sous Louis XVI, mais plus près de l'hôtel Foullon que le petit théâtre actuel du même nom) ; les Variétés-Amusantes, le Théâtre-sans-Prétention (qu'avait créé un grimacier, où se montraient surtout des marionettes, où a dansé plus tard Mme Saqui, maintenant les Delassements-Comiques) ; le cabinet de Curtius (transféré où se trouvent maintenant les Funambules), Paphos, le Jardin-Turc, le Colisée, le Jardin d'Hébé, la Galiote, le jeu de paume de Martinet et Cacheux, et les cafés lyriques de la Victoire,

Yon, des Arts, Godet, Hager. Dans le faubourg était dès lors le Cirque, installé au boulevard en 1827. De nombreux pâtissiers, en outre, vendaient, d'un côté et de l'autre, des galettes avec un grain de sel, des croquets et des échaudés, qui donnaient soif, rien qu'à les voir : les marchands de coco se gardaient de s'en plaindre.

Un décret de 1807 ayant réduit le nombre des théâtres, le boulevard du Temple s'en est ressenti défavorablement. Il avait également perdu, comme foire perpétuelle et comme rendez-vous de saltimbanques, de grimaciers, de chanteurs en plein vent, de diseurs de bonne aventure. Néanmoins, près du Château-d'Eau, près de la Galiote, et devant les théâtres, il en restait pour charmer les ennuis des bonnes d'enfant, que laissaient désœuvrées les guerres lointaines de l'Empire.

Il y en avait encore assez pour faire arriver en retard un employé, dont c'était le chemin pour se rendre aux droits réunis. Français de Nantes, qui était aussi bon qu'homme de mérite, hésitait très-longtemps avant de faire un reproche à un de ses subordonnés, qui cultivaient, pour la plupart, les lettres ; mais celui-là en abusait si fort, que le directeur général entreprit de le gourmander.

—Monsieur le comte, dit pourtant l'employé, si je viens tous les jours trop tard, ce n'est pas mauvaise volonté, c'est la faute d'un polichinelle dont les lazzis et les gambades sont charmants, boulevard du Temple; quand je m'arrête devant lui, je n'en ai pas pour moins d'une heure.

— Mais alors, dit Français de Nantes, vous avez dû m'y rencontrer souvent.

La réprimande en resta là.

RUE PORTEFOIN.

Les Enfants-Rouges. — Les n°s 2 et 4 de la rue Molay, 1, 2, 3 et 5 de la rue Portefoin ont appartenu à l'hôpital des Enfants-Rouges, fondé au milieu du xvie siècle : l'église de cette maison fermait la rue des Enfants-Rouges à l'angle de la rue Portefoin.

N°s 4 et 6. — Leduc de Vilvaudé, propriétaire, sous Louis XV.

N° 7. — La tradition publie qu'une actrice célèbre a demeuré sous ce toit; mais les titres venus jusqu'à nous ne portent que les noms suivants : Desestre, contrôleur de rentes de l'Hôtel-de-Ville, acquéreur des héritiers de l'abbé de Beauvilliers, duc de Saint-Aignan.

N° 8. — Emery d'Amboise, grand-prieur de France, donna cette maison en 1529 aux religieux de Sainte-Marie-du-Temple, pour acquitter une fondation qu'il avait faite dans leur église. Ces religieux en consentirent bail emphytéotique au profit de Pierre Charpentier, en 1722. L'enseigne s'y trouvait alors de la Croix-de-Malte.

N° 11. — On prétend que la rue Portefoin s'est appelée des Poules en 1282; mais nous répondons beaucoup mieux du nom de Richard-des-Poulies et de celui des Enfants-Rouges, qu'elle partagea avec la rue voisine. On dit aussi que Jean Portefin y éleva un grand logis; en ce cas, le n° 11 aurait tenu la rue sur les fonts : c'est à coup sûr un grand hôtel dont il ne reste que la moitié. Jacques de Portel, seigneur d'Ormoy, le transmit moyennant finance, en 1642, aux administrateurs de l'hôpital du Saint-Esprit, qui revendirent trente ans après à Vélut de la Crosnière, seigneur de Popin, conseiller à la cour des aides.

N° 12. — Un très-beau vis-à-vis que cet hôtel Turgot, pour l'hôtel Vélut de la Crosnière ! Reneaulme, marquis de Thorigné, conseiller au grand conseil, le tenait d'Etienne-François Turgot, de Turgot le ministre et de la duchesse de Saint-Aignan, née Turgot, tous les trois héritiers du président Turgot et de Turgot, marquis de Sousmont. Ce dernier était fils et successeur de Jacques-Etienne Turgot, acquéreur de Magnon d'Invault, qui tenait de Guillaume Briçonnet, conseiller, fils et petit-fils de présidents. La grand'mère de Guillaume était née Amelot; elle avait hérité du président son père, légataire de Baudouin, intendant des finances.

N°s 13 et 15. — Ont fait partie du patrimoine de Fraguier, président à la cour des comptes, fils et petit-fils aussi de magistrats. Toutefois, Mme de Catinat, née Fraguier, et belle-sœur du maréchal de Catinat, a fait passer le 13, par héritage, aux mains de Mme Huguet de Sémonville.

N° 14. — Adjugé sur Moreau en 1700 à Le Tonnelier de Breteuil, puis donné au comte de Froulay, d'une famille alliée aux Créqui.

N° 16. — M. et Mme Saint-Céran l'habitent sous Louis XVI, postérieurement à Lefebvre de Caumartin, chevalier non-profès de Malte, premier gentilhomme du roi de Pologne, et héritier de sa mère, née Fieubet. Les Fieubet sont de père en fils aux droits dei Marguerite Saintot, veuve de Jacques de Creil.

N° 17. — A Huguet de Sémonville, conseiller au parlement, et à sa sœur, la comtesse d'Estrades, acquéreurs de Mme de Catinat, héritière de Nicolas Fraguier.

N° 19. — Renaire, secrétaire du roi, l'avait acheté de Chassepot de Beaumont, lequel avait été cessionnaire de la famille parlementaire des Fraguier. Robert Fraguier s'en était rendu adjudicataire au Châtelet, en 1590, sur Nicolas des Roziers.

RUE PASTOUREL.

Cette rue appelée Groignet en 1296, à cause de Groignet, mesureur des blés du Temple, dut une désignation de plus longue haleine à Roger Pastourel, qui y avait une maison sous le règne de Philippe VI.

N°s 32, 34, 36. — A M. de Malézieux, auditeur des comptes, avant la Révolution.

N°s 17 et 18. — Appartenaient l'un et l'autre avec jardin à Desmarquets, bourgeois, y demeurant et y succédant aux Galland, famille de robe. Le grand-prieur de France en avait fait l'objet d'un bail à cens, au profit de Bernard Bidelin, le 23 mai 1464.

N° 7. — A Premiat, tapissier, acquéreur de Pierre d'Hozier, généalogiste de la cour.

N° 5. — La famille Montauglan l'avait pour hôtel sous Louis XIII. Un trésorier de France à Limoges le laissa à un maître des requêtes, qui eut pour héritier son fils, François de Creil de Soissy, colonel du régiment de Bassigny. Celui-ci, en 1709, vendait au père de M. de La Vieuville, gouverneur de Quillebœuf, gentilhomme ordinaire du roi. Les héritiers de ce dernier en arrangeaient Devaux, maître des comptes et sa femme Agnès Blair. Prévost-d'Avèze, qui a écrit un livre sous ce titre : *Un tour en Irlande*, et des articles littéraires dans la *Revue de Pa-*

ris, le *Constitutionnel*, avait sous Louis-Philippe un appartement de garçon dans l'ancien hôtel La Vieuville : sa fin prématurée a laissé un grand vide au milieu du quartier si populeux du Temple, dont il était l'élégance à lui seul, et dans le cœur de ses amis.

RUE SAINT-DOMINIQUE.

Voyage en zigzag à travers la rue et l'histoire.

En parlant de la route du Simplon, creusée à coups de pioche et de canon par les soldats de Napoléon, Charles Nodier laissait échapper une exclamation de regret : — Le malheureux, il m'a gâté les Alpes!... Mais il n'y a pas grand'chose à gâter dans certains quartiers de Paris, par exemple le Gros-Caillou ; la commission municipale actuelle peut y envoyer son armée, démolisseurs suivis de terrassiers, sans faire pousser un soupir à l'ombre de Charles Nodier, qui se borne à demander grâce pour le Marais et le quartier Saint-Paul, l'île Saint-Louis et la Cité, la montagne Sainte-Geneviève, le faubourg Saint-Germain. Qu'un feuillet vermoulu s'échappe de ces livres tout grands ouverts, il a été lu si longtemps qu'une page nouvelle s'en inspire et le corrige en connaissance de cause. Mais passer au pilon, comme de méchants ouvrages, tant de volumes à la fois, qui ont suffi à faire de Paris une bibliothèque sans égale, c'est enlever sur presque tous les points un souvenir, une consolation, une curiosité, un tableau, habitude pour les yeux, attachement pour l'esprit, affection domestique tenant au cœur, et perte irréparable.

Le Gros-Caillou, par lequel nous entrons dans la rue Saint-Dominique, a tout à gagner, rien à perdre, au prolongement d'un nouveau boulevard, qui paraît hésiter pourtant à la franchir. Un passage César, qui n'est pas reconnu officiellement, suffit en attendant à relier ce boulevard à la rue de Grenelle : une construction séculaire, qui n'est pas d'un aspect commun, sert d'ouverture à ce passage. Une grande maison, située encore plus loin des habitations historiques qui bordent notre rue au quartier Saint-Germain, a appartenu à Larive, de la Comédie-Française : n° 192, près de l'hôpital militaire, fondé par le duc de Biron pour les gardes-françaises en 1765.

Entre l'esplanade des Invalides et la rue de Bourgogne, il nous faut un autel d'Auvergne, bâti pour Le Camus des Touches, commissaire-provincial d'artillerie, qui est mort en 1713 : n'est-ce pas bien le n° 102 ? Un hôtel Monaco, habité sous l'Empire par le prince de Wagram, augmenté par le baron Hope avec une magnificence dont M. le baron Seillière ne dément pas la tradition : 129-131-133. Un hôtel de Comminges, où Mme Fanny de Beauharnais reçut Cubières, Lalande, La Harpe, Lacépède, Dalayrac et tous les étrangers de distinction, résidence du maréchal Reille plus récemment : 127. Une maison où le maréchal Davoust, prince d'Eckmull, rendit le dernier soupir en 1823, et qui avait été vendue en 1753 par Eynard de Ravannes au duc d'Estouteville, lequel touchait alors par-derrière à S. A. S. Mlle de Sens, comme M. de Comminges aux Boufflers : aujourd'hui c'est la résidence de M. le duc de Périgord, au coin de la rue de Bourgogne.

Le président Duret a créé un hôtel, sur le dessin d'Aubry, qu'a habité Mme de La Vrillière, plus tard duchesse de Mazarin, avant Louise-Elisabeth de Bourbon-Condé, douairière de Conti, laquelle princesse avait acheté en 1732, avec addition d'une maison venant de l'abbé de Broglie. Les Loménie de Brienne sont venus ensuite : leur demeure a été le rendez-vous des beaux esprits, des savants, des artistes, tels que Buffon, Chamfort, Marmontel, Malesherbes, Condorcet, Turgot, Morellet, Suard, Helvétius, Piccini, David.

Mais une des premières scènes de la Révolution n'a-t-elle pas pour théâtre la rue Saint-Dominique? La soirée du 24 août 1787 voit des attroupements se former aux abords de l'hôtel du ministre Brienne, avec des torches menaçantes, qui ont déjà brûlé en effigie le garde des sceaux démissionnaire Lamoignon, sur la place Dauphine; le chevalier du guet et le maréchal de Biron, gouverneur de Paris, ne restent maîtres de la place, au milieu des ténèbres, qu'en faisant renverser les séditieux à coups de baïonnette. Lucien Bonaparte acquiert la propriété pour la garder jusqu'en 1804; Mme Lætitia, sa mère, le remplace. Distinguons toutefois dans cette ancienne maison princière un grand et deux petits hôtels : ceux-ci séparent de la rue de Bourgogne celui-là, résidence actuelle du ministre de la guerre. Quant aux bureaux du ministère, ils occupent le ci-devant couvent des Filles de Saint-Joseph ou de la Providence, lequel a eu pour fondatrice Mlle de Létang, pour bienfaitrice Mme de Montespan : beaucoup d'orphelines pauvres y ont été élevées dans la piété, initiées au travail.

Sous Louis XVI furent édifiés 80 et 82; Ménager, menuisier, les ajoutait alors à un hôtel préexistant, où a demeuré, au coin de la rue Belle-Chasse, mais sous le règne de Louis-Philippe, Mme de Mirbel, charmant peintre, dont le salon n'était pas indigne de faire suite aux bureaux d'esprit échelonnés au xviiie siècle dans la rue dont nous vous parlons.

Du couvent de Belle-Chasse, prieuré des chanoinesses du Saint-Sépulcre, il survit rue Saint-Dominique le n° 81, dit le pavillon d'Orléans, où Mme de Genlis, vers la fin du règne de Louis XVI, a continué l'éducation de la princesse Adélaïde et de son frère, depuis roi des Français : c'est là qu'elle recevait Pétion, maire de Paris. Le fond des n°s 69, 71, 73 et 75 a dépendu du même établissement, transféré de Philippeville en 1635 sur un emplacement donné dans la grand'ville par le traitant Barbier, ce qui a fait appeler autrefois *Filles à Barbier* les religieuses de Belle-Chasse.

N° 74. — Emplacement vendu en 1704 par le président Duret et Thérèse Rouillé, veuve du marquis de Noailles, en secondes noces duchesse de Richelieu, à Charles-Amédée de Broglie, comte de Revel, lieutenant-général, gouverneur de Condé, qui a pour cessionnaire Poullain de Beaumont, payeur des rentes de l'Hôtel-de-Ville, lequel fait continuer la construction sous la conduite de Boffrand. Le maréchal François de Broglie, comte de Buhy, rachète peu de temps après cette propriété qu'il laisse à son fils, directeur général de la cavalerie, ambassadeur en Angleterre, etc. Le comte Chaptal habite la maison, sous l'Empire.

A moi, Auvergne ! peut répéter ensuite l'auteur de cette monographie. Ce mot suprême du chevalier d'Assas ne fera-t-il pas reparaître le colonel du régiment sauvé par son héroïque dévouement? En effet, les Bouillon, les Turenne, les d'Auvergne, ces descendants du chef de la première croisade, ont donné un de leurs noms à l'hôtel touchant l'hôtel Broglie ; mais le cardinal de Tencin, ministre sous Louis XV, y a demeuré, et M. de Ville, lieutenant de la vénerie du roi, l'a vendu à la maréchale de Nangis-Brichanteau. En ce temps-là, M. de Soyecourt et le duc de Sully avaient, celui-ci un passage, celui-là une belle entrée, entre l'hôtel d'Auvergne et celui du président Molé. Aussi bien l'emplacement de ces propriétés provenait de l'abbaye Saint-Germain, en ce qui longeait la rue Saint-Dominique, comme de l'Université du côté de la rue parallèle. La famille de Roussereau avait transporté au maréchal de Roquelaure de quoi bâtir un grand hôtel, commencé par Lassurance, achevé par Leroux en 1726; les princesses de Léon et de Pons en avaient eu Molé pour acquéreur quatorze ans après. La duchesse douairière possédait, en 1816, le grand et le petit hôtel Molé, maintenant occupé par le ministère de l'agriculture et du commerce,

dont les bureaux vont englober en outre l'hôtel du Lude.
Or, ce dernier, édifié par de Cotte, au compte du président
Duret, lequel avait seulement pour locataire la duchesse de
Roquelaure du Lude, a été divisé ensuite et en la possession
de la comtesse de Cosnac, de M. Rémond de Montmort; les
parties s'en sont rapprochées entre les mains de Michel
Bosnier, puis de son fils, Bosnier de la Moisson, l'un après
l'autre receveur général des Etats du Languedoc; le maréchal Kellermann, duc de Valmy, y a fixé ensuite ses pé-
nates. Quant à la maison contiguë, qui fait angle sur la
rue du Bac, Mme Vanas, M. Bernard, y ont précédé M. de
Boulogne, fermier général, dont c'était le petit hôtel où les
bureaux, car il demeurait rue du Bac : Barras en disposait
sous la Restauration.

Germain Boffrand serait content de son ouvrage, s'il
revoyait l'hôtel à cour ovale, une des perles du collier que
porte la rue Saint-Dominique. Ce n° 67 a abrité tour à tour
Amelot de Gournay, ambassadeur, le maréchal de Tingri-
Montmorency, M. de Guerchy et Mme d'Haussonville. Lassurance, au 63, a travaillé pour le marquis de Châteauneuf,
qui était d'une branche de La Ferté-Senecterre, pour M. de
Béthune, pour le duc de Châtillon, gouverneur du dauphin
fils de Louis XV, pour le baron de Breteuil, ambassadeur,
ministre sous Louis XVI. A la marquise de Varengeville

ont succédé, dans la maison voisine, la maréchale de Villars, la marquise de Rupelmonde, les d'Uzès. A quelques pas, en descendant toujours, M. Labédoyère, frère du colonel, a eu son père pour prédécesseur, dans une des ci-devant dépendances du couvent de la Visitation.

De la rue du Bac à la rue des Saints-Pères, du côté parallèle à la rue de l'Université, les pères Jacobins possédaient un certain nombre de maisons, après lesquelles en venaient une à l'Hôtel-Dieu, une à l'hôpital de la Charité, et voici à quels noms les autres répondaient : Mme Espolard, le comte de Béarn, au coin de la rue Saint-Guillaume, la Charité, à l'autre coin, le comte de Puysieux, Leclère, le président Saint-Lubin, François Bougainville, d'Ormesson, de Chanteloup, Masson. Les Jacobins, qui suivaient la règle réformée de saint Dominique, se sont établis les premiers dans la rue qu'ils ont baptisée. Il appert d'une reconnaissance, passée en janvier 1718, devant le prévôt de Paris, par les révérends pères Melchior Lhermitte, prieur, Lage, sous-prieur, Crouseilhes, Raisson, etc., tous religieux-profès des Frères prêcheurs, dits Jacobins, du noviciat général établi rue Saint-Dominique, qu'ils avaient acquis, en 1631, de Lefébure et Pigeard, marchands bourgeois, une maison avec clos de 7 arpents, rue des Vaches, près de la butte du Moulin ; plus une place, même rue, de

262 toises 1/2, y compris la largeur de la rue du Bac, et que de tout cela 66 toises provenaient seulement du Pré-aux-Clercs. L'église de Saint-Thomas-d'Aquin est l'ancienne chapelle du couvent; la rue du même nom, son avenue; le musée d'artillerie, son cloître. Les jacobins de la Révolution, lorsqu'ils eurent été expulsés du ci-devant couvent des Jacobins de la rue Saint-Honoré, puis de la salle du manége aux Tuileries, vinrent tenir leurs séances dans l'église Saint-Thomas-d'Aquin, jusqu'à ce que leur club y fût encore fermé par Fouché. Dulaure, qui en faisait partie, qui était même de son comité épuratoire, avait son domicile rue Dominique, n° 48 actuel, c'est-à-dire dans une des maisons qu'avaient bâties les religieux. Réduit souvent à se cacher, il préféra passer en Suisse ; mais, le 18 frimaire an III, il fut rappelé au sein de la Convention, avec beaucoup de ses collègues détenus. Les temps orageux de son crédit avaient si peu fait la fortune de cet historien de Paris, que Français de Nantes lui rendit grand service en le gardant comme sous-chef aux droits réunis de 1808 à 1814.

Vis-à-vis de l'ancienne avenue des Jacobins, M. le duc de Luynes fait suite aux héritiers de Marie de Rohan, duchesse de Chevreuse, dont l'influence ne fut pas perdue pour les affaires de son temps : séjour grandiose établi par Le Muet.

Entre l'hôtel de Luynes et la rue Saint-Guillaume, se retrouvent l'habitation du marquis d'Avrincourt, colonel de dragons, qui épousa Mlle d'Osmond; un hôtel Mortemart, originairement construit pour le compte de l'Hôtel-Dieu, et un hôtel d'Asfeld, postérieurement Béthune. Dans ce dernier, M. Thayer a également pour devancière une femme dont la célébrité était due à son esprit et à celui des hôtes brillants qu'elle recevait, Mlle de Lespinasse; elle s'était d'abord installée, avec Mme du Deffant, sur un autre point de la rue dépendant de la communauté de Saint-Joseph.

Le plan de 1714 désigne comme hôtel Matignon le n° 11 d'à présent, d'Onsembray au moment de la Restauration.

Paris. — Imprimerie de Pommeret et Moreau, 42, rue Vavin.

LIV. 44
LES ANCIENNES MAISONS

Du boulevard Poissonnière, des rues de Paradis, des Trois-Pavillons, du Roi-de-Sicile, des Quatre-Fils, des Vieilles-Haudriettes, Taranne, Saint-Benoît et de Provence.

NOTICES FAISANT PARTIE DE L'OUVRAGE INTITULÉ :

LES ANCIENNES MAISONS DE PARIS SOUS NAPOLÉON III,

PAR M. LEFEUVE,

Monographies publiées par livraisons séparées, avec table de concordance à la fin de la publication.

BOULEVARD POISSONNIÈRE.

Le bonnetier.—MM. Cheuvreux-Aubertot, Honoré.—M⁰ᵉ Cavaignac.—Balleroy, l'abbé Saint-Phar, Montholon, d'Ailly, Augeard.—MM. Besson, Odier.—Le cul-de-sac perdu et retrouvé. — Le 2 décembre 1851.

Sur le boulevard Poissonnière, au coin de la rue du même nom, la boutique d'un bonnetier porte cette inscription : *Anciennes limites de la Ville de Paris, an* 1726. M. Girault de Saint-Fargeau, dans son *Dictionnaire des Communes*, enchérit sur ce document : « Là, dit-il, dans
« les murs de la maison, à la hauteur du premier étage,
« était encastrée une pierre monumentale. Cette pierre
« était gravée et des armes de France et d'un édit de
« Louis XV, qui défendait de bâtir plus loin et d'étendre
« la ville au-delà. La ville s'est gardée d'exécuter l'édit et

« a bien fait ; mais il n'aurait pas fallu enlever la pierre, « qui a été détruite vers 1839. » Les Dezègre, marbriers, ces spéculateurs gigantesques sur les terrains de Paris au xviiie siècle, ont créé l'immeuble dont s'agit.

Une autre enseigne figure sur la porte d'un grand magasin de nouveautés que présente le n° 7, mais qui s'étend aussi jusqu'à la rue : *Cheuvreux-Aubertot, maison fondée en* 1786. La noblesse commerciale vient à son tour, et pourquoi pas ? ce n'est pas un tour de faveur : elle a encore plus de crédit qu'une autre ; elle se rattache au nom d'un fondateur, qui la transmet avec le fonds. La maison de commerce du boulevard Poissonnière fut créée à Pantin ; sa première étape dans la ville ne l'amena qu'au faubourg Saint-Martin ; mais il y avait des liens étroits de parenté entre les chefs de ce comptoir et ceux de l'établissement du même genre rue des Moineaux. Les dames qui vont acheter des robes auraient encore le temps à perdre de les marchander, une par une, si les maisons Cheuvreux-Aubertot et Bourruet-Aubertot n'avaient pas inventé le *prix fixe* à cette époque : jusque là on débattait le prix, de part et d'autre, pour un fichu comme pour un cachemire, et, du moment qu'il y avait emplette à faire, il fallait un peu moins d'argent à qui avait la langue mieux pendue que le marchand de nouveautés. A l'année 1822 se rapporte, en réalité, le déballage au boulevard, du magasin du faubourg Saint-Martin.

Sous Louis XVI, l'envoyé de Prusse avait sa résidence

vis-à-vis, et le n° 6 en dépendait. Une fabrique de porcelaine bien connue y perpétue depuis ses magasins, et M. Honoré, lauréat de la Société des gens de lettres, y succède à son père comme manufacturier : M. Honoré fils remplit aussi les fonctions de secrétaire de la Société amicale des anciens élèves du lycée Bonaparte, collége Bourbon.

L'hôtel de l'envoyé de Prusse était suivi, sur le boulevard, par la maison et le magnifique jardin de Boulainvilliers, nommé prévôt de Paris en 1766 : hôtel de campagne à la ville, remplacé aujourd'hui par la rue Rougemont et des immeubles également modernes. Puis venaient des maisons qui se retrouvent en notre temps, et d'abord une à Mme Cavaignac. Henri IV avait anobli un Bertrand Cavaignac pour ses loyaux services ; nous croyons que le nom de la même famille, rendu odieux plus tard par le conventionnel, restitué au jour honorable de l'histoire par le général Cavaignac, chef du pouvoir exécutif dans des circonstances difficiles, et par un autre général, qui survit, était porté au boulevard Poissonnière par la mère du conventionnel. Néanmoins ce dernier, qui était né en 1762, avait très-bien pu épouser, antérieurement à la Révolution, la fille de M. Garancez, un ami de Jean-Jacques Rousseau : cette dame Cavaignac, tricoteuse d'une main en 1793, égrenait pourtant en dévote son chapelet de l'autre main, et sa double conviction n'a pas été sans influence, en 1848, sur la politique de son fils, le dictateur.

Balleroy disposait d'une maison voisine, par conséquent du n° 24, qui a appartenu postérieurement à M. Honoré père, ou bien du n° 26, où fort longtemps le café Arrondelle, que fréquentaient les courtiers de l'usure et des effets de commerce au grand rabais, a précédé le restaurant Désiré.

Une propriété contiguë, qui commençait par un étroit jardin formant terrasse, allait jusqu'au faubourg Montmartre : elle était à l'abbé de Saint-Phar, ainsi que le rappelle un hôtel garni, dit de Saint-Phar, exploité dans le même immeuble. Moins constant, le boulevard Montmartre, nommé aussi Saint-Fiacre en ce temps-là, est celui qu'on appelle maintenant Poissonnière.

En traversant de nouveau la chaussée, nous saluons d'abord deux constructions modestes, comme les ayant déjà vues sur le plan de la ville en 1739, où elles faisaient pendant à celles du coin de la rue Poissonnière, à une distance presque entièrement remplie par des murs. L'hôtel Montholon, moins ancien, est du dessin de Soufflot *le Romain*, élève et neveu de l'architecte du Panthéon ; mais on y voyait sous l'Empire, à la place du magistrat Montholon, le marquis Lelièvre de la Grange, lequel avait acquis à réméré, et le dépôt y existait déjà de la manufacture de tapis d'Aubusson. Comment oublier, au surplus, les beaux bals que nous a donnés plus récemment, à l'étage supérieur, M. le bâtonnier de l'ordre des avocats, présentement procureur général ?

M. Besson, ancien président du conseil municipal et pair de France, occupe le n° 19, édifié en 1787 pour son beau-père, M. Cousin de Méricourt, caissier général des Etats de Bourgogne, et sur une place qui s'était détachée du territoire de l'hôtel d'Uzès, rue Montmartre. L'architecte Célerié y avait pris un logement, après avoir fourni le plan de la maison à Henri Trou, maître maçon; celui-ci, faisant mieux, avait profité de l'occasion, et des rognures de matériaux sans doute, pour élever à son propre compte le 21.

L'autre tenant de Cousin de Méricourt s'appelait d'Ailly ; sa propriété garde par devant une belle terrasse, et par derrière l'ancien cul-de-sac Saint-Fiacre, qui fait le mort sur la carte de Paris, mais qui s'est tout bonnement cloîtré. Cette impasse, donnant rue Saint-Fiacre, après avoir touché aussi le jardin de l'hôtel d'Uzès, existe encore, moins passante que jamais; les locataires de trois maisons du boulevard l'ont pour seconde issue, propriété particulière : l'usage en a cessé d'être public.

La fille de Derbais, marbrier du roi et allié aux Dezègre, vendit à Chaussard, architecte, un terrain adjacent et partant de la rue Saint-Fiacre, sur lequel Augeard, fermier général, conseiller au conseil du duc d'Orléans, avait déjà sa résidence au moment de la mort de Louis XV. Plus tard, ce financier ayant émigré, son hôtel passa en diverses mains. M. Odier père, négociant et banquier, s'en rendit acquéreur vers la fin de l'Empire : la veuve du général Cavaignac est la petite-fille de M. Odier.

Les pierres de ces belles façades, que le temps ne rend pas plus tendres, tant s'en faut, ont résisté à une rude épreuve le 2 décembre 1851 : de tels jours ne sont-ils pas pleins d'événements confus à expliquer? Des clameurs menaçantes que profèrent seulement des passants, qu'écoutent des curieux en foule, mais qu'on croit parties également des fenêtres et des balcons, provoquent les premiers coups de fusil, auxquels paraissent répondre d'autres balles, mais qui sont presque toutes celles des soldats renvoyées par les murs avec des éclats de pierre. De là une horrible mêlée, et jusqu'à des canons braqués à portée de pistolet sur les maisons qu'habitent M. Besson et M. Decaen, maire de l'arrondissement. Les boulets et les balles vont vite : en peu d'instants, le boulevard Poissonnière est évacué, mais le sang a coulé ! Qui sont les blessés et les morts? des soldats en très-petit nombre, et pour la plupart des curieux. Le libraire Adde a été tué en un clin d'œil sous les yeux de sa femme et de sa fille, devant sa boutique. Des cadavres d'hommes et de femmes sont couchés devant le *Prophète*, en attendant que quelqu'un les reconnaisse. Scène assurément déplorable ! Où trouver cependant une révolution qui ait fait répandre moins de sang, et moins de larmes de regret, que la journée du 2 décembre ?

LES DEUX RUES DE PARADIS.

La rue de Paradis-Poissonnière a été indiquée comme rue Saint-Lazare sur le plan de Boisseau, en 1643. Son n° 44, bâti en 1785 sur un terrain venant des Lazaristes, commença par servir de pied-à-terre à Philippe d'Orléans, plus tard Egalité, qui y logea une danseuse : le prête-nom du prince, comme propriétaire, était le chevalier de Saint-Sault. On trouvait alors dans la rue presque autant de vachers-nourrisseurs qu'on y compte aujourd'hui de marchands de porcelaine en gros. Son n° 51 est l'hôtel de Raguse, où se conclut, dans la nuit du 30 au 31 mars 1814, la capitulation de Paris, signée par les colonels Denys et Fabvier, aides de camp des maréchaux Mortier et Marmont. La duchesse de Raguse y eut pour successeurs les héritiers Aguado, en 1842, puis le député Jacques Lefebvre, puis M. Legentil, pair de France.

De celle-là est l'antipode une rue du même nom, au Marais, déjà tracée au xiiie siècle, mais bordée de jardins qui la faisaient appeler rue des Jardins.

Le ci-devant hôtel Soubise y est devenu un édifice public à la fin de 1808 : un décret impérial le transformait en palais des Archives et plaçait en même temps l'imprimerie du gouvernement dans l'hôtel qui s'y rattachait rue Vieille-du-Temple. La première de ces résidences avait servi d'entrepôt, lors de la prise de la Bastille, à quarante-cinq milliers de poudre trouvés dans cette forteresse, puis d'ateliers à diverses fabrications et de bureau pour les déclarations, lors de l'emprunt forcé, en 1793, comme aussi de caserne pour les hussards de Chamborand : un détachement de cavalerie prussienne vint encore camper dans ses dépendances après les Cent-Jours. L'historique de cet hôtel a été présenté par M. Henri Bordier, dans le chapitre II d'un livre très-bien fait, les *Archives de la France ;* mais le même sujet a été étudié ailleurs par beaucoup d'autres. Nous croyons, quant à nous, que l'habitation féodale dont il subsiste la porte rue du Chaume, et qui sert d'entrée à l'école des Chartes, aux Archives, remonte absolument aux Templiers, lesquels eurent une grande maison en cet endroit dite du Grand-Chantier. Le connétable de Clisson s'y établit, à titre de donataire des bourgeois de Paris et du roi, qui avait voulu subvenir pour 4,000 livres aux frais de l'appropriation. Toutefois, Charles VI, en 1392, y rassembla les francs-bourgeois d'alors, pour leur faire remise de peines qu'ils avaient encourues en prenant part à une émeute populaire, et la maison du Grand-Chantier fut appelée pour ce l'hôtel des Grâces. Voici la suite des autres propriétaires : le comte de Penthièvre, en 1407 ; le roi d'Angleterre, par confiscation en 1423 ; les Babou de la Bourdaisière, qui en passèrent contrat à Anne d'Est, femme de François de Lorraine, duc de Guise, le 14 janvier 1533 ; le cardinal de Lorraine, frère de François ; Henri le Balafré, fils de François, qui fit précipiter du haut d'une fenêtre, au coin de la rue du Chaume, Saint-Mégrin, surpris chez sa femme. Les Guise achétèrent, il est vrai, un hôtel de la Rocheguyon et un de Laval, pour s'agrandir; mais ce dernier ne pouvait être situé, comme on l'a dit, au coin de la rue de Paradis, car le plan de Gomboust y marquait très-distinctement un jardin avant que l'hôtel eût cessé d'être Guise. Le dernier duc de cette famille le laissa à sa veuve, Elisabeth d'Orléans, morte en 1696; François de Rohan, prince de Soubise, le prit des héritiers de cette princesse, et il ajouta aux constructions des Guise, du connétable, etc., le magnifique hôtel dont la cour d'honneur ouvre sur la rue de Paradis, pendant que le cardinal de Rohan édifiait, du côté de la rue Vieille-du-Temple, son palais contigu : l'un et l'autre établis sur les dessins de La Maire, dit Lemaire. C'est seulement en l'année 1842 qu'une maison voisine, l'hôtel d'Assy, s'est encore agrégée au domaine des Archives : on y installait des bureaux et la demeure du chef de l'établissement. Or, M. de Miromesnil avait précédé, comme propriétaire, le président Chavaudon à l'hôtel d'Assy, et leurs titres de propriété remontaient même aux noms et millésimes qui suivent : Amelot, conseiller, 1606; dame Séguier, veuve de Bérulle, conseiller, 1595; Christophe de Refuge, 1555; Regnault Boileau, écuyer, 1445.

Une autre institution publique a été fondée par Louis XVI dans un hôtel particulier, dont l'origine est notre découverte. Les premiers directeurs du Mont-de-Piété n'ont fait qu'ajouter une façade à deux maisons acquises de Joseph Lelièvre, marquis de Lagrange et de son beau-frère Louis Joly de Fleury, procureur général. Lesdites maisons n'en avaient peut-être formé qu'une à l'époque où Claude Blondeau, abbé d'Oigny, les tenait de M. de Villezain et de sa femme, née Blondeau. Toutefois Le Bouteiller, abbé de la Trappe, avait cédé moyennant échange, en 1653, à Longuet de Vernaullet, grand-audiencier, vendeur de Deschamps de Courgy, payeur de rentes, un hôtel et un grand jardin touchant aux Blancs-Manteaux. Par conséquent le Mont-de-Piété ne doit quoi que ce soit à l'établissement monacal dont l'église est restée voisine.

Les Guillemites, ordre religieux, dont une compagnie s'est fondue sous Philippe-le-Bel avec les frères mendiants qui, les premiers, s'appelaient Blancs-Manteaux, ont laissé leur nom à une rue que borde leur ancien couvent: un corps du logis monastique longe la cour étroite et profonde du 3 de la rue de Paradis. Les Bénédictins à leur tour ont dominé les Guillemites, après l'agrégation nouvelle due au crédit du cardinal de Retz.

Du côté des Archives, que va nous rapporter le 6 ?— J'ai bien eu, pourra-t-il nous dire, pour maître et seigneur Jean Régnier, maître des comptes, sous Charles VIII, et siècle après Jean Huguet, président au grand conseil ; mais le marquis de Canillac m'a fait réparer par Boffrand, lequel a relié mes deux ailes au moyen d'une galerie, avec salon circulaire au milieu, portant sur une trompe ou tour ronde. Et du tout ont pris soin Jean de Flesselles, président à la cour des comptes, puis François Dodun, correcteur : les passants voient ce qu'il en reste. L'immeuble qui vient après moi n'est moderne que par devant : je l'ai eu pour second, pour petit hôtel Canillac ; néanmoins, Pierre Le Tourneur, mestre-de-camp de cavalerie, y commandait seul sous Louis XVI. La moitié du n° 10 peut se flatter également d'avoir logé en ce temps-là un président de la même cour que Dodun, ayant nom Pâris de la Brosse. La comtesse de Jaucourt tenait des Nicolaï, ses ancêtres, une propriété dont vous voyez ensuite la cour carrée prendre ses aises. Un des MM. Le Tonnellier de Breteuil, du haut du balcon du 14, ainsi que des fenêtres du 16, a vu passer les hardes empaquetées qui ont porté les premiers numéros dans l'établissement d'en face, dont l'un des premiers chefs était son locataire.

RUE DES TROIS-PAVILLONS.

Aucune hésitation pour les cochers qui ont à conduire dans cette rue : tout Parisien la voit d'ici. Mais où sont les trois pavillons ? On lit dans Sauval qu'Anne Châtelain avait été propriétaire d'une maison à trois pavillons, au coin de la rue Francs-Bourgeois ; mais nous sommes porté à croire que trois hôtels, au xviie siècle, étaient encore seuls dans la rue, bordée surtout par des jardins. Or cette voie triloculaire avait déjà porté deux autres noms, celui de Culture-Sainte-Catherine, à cause de son ouverture sur le Val-des-Ecoliers, qui dépendait de Sainte-Catherine, et ensuite celui de Diane, à cause de la maîtresse de Henri II : Diane de Poitiers, duchesse de Valentinois, n'a-t-elle pas été, au surplus, propriétaire et habitante de la totalité de l'hôtel Barbette ?

Si nous remontons, par exemple, aux origines de l'immeuble qui limite la rue des Trois-Pavillons, du côté de la rue de la Perle, nous n'y trouvons rien moins qu'Etienne Barbette, maire de la Monnaie ; Isabeau de Bavière, femme de Charles VI ; Diane de Poitiers ; Claude de Lorraine ; le duc d'Aumale, et puis Jean Dalimaire, lequel a fait bâtir ou rebâtir la maison, sur une place acquise du duc d'Aumale en 1561 ; après cela Jean Desprez, puis Jean Donon, sieur de Montpeyroux, auteur par voie d'échange, en 1628, de Séron, trésorier de France, et enfin Jacques de Commines, gentilhomme ordinaire de la chambre du roi au xviiie siècle.

Du temps de ce dernier, un premier président à la chambre des comptes, Nicolaï, marquis de Goussainville, et sa sœur, marquise de la Châtre, qui habitaient tous deux place Royale, avaient des locataires dans notre rue, entre les rues Barbette et des Francs-Bourgeois ; il en était de même de leur parente, la comtesse de Jaucourt, demeurant rue de Paradis. M. de Courchamp, leur voisin, avait acquis de Louis Le Tellier de Rabenat, marquis de Souvré et de Louvois, lieutenant-général pour le roi au gouvernement de Navarre. Celui-ci tenait de son aïeule, la marquise de Louvois, femme du grand ministre, fille et héritière de Marguerite Barentin, laquelle, veuve en premières noces de Charles de Souvré, marquis de Courtenvaux, était morte marquise de Boisdauphin et de Sablé.

Aussi bien, Louis XVI régnant, il y avait dans la rue quatre hôtels, répondant aux noms de Lastic, Marsilly, Brulard, Lusignan. Le 4 devait être Lusignan ; mais, en outre des descendants du dernier roi de Jérusalem, nom historique célébré dans *Zaïre*, ce toit, qui est resté dentelé de ses jolies mansardes d'autrefois, a tenu un poëte à couvert. Ledit poëte avait nom François Pajot de Linières, et il était d'une bonne famille de robe, alliée aux Balue, aux Machault. Ses plaisirs commençaient avec un madrigal, qui ne rendait que plus piquantes les épigrammes de l'adieu. Est-ce qu'il ne but pas un jour le contenu d'un bénitier, parce qu'il avait vu l'eau bénite frissonner, comme de plaisir, au contact d'un des doigts gantés de sa maîtresse ?

— Ce libertin, disait Boileau, n'a jamais fait d'autre acte de piété !

———

RUE DU ROI-DE-SICILE.

L'an 1266, Charles d'Anjou, frère de saint Louis, fut couronné à Rome roi de Naples et de Sicile : il gardait à Paris un hôtel que rappelle la dénomination de la rue où où nous entrons. Le duc d'Alençon, Charles VI, les rois de Navarre, le comte de Tancarville, les cardinaux de Meudon et de Biragues, le duc de Roquelaure, le comte de Saint-Pol, les Boutillier-Chavigny et le duc de la Force en furent successivement possesseurs. Le bureau des saisies réelles, puis ceux de la ferme des cartes s'y installèrent postérieurement, et puis ce fut une prison. On ne voulait plus des geôles souterraines, où l'isolement mettait le prisonnier à la merci de ses geôliers ; on demandait que le grand jour, en pénétrant jusque dans les prisons, fût la sauvegarde suprême du principe de la liberté individuelle contre toutes les chances d'abus que lui fait courir l'arbitraire. Le roi lui-même, Necker étant ministre, décida la suppression du Petit-Châtelet, du Fort-l'Evêque, de la prison de femmes située rue Saint-Martin, près de l'abbaye, dès le 30 août 1780, et procéda à l'établissement de deux prisons, subdivisées en plusieurs grands départements, à l'hôtel de La Force, qui donnait rue Pavée et rue du Roi-de-Sicile, ainsi qu'à l'hôtel de Brienne attenant à celui de La Force : on les nomma la Grande et la Petite-Force. Rien ne s'y trouvait plus de ces culs-de-basse-fosse qu'avait creusés ailleurs le moyen âge, pour y jeter dans les ténèbres l'accusé, bien moins protégé par l'incognito de sa cellule que ne l'était le justicier. La rue Malher traverse maintenant le territoire où s'élevait la Force, et d'autres prisons ont fait retour au régime cellulaire sur une échelle gigantesque. La mesure en a été prise aux Etats-Unis, pays libre, où tout se discute sans entraves, mais dont les libertés publiques ont forcément d'autres points de départ que la philosophie, la littérature et l'e prit : ces trois branches de commerce, bien que nos grandes villes ressemblent déjà à New-York, réservent leur influence sur les institutions au monde de la décadence, qui ne subit pas longtemps d'autre influence.

Le 20, rue du Roi-de-Sicile, n'est pas la seule maison encore debout qui appartint aux Desmarets, famille du contrôleur des finances de Louis XIV ; le marquis Desmarets, grand fauconnier de France, l'acquit en 1740 des créanciers de Gourdon, membre du grand conseil ; mais il avait déjà une ou deux autres propriétés à cet angle de la rue Pavée, outre un hôtel ouvrant sur ladite rue, demembré de l'hôtel de Lorraine. L'hôtel fondamental avait été construit pour Savoisi, le favori de Charles VI, adjugé en 1681 au marquis Dauvel, comte Desmarets, sur les héritiers du duc Charles de Lorraine, partagé en 1711 entre le comte Desmarets et le marquis d'Herbouville, dont la femme était née Dauvel.

Au coin de la rue des Juifs, le plan de 1652 souligne de la légende *Notre-Dame d'argent*, semblant indiquer une chapelle, une maison qui venait avant celle dont le chiffre 32 surmonte la porte cintrée, à vantaux lardés de gros clous. Cette dernière et la suivante reconnaissaient pour maître, sous Louis XV, un Dijouval, secrétaire des finances; la résidence d'un duc de Gramont, et de plus, le passage de la belle Gabrielle n'y sont pas moins de tradition. Aussi bien la maîtresse de Henri IV faisait souvent ses dévotions au Petit-Saint-Antoine, chapelle d'un hôpital fondé par saint Louis, converti plus tard en collége pour les religieux de l'ordre de Malte : le n° 33 de notre rue a fait partie, très-vraisemblablement, des derrières du Petit-Saint-Antoine.

Des peintures et des sculptures séculaires, au 41, décorent une synagogue, ainsi que l'appartement de M. le comte d'Hautefort, qui a bien pu y naître si, comme on dit, sa famille en était propriétaire avant la vente nationale de l'immeuble sous la République. L'époque de cette aliénation qualifiait rue des Droits-de-l'Homme et section audit nom la rue et la section réappelées du Roi-de-Sicile avant l'organisation en arrondissements.

RUES DES QUATRE-FILS ET DES VIEILLES-HAUDRIETTES.

M. Arnaud-Jeanti dispose d'une maison presque à l'entrée de la rue des Quatre-Fils, à main gauche, qui a appartenu à Guillaume de Lorme, au xve siècle ; à Bertrand Le Picard, trésorier de France, au xvie ; à la comtesse de Guitaud, veuve d'un chambellan du roi de Pologne, lieutenant des gendarmes d'Artois, et puis à Andelle, avocat, au xviiie.

Quand le cardinal de Rohan et le prince de Soubise avaient les deux hôtels présentement occupés par les Archives et l'Imprimerie impériale, dont le jardin ne faisait qu'un, et était public en été, comme celui du grand-prieur du Temple, les écuries de Soubise étaient au 11 de la rue des Quatre-Fils. Mme de Rohan-Soubise, princesse de Guéménée, n'a acheté que sous Louis XV le 21, ayant appartenu un siècle avant au marquis de Guerbigny, et à bien d'autres avant lui : aujourd'hui une dame de Rohan en est encore propriétaire. La rue elle-même n'a pas quitté le nom qu'elle doit à une enseigne des Quatre-Fils-Aymon, depuis le temps d'Olivier de Clisson ; mais elle s'était appelée des Deux-Portes antérieurement.

Le 2 a été en la possession du comte Lecamus ; le 4 et le

6, de Mme Motte, femme de J.-B. Legouvé, secrétaire des finances, maison bâtie en 1675 par Boucher, grand audiencier, sur le jeu de paume du Petit-Louvre. Les capucins du Marais avaient le reste de ce qui vient avant la rue Charlot, à l'exception d'une propriété aux héritiers de Gruyn, maître de la chambre aux deniers, et où ont été arrêtés, le 4 mars 1804, le prince Jules de Polignac et le duc de Rivière, comme complices de Georges Cadoudal.

Gigault de Crisenoy, ancien fermier général, avait le 16, après les Aymeret, famille de robe. Le Rebours, conseiller au parlement, a résidé dans la maison attenante, avec sa femme qu'en avait dotée le président Le Féron, son père. Abandonnement pareil a été fait par ces époux en faveur de leur fils. Or celui-ci a profité de la faculté de rachat, accordée en 1790 aux propriétaires des fonds grevés de redevances censuelles ; puis, une fois libéré vis-à-vis de M. d'Angoulême, grand-prieur de France, auquel la qualité de prince n'était plus donnée dans les actes, il a vendu son hôtel à Gondouin. Mais une pièce, que nous avons copiée, dit comment cette affaire s'est terminée :

« *Le* 25 *messidor an* II, *Barbié, receveur des domaines*
« *nationaux du* v^e *arrondissement, demeurant enclos du*
« *Temple de l'Eternel, n°* 45, *section de la Cité, reconnaît*
« *avoir reçu de Gondouin* 70,000 *livres pour le prix prin-*
« *cipal de la maison acquise par lui de Lerebours en* 1792,

« *lequel prix revient à la nation par la confiscation des* « *biens de Lerebours, frappé par la loi, suivant le jugement* « *du tribunal révolutionnaire de Paris du* 26 *prairial der-* « *nier.*

« *Signé* BARBIÉ. »

Desèze, défenseur de Louis XVI, a acquis le n° 20, après Buffault, conseiller du roi en l'Hôtel-de-Ville, qui succédait aux Barbançois, noblesse d'épée alliée à celle de la robe, propriétaires par suite d'un partage avec les Le Féron en 1747. La maison précédente et celle-là avaient appartenu plus tôt à Le Meusnier, seigneur de Rubelle, président au parlement de Metz.

Au n° 22 encore un président, qui n'était autre que Thiroux d'Arconville; il jouissait personnellement de l'hôtel contigu, rue du Grand-Chantier, et avait de ce côté-ci un locataire illustre dans Mme du Deffant, qui y recevait tout Paris, sans excepter Voltaire ni Montesquieu.

Ici la rue change de nom : elle devient la rue des Vieilles-Haudriettes, qui fut Jehan-Luillier en 1290, de la Fontaine en 1636, et qui porta, en outre, avec la rue des Quatre-Fils, le pseudonyme de l'Echelle-du-Temple, à cause de l'échelle juridique du grand-prieur au coin de la rue du Temple. Etienne Haudri, ayant suivi saint Louis en Terre-Sainte, comme secrétaire, s'écarta au retour, s'arrêta en Galice : retard bien fait pour contrister sa femme, qui s'enferma dans sa maison pour y vivre en prière avec plusieurs compagnes. Lorsque le mari arriva, elle avait fait un vœu de chasteté, dont celui-ci demanda la dispense, en offrant d'entretenir une communauté de douze pauvres femmes, qui prit le nom du fondateur, étant surtout hospitalière, et qui se transféra rue de la Mortellerie, puis rue Saint-Honoré, ou les Haudriettes devinrent Filles de l'Assomption en 1622.

Vis-à-vis la fontaine est l'ancien hôtel Saint-Denis, que vendit le cardinal de Retz, en qualité d'abbé commendataire de Saint-Denis, aux Lefebvre d'Ormesson et d'Eaubonne, dont les successeurs furent Brocard de Barillon, auteur des Saisseval, et puis Dupont, secrétaire des finances. Ce dernier avait pour voisin l'avocat Bonnard, que suivait la veuve de Cousinet, maître des comptes : n°s 4 et 6. Lesdits avaient appartenu aux Maupeou, quand Mme Du Barry, leur cousine, était presque reine, et à Thomas Raponel de Boudeville en 1655. Voici des noms à rattacher pareillement au numéro suivant : Lécuyer, sieur du Mesnil, prévôt des maréchaux de France au bailliage de Melun, 1618; Lecomte, intendant des bâtiments du roi, 1645; Galland, 1674; Sauvage, payeur de rentes, et ensuite Sauvage, grand audiencier, pour le siècle suivant.

Enfin l'hôtel Trudaine fait face. Son plus ancien propriétaire, que nous sachions, était Galland, secrétaire du roi, vendeur d'Antoine Turgot, sieur de Saint-Clair, que suivirent Renée-Madeleine Rambouillet, femme de Trudaine, conseiller d'Etat, et puis Trudaine, intendant des finances.

RUES TARANNE ET SAINT-BENOIT.

La Prévôté de l'hôtel du roi. — Hôtel de Bernis. — L'eau de mélisse. — Le baron d'Holbach. — Xavier de Maistre. — Les Taranne. — Diderot. — Hôtel Bourbon. — Maisons diverses.

M. le marquis de Sinety, ancien colonel de cavalerie, est propriétaire du 25 de la rue Taranne, comme légataire universel d'un grand-oncle, M. de Brancas-Villars, duc de Céreste, ancien pair de France, lequel y eut pour locataire le savant M. Brunet de Presle. Le duc de Céreste tenait la propriété, également à titre de legs, du lieutenant-général marquis d'Avesne, allié aux Brancas, acquéreur en l'an XIII du jurisconsulte Berryer, père du célèbre orateur. Nous y verrions, en remontant encore, la Prévôté de l'hôtel du roi, établie là en vertu d'un long bail fait en 1752 par Oré, entrepreneur des bâtiments du roi, au marquis de Sourches, grand prévôt de France, gouverneur de Berghes, qui avait de même à Versailles une résidence, siége de la compagnie militaire de la Prévôté. Son hôtel de Paris avait été, à l'origine, le trésor général des finances de Mademoiselle, souveraine de Dombes, Duchemin de Bisseaux étant trésorier de la princesse, et Edme Robert après lui.

D'un partage réalisé entre les deux filles de Robert date la séparation du 25 avec le 27, habité en 1745 par le marquis de Marivaux, connu ensuite comme hôtel de Bernis. Le 21 et le 23 eux-mêmes ne firent qu'un, dans le principe : l'abbé Viennet, curé de Saint-Merri, y présidait, sous le règne de Louis XVI, aux expériences d'aérostation de Blanchard.

Les frères de l'hospice de la Charité édifièrent, du côté opposé, deux maisons : l'une des deux conserve une croix dans la ferrure qui domine sa porte. Le débit de l'eau de mélisse des carmes a lieu, depuis 1630, rue Taranne : l'enseigne du n° 14 le dit aux yeux, dont cette eau adoucit les maux, et ne prétend-on pas aussi qu'elle prévient l'apoplexie ?

Les dîners du baron d'Holbach prédisposaient à ce genre d'attaques les philosophes, ses convives, qui pouvaient heureusement faire provision d'eau de mélisse en se rendant chez lui, n° 12. Ce ne sont pas ses derniers jours que d'Holbach passa rue Taranne : l'obligation de pourvoir ses quatre enfants avait fini par le pousser à des économies, qui portaient sur ses réceptions. Le comte de Polignac était propriétaire du 12, avant la mort de cet amphytrion du XVIIIe siècle que Jean-Jacques, dans ses *Confessions*, au

livre VIII, avait jugé de la façon suivante : « C'était un fils
« de parvenu, qui jouissait d'une grande fortune dont il
« usait noblement, recevant chez lui des gens de lettres,
« et par son savoir et ses connaissances tenant bien sa
« place au milieu d'eux. » Les saint-simoniens ont commencé à se réunir, sous la Restauration, dans la salle à manger de l'*Encyclopédie*.

A l'abbé Desessart était le 10, habité par Xavier de Maistre, né en Savoie, et qui a rendu plus facile l'incorporation de sa patrie à la nôtre, par ses écrits tout pleins d'idées françaises : n'avions-nous pas une chambre rue Taranne, où peut-être il avait écrit son *Voyage autour de ma chambre* ?

La propriété attenante fut un hôtel Labriffe, Bauffremont et Taranne ; seulement la dernière de ces qualifications se rapportait surtout au XVIIe siècle à une maison sise en face, dont la porte principale, rue de l'Egout, devint celle d'une académie d'équitation, puis de la cour actuelle du Dragon : un corps de ce logis a été rétabli, n° 11, pour d'Argouges-Fleuri, lieutenant civil au Châtelet. Or Simon Taranne, échevin en 1417 sous la prévôté de Guillaume Kiriasse, et Jean-Christophe Taranne, avaient laissé leur nom à la grande et à la petite rues Taranne, ouvertes dès le milieu du siècle précédent : la grande avait porté aussi les dénominations de rue Forestier, des Vaches et de la Courtille.

Au coin de la rue de l'Egout, demeurait M. de Longpré en 1691, et la famille de Listenois plus tard. Mais quel hôte plus illustre y a gardé vingt ans un logement au quatrième étage ? Diderot, que les *Mémoires de Mme d'Epinay* surnomment si souvent le philosophe de la rue Taranne. Comme ces fortes têtes de l'*Encyclopédie* avaient l'oreille des têtes couronnées ! Les grandes cours étrangères faisaient tout leur possible pour attirer les écrivains hardis, si peu persécutés en France qu'ils y avaient eux-mêmes, fussent-ils fils de coutelier, des grands seigneurs pour courtisans. Rome, par ses contradictions, par ses influences répressives, qui avaient tant de raison d'être, stimulait plus encore un esprit novateur que Berlin et que Londres, par leurs encouragements. Les livres supprimaient la distance, bien avant les chemins de fer ; les idées auront toujours peine à se réduire en télégrammes, comme un ordre pour l'agent de change, ou une commande au tailleur. Est-ce que Catherine II en fut moins la première à apprendre que Diderot, pour éteindre quelques dettes, voulait vendre sa bibliothèque ? L'impératrice acheta tous ses livres, mais à la condition expresse qu'il en restât le conservateur, avec un traitement à vie.

Les fenêtres de Diderot avaient en perspective un prolongement de la rue de l'Egout, qui en avait porté la dénomination, mais qui s'appelait Saint-Benoît depuis l'aliénation de l'hôtel Bourbon et l'ouverture de sa porte, comme nouvelle entrée de l'abbaye Saint-Germain, où était en vigueur la règle de saint Benoît.

Les escaliers à petits piliers de chêne ne font pas faute aux vieilles constructions qui sont voisines de cette porte. Plus bas, un jardin de l'abbaye donnait encore au xviiie siècle.

De l'autre côté de la voie, une façade reste ornée d'une niche. Un petit hôtel a servi de bureau et de demeure à Laurent de Mézières, secrétaire des finances de Monsieur, comte de Provence, payant loyer à la famille Orry : on y trouve aujourd'hui le bureau de la *Revue des Deux-Mondes*. M. de la Rouvrelle et l'abbé de Cornouailles ont disposé au même temps du 16 et du 14 ; Mme de Chavigny, des maisons faisant l'angle sur la rue des Deux-Anges, dont il survit une impasse grillée ; enfin, Mme d'Anspach, d'une propriété à grande façade, mais dépourvue de profondeur, laquelle fait retour rue Jacob.

RUE DE PROVENCE.

Le grand égout. — Mme de la Moskowa. — MM. Périer. — Hôtel Montesson. — L'ambassade d'Autriche. — Les écuries d'Orléans. — Mme d'Archambal. — Hôtel Thélusson. — Les Arts-Unis. — Hoffmann. Garnier-Pagès.

Jean-Joseph de Laborde, secrétaire des finances, subvint aux frais du pavage primitif de la rue de Provence, ainsi que de la rue d'Artois, maintenant Laffitte : ces rues, portant le nom de deux des petits-fils de Louis XV, s'ouvraient en vertu d'une autorisation obtenue en 1770 par ledit financier, propriétaire de terrains rue d'Artois, et pourvu également des terrains de la rue de Provence, mais à la charge de couvrir le grand égout qui y passait. « Ledit
« égout, disait le rapport *ad hoc*, ne pourra que gagner à
« ce que son canal soit voûté sous la rue ; il sera visité
« avec plus de liberté, réparé à moins de frais, moins ex-
« posé aux entreprises qu'on pourrait faire contre sa soli-
« dité et conservation, que s'il était sous des bâtiments ou
« sous des possessions particulières, ainsi qu'en beaucoup
« d'autres parties. »

L'hôtel de ce comte de Laborde, devenu banquier de

Joseph II, subsiste à l'angle des deux rues ; il appartient à Mme la princesse de la Moskowa, née Laffitte, qui entretient fort peu ce petit palais donné par la nation à son père en 1830. Quel exemple peu encourageant ! C'est quêter une indemnité pour cause d'expropriation, que d'abandonner à ce point une des belles demeures de Paris, et il est vrai que la rue Lafayette prolongée doit passer par là ; mais celle-ci pourrait faire un détour et s'en prendre au petit hôtel que Mme de la Moskowa donne en location rue de Provence, et d'ailleurs le projet actuel de l'édilité parisienne ne menace en réalité que la cour de ce grand hôtel, qui aspire à descendre, comme dirait Corneille. Pendant le Directoire, c'était du moins un magnifique hôtel garni : le régime révolutionnaire s'en était adjugé la propriété, au lieu d'en faire hommage à un bon citoyen, et avait enlevé à Laborde plus encore que tous ses biens.

A côté du petit hôtel susindiqué, est à M. de Rothschild une propriété de bonne apparence, qui a servi de bureau avant 89 à la compagnie des Eaux de Paris, et de logement à ses directeurs, MM. Périer.

La compagnie Delaunay, en 1829, a bâti la cité d'Antin, rapporte M. Lazare (*Dictionnaire des rues de Paris*). Pénétrons plus avant que notre cher confrère, puisque les maisons nous regardent, et qu'il a les rues pour domaine. Trois ou quatre immeubles de la rue de Provence, où sont percées deux portes de la cité, ont fait assurément partie de la propriété dont il s'agit, dessinée par Brongniard, laquelle n'avait qu'une de ses entrées sur la rue de la Chaussée-d'Antin. Le mariage morganitique du duc d'Orléans, grand-père du roi Louis-Philippe, avec Mme de Montesson, eut lieu le 24 août 1773. Il y avait chez elle un théâtre, dont les représentations cessèrent à l'époque de la mort du prince. Le fournisseur Ouvrard et le banquier Michel habitèrent ledit hôtel, avant le prince de Schwartzemberg, ambassadeur d'Autriche, qui voulut y donner une fête splendide à l'occasion du second mariage de Napoléon. Une salle de bal avait été improvisée en bois, sur le jardin, pour faire suite aux appartements, insuffisants dans cette circonstance. Mais il n'y avait pas longtemps que l'empereur et Marie-Louise étaient entrés chez M. de Schwartzemberg, quand le feu prit à un rideau, qui le communiqua en peu de minutes au plafond de l'édifice postiche. Un lustre tombait avec fracas, et les invités effrayés, en se précipitant sur une porte, tous à la fois, s'étouffaient l'un par l'autre : le parquet de la salle, ne pouvant y tenir, s'ouvrit. Nombreuses furent les victimes, et parmi elles une princesse, belle-sœur de l'ambassadeur, qui était parvenue à se sauver, mais que son inquiétude sur le sort d'un de ses enfants ramena au milieu des flammes qui ne la laissèrent plus sortir. Une ambulance venait de s'établir en face, chez le comte Regnaud de Saint-Jean-d'Angely, et l'empereur y faisait prodiguer des secours à tous les blessés. Les familles vinrent, le lendemain, y reconnaître, y réclamer les morts.

Cet autre hôtel, antérieurement de Thun et des écuries d'Orléans, avait été construit sur le plan de Boullée, architecte du roi ; Philippe-Egalité y avait eu pour acquéreur un riche marchand de chevaux nommé Lechaire. Les deux belles propriétés qui le composent étaient déjà distinctes, quand Regnaud en habitait une, n°s 68 et 70 : le sénateur Lejeas, père de la duchesse de Bassano, et Mlle Contat, devenue Mme de Parny par son mariage avec le neveu du poëte, occupaient le 72. M. Florentin, baron de Seillière, acheta en 1846 la maison de Regnaud de Saint-Jean-d'Angely, qui avait perdu la raison depuis la chute de l'Empire. M. Répond, qui était Suisse, avait alors la maison d'à côté, et l'hôtel Montesson servait de résidence au commandant de la garde nationale, c'est-à-dir au général Dessaules, dont le successeur fut le maréchal Oudinot, duc de Reggio.

Chez le général d'Archambal était reçu Napoléon, qui

avait distingué sa femme : n° 50, rue de Provence, légation de Saxe à la Restauration. Une compagnie d'assurances remplace le comte Germain, au n° 40, et il ne serait pas impossible que cette maison et le 34, d'une architecture identique, eussent dépendu comme pavillons d'un ancien hôtel bien connu, où Mme Thélusson, qui recevait la meilleure compagnie, a eu pour successeurs le comte de Saint-Pons-Saint-Maurice, le prince Murat et l'ambassadeur de Russie. Ledoux avait donné pour entrée à l'hôtel une arcade rocaille, style Médicis, dont la forme est rappelée par une porte de maison rue Duphot. La rue Laffitte s'est prolongée entre les rues de Provence et de la Victoire, sur le terrain de cette propriété.

Un autre petit monument de l'architecture domestique allait lui-même disparaître, et priver la rue Le Peletier d'un agréable vis-à-vis, où la vue se repose des façades uniformes qu'offrent les maisons de revenu ; par bonheur M. James est arrivé à temps, pour en faire le siége d'une société nouvelle, les *Arts-Unis*. Ce sera un cercle d'artistes et d'amateurs, et non pas seulement un salon, mais un musée sans cesse renouvelé, une bibliothèque spéciale, dans un local calme au milieu du bruit, mais qui aura ses jours, ses heures de fête. N'est-ce pas d'ailleurs une fête éternelle qui suit partout le bon goût et l'esprit, le sentiment du bea , l'amour et le culte des arts ? Une espèce d'almanach, sous le titre de *Livre commode*, qu'Abraham du Pradel a publié en 1692, passe en revue les curieux, les curieuses de son temps, c'est-à-dire les amateurs d'objets d'art et de curiosité ; or, les curieux de l'univers entier ont maintenant Paris pour lieu de rendez-vous, et ce n'est pas trop présumer de leur immense besoin de relations, de renseignements et de comparaisons, que de prévoir l'inscription de tous leurs noms sur les livres de M. James, perpétuant le *Livre commode*. Nous croyons que l'hôtel de la société des *Arts-Unis* a été bâti par Rousseau pour M. de Tréneuc ; nous savons, d'autre part, que Mlle Fanny Elssler, puis Mlle Duverger, en ont été les gracieuses locataires.

Une jolie pièce, le *Roman d'une heure*, a été refaite bien souvent par des imitateurs d'Hoffmann, rédacteur des *Débats*, qui en était l'auteur. Il avait épousé la fille de Boullet, machiniste de l'Opéra ; de plus, il était membre du conseil littéraire de l'Académie royale de musique. Le toit du n° 14, où demeurait Hoffmann dans le voisinage du théâtre, servit de troisième-dessous, dans la soirée du 6 juillet 1819, à une descente que malheureusement les machinistes de l'Opér an'avaient pas eue à combiner : l'aéronaute Mme Blanchard, précipitée avec violence, perdit la vie dans cette chute.

Un hôtel de Gouy d'Arcy doit être nonagénaire, dans cette même rue : recherchez-le au 8 ou 24. Le député Garnier-Pagès, dont le frère a été ultérieurement ministre, est mort au 6 : ses obsèques ont servi de prétexte à une démonstration très-populaire, hostile à un gouvernement qui avait laissé au défunt une si grande liberté de l'attaquer. Un charpentier a édifié le 2, immeuble à peu près du même âge que le 1, où un épicier annonce que son établissement remonte à 1761.

LIV. 45
LES ANCIENNES MAISONS

Des rues de Seine, du Plâtre, des Saints-Pères, Sainte-Anne, Saint-Roch, Gaillon, des Saussayes, des Rosiers, des Juifs et des Ecouffes.

NOTICES FAISANT PARTIE DE L'OUVRAGE INTITULÉ :

LES ANCIENNES MAISONS DE PARIS SOUS NAPOLÉON III,

PAR M. LEFEUVE,

Monographies publiées par livraisons séparées, avec table de concordance à la fin de la publication.

RUE DE SEINE.

Lettre à M. Léon Gozlan.

Interlaken, août 1860.

Cher maître,

Si je passe en Suisse la meilleure partie de l'été, rien de plus innocent, rien de plus classique à vos yeux, qui me savent coutumier du fait ; il y a néanmoins quelque témérité de ma part, en ce moment, à mettre le public en tiers dans pareille confidence. Les libraires parisiens accusent à huis clos, sans réplique possible, par conséquent rien n'est plus officiel, l'éditeur et le rédacteur du recueil intitulé *Les Anciennes Maisons de Paris*, de prétentions exagérées au lucre. J'apprends qu'un long rapport, ayant pour objet principal de répondre à la question suivante : *D'où vient le prix élevé des livraisons de ce recueil ?* a été lentement élaboré et lu au Cercle de la Librairie, rue Bonaparte. Là, une ombre de corporation met en commun craintes et espérances, en ce qu'elle croit utile pour ses membres ; là, une petite coterie, Saint-Office de la profession, a daigné s'occuper de la publication exceptionnelle que je rédige, et elle a prononcé à petit bruit une sentence dont j'appelle plus haut. Certains libraires, que j'estime toutefois honorables industriels, tiennent à justifier, par l'intempérance du langage et par la petitesse des vues, le surnom de *portiers de la littérature* que leur a donné Charles Nodier. Leurs cancans vont recommencer, s'ils apprennent que j'ai des loisirs, qui ne sont pas sans agréments loin d'eux, et ils vont exiger de l'infortuné M. Rousseau une remise encore plus forte, lorsqu'ils enverront prendre une livraison ou une collection des livraisons parues.

Car ces marchands, sans courir aucun risque, osent prélever beaucoup plus que la dîme, quand un client exige qu'ils se procurent tel ou tel livre qu'ils n'ont pas, et qu'ils ont essayé d'abord de décrier afin d'en faire prendre un autre. Il est vrai qu'aucun de ces messieurs n'avait deviné, au début, qu'un ouvrage allait réussir sans librairie, sans luxe de papier, d'impression, de reliure, sans mode fixe de périodicité pour ses fascicules modestes ; mais ce n'est pas une raison pour attribuer maintenant à la surprise un succès qui rapporte moins à l'éditeur, à l'écrivain, qu'aux libraires qui, bon gré mal gré, sont déjà tous venus chercher dans un bureau très-peu spacieux ce qui n'a pas d'équivalent dans leurs magasins bien plus grands. M. Rousseau peut dire après Musset :

Mon verre n'est pas grand, mais je bois dans mon verre.

Cet associé, il m'a été donné par des relations d'amitié ; il n'habite plus Paris, même en hiver, depuis que l'emploi honorable qui le fait vivre ne lui laisse plus la liberté de résider où il lui plaît. La publication qui est nôtre n'en ira pas moins jusqu'au bout et sans la moindre interruption : elle n'aura changé ni d'imprimeur, ni de rédacteur, je l'espère : les entreprises plus importantes en peuvent-elles toujours dire autant? Les sacrifices qu'elle aura coûtés seront loin d'ajouter une ligne à la colonne des faillites; seulement il ne faudra pas croire que quelqu'un s'y soit enrichi. Au même prix qu'une course en voiture de place, chaque livraison aura mené son lecteur sur différents points de Paris, en même temps qu'à travers des âges différents : a-t-on le droit de comparer ce prix aux 6 sous qui peuvent suffire pour acheter *Manon Lescaut*, tout chef-d'œuvre que soit ce roman? L'édition populaire de ce livre tombé dans le domaine public se tire à 30,000; le tirage, au contraire, de nos brochures, destinées aux curieux, aux amateurs, ne dépasse pas 600, et il n'en reste déjà plus que de quoi composer 100 collections complètes. Ce que sachant, les frères Garnier offrent de tout réimprimer, comme si nous n'avions pas un peu plus d'une année à travailler encore avant d'arriver au mot *Fin*. La présente édition endette par malheur celles de l'avenir, car elle s'épuisera entièrement avant d'avoir même fait ses frais, n'en déplaise aux inquisiteurs de la susdite rue Bonaparte.

Tout la librairie parisienne sait de reste qu'un nombre illimité de cartons ne tiendrait pas dans le bureau des *Anciennes Maisons de Paris*. Il faut donc faire prendre, au fur et à mesure des besoins, les notes qui sont nécessaires, et puis il faut bien aux archivistes, ainsi qu'aux bibliothécaires, quel que soit leur zèle bienveillant, des heures et des jours pour chercher, pour trouver, pour communiquer tous les plans, livres et manuscrits que nous avons à explorer avant d'écrire le premier mot de la notice de chaque rue. Rien qu'en ouvrages imprimés, par exemple, il a fallu tirer de 100 volumes les documents relatifs à la rue de Seine, laquelle demandait pourtant moins de travail préparatoire que d'autres. La notice pouvait en être rédigée à Interlaken, si des notes spéciales m'arrivaient par la poste. Mon cher Gozlan, permettez-moi de vous en offrir la primeur.

Aussi bien la maison où le Cercle de la Librairie s'est érigé en cour des comptes à l'égard des *Anciennes Maisons*, est une de celles qui, au siècle dernier, s'élevèrent sur l'ancien jardin de Marguerite de Valois. Cette reine répudiée s'était fait bâtir un palais dans la rue de Seine, qu'on avait dite

aussi du Pré-aux-Clercs, de la Porte-Buci, Dauphine. Mézeray écrit : « La Royne y tint sa petite cour le reste de ses
« jours, entremêlant bijarement les voluptez et la dévo-
« tion, l'amour des lettres et celui de la vanité, la charité
« chrétienne et l'injustice, car comme elle se piquoit d'être
« vue souvent à l'église, d'entretenir des hommes savants
« et de donner la dixme de ses revenus aux moines, elle
« faisoit gloire en même tems d'avoir toujours quelques ga-
« lanteries, d'inventer de nouveaux divertissemens, et de ne
« payer jamais ses dettes. » (*Histoire de France*, tome III,
page 468, édit. 1690.) Marguerite de Valois mourut dans
ce séjour, le 27 mars 1615. A soixante-quinze années de là
c'était un magnifique hôtel garni, comme l'hôtel Bouillon,
quai Malaquais ; pourtant le président Séguier y résida
d'une manière fixe, et Gilbert des Voisins acquit en 1718,
et le marquis de Mirabeau, père de l'illustre orateur, vint
succéder aux Gilbert des Voisins. Rue de Seine, n° 6, il subsiste un des bâtiments édifiés pour la première femme de
Henri IV.

Le 2 appartenait, vers le milieu du xviiie siècle, au marquis de Vassan; le 4 à M. de Courmont, et le 10 aux héritiers de Lafond, maître des requêtes, avant d'être hôtel de
Trévier. Pelotte, conseiller au parlement, disposait de l'immeuble suivant, au fond duquel à notre époque il reste un
grand corps de logis et quelque chose même du jardin de
l'hôtel Larochefoucauld-Liancourt, lequel avait passé des

mains du vicomte de Turenne dans celles du duc de Larocheguyon-Liancourt, et puis était échu par succession à Charlotte Du Plessis-Liancourt, femme de François de Larochefoucauld. Brice, dans son ouvrage sur Paris, constate que le duc de Larochefoucauld, grand-maître de la garde-robe, avait cette résidence en 1725 ; un autre historiographe en rapporte la construction à l'architecte Lemercier, qui n'en fut, selon nous, que le restaurateur. Comme l'hôtel était des plus vastes, et que ses dépendances s'étendaient au delà de l'emplacement de la rue moderne des Beaux-Arts, rien d'étonnant à ce que le magistrat Pelotte y comptât plusieurs locataires. Quand le duc de Larochefoucauld eut racheté la propriété, le duc de Chabot y garda un appartement avec un riche cabinet de peinture et un de minéralogie, et le propriétaire n'en reçut pas moins, au commencement de la Révolution, les représentants de la commune, ses collègues, dans cette maison, qui prit un air de fête : parmi ces administrateurs étaient Bailly, Lafayette et Santerre. M. de Larochefoucauld était, à cette époque, président du département. Parmi ceux qui l'assassinèrent, le 14 septembre 1792, entre sa terre de Larocheguyon et Gisors, il y avait de ses anciens convives. Mercier, l'auteur du *Tableau de Paris*, tenait alors une école dans l'hôtel de la rue de Seine. On y venait voir, sous l'Empire, le cabinet de Cassas, un savant, qui était peintre et architecte, compagnon de Choiseul-Gouffier dans ses voyages.

Dès 1662, on avait décidé de prolonger ladite rue au delà de la rue de Buci : projet qui n'a été exécuté qu'après avoir été mûri 140 ans. Notre siècle va plus vite en besogne !

Le côté opposé à celui des hôtels Mirabeau et Larochefoucauld paraît sur le plan de Turgot tout bordé déjà de boutiques. Le chiffre 67 et deux mansardes d'avant Mansart servent actuellement de signes particuliers à l'ancien bureau des paumiers, dont la communauté n'avait reçu des statuts qu'au xviie siècle. Lesdits statuts fixaient à trois années la durée de l'apprentissage. La maîtrise coûtait 600 livres, et on ne l'obtenait qu'après avoir gagné plusieurs fois les deux plus jeunes maîtres : expérience d'autant plus facile qu'il y avait quatre jeux de paume rue de Seine. Sainte Barbe était la patronne des paumiers.

Dans une des maisons peu distantes demeurait le marquis de Rieux, vers le milieu du règne de Louis XIV. Sous le règne suivant, le tabellion Lecointre avait ses panonceaux à la porte du 31. Ce notaire, ayant fait banqueroute avec l'adresse et la sécurité d'un coulissier de notre temps, passa rue Neuve-des-Petits-Champs, pour y faire honneur à l'argent dont il avait soulagé ses clients. Outre-Seine, il mena bon train : il avait un cabriolet pour ses promenades en plein jour, le relais d'un carrosse pour mener au spectacle la demoiselle Quincy, puis il donnait à souper et à jouer jusqu'à trois heures du matin.

Quelque simple, quelque courte que soit la présente notice, il a fallu tout près d'une semaine à un homme laborieux, intelligent et expérimenté, pour recueillir de toutes parts et présenter en regard des numéros actuels les documents qui y sont mis en œuvre. A moins d'être libraire, et libraire fort endurci, chacun en conclura que voici de la copie qui vaut plus 10 sous la ligne. Est-ce à dire, mon cher maître, que j'ose estimer autre part ma propre prose aussi cher que la vôtre? Bien loin de moi semblable outrecuidance !

La presse, en général, me traite avec une bienveillance à toute épreuve, que justifie, on peut en convenir, la difficulté des recherches qui alimentent le travail exceptionnel auquel me voilà voué, et qui augmentent incessamment la somme des documents historiques sur Paris. Par exception, un confrère a tenté d'attaquer cette publication; il s'est placé, comme de juste, à un autre point de vue que l'auteur du rapport de la rue Bonaparte, auquel je n'ai plus à répondre. Ce critique, dont la signature est regardée, à juste titre, comme une valeur, est malheureusement soupçonné par mes amis d'une jalousie de métier, car il écrit également sur Paris. Le public goûte ce qu'il fait d'instructif et ne craint ni son enjouement ni les écarts de son esprit. Mais les personnes qui cherchent des documents n'ayant pas encore vu le jour, doivent se garder des écrits de mon sage et prudent rival, lesquels répètent le lendemain ce que d'autres ouvrages ont rapporté la veille d'une façon qui m'est plus agréable, et quant à lui, voici toute ma réplique : je le défie de ne plus acheter les miens.

Maintenant que j'ai réglé mes comptes avec la critique, cher Gozlan, tout en poursuivant mon voyage et une publication à laquelle s'intéressent autant de lecteurs qu'il en faut, je ne garde pas plus rancune à ses auteurs qu'à la Iungfrau, cette montagne dont les neiges se fortifient en ce moment de nuages, mais qui met vainement un rempart entre votre main, mon cher maître, et celle d'un confrère qui s'honore infiniment de votre amitié.

Lefeuve.

RUE DU PLATRE.

Collége de Cornouailles.

Entre la rue Saint-Jacques et celle des Anglais, près de trente maisons forment la rue du Plâtre, qui doit son nom, dit-on, à une plâtrière. Les plus vieilles de ces constructions remontent au XIIIe siècle : portes cintrées, escaliers de bois, vieilles ferrures nous le confirment. Pas un habitant de la rue ne sait encore que les n°s 20 et 22 ont été le collége du diocèse de Quimper, dont nous allons rattacher l'historique à l'histoire des lettres et à celle de Paris.

En l'année 1317, Galeran-Nicolas de Grève, clerc de

Bretagne, consacre par testament le tiers de son avoir à cette fondation ; malheureusement, tout compte fait, ce legs ne suffit pas à créer un nouveau collége. C'est alors que Geoffroy du Plessis, notaire du pape, permet aux exécuteurs testamentaires d'établir, en attendant mieux, les cinq bourses disponibles dans son collége de Saint-Martin, et il y donne un corps de bâtiment aux boursiers de Cornouailles, qui, de cette façon, se succèdent au Plessis pendant cinquant-sept ans que dure cet état provisoire.

Le chanoine Jean de Guestry, maître ès arts et en médecine, médecin du roi, a acheté pour eux une maison rue du Plâtre, en commençant par ajouter quatre bourses à celles du premier donateur : il en constitue une de plus, après cela, par voie testamentaire. Or, les statuts du collége de Cornouailles sont approuvés, dès l'ouverture, par Maignac, évêque de Paris. Une disposition principale réserve à ce prélat et à ses successeurs la collation aux offices et aux bourses. Les boursiers, en vertu d'une autre prérogative, nommeront à la cure de Fresles, en Normandie. Par une clause particulière, défense est faite auxdits boursiers de parler latin, sous peine de payer une pinte de vin à la communauté. Les peines édictées pour d'autres contraventions consistent pareillement en mesures de vin, dont la capacité varie selon l'importance de la faute. Cette législation pédagogique est donc à la fois cléricale dans son point de départ, ses moyens et sa fin, nationale par caractère, et singulièrement favorable aux épanchements de la camaraderie : une cordialité prévue et prévoyante y gagnera ce que les infractions feront perdre à la discipline. Aucun obstacle à ce que Rabelais vienne se former rue du Plâtre !

Provision pour une autre bourse est faite par Yves de Ponton, principal, sous le règne de Charles VII. *Idem*, plus tard, par Jean Hervy. *Idem*, année 1701, par Valot, conseiller au parlement, chanoine. Le collége doit, comme de raison, des messes à ses différents bienfaiteurs ; d'autres obits, fondés dans la chapelle, ne l'ont pas été davantage sans abandonnement à l'appui.

Néanmoins, les quartiers de rente retranchés et les réparations nécessitées dans les maisons appartenant à la communauté, ont tellement obéré celle-ci, qu'elle ne défraye plus, en 1762, que trois boursiers nommés Duban, Morvan et Royou. Ces deux derniers font leur théologie, et le premier sa physique à Louis-le-Grand. Trois autres étudiants en droit et en théologie, qui payent, sont : Dumetz, Dalibois, Bergier de Montigny. Nul professeur à demeure fixe ; ceux qui viennent régenter passagèrement rue du Plâtre se destinent à la Sorbonne.

Le nombre des boursiers de Cornouailles, transférés tout à fait à Louis-le-Grand, s'élève bientôt à huit ; ils y profitent d'un revenu amélioré par l'administration centralisée des petits colléges annexés : 5,393 livres composent alors ce revenu. Quant à Royou, il y reste vingt années professeur de philosophie ; il se fait un nom dans les lettres, continuateur de Fréron, son beau-frère, collaborateur de Geoffroy, et son dernier journal l'*Ami du Roi*, est supprimé en 1792, du même coup que l'*Ami du Peuple* de Marat.

Dans cette vieille rue du Plâtre, la construction qu'on a fait restaurer, depuis la réunion du collége de Cornouailles à beaucoup d'autres, rue Saint-Jacques, cette construction est reprise par l'État, qui la met aux criées le 5 avril 1806.

RUE DES SAINTS-PÈRES.

Le plan de 1652 appelait déjà rue des Saints-Pères celle qu'on avait précédemment nommée des Jacobins-Réformés, de la Charité, de la Maladrerie, et qui avait été dans le principe un des chemins dits par-là des Vaches. Sa dénomination prédominante lui est venue collectivement et des Jacobins et des Petits-Augustins, propriétaires dans la rue, notamment n°s 13, 15, 29, et aussi des religieux hospitaliers de la Charité, qui avaient les propriétés qu'y a conservées l'hôpital, plus un cimetière, lequel était à l'angle de la rue Taranne, avant de passer du côté opposé, un peu avant celle Saint-Guillaume, lieu que le susdit plan indique comme affecté à la sépulture des « prétendus réformés. » Les n°s 7 et 7 *bis* y sont timbrés du nom de M. *Falcoms*, auquel sera substitué un siècle après le baron de Montmorency, puis M. de Chabannes sous Louis XVI, M. de Vertillac sous Louis XVIII, et M. Roux, médecin fameux.

L'hôtel de Villars se retrouve au second coin de la rue Taranne; il était occupé en 1681 par le marquis de Cavois. Après lequel venait un autre grand hôtel, dont il reste des corps de logis au 53, au 55, au 65, au 67; la partie qui en touche à la rue de Grenelle est au moins du xvie siècle; le plus grand corps de bâtiment en avait été édifié postérieurement pour Marie de Cossé, veuve du duc de la Meilleraie, maréchal de France. La propriété tout entière fut acquise en 1701 par Claude Pécoil, maître des requêtes, qui la fit restaurer, et puis par le duc de Brissac; elle passa après cela aux Craon.

Or, les Craon de la rue des Saints-Pères avaient pour vis-à-vis, avant la grande révolution, M. de Hautefort, M. de Flamarens; par conséquent ces derniers habitaient l'hôtel Labriffe, n° 60, ou l'hôtel de Castres, 56, ou bien l'hôtel de Pons, qui vient encore avant. Un Larochefoucauld occupait dans le n° 48 l'ancien séjour du duc de Saint-Simon, auteur des célèbres *Mémoires*, et naguère hôtel de Laforce, qui devint Augereau sous l'Empire. Augereau, pour passer du faubourg Saint-Marceau, où un fruitier était son père, au faubourg Saint-Germain, avec le bâton de maréchal, prit surtout par Lodi et par Castiglione : n'était-ce pas le chemin le plus court ?

D'un petit hôtel, le 40, s'accommodait au milieu du siècle dernier M. de Lude, un conseiller aux aides, comme faisait M. de la Mazelière du 38, qui avait alors une porte cochère. Une construction irrégulière, et d'autant plus récréative pour l'œil, dont la porte bâtarde est tout près de la rue Saint-Guillaume, appartenait à un abbé Langlois. L'Ecole des ponts et chaussées, ministère des travaux publics sous Louis-Philippe, et des cultes sous Louis XVIII, a dû être originairement un hôtel de Fleury, édifié seulement en 1788. Le 22, auquel s'accolait à cette époque le nom de la famille Bouville, a été connu plus longtemps, et à deux reprises, comme hôtel de Nanty. M. de Nanty de Frécot, conseiller au parlement, en jouissait notamment du temps de Mme de Pompadour. Un M. Le Coq, signalé par Gomboust, avait eu sa demeure, cent ans auparavant, au coin de la rue de l'Université. Du même côté, mais plus bas, vers la fin de l'ancien régime, ont été les bureaux de M. Devins de Galande, intendant du commerce, lesquels touchaient à ceux de M. Balainvilliers, intendant du Languedoc.

Deux maisons, 9 et 11, étaient à cette époque l'hôtel de Gand, probablement garni, et tenaient d'une part à M. de Chabannes, de l'autre aux Petits-Augustins; elles avaient été en la possession de M. de Bernage, le prévôt des marchands, et l'avenir devait en faire l'hôtel d'Affry, nom d'une famille suisse, ensuite les bureaux du ministère de la police, et puis le domicile de Dupont de l'Eure, qui s'y contentait toutefois d'un logement à l'entresol.

RUE SAINTE-ANNE.

La Chronique scandaleuse. — Les hôtelleries. — Les hôtels. — Les Nouvelles-Catholiques.

Chez Brissault, rue Feydeau, M. de Morainval et deux de ses amis soupaient, le 5 octobre 1762, avec les demoiselles Maisonville et Durozan ; ces filles-là étaient en pension chez la Pontois, couturière rue Sainte-Anne. Dans cette rue demeurait alors la Gourdan, qui mettait son entregent, comme Brissault, au service de la galanterie. En conséquence, deux maisons de ladite rue avaient un compte ouvert avec la chronique scandaleuse, et nous retrouvons justement les n°s 33 et 37, dont les volets sont fermés en plein jour. Traditions continuées avec trop peu de variantes pour qu'un siècle les reproche à l'autre !

Le 6 octobre, dit la même chronique, M. de Baresse, conseiller-clerc au parlement de Toulouse, recevait à dîner et à souper Mlle Kéry, rue Sainte-Anne, à l'hôtel de Suède, et lui donnait une robe superbe. La place exacte de cet hôtel, nous l'ignorons; mais l'hôtel garni d'Orléans occupait, sous Louis XVI, le n° 73, et l'hôtel garni de Fleury le n° 27 ou 29 : dans cette dernière maison étaient logés un certain nombre de conventionnels, quand la rue s'appelait Helvétius. Or, une dame Fleury avait tenu hôtel vers le milieu du siècle dans la rue des Boucheries-Saint-Honoré, maintenant Jeannisson, et très-probablement son fils était venu s'établir rue Sainte-Anne. Un hôtel de Danemarck et des états généraux fut transféré, en 1828, du n° 27 au n° 36 : n'était-ce pas le même établissement?

Helvétius, fils du médecin de la reine, fut fermier général à 23 ans ; dès lors il pouvait disposer de 100,000 écus tous les ans : le plaisir lui était facile ! La bienfaisance préleva une part sur ses revenus, et la culture des lettres sur son temps. Après des essais poétiques, il écrivit son livre *De l'Esprit*, où il réduisait toutes les facultés humaines à la sensibilité physique : le parlement de Paris, la Sorbonne et le Saint-Siége condamnèrent en même temps l'ouvrage, qui fut brûlé par la main du bourreau. Mlle de Ligneville, femme du financier-philosophe, faisait princièrement les honneurs de son hôtel, rue Sainte-Anne, 18. La marquise de Meun, une des filles d'Helvétius, en avait hérité depuis vingt ans, et elle y avait eu pour locataire Duchesnay des

Prés, trésorier du sceau de France, lorsque le nom de son père fut donné à la rue, en 1792, au lieu de celui qu'elle devait à Anne d'Autriche, femme de Louis XIII. Dudit hôtel a dû dépendre le 22, bien que M. de Guerry en fût propriétaire avant la Révolution : l'économiste Dupont de Nemours, encore plus connu comme homme politique et comme royaliste, y demeurait sous le Directoire.

N°s 14 et 16 : ancien hôtel d'Estaing, décoré par Sarazin, où avait résidé Boulogne l'aîné, peintre d'histoire. De plus, Bossuet y était mort le 12 avril 1704, chez un de ses neveux qui l'avait reçu malade : le corps de l'illustre défunt avait été promptement transféré à Saint-Roch, et de là à Meaux. Le comte d'Estaing fit, comme vice-amiral, la campagne d'Amérique ; mais déjà son hôtel se trouvait divisé en 1783 : Mme de Gramont avait le coin de la rue du Clos-Georgeau ; Mme Le Ménestrel, la propriété contiguë.

Vers le n° 12 il y avait, en ce temps-là, le bureau du *Journal encyclopédique de Bouillon*, chez M. Lutton. N° 1 : hôtel de Ximénès. Le marquis de ce nom, ancien guidon de gendarmerie, faisait des tragédies et d'autres vers. Les deux coins Villedo : au sieur Tarade. En face : le marquis de Cursay, contigu au baron d'Holbach, lequel y eut pour locataires MM. Dey de Saint-Achille, banquiers des gardes-suisses, du procureur du roi et du prévôt général de la maréchaussée. N° 34 : M. Laporte de Sérincourt. N° 47 : ex-maison de Grétry, comme nous l'avons vu rue Neuve-des-Petits-Champs. Là finissait la rue Sainte-Anne, sur le plan de 1714, qui y énumérait 40 maisons et 11 lanternes. Celui de 1652 n'avait montré que des cultures entre les rues Villedo et Clos-Georgeau. La rue n'allait même, sous Louis XIII, que du carrefour des Quatre-Chemins à des moulins qui barraient le passage, et l'entrée en avait été, de 1528 à 1609, celle du marché aux Pourceaux. Aussi retrouvons-nous, au 8, un escalier en chêne d'avant la Fronde.

Les 20 autres maisons, les 9 autres lanternes, qui étaient reconnues en 1714 à la rue de Lionne (car ainsi s'est appelé le reste de la rue Sainte-Anne) n'ont pas toujours fait bande à part. Du temps même de M. de Lionne, ce ministre dont l'hôtel avait ses deux entrées rue Neuve-des Petits-Champs, rue Neuve-Saint-Augustin, on ne disait pas : *rue de Lionne*, sans y ajouter : *ou Sainte-Anne*.

Cette partie de notre rue, en 1783, était bordée par les propriétés de MM. Martin, de Laprade, Cheure, de Villequier, Dulin (2 maisons), Saint-Pouange (Colbert-Chabanais de), de Coislin (ci-devant hôtel de Jars) et de Louvois (4 maisous), du côté des numéros pairs. De l'autre côté, en commençant de même par la rue Neuve-des-Petits-Champs, les propriétés se présentaient comme il va suivre : Mme Thévenin (2 maisons), M. de Ricard, M. de Meaupou (3 maisons), Mme Chevalier (2 maisons), les Nouvelles-Catholiques, M. de Louvois (2 maisons), M. Pajot (3 maisons), M. de Belleforière, M. Fontaine, M. Rolland.

Quelques années après, on eût trouvé à la place de Mme Chevalier, n° 57, des MM. de Lévis, et, dans les deux maisons de M. de Louvois, 63, 65, le marquis de Girardin, seigneur d'Ermenonville. L'hôte suprême de Jean-Jacques Rousseau était colonel de dragons ; favorable aux réformés, il fut néanmoins dénoncé en 1793 ; échappé à ses ennemis, il put passer dans une retraite libre les trois derniers lustres de sa vie.

Le passage Sainte-Anne s'est fait jour à travers le ci-devant établissement des Nouvelles-Catholiques, institution fondée en 1634 par le père Hyacinthe, franciscain, et d'abord rue des Fossoyeurs (Servandoni), ensuite rue Pavée-au-Marais, rue Sainte-Avoie, avant d'être rue Sainte-Anne. La duchesse de Verneuil, au nom d'Anne d'Autriche, le roi, les Créqui et Turenne, ce grand capitaine, qui avait abjuré lui-même le protestantisme, tels étaient les patrons, les prôneurs de cette œuvre, laquelle intéressait les protestantes converties. L'édifice carré des Nouvelles-Catholiques touchait par derrière au jardin de M. de Lionne, dont l'hôtel fut plus tard à M. de Pontchartrain. Leur chapelle se trouvait au n° 61.

RUE SAINT-ROCH.

Les dames de Sainte-Anne. — Une petite communauté de Sainte-Anne était établie rue Saint-Roch, au n° 10 ; on en reconnaît la chapelle, au premier, dans une classe de pensionnat. Deux escaliers à petits piliers de bois datent d'avant l'établissement, fondé pour quinze sœurs en 1686 par Frémont, grand-audiencier de France. Les jeunes filles pauvres y étaient initiées aux travaux à l'aiguille ; on les y préparait aussi à faire leur première communion, mais elles n'étaient ni logées, ni nourries. Les dames de Sainte-Anne étaient remplacées, sous l'Empire, par des sœurs de charité.

Le presbytère. — La fabrique de Saint-Roch avait huit maisons près l'église, mais la plupart n'étaient que des bicoques. Le presbytère actuel servait de siége à la communauté des prêtres de Saint-Roch ; le 6 est l'ancien presbytère.

Le maître de chapelle. — En face du presbytère il demeurait un de ces musiciens d'élite dont le talent trouve aisément, en France, ses lettres de naturalisation. Rigel, arrivé à Paris en 1768, s'y était fait remarquer sur le clavecin, puis il avait eu pour élève jusqu'à la princesse de Lamballe, tout en faisant exécuter des symphonies de sa composition aux concerts de l'hôtel Soubise, sous la direction de Gossec. Le Concert spirituel, dont les séances avaient lieu aux Tuileries, joua postérieurement ses trois oratorios, et voilà Rigel en personne maître de musique du Concert spirituel, après avoir dirigé les concerts de la Loge olympique ! Le maestro, en outre, ne travaillait-il pas pour le théâtre ? Les leçons de Rigel ont profité surtout à celui de ses fils qui, les suivant de près, prit des élèves dès l'âge de treize ans, accompagna Bonaparte en Égypte, et fit représenter alors un petit opéra au Caire.

Mlle de l'Épinay. — M. de l'Épinay, marquis de Marteville, était son père, et elle avait pour oncle M. de Viarmes, le prévôt des marchands ; elle grandit dans une maison appartenant au chevalier Ortand, et qu'eut plus tard Gueffier, un auditeur des comptes, rue Saint-Roch, n° 25 : ladite maison avait été à l'enseigne du Grand-Turc. Mlle de l'Épinay fut toutefois aise de passer rue de Grenelle, dans le petit hôtel d'Estrées, en épousant le comte de Montmorency-Tingry, déjà veuf : elle avait son tour à cet égard en 1762. La nouvelle veuve n'avait que 32 ans ; les avantages de sa personne ne sautaient pas d'eux-mêmes à tous les yeux, comme la beauté du visage : elle était seulement très-bien faite, mais elle ne s'en cachait guère. Le magnifique maréchal de Soubise réussit à la compromettre en l'accablant de ses présents ; elle rendit la pareille, en l'absence du prince, à son petit cousin, le duc d'Olonne, qu'elle compromit plus encore, en employant le procédé du prince. Un jeune paysan, disait-on, avait profité le premier de ces dispositions nouvelles de la comtesse, qui s'habillait pour lui en paysanne ; mais le rustre n'avait pas tardé à reprocher aux faveurs d'être en partie double, et il avait renoncé aux richesses, du moment qu'elles n'engraissaient pas.

Propriétés diverses. — M. de Champeron a disposé du 26 ; la comtesse de Bapaume, du 28, du 30, du 32. Les Feuillants ont eu le 29. M. Douet de Vichy a été propriétaire du 39, et Mme de Grassien, du 34. M. de la Sourdière de Meulant occupait, sous Louis XVI, la maison qui fait le coin de la rue de la Corderie. Or, la rue de la Sourdière, sur laquelle donnent encore plusieurs maisons de la rue Saint-Roch, longeait au commencement du xviie siècle, avant d'être pavée, le jardin de M. de la Faye de la Sourdière.

Origines de la rue Saint-Roch. — Elle a été percée avant la fin du xve siècle, sous le nom de rue Michel-Regnaut. On l'a dite ruelle Gaillon une vingtaine d'années après, à cause de l'hôtel Gaillon, dont l'église Saint-Roch tient la place.

RUE GAILLON.

Les variantes de l'écriteau. — L'intendant de madame de Maintenon. — Une passion de fille d'Opéra. — Anciens habitants de la rue.

Hérault, lieutenant de police, fit mettre au coin des rues, en 1728, des plaques en tôle pour indiquer leur nom : il avait l'embarras du choix en ce qui regardait la rue Gaillon, qui s'appelait aussi de Lorges, à cause de l'hôtel du maréchal de Lorges, sis rue Neuve-Saint-Augustin. La rue de Lorges se prolongeait au même temps jusqu'à la rue Louis-le-Grand. On l'avait déjà dite rue de la Porte-

Gaillon, avant que fût jetée bas la porte urbaine où elle aboutissait alors, auprès du 8 actuel de la rue de la Michodière ; on l'avait connue tout d'abord, sous Charles VIII, comme rue Michaut-Regnaut, du chef d'un voiturier y ayant maison et jardin. Cette désignation primitive avait appartenu simultanément à la rue Saint-Roch. Au xviii° siècle, un nouveau rapprochement mit pour quelque temps du *Saint-Roch* sur l'un et l'autre de leurs écriteaux.

Peu de temps après la mort de Louis XIV, quatre maisons de notre rue, notamment le n° 10, appartenaient à Mme du Fresnoy ; cette dame habitait seulement la dernière de ces propriétés qui se suivaient. Une maison plus modeste, qui était le 5 ou le 11, avait pour occupant Vacherot, intendant de Mme de Maintenon. La maison de Saint-Cyr devait, par acte constitutif, à son illustre fondatrice le logement et l'entretien, non-seulement pour elle-même, mais encore pour ses domestiques et ses chevaux ; Mme de Maintenon avait gardé, en outre, d'assez grands revenus, qu'elle distribuait en bonnes œuvres. Le régent lui avait maintenu les 4,000 livres par mois qu'elle recevait à la fin du règne précédent, et elle continuait à jouir de sa terre de Maintenon ; Saint-Simon, de plus, insinue qu'elle avait dû conserver la pension de gouvernante des enfants du roi et de

Mme de Montespan, ainsi que les appointements de seconde dame d'atours de Mme la dauphine-Bavière. Comme on voit, la place de Vacherot n'était pas une sinécure ! En 1787, le vicomte de Boursac et le chevalier de Sourdeille occupaient des appartements, n° 10, chez M. de Lubersac; M. de Nointel avait les présidents Dupaty et de Voménil pour locataires n° 5; l'hôtel des États-Unis était garni n°11, et Saint-Just y logeait un petit nombre d'années après.

Sous Louis XVI, M. Douet de Vichy fit bail à l'envoyé de Trèves du n° 8, même rue, occupé précédemment par le jeune prince Sultoscky. La demoiselle Siam, simple figurante au théâtre, mais premier sujet à la ville, ayant donné à ce dernier des preuves d'affection dont s'est émerveillé à l'Opéra tout le corps de ballet, pourquoi les passer sous silence ? Après avoir vécu un an avec cet étranger, princièrement endetté, la fille d'Opéra apprit que des créanciers venaient de le faire arrêter; elle mit aussitôt tous ses diamants en gage, délivra celui qu'elle aimait, le conjura de se rendre en Pologne pour y arranger ses affaires, et fit serment de ne pas l'oublier. M. Boulx de Quincy, maître des requêtes, n'ayant pu étouffer les sanglots de la belle figurante, ne fit que paraître et disparaître : il n'avait accepté près d'elle que sous bénéfice d'inventaire l'héritage direct du prince Sultoscky. Le marquis de Paolucci, ministre de la cour de Modène, essuya à son retour des larmes que M. de Quincy ne faisait pas répandre, et le mouchoir ne fut pas moins humide lorsque le ramassa M. Roussel, un fils de fermier général. Le chagrin augmenta encore, *crescendo* assez déplacé, entre les bras du comte de Limbourg : il était prince, il était étranger, mais plus il montrait de qualités, plus la mémoire en trouvait d'autres dont il était cruel de déroger. Il y en avait assez pour renoncer à des comparaisons nouvelles. Ou les regrets changent d'objet, ou ils se changent en désespoir! La danseuse essaya enfin de la solitude; les bons effets de ce remède souverainement consolateur, auquel elle n'avait songé qu'à la dernière extrémité, ne se firent pas longtemps attendre : M. de Limbourg fut rappelé!

M. Boutin, un conseiller d'État, qui était vraisemblablement le trésorier de la marine dont nous avons parlé ailleurs, avait un bureau, et Mme de Roth sa demeure, rue Gaillon, aux n°s 12 et 14 : deux immeubles qui n'en ont fait qu'un. Le comte et le vicomte de Flavigny étaient n°s 13 et 15; dans leur hôtel à double entrée résidait également la famille de Lambilly, le chevalier de la Bourdonnaye. Enfin M. de Lafleurie, M. et Mme Baltus de Pouilly, se rencontraient n° 16, dans une belle propriété dont la grande porte a disparu, et qu'on a appelée l'hôtel de Veynes.

RUE DES SAUSSAIES.

Des carrières bordaient ce chemin à la fin du xviie siècle. Il commença à verdoyer, grâce à un plant de coudriers ; mais si les Parisiennes se contentèrent d'y aller cueillir la noisette, il n'en fut pas de même des Parisiens, qui cueillirent jusqu'aux noisetiers. Au lieu de coudraie, il y avait des saules, quand Mme de Pompadour vint s'installer à l'Élysée-Bourbon, et la saussaie fut alors divisée entre divers propriétaires, qui s'empressèrent de remplacer bien des saules par quelques hôtels.

On y citait les hôtels Dutillet, Larochecourbon et Fodoas, alors qu'était à peine née Mlle d'Esparbès-Fodoas, laquelle devint avec le temps Mme Savary, duchesse de Rovigo. De quelles maisons M. de Fodoas et M. de la Rochecourbon jouissaient-ils rue des Saussaies ? L'une des deux était, à coup sûr, au coin de la place Ville-l'Évêque, et pourvue

d'une double entrée : elle a depuis appartenu à M. de
Labriffe, à M. de Champlatreux. L'autre, n°s 8 et 10, a
été la propriété, également sous l'ancien régime, de
M. Chevenc de la Chapelle. Le marquis du Tillet disposait
des n°s 9, 11 et 13 ; il était voisin de M. Camus, qui succédait au prince de Beauveau, et dont l'hôtel, maintenant
ministériel, avait déjà des portes rue des Saussaies, outre
sa grille place Beauveau.

RUES DES ROSIERS, DES JUIFS ET DES ECOUFFES.

Madame d'Estat. — Chabenat de Bonneuil. — Coquerel. — Lefèvre de Léscau. — Mailliée. — Philippe de Champagne. — Buache.

Saint Louis a connu ces trois rues, qui n'en étaient alors que
deux. La première faisait en ce temps-là retour d'équerre
pour aboutir rue du Roi-de-Sicile ; la seconde s'en est détachée vers la fin du xve siècle ; la troisième, qui est parallèle à la seconde, donne perpendiculairement dans la première.

Une des portes cintrées qu'on voit rue des Rosiers est au
coin de la rue des Ecouffes : son écusson doit être veuf

des armes d'un preux de la chevalerie. Mais, dans le siècle de la philosophie, du vin de Champagne et de la poudre, une jolie bourgeoise y a porté des mouches, et elle n'en a pas moins fait son chemin, ou pour mieux dire celui de son mari. Elle était fille de M. de Vaudet, avocat, et petite-nièce du curé de Saint-Eustache. Personne de mieux campé qu'elle sur les talons des femmes de qualité, bien qu'elle fût née à l'ombre du palais. Impossible de dire qu'elle fût dans la robe, quand on la rencontrait au bal ou au spectacle : elle en sortait si bien que jamais la rue des Rosiers n'avait mieux justifié son nom. Rien de plus frais que son visage, rien de mieux tourné que sa taille, et pourtant la jolie commère avait ses quatre ou cinq enfants ! Par bonheur, elle était déjà Mme d'Estat. Quand son mari passa lieutenant-colonel à la suite d'un régiment de cavalerie, grande rumeur parmi les capitaines, qui ne l'avaient eu que six mois pour égal. Mais, prenant leur parti en braves, ils se dirent : — Quand on fait son chemin par l'épée, c'est plus lent que par le fourreau !

Un président au parlement, Chabenat, seigneur de Bonneuil, qui demeurait rue Richelieu, possédait un hôtel rue des Rosiers, 14. N'avons-nous pas des motifs personnels pour suivre avec plaisir, dans le présent travail, les traces des Chabenat de Bonneuil, alliés aux Le Feuve de la Malmaison? Celui-là était acquéreur de Briqueville, marquis de la Luzerne, maréchal-de-camp, dont la femme avait hérité du président Camus de Pontcarré, baron de Mafliers, son père. Un autre Camus de Pontcarré avait acheté de Gilbert des Voysins, avocat général, cette maison que la comtesse de Choiseul-Plessis-Praslin tenait elle-même de son père, Le Charron, seigneur de Plaisance, adjudicataire en 1611 sur Pierre l'Escalopier. En remontant beaucoup plus haut encore, nous trouvons qu'une donation de 6 sols de rente a été faite sur cette propriété, en 1237, aux frères de Sainte-Catherine-du-Val-des-Ecoliers par le nommé Le Charpentier.

Une impasse Coquerel, qui avait été rue deux siècles et demi auparavant, a été réouverte en 1848, sur un arrêté pris par le ministre de l'intérieur Ledru-Rollin, et ajoutée à la rue des Rosiers. On y revoit deux maisons anciennes, les n°s 15 et 17, qui ont appartenu au sieur Coquerel.

La rue des Juifs, greffe qui s'est détachée de la rue des Rosiers sous le règne de Louis XII, n'a projeté que depuis peu d'années un de ses propres rameaux jusqu'à la rue de Rivoli. Nous y remarquons, n° 20, un magnifique hôtel déchu, où des fourneaux économiques étaient encore établis dernièrement, et nous ne désespérons pas de découvrir son origine assurément brillante, que nous cherchons avec ténacité. Nous ne lui connaissons encore, comme anciens maîtres et seigneurs, que des Lefèvre de Léseau et de Géminy, qui étaient de la cour des aides au dernier siècle. Mailliée, peintre en émail, habitait le n° 16 et possédait aussi le n° 14 : celui-ci avait eu pour enseigne la Croix-de-Lorraine, et celui-là l'image de Saint-Claude. La famille du procureur Mangin-Humblot disposait, vis-à-vis, du 13.

On prêtait volontiers sur gages dans l'autre rue, car *écouffe* ou *escofle* voulait dire *milan*, qui signifiait *mont-de-piété* : les milans étaient tenus surtout par des Lombards. Vers le milieu de cette rue, du côté des numéros pairs, voyez-vous deux portes cintrées? Un de ces deux immeubles se distinguait par une figure d'Aigle, avant qu'on inventât le numérotage des maisons. Temps fut où il reconnaissait comme propriétaires le sieur Duchesne et sa femme, Marguerite Jacquet, dont la fille Charlotte épousa le célèbre Philippe de Champagne, et eut pour héritier son fils Jean-Baptiste de Champagne, peintre et valet de chambre du roi. Ce dernier légua la maison à la belle-mère d'Hamelin, conseiller au Châtelet, lequel vendit à Lallemand, intéressé dans les affaires du roi. Or ce même capitaliste avait, dans la ci-devant Pomme-d'Or, la propriété contiguë. Le fameux géographe Buache, gendre du géographe Delisle, établissait la division du globe par bassins de rivières et de mers, subordonnés les uns aux autres, dans un cabinet dépendant de son appartement, rue des Écouffes. On doit croire que ce fut au 23 ou bien au 25.

Ici finit une triple notice, que nous venons d'écrire à Bade, sur des notes prises à Paris. Si jamais un préfet de la Seine ou un ministre de l'intérieur avait eu à faire recueillir les renseignements que nous y rassemblons, quelle somme auraient-ils coûté soit à la Ville, soit à l'État? Un louis peut-être, mais à la condition expresse que, le préfet ou le ministre ayant placé son louis sur le 36, ce numéro eût été le sortant !

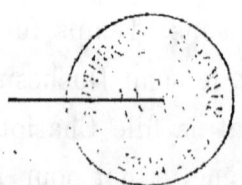

Paris. — Imprimerie de POMMERET et MOREAU, 42, rue Vavin.

www.ingramcontent.com/pod-product-compliance
Lightning Source LLC
Chambersburg PA
CBHW060239230426
43664CB00011B/1703